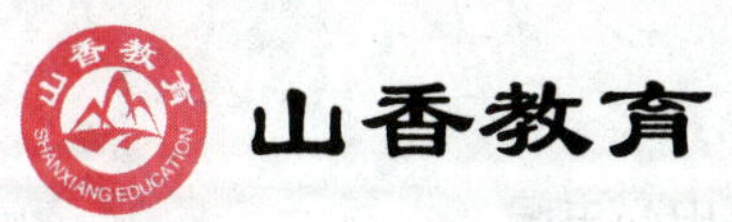

国家教师资格考试专用教材

综合素质

小学

山香教育考试命题研究中心 主编

图书在版编目(CIP)数据

综合素质. 小学 / 山香教育考试命题研究中心主编
. --北京 : 首都师范大学出版社, 2024.1
国家教师资格考试专用教材
ISBN 978-7-5656-7906-3

Ⅰ. ①综… Ⅱ. ①山… Ⅲ. ①教师素质－小学教师－资格考试－教材 Ⅳ. ①G451.1

中国国家版本馆 CIP 数据核字(2023)第 232864 号

国家教师资格考试专用教材
ZONGHE SUZHI XIAOXUE
综合素质·小学
山香教育考试命题研究中心　主编

策划编辑　张文强
责任编辑　安晓东　曹亮亮　　　封面设计　山香教育
首都师范大学出版社出版发行
地　　址　北京市海淀区西三环北路 105 号
邮　　编　100048
咨询电话　010－68418523(总编室)　　010－68982468(发行部)
网　　址　http://cnupn.cnu.edu.cn
印　　刷　河南黎阳印务有限公司
经　　销　全国新华书店
版　　次　2024 年 1 月第 1 版
印　　次　2024 年 1 月第 1 次印刷
开　　本　787mm×1092mm　1/16
印　　张　30
字　　数　550 千
定　　价　69.00 元

24年内容沉淀

将心注入，用双手把考生托上岸

24年

山香女孩

一段真实感人的故事
一个中国招教的传奇
一个大山中质朴的女孩
只为了能守候心中的爱情
执著地踏上教师招考之路
几经心酸、坎坷数载
终含泪圆梦
师者大爱无疆
回首仍在招教路上迷茫无助
痛苦挣扎的考生
她忍痛放弃来之不易的光辉事业
决然分享自己的招教秘籍
掇菁撷华、纳优去粕，无微不至、倾心辅导
只为复制精彩，再造成功
她圆了一批又一批考生的教师之梦
她让一批又一批的考生喜泪盈眶
她收到了一句又一句的致谢和感恩话语
她已经不是一个她了
而是更多的她，创造了中国招教奇迹！

她就是——山香教育！

前言

国家教师资格考试作为从事教师行业的入门级考试,主要测查报考者应知应会的基本知识和所要具备的教师专业素养。通过分析近几年的考试情况,我们发现国家教师资格考试对考生的专业知识和文化素养提出了更高要求。主要有以下三个方面的表现:

表现1:难度增加,创新性强——命题方式更加灵活,结合教学实例考查的题目增多,更注重考查报考者的素养,增加了试题难度。

表现2:考查点更加细致,针对性强——契合报考学段学生特征的题目明显增多,题目更有针对性,考点更加细致。

表现3:主观题命题灵活,凸显综合能力——材料分析题和教学设计题灵活性更强,要求也更为具体。

基于以上考情变化,我们认为教师资格考试的难度有增无减,考生若想在较短的时间里通过考试,仍需披荆斩棘、百炼成钢。

为此,我们依据考试真题,重新梳理了内容,力求使考生备考更加高效。

3大特色　破解教师资格

特色1　精研考情　内容全面

本教材以考试大纲为"标尺",通过对历年真题的分析,将考试涉及的知识点进行汇总,并依据命题方式、出现频次,对汇总的知识点进行"瘦身",同时采取漫画(图示)助解、真题面对面、知识再拔高等多种呈现形式,使教材更加有趣、有颜、有内涵。

特色2　技巧点拔　方法实用

本教材摒除传统教材纯文字讲述、语句冗长,缺乏针对性的缺点,设计增加"思维导图""考向分析""小香课堂""记忆有妙招"等多个模块,使教材更具实用性,减轻考生学习负担,提高学习效率。

特色3　学练结合　稳步提升

本教材在内文中有针对性地穿插真题，使考生知晓具体的考题形式。在每一章的最后特设"达标测评"模块，精选大量和真题同类型的考题并附详尽解析。考生可通过适当的训练，学练结合，稳步提升能力。

本教材所用真题，均来源于网络和考生回忆。殷切期待广大考生给我们提出宝贵意见，促进我们更快成长，让山香图书帮助更多的人。

山香教育考试命题研究中心

目　录

专家微课视频索引

扫描正文中下列知识点处的二维码，即可获取专家微课视频。

第一章 职业理念

内容概要

本章包括教育观、学生观、教师观三节。本章内容在真题试卷中所占分值约 22 ~ 24 分,主要以单选题、材料分析题的形式考查。本章各节 2015—2023 年考频汇总如下:

教育观 —— 总考频 27 次

学生观 —— 总考频 28 次

教师观 —— 总考频 33 次

编者注:本书“9 年 X 考”“考频分布”依据山香教材知识体系及统计标准编写,仅供参考。

第一节　教育观

思维导图

"国民两全一个一重点"
教育观
素质教育
内涵
以提高国民素质为根本宗旨
面向全体学生
促进学生全面发展
促进学生个性发展
以培养创新精神和实践能力为重点
重点
外延
贯穿于各级各类教育以及各个方面
必须把五育有机地统一在教育活动的各个环节中
开展素质教育的途径
宏观：政府需要综合各方面的社会力量、统筹各种资源
中观：推进
新课改的具体目标
实现课程功能的转变
体现课程结构的均衡性、综合性和选择性
密切课程内容与生活和时代的联系
改善学生的学习方式
建立与素质教育理念相一致的评价与考试制度
实行国家、地方、学校三级课程管理制度
新课改的教学观
从"以教育者为中心"转向"以学习者为中心"
从"教会学生知识"转向"教会学生学习"
从"重结论轻过程"转向"重结论的同时更重过程"
从"关注学科"转向"关注人"
微观：学校作用的发挥
素质教育的理解与应用
素质教育与应试教育的区别
目的：提高国民素质 VS 着眼于分数和选拔
对象：全体学生 VS 高分学生
内容：适合学生和社会发展 VS 考什么教什么
方法：启发诱导、因材施教 VS 死记硬背、机械训练
评价标准：多元评价 VS 分数
教育结果：学生潜能得到发挥 VS 学生厌学、片面发展
实施素质教育的误区
不要"尖子生"
要学生什么都学、什么都学好
不要学生刻苦学习
使教师成为学生的合作者、帮助者和服务者
多开展课外活动，多上文体课
不要考试
会影响升学率

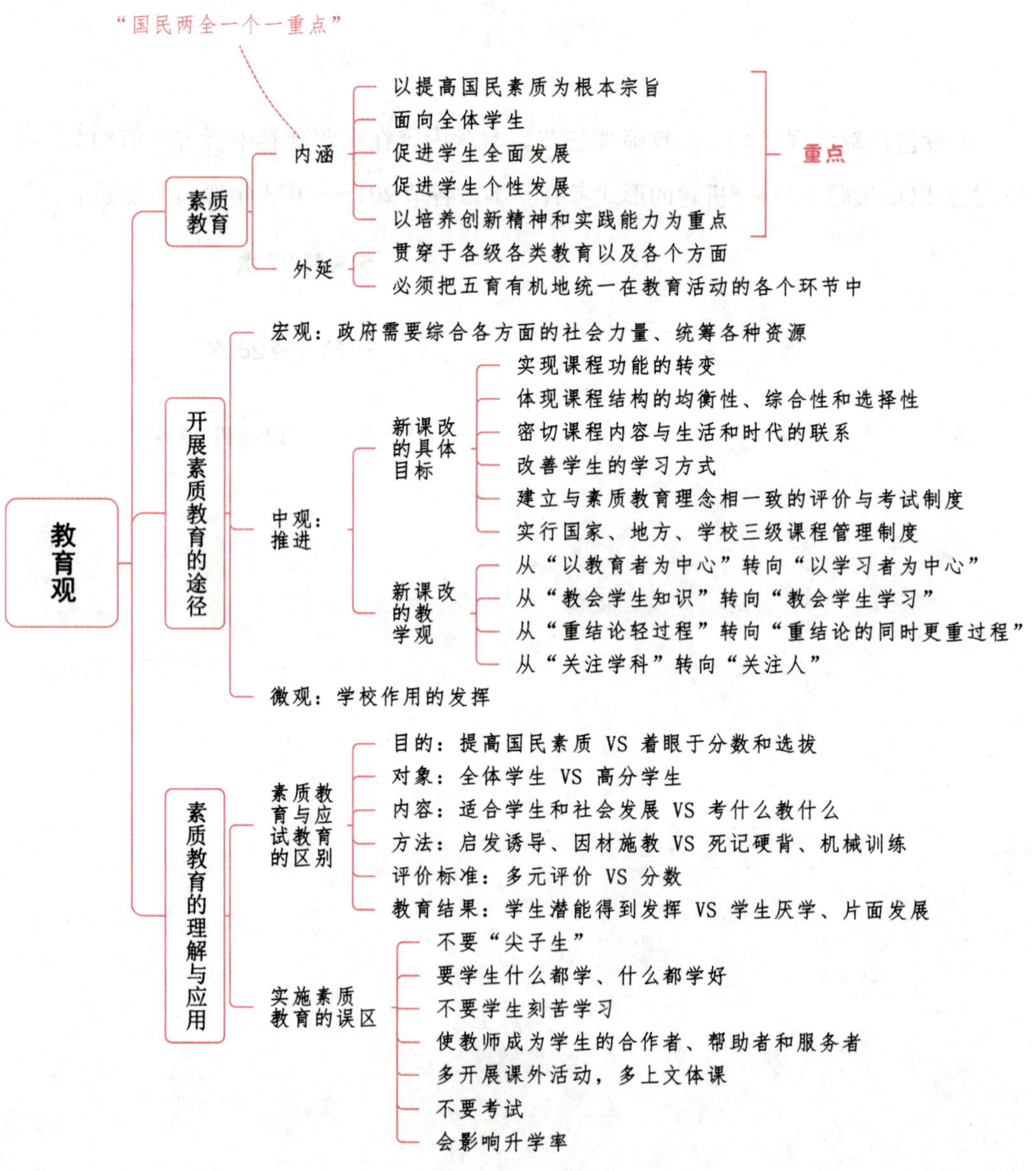

考向分析

本节主要介绍教育观的内容，需要记忆、理解并运用。在考试中主要以单选题和材料分析题的形式考查。通过汇总分析2015年至2023年的真题试卷，本节知识考查情况见下表：

知识	考点	考频	题型
素质教育	素质教育的内涵	15	单选
	素质教育的外延	2	单选
开展素质教育的途径	新课程改革的具体目标及教学观	2	单选
素质教育的理解与应用	素质教育与应试教育的区别	3	单选
综合考查	教育观的相关内容	5	材料分析

编者注：综合考查的知识，其考频、题型在正文中不再统计。

核心考点

一、教育观的内涵

教育观是人们对教育所持有的看法，它既受社会政治、经济制度的制约，又受人们对教育要素不同观点的影响。具体地说，教育观就是人们对教育者、教育对象、教育内容、教育方法等教育要素及其属性和相互关系的认识，还有人们对教育与其他事物相互关系的看法，以及由此派生出的对教育的作用、功能、目的等各方面的看法。

教育观的**核心**是“教育为了什么”，即教育目的。确立正确的教育观，需要正确认识教育的发展规律，正确认识教育活动的各种内部关系。

二、素质教育【9年17考】

素质教育是依据人的发展和社会发展的实际需要，以全面提高全体学生的基本素质为根本目的，以尊重学生主体性和主动精神、注重开发人的智慧潜能、形成人的健全个性为根本特征的教育。

考点1　素质教育的内涵

考频分布　2015—2023年,以单选题形式考查15次

1. 素质教育是以提高国民素质为根本宗旨的教育

素质教育的内涵

实施素质教育,就是要全面贯彻党的教育方针,以提高国民素质为根本宗旨。我国把教育、科技摆在优先发展的战略地位。因为发展教育对提高中华民族的整体素质、促进经济和社会发展具有战略性、先导性、全局性的作用。

2. 素质教育是面向全体学生的教育

素质教育不同于应试教育。应试教育搞选拔性、淘汰性,只能照顾到一部分人,甚至是很少一部分人的发展。素质教育倡导人人有受教育的权利,强调在教育中使每个人都得到发展,而不是只注重一部分人,更不是只注重少数人的发展。每一位学生都能得到发展,是每一位学生的基本权利。我们应该尊重这种权利,保护这种权利,创造条件实现这种权利。

3. 素质教育是促进学生全面发展的教育

素质教育倡导的是在教育中使每个学生都得到充分的、全面的发展。素质教育的理论依据是全面发展教育。实施素质教育必须坚持德育、智育、体育、美育和劳动技术教育并举,促进学生生动活泼地发展。学校教育不仅要抓好智育,更要重视德育,还要加强体育、美育、劳动技术教育和社会实践,使诸方面的教育相互渗透、协调发展,促进学生的全面健康成长。

4. 素质教育是促进学生个性发展的教育

素质教育是全面发展的教育,是从教育对所有学生的共同要求的角度来看的。但每一位学生都有其个别性。因此,教育还要尊重并充分发展学生的个性。

5. 素质教育是以培养创新精神和实践能力为重点的教育

培养具有创新精神和实践能力的新一代人才,是素质教育的时代特征。创新教育是素质教育的核心,它是教育对知识经济向人才培养提出的挑战的回应,是旨在激发学生创新意识、培养学生创新能力的教育。

(1)创新能力不仅是一种智力特征,更是一种人格特征、一种精神状态;

(2)创新能力的培养是素质教育的核心,是素质教育区别于应试教育的根本所在;

(3)重视创新能力的培养是现代教育与传统教育的根本区别所在。

『记忆有妙招』

为便于考生记忆,编者将素质教育的内涵总结成以下口诀:**国民两全一个一重点**。**国民**:提高国民素质为根本宗旨。**两全**:面向全体学生和促进全面发展。**一个**:促进个性发展。**一重点**:以创新精神和实践能力为重点。

真题面对面

[**2023 下半年真题**]数学课上,李老师正津津有味地讲解例题,小雨站起来兴奋地说:"老师,我想到了一个更简便的方法!"李老师眼一瞪,说:"就你聪明! 赶紧坐好,认真听课!"下列关于李老师做法的表述,不正确的是(　　)

A. 不利于培养学生的创新意识

B. 不利于营造良好的师生关系

C. 不利于培养学生的实践能力

D. 不利于发挥学生的主体作用

答案:C。素质教育是以培养创新精神和实践能力为重点的教育,实践能力是指学生在实际生活和学习中应对问题、解决问题的能力。题干并未体现,本题为选非题,故选 C。

考点 2　素质教育的外延

考频分布　2021 下单选,2018 上单选

素质教育不是对特定阶段、特定学校提出的要求,而是对各级各类学校提出的要求。素质教育是连续的全方位、全过程的教育活动。

一方面,实施素质教育应当贯穿于幼儿教育、中小学教育、职业教育、成人教育、高等教育等各级各类教育,应当贯穿于学校教育、家庭教育和社会教育等各个方面。

另一方面,实施素质教育,必须把德育、智育、体育、美育、劳育有机地统一在教育活动的各个环节中。在学校教育范围内,素质教育的外延从纵向上看应当存在于教育活动的各个环节上;从横向上看,素质教育应当渗透在德育、智育、体育、美育等各个方面。

『知识再拔高』

学校美育的内容

对学校美育来说,其内容主要包括四大方面:自然美、社会美、艺术美和科学美。(1)**自然美**是以大自然作为审美对象所感受和体验到的美。(2)**社会美**是以社会生

活中美好的人和事为对象而感受和体验到的美。(3)**艺术美**是以艺术家创造的典型化、集中化的艺术作品为对象所感受和体验到的美。艺术的形式是多种多样的，有文学、戏剧、电影、音乐、绘画、舞蹈等。(4)科学美是以人类的科研活动为对象所感受到的美。

真题面对面

[**2021 下半年真题**]在某次教育活动中，李老师要求学生分小组调查一些传统礼仪的来源与演化，并通过自编情景剧的形式表现出来。此次活动涉及的美育内容是(　　)

A. 艺术美和科学美　　B. 社会美和科学美

C. 艺术美和社会美　　D. 社会美和自然美

答案:C。题干中“传统礼仪”是社会美，“情景剧”是艺术美，故本题答案为C。

素质教育的内涵是考试必考点，每次考试至少会出一道单项选择题，有时还会以材料分析题的形式考查，但通过材料分析题考查的次数相对较少。命题时单项选择题一般是结合具体情境进行考查，材料分析题则是给定一个材料，要求考生从教育观的角度评析材料中教师的教育行为，作答时可从各内涵进行分析论证。素质教育的外延考查频率很低，这部分内容考生根据真题记忆相关知识即可。

三、素质教育的要求与任务

考点1　国家实施素质教育的基本要求

1. 面向全体学生

实施素质教育，必须面向全体学生，认清每个学生的优势，开发其潜能，培养其特长，使每位学生都具备一技之长，使全体学生各自走上不同的成才之路，成长为不同层次、不同规格的有用人才。

2. 促进学生全面发展

素质教育是在教育方针指导下，从学生身心发展不同特点出发，因地因校制宜，着眼于教育教学全过程与各个环节，运用多种方式着力培养学生学习的主动性和创造精神，德、智、体、美、劳五育并举，促进学生生动活泼地全面成长。

3. 促进学生创新精神和实践能力的培养

知识是重要的，但是知识不能限制人们的思维空间，而应该成为人们进一步认识世界、改造世界、发展能力的基础，应该把知识融入人的认知结构中。因此，创新能力、实践能力对素质教育来说尤为重要。创新是素质教育的灵魂。

4. 促进学生生动、活泼、主动地发展

要想有所创新，必须以主动性的发挥为前提，真正尊重学生的主动精神，弘扬主动精神，这就要求教师要进行启发式教学，鼓励学生主动探索、主动思考，鼓励学生存疑、求疑，在教学中促进学生生动、活泼、主动地发展。

5. 培养学生终身可持续发展的能力

教是为了不教，不仅要让学生学会，更要让学生会学，不仅给学生传授知识，更要给学生打开知识大门的钥匙。在这样一个时代，我们的基础教育一定要培养学生的终身可持续发展的能力。

考点2 素质教育的任务

1. 培养学生的身体素质

身体素质主要包括身体结构与身体机能两个方面。身体素质是素质整体结构的基础，身体素质不好，其他各种素质也不会好，即使别的方面素质好，也很难发挥出其应有的作用。

2. 培养学生的心理素质

心理素质是素质整体结构的核心层。每一个学生都是通过自己的心理活动接受各种素质教育的，心理活动积极，就会主动地去接受教育，从而收到好的教育效果，否则反之。心理学研究表明，创新精神、创造能力是人的素质中最重要、最富有活力、最富有社会价值的一部分。

3. 培养学生的社会素质

社会素质是以身体素质为基础、以心理素质为中介而获得、形成的，它居于素质整体结构的最高层，又对身体素质、心理素质的形成有重大的影响。社会素质包罗甚广，主要由政治、思想、道德、业务、审美、劳技等素质构成。

四、开展素质教育的途径【9年2考】

考频分布 2021上单选,2016上单选

考点1 宏观层面——国家政策的保障

政府作为素质教育的倡导者和推动者,需要综合各方面的社会力量,统筹各种资源,为推进素质教育创造必要的条件。

考点2 中观层面——新课程改革的推进

课程是教育思想的重要载体,因此,实施素质教育,必须开展符合素质教育的课程。2001年,教育部印发《基础教育课程改革纲要(试行)》,启动新中国成立以来的第八次基础教育课程改革(也称"新课程改革"),调整和改革基础教育的课程体系、结构、内容。

1. 新课程改革的具体目标

(1)实现课程功能的转变

改变课程过于注重知识传授的倾向,强调形成积极主动的学习态度,引导学生学会学习、学会生存、学会做人。

(2)体现课程结构的均衡性、综合性和选择性

改变课程结构过于强调学科本位、科目过多和缺乏整合的现状,整体设置九年一贯的课程门类和课时比例,设置综合课程,以适应不同地区和学生发展的需求。

(3)密切课程内容与生活和时代的联系

改变课程内容"繁、难、偏、旧"和过于注重书本知识的现状,加强课程内容与学生生活以及现代社会和科技发展的联系,关注学生的学习兴趣和经验,精选终身学习必备的基础知识和技能。

(4)改善学生的学习方式

改变课程实施过于强调接受学习、死记硬背、机械训练的现状,倡导学生主动参与、乐于探索、勤于动手,培养学生搜集和处理信息的能力、获取新知识的能力、分析和解决问题的能力及交流与合作的能力。

(5)建立与素质教育理念相一致的评价与考试制度

改变课程评价过分强调甄别与选拔的功能,发挥评价促进学生发展、教师提高和改进教学实践的功能,提倡评价主体的多元化、评价内容的综合化、评价过程的动态化,评

价方式的多样化。

(6)实行三级课程管理制度

改变课程管理过于集中的状况,实行国家、地方、学校三级课程管理,增强课程对地方、学校及学生的适应性。

2. 新课程改革的教学观

(1)教学从“以教育者为中心”转向“以学习者为中心”

随着教学改革的不断深入,教师正在从“独奏者”的角色逐渐过渡到“伴奏者”的角色,并不断地从以“教”为中心转向以“学”为中心。学生是具有主观能动性、充满活力的人,作为教学主体的学生在教学活动中不应处于消极被动的地位,而应是积极主动地展开学习。

(2)教学从“教会学生知识”转向“教会学生学习”

学会学习是指学生掌握运用学习策略、学习方法和技巧,养成良好的学习习惯,提高学习效率的过程。“教会学生学习”要求教师了解学生学习的风格与个别差异,对学生进行有针对性的学习策略训练和学习方法的指导,培养学生养成良好的学习习惯。

(3)教学从“重结论轻过程”转向“重结论的同时更重过程”

现代教育心理学研究指出,学生的学习过程不仅是一个接受知识的过程,而且也是一个发现问题、分析问题、解决问题的过程。这个过程一方面是暴露学生产生各种疑问、困难、障碍和矛盾的过程,另一方面是展示学生聪明才智,培养其独特个性与创新精神的过程。正因为如此,新课程强调过程,强调学生探索新知的经历和获得新知的体验。

(4)教学从“关注学科”转向“关注人”

以学科为本位的教学重认知轻情感、重教书轻育人。教师要改变学科本位的教学理念,转向关注每一位学生。“关注人”在教学中具体表现在以下三个方面:关注每一位学生,关注学生的情绪生活和情感体验;关注学生的道德生活和人格养成。

考点3　微观层面——学校作用的发挥

素质教育需要通过学校的各项活动来实现,包括学校教育活动中的管理活动,校外、课外教育活动及班主任工作。因此,学校作用的发挥主要体现在以下三个方面:

(1)学校管理者转变教育观念。从应试教育到素质教育的转变,需要学校管理从应试教育向素质教育转变。

(2)开展校外、课外教育活动。在学校的正式课程之外,还有各种各样的教育活动。

有一些活动是在课外开展的，如课外的兴趣活动等，而有一些活动是在校外开展的，如社区服务活动等，这些活动拓展了学生素质发展的领域，也是学生素质全面发展的必要条件。

(3)做好班主任工作。班主任是中小学班级的组织者、教育者和管理者。班级素质教育的开展，取决于班主任的班级管理思想、管理方法和教育方法。

五、素质教育的理解与应用【9年3考】

考点1　素质教育与应试教育的区别

素质教育与应试教育的区别

考频分布　2019上单选、2018下单选、2015上单选

素质教育与应试教育的区别

具体方面	素质教育	应试教育
教育目的	提高国民素质，追求教育的长远利益与目标	偏重知识的传授，着眼于分数和选拔，是一种急功近利的短视行为
教育对象	面向全体学生，面向每一个有差异的学生，即素质教育要求平等，要求尊重每一个学生	重视高分学生，忽视大多数学生和后进生
教育内容	立足于学生全面素质的提高，教授适合学生发展和社会发展需要的教育内容	紧紧围绕考试和升学需要，考什么就教什么，所实施的是片面的知识教学
教育方法	要求开发学生的潜能与优势，重视启发诱导，因材施教，使学生生动、活泼、主动地学习，减轻学生学业负担	搞题海战术、"填鸭式"教学等，以死记硬背和机械训练为主，造成学生学业负担过重
评价标准	注重发展性评价，立足于学生素质的全面提高，以多种形式全面衡量学生的素质和教师的水平	要求学校的一切工作都围绕着备考这个中心来展开，以分数作为衡量学生和教师水平的唯一尺度
教育结果	全体学生的潜能得到充分的发挥，个性得到充分而自由的发展，为今后继续发展打下扎实基础	多数学生受到忽视，产生厌学情绪，片面发展，个性受到压抑，缺乏继续发展的能力

真题面对面

[2019 上半年真题]下图中教师行为体现的是(　　)

A. 评价主体多元化　　B. 评价标准单一化

C. 评价方法复杂化　　D. 评价方式多样化

答案:B。

考点2　实施素质教育的误区

实施素质教育的误区

误区	误解之处	正确理解
素质教育就是不要“尖子生”	对素质教育面向全体学生的误解	素质教育坚持面向全体学生
素质教育就是要学生什么都学、什么都学好	对素质教育使学生全面发展的误解	素质教育对学生的要求是合格加特长
素质教育就是不要学生刻苦学习,“减负”就是不给或少给学生留课后作业	对素质教育使学生生动、主动和愉快发展的误解	学生真正的愉快来自通过刻苦的努力而获得成功之后的快乐,学生真正的负担是不情愿的学习任务
素质教育就是要使教师成为学生的合作者、帮助者和服务者	对素质教育所倡导的“学生的主动发展”和“民主平等的师生关系”的误解	教师首先是知识的传播者、智慧的启迪者、个性的塑造者、人生的引路人、潜能的开发者,其次才是学生的合作者、帮助者和服务者
素质教育就是多开展课外活动,多上文体课	对素质教育形式化的误解	素质教育的主渠道是教学,主阵地是课堂

续表

误区	误解之处	正确理解
素质教育就是不要考试,特别是不要百分制考试	对考试的误解	考试作为评价的手段,是衡量学生发展的尺度之一,也是激励学生发展的手段之一
素质教育会影响升学率	对素质教育内涵的误解	首先,素质教育的目的是促进学生的全面发展;其次,真正的素质教育不会影响升学率

第二节 学生观

思维导图

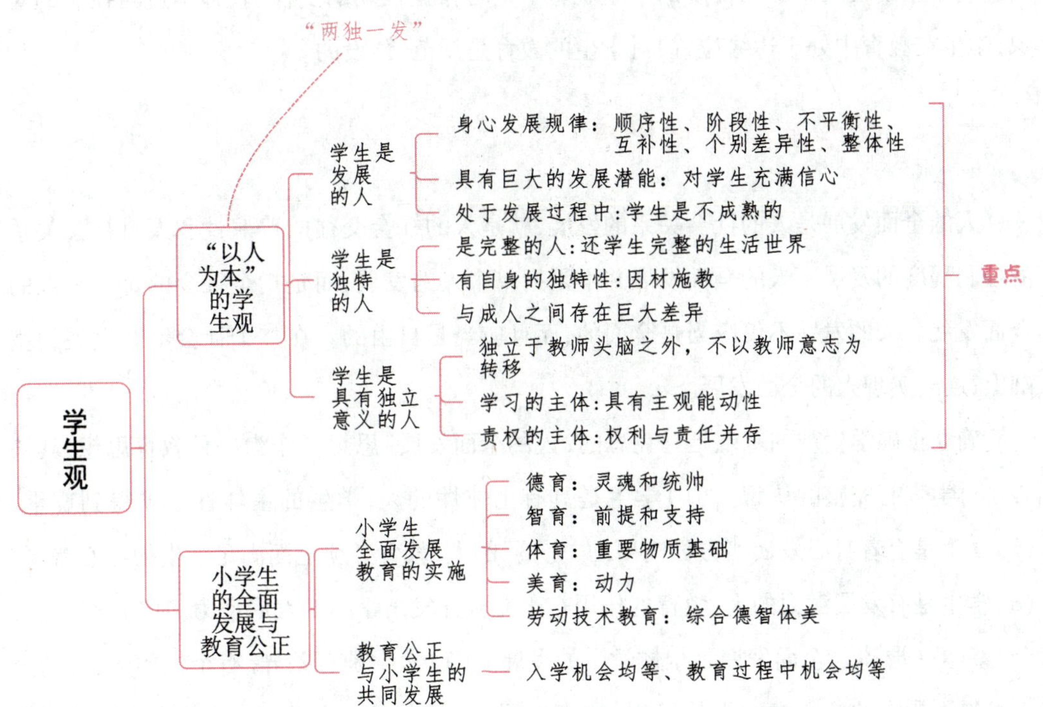

考向分析

本节主要介绍学生观的内容，需要记忆、理解并运用。在考试中主要以单选题和材料分析题的形式考查。通过汇总分析2015年至2023年的真题试卷，本节知识考查情况见下表：

知识	考点	考频	题型
"以人为本"的学生观	学生是发展的人	8	单选
	学生是独特的人	2	单选
	学生是具有独立意义的人	8	单选
综合考查	"以人为本"的学生观	10	材料分析

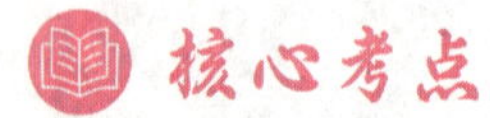

一、学生观的内涵

学生观就是教师对学生的基本看法，它影响教师对学生的认识及其态度与行为，进而影响学生的发展。我国传统的学生观将学生看作是被动的受体、教师塑造与控制的对象，学生在教育中处于边缘位置，对学生的教育是规范、预设的。

二、"人的全面发展"的思想

人的全面发展是人的社会关系的发展，就是人的社会交往的普遍性和人对社会关系的控制程度的发展。人的全面发展并不是指单个人的发展，而是指全社会的每一个人的全面发展。人的发展不仅应当是全面的，而且应当是自由的。在整个社会不断发展的基础上，逐渐实现人的全面发展。

确立正确学生观的基础是马克思的"人的全面发展"思想。作为一种教育思想，其核心是对学生有完整的认识。(1)学生是具有主体性的人，学生的主体性必须得到尊重。(2)学生是有着身心发展诸方面需要的"完整"的人，教育必须全面满足学生的身心需要。(3)学生是有发展潜力的人，教育的作用在于充分开发出学生的发展潜力。(4)学生是一个"整体"(群体)，全面发展是全体学生的发展。(5)学生是有差异、有个性的人，人的全面发展不是人的各个方面平均发展、均衡发展，全面发展与有差异、有个性的发展是统一的。

三、"以人为本"的学生观【9年18考】

"以人为本"的学生观

坚持以人为本，必须以学生作为教育活动的出发点。"以人为本"的学生观的核心是"一切为了每一位学生的发展"。

考点1　学生是发展的人

考频分布　2015—2023年，以单选题形式考查8次

现代科学研究的成果与教育的价值追求，要求人们用发展的眼光来认识和看待学生。

1. 学生的身心发展是有规律的

个体身心发展的一般规律有顺序性、阶段性、不平衡性、互补性、个别差异性和整体性。教师必须依据学生的身心发展规律和特点开展教育活动。

学生身心发展的规律

规律	具体表现	教学启示
顺序性	个体身心发展是一个由低级到高级、由简单到复杂、由量变到质变的连续不断的发展过程	教育活动要**循序渐进**，避免“拔苗助长”“陵节而施”
阶段性	个体在不同的年龄阶段表现出身心发展不同的总体特征及主要矛盾，面临着不同的发展任务	根据不同年龄阶段的特点进行教育教学
不平衡性	个体身心发展的不平衡性主要表现在：同一方面的发展速度，在不同年龄阶段变化是不平衡的；不同方面在不同发展时期具有不平衡性	适时而教，要在学生发展的关键期或最佳期及时进行教育
互补性	机体某一方面的机能受损甚至缺失后，可通过其他方面的超常发展得到部分补偿。互补性也存在于心理机能和生理机能之间	教育应结合学生实际，扬长避短，注重发现并发展学生的自身优势
个别差异性	不同个体同一方面的发展速度和水平不同；不同个体不同方面的发展存在差异；不同个体所具有的个性心理倾向不同；个别差异性也表现在性别之间	教育必须**因材施教**，充分发挥每个学生的潜能和积极因素
整体性	学生是一个整体的人，以其整个身心投入教学生活，并以整个身心来感知、体验、享受和创造这种教学生活。教师所面对的是一个活生生的整体的人，尽管这个整体不是“完美”的整体	教学应该面对学生整体身心，教学要着眼于学生的整体性，促进学生的一般发展，注意做到认知因素与非认知因素、意识与潜意识，科学与艺术的统一

山香特地总结了每条规律对应的教育要求，以供考生参考：

(1) 顺序性——要循序渐进，不能“拔苗助长”“陵节而施”。

(2) 阶段性——要根据不同年龄阶段特点进行针对性教育，不搞“一刀切”“一锅煮”。

(3)不平衡性——要适时而教,抓住关键期。

(4)互补性——要扬长避短、长善救失。

(5)个别差异性——要因材施教。

(6)整体性——要着眼于学生整体身心。

2. 学生具有巨大的发展潜能

教师应坚信每个学生都是可以积极成长的,是有培养前途的,是追求进步和完善的,是可以获得成功的,因而对教育好每一个学生应充满信心。我们不能因为学生的小错误,将学生完全否定,要看到学生未来的发展潜力,要帮助学生更好地发展。

3. 学生是处于发展过程中的人

作为发展中的人,也就意味着学生还是一个不成熟的人,是一个正在成长的人。从教育角度讲,它意味着学生是在教育过程中发展起来的,是在教师指导下成长起来的。在一定意义上可以说,学生的生活和命运是掌握在学校和教师手里的。学生是不是能生活得很有趣味,是不是能学得很好,是不是能健康成长,是不是幸福欢乐,都和他们所在的学校和所遇到的教师有极大的关系。

真题面对面

1. [**2022 下半年真题**]孟老师说:“不能用同样的水准要求学生,也不能揠苗助长,我一直都坚定不移地相信学困生是‘迟开的花朵’,早晚都会开放。”下列选项中与孟老师的说法不一致的是( )

A. 注重学生发展的整体性　　B. 关注到学生具有差异性

C. 注重学生发展的顺序性　　D. 关注到学生具有发展性

答案:A。

2. [**2022 上半年真题**]李老师把作业从难到易分成了 ABC 三类,他在班上特意交代:学优生只能做 A 类作业,中等生只能做 B 类,学困生只能做 C 类。李老师的做法( )

A. 遵循了因材施教的原则　　B. 减轻了学生的学习负担

C. 违背了教学相长的原则　　D. 忽视了学生的学习潜力

答案:D。

考点 2　学生是独特的人

考频分布　2017 上单选，2016 上单选

1. 学生是完整的人

学生并不是单纯的抽象的学习者，而是有着丰富个性的完整的人。在教育活动中，作为完整的人而存在的学生，不仅具备全部的智慧力量和人格力量，而且体验着全部的教育生活。要把学生作为完整的人来对待，就必须反对那种割裂人的完整性的做法，还学生完整的生活世界，丰富学生的精神生活，给予学生全面展现个性力量的时间和空间。

2. 每个学生都有自身的独特性

教育的生机和活力，就在于促进学生的个性健康发展。它也是学生自身发展的落脚点和最终体现。素质教育要求教师要正视学生的个别差异，克服按照统一标准和尺度去衡量学生，追求完全趋同，整齐划一的弊病，根据学生各个方面的情况因材施教，讲究一把钥匙开一把锁，调动每一个学生的积极性、主动性，使他们成为不同领域内各有所长、有所成就的人。

3. 学生与成人之间存在着巨大的差异

学生和成人之间是存在很大差别的，学生的观察、思考、选择和体验，都和成人有明显不同。所以，“应当把成人看作成人，把孩子看作孩子”。教师在教学中，往往用自己的视角和观念思考和评价学生的想法和行为，不但不能达到预期的教学效果，反而会扼杀学生的想象力，伤害学生的心灵。

考点 3　学生是具有独立意义的人

考频分布　2015—2023 年，以单选题形式考查 8 次

1. 每个学生都是独立于教师的头脑之外，不以教师的意志为转移的客观存在

教师必须尊重学生的个体独立性，不能把自己的个人意志强加于学生的思想之上，要客观地看待学生的成长与成才，把学生当作不以自己的意志为转移的客观存在，当作是具有个体独立性的人来看待，因势利导地去施加教育，推动学生个体的健康成长。

2. 学生是学习的主体

学生是具有主观能动性的人。素质教育强调学生在学习活动中是认识的主体、实践的主体和发展的主体，是学习的主人。教育的根本目的在于促进学生主体性的发展。

3. 学生是责权的主体

学生是认识世界和改造世界独立的主体，在教育教学活动中，具有学习的自主需求和动力，拥有享受相关需求的权利。教师要尊重学生的主体性需求，同时也要引导学生学会对学习、对生活、对自己、对他人负责，学会承担责任，使学生认识到权利与责任是并存的，更是统一的，在享有一定权利的同时也必须承担着一定的责任，这是学生主体性的客观要求。

总之，学生是发展中的人，具有巨大的发展潜能；学生是具有独立意义的主体，不以教师的意志为转移；学生是具有个性与差异的人，要尊重个性，承认差异，因材施教。

学生观是历年考试的高频考点，考查以单项选择题为主，有时还会以材料分析题的形式考查。自2015年来，单独考查学生观的材料分析题考频较高，考生需要重点掌握。命题时，单项选择题通常是结合具体情境进行考查；材料分析题则是给定一个材料，要求从学生观的角度评析教师的教育行为，作答时可结合学生观的三条内容进行分析论证。

『记忆有妙招』

为便于考生记忆，编者将"以人为本"的学生观总结成以下口诀：**两独一发**。**两独**：学生是独特的人和具有独立意义的人。**一发**：发展中的人。

真题面对面

[**2022上半年真题**]在课堂上，东东问马老师："老师，在月亮上看天，天是不是蓝的呢？"马老师说："你懂什么！听老师讲就行了。你呀，总是打岔，这是不礼貌的，今后不要这样。"这表明马老师(　　)

A. 忽视了学生的阶段性　　B. 忽视了学生的自主性

C. 忽视了学生的不平衡性　　D. 忽视了学生的整体性

答案：B。

四、小学生的全面发展与教育公正

考点1　小学生全面发展教育的实施

教育为学生的成长需要而存在。学生的成长需要是多方面的，因为学生作为人是

“身”与“心”,“个人”与“社会”的统一体。因而以人为本,必须以促进学生的全面发展为目标。

全面发展的教育由德育、智育、体育、美育和劳动技术教育构成。它们相互依存、相互促进、相互制约,构成一个有机整体,共同促进人的全面发展。

(1)德育在全面发展教育中起着灵魂与统帅作用。

(2)智育在全面发展教育中起着前提和支持作用。

(3)体育是全面发展教育的重要物质基础。学校体育的根本任务是增强学生体质。

(4)美育在全面发展教育中起着动力作用。

(5)劳动技术教育可以综合德育、智育、体育和美育的作用。

考点2　教育公正与小学生的共同发展

在学校教育活动中,“以人为本”,即以所有学生的发展为本,或者说以每一个学生的发展为本,必须遵循“教育公正”原则,处理好学生发展的共同性和差异性的问题。

教育公正在教育活动中的体现,就是所有的学生都能够获得同样的教育机会,或者说教育机会对所有的学生来说是均等的。所谓教育机会均等,应当包括两个方面:一个是入学机会均等,一个是教育过程中机会均等。入学机会均等就是无论学生的性别、民族、地域、经济状况、家庭背景和身心发展状况如何,都享有同样的入学机会。教育过程中机会均等是指教育者的教育过程,不只是传递知识的过程,也是向学生分配教育资源的过程。学生在教育过程中受到教育者的关注程度,是学生重要的教育机会。学生坐在同一间教室里,听同一个教师授课,受到教师关注的学生,就比未受关注的学生获得了更多的教育机会。在确保入学机会均等的情况下,教育过程中的教育机会均等更加重要。

第三节　教师观

思维导图

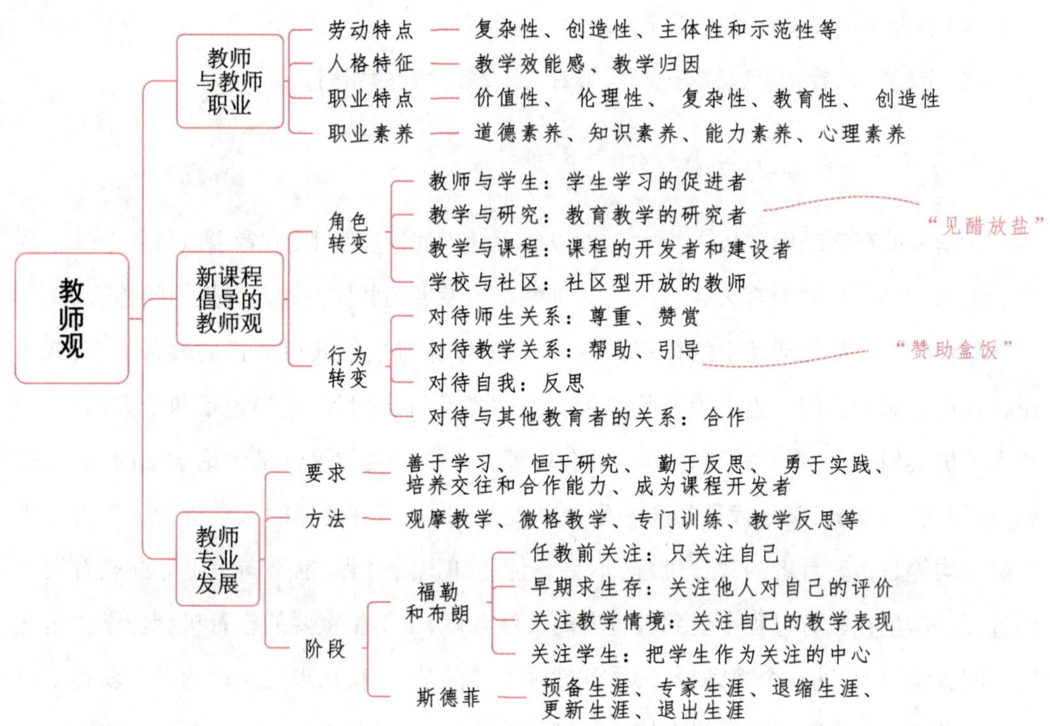

考向分析

本节主要介绍教师观的内容，需要记忆、理解并运用。在考试中主要以单选题和材料分析题的形式考查。通过汇总分析2015年至2023年的真题试卷，本节知识考查情况见下表：

知识	考点	考频	题型
教师与教师职业	教师劳动的特点	4	单选
	教师的人格特征	1	单选
	教师职业的特点	1	单选

续表

知识	考点	考频	题型
教师与教师职业	教师职业素养	3	单选
新课程倡导的教师观	现代教师角色的转变以及现代教师教学行为的转变	13	单选、材料分析
教师专业发展	教师专业发展的要求	5	单选
	教师专业发展的方法	5	单选
	教师专业发展的阶段	1	单选

一、教师与教师职业【9 年 9 考】

考点 1　教师的概念

从广义上讲,教师是把知识、技能和技巧传授给别人的人。从狭义上讲,教师指经过专门训练、在学校从事教育教学工作的专门人员。教师是学校教育工作的主要实施者,根本任务是教书育人。

《中华人民共和国教师法》对教师概念进行了全面的、科学的界定:**教师**是履行教育教学职责的专业人员,承担教书育人,培养社会主义事业建设者和接班人、提高民族素质的使命。

考点 2　教师劳动的特点

教师劳动的特点

考频分布　2023 上单选,2021 下单选 ×2,2019 上单选

1. 复杂性

教师劳动的复杂性主要表现在五个方面:

(1)教师劳动性质的复杂性。教师的劳动属于专业行为,是一种高度复杂的心智劳动。

(2)教师劳动对象的复杂性。教师的劳动对象是千差万别的人。教师不仅要经常在同一个时空条件下,面对全体学生,实施统一的课程计划、课程标准,还要根据每个学生的实际情况因材施教。

(3)教师劳动任务的复杂性。教师不仅要传授科学文化知识和训练学生的技能,发展学生的智力、培养学生的能力,还要培养学生一定的思想品德,促进学生的身心健康发展。教育目的就是使每个学生得到全面、和谐而独特的发展。

(4)教师劳动过程的复杂性。要使学生形成一种良好的思想品德,需要经过知识的传授、情感的体验、意志的锻炼、信念的建立以及行为习惯的培养这样一个长期的过程。

(5)教师劳动手段的复杂性。教育要有效地促进学生的全面发展,必须保持教育影响的一致性,优化组合各种影响,使之发挥最佳的合力。然而,把这些复杂的影响有效地组织到教育过程中,使来自各方面的影响协调一致,却是一种复杂的工作。

2. 创造性

教师劳动的创造性主要是由劳动对象的特点决定的。教师劳动的创造性主要表现在以下三个方面:

(1)因材施教。教师的教育对象是千差万别的,教师必须灵活地针对每个学生的特点,对他们提出不同的要求,采用不同的教育教学方法,做到"一把钥匙开一把锁",使每个学生都能够得到发展。

(2)教学方法上的不断更新。"教学有法,教无定法"是对教师劳动创造性的最好注脚。

(3)教师需要"**教育机智**"。教育机智是教师在教育教学过程中的一种特殊定向能力,是指教师能根据学生新的特别是意外的情况,迅速而正确地做出判断,随机应变地采取及时、恰当而有效的教育措施解决问题的能力。面对复杂的教育情境教师应从三个方面去努力:其一,理解教学艺术的创造性内涵;其二,重视教师的实践缄默知识;其三,提高教师的教学研究能力。

3. 主体性和示范性

主体性指教师自身可以成为活生生的教育因素和具有影响力的榜样。示范性指教师的言行举止等都会成为学生学习的对象。教师劳动的示范性特点是由学生的可塑性、向师性和模仿心理特征决定的。同时,教师劳动的主体性也要求教师的劳动具有示范性特点。

4. 延续性和广延性

劳动时间的延续性是由于教师没有固定的工作时间长度,除了正常的工作时间,教师常常还要利用晚上或休息时间来思考、备课、批改作业、写作。劳动空间的广延性是指教师不能只在课内、校内发挥他的影响力，还要走出校门，进行家访，协调学校、社会、家庭的教育影响，以达到更好的教育目的。

5. 长期性和间接性

长期性是指人才培养的周期比较长，教育影响具有滞后性。间接性指教师的劳动不直接创造物质财富，而是以学生为中介实现教师劳动的价值。

真题面对面

[2021 下半年真题]张老师为了提高学生学习语文的兴趣，设计了“童话故事大比拼”“故事续写”等一系列活动，让学生在活动中主动学习。张老师的做法体现的教师劳动特点是(　　)

A. 长期性　　B. 示范性　　C. 主体性　　D. 创造性

答案：D。

考点3　教师的人格特征

考频分布　2023 上单选

1. 职业信念

教师的职业信念是指教师对成为一个成熟的教育教学专业工作者的向往和追求，它为教师提供了奋斗的目标，是推动教师成长的巨大动力。

有关职业信念的心理学研究主要集中在教学效能感和教学归因两方面。

(1)教学效能感一般指教师对自己影响学生行为和学习结果的能力的一种主观判断。这种判断会影响教师对学生的期待和指导，从而影响教师的工作效率。

(2)教学归因是指教师对学生学习结果的原因的解释和推测，这种解释和推测所获得的观念必然会影响其自身的教学行为。

2. 职业性格

有研究认为，优秀教师的性格品质的基本内核是“促进”，即对别人的行为有所帮助。教师的“促进”主要表现在理解学生、与学生相处以及了解自己三个方面。

真题面对面

[2023 上半年真题]朱老师非常自省，她始终认为只要自己足够努力，就可以提高学生的学习成绩。这表明朱老师(　　)

A. 具有较强的教学应变能力　　B. 具有较强的角色认同感

C. 具有较强的教学监控能力　　D. 具有较强的教学效能感

答案:D。题干中,朱老师认为只要自己足够努力,就可以提高学生的学习成绩,这是对其教学能力的一种主观判断,表明其教学效能感强。

考点4　教师职业的特点

考频分布　2023 上单选

教师职业具有价值性、伦理性、复杂性、教育性和创造性等特点。

1. 价值性

教师作为学校教育教学活动的设计者和实施者,是提高教育质量、促进学生发展的关键因素。开展好的教育活动,既需要教师具有丰富的知识和扎实的教学能力,又离不开与时俱进的教育价值和观念的引导。教育教学活动的创造性需要每位教师对“什么是好的教育”“什么是好的教学”等基本问题进行深入思考。

2. 伦理性

教育是成就人生命的事业,教师对学生的爱既是教育的目的,也是教育的条件。教师只有爱教育事业、爱学生,才能对教育有真诚的投入,主动钻研教学,促进学生发展。

3. 复杂性

教师的教育对象是一个个鲜活的、正在成长着的生命,学生的成长受诸多因素共同作用,包括:学生自身情况,如性格、兴趣、学习基础和期望等;家庭影响,如父母的教育期望与方式、物质与文化环境等;社区和同伴的影响;学校教育的影响,如学校管理制度、教育教学活动、师生关系等;宏观层面的教育评价制度等的影响。诸多不断变化的因素交织在一起共同构成了教育的环境,使教师的工作变得复杂。

4. 教育性

教师在教育教学活动中,要将教育性原则贯彻始终。立德树人是教育的根本任务。教师要按照一定的方法开展教育教学活动,使学生不仅获得知识的增长、能力的提升,还在思想、情感、意志、品德以及世界观等方面获得发展。

5. 创造性

由于教育教学活动的复杂性和不确定性,理论经验不能作为通用方案解决实践中的所有问题,这就需要教师在教育教学的具体情境中,培养实践反思能力,创造性地解决问题。

真题面对面

［**2023 上半年真题**］入职培训时，汪校长要求每位新教师回答“什么是好的教育”“什么是好的教学”。这体现的教师职业特点是(　　)

A. 多样性　　B. 主体性

C. 价值性　　D. 生成性

答案：C。

考点 5　教师职业素养

考频分布　2023 下单选，2023 上单选，2016 下单选

1. 职业道德素养

教师的职业道德素养是从对待事业、对待学生、对待集体、对待自己的态度上体现的。具体来说，对待事业，要忠诚于人民的教育事业；对待学生，要热爱学生；对待集体，要具有团结协作的精神；对待自己，要以身作则，为人师表。

2. 知识素养

教师的知识素养包括政治理论知识、精深的学科专业知识、广博的科学文化知识、必备的教育科学知识、丰富的实践知识。(1)政治理论知识指马列主义、毛泽东思想和中国特色社会主义理论体系；(2)学科专业知识即本体性知识，是指教师应具备的所教学科的专业知识；(3)科学文化知识指教师应具备的一般的人文知识、社会科学和自然科学知识、基本的艺术素养等；(4)教育科学知识即条件性知识，指教师必须具备的教育学、心理学、教育管理的知识；(5)实践性知识是教师在实现有目的的教学行为时所具有的课堂情境知识以及相关的学科教学法知识。

3. 能力素养

教师的能力素养包括语言表达能力、组织教育和教学的能力、组织管理能力、自我调控和自我反思能力(较高的教育机智)。此外，教师还应该具备教育科研能力、学习能力、观察学生的能力、创新能力以及运用现代教育技术手段的能力。

4. 心理素养

一个优秀的教师需要具备良好的心理素质，主要包括四个方面：高尚的师德、愉悦的情感、良好的人际关系、健康的人格。

知识再拔高

教师的专业实践的特点

教师专业实践能力具有经验性、情境性、发展性、价值性等特点。

(1)经验性。具体的教育教学实践经验对教师专业实践能力的生成和发展具有本源性意义。教师也是通过经验把知识转化成教学能力的。抽象的理论知识与复杂的实践之间存在客观差距,理论知识只有在实践中被教师有意识地理解、运用之后才能融入个人的知识体系,成为个人教育理论的一部分和专业实战能力的知识基础,实现其对实践的指导价值。

(2)**情境性**。教师所处的情境是动态和复杂的,充满了不确定性、非常规性乃至矛盾和冲突,如课堂教学过程中的突发事件、学生中的突发问题、不同教育目的的价值冲突、目的与结果的相左等。因此教师专业实践情境是"不受技术理性控制的非决定性地带",其具体性、复杂性和即时性决定了教师专业实践能力不是对理论知识的硬性照搬,亦不可诉诸跨越情境的一般性技巧、策略,而需要教师审慎、灵活地决策和处理。

(3)发展性。教师专业实践能力的发展性主要表现在其历史性和不完备性上。其次,教师与情境的对话是循环往复的,反思性实践并无终结。

(4)价值性。教育本身就是承载着价值的活动。教师专业实践能力也不可能是中立的、冷冰冰的技术,其本质上是一个规范性而非描述性概念,反映着教育的价值取向,内含着价值观和意识形态的较量与冲突。

二、新课程倡导的教师观【9年13考】

考频分布 2015—2023年,以单选题形式考查11次,以材料分析题形式考查2次

教师观就是关于教师职业的基本观念,是人们对教师职业的认识、看法和期望的反映。它既包括对教师职业性质、职责和价值的认识,也包括对教师这种专门职业的基本素养及其专业发展的理解。

考点1 现代教师角色的转变

现代教师角色的转变

1. 从教师与学生的关系看,教师是学生学习的促进者

这是教师最明显、最直接、最富时代性的角色特征,是教师角色中的核心

特征。其内涵主要包括以下两个方面：

(1)教师是学生学习能力的培养者。教师不仅传授知识，而且重在检查学生对知识的掌握程度。教师应成为学生学习的激发者，各种能力和积极个性的培养者。

(2)教师是学生人生的引路人。这要求教师不仅要向学生传播知识，更要引导学生沿着正确的道路前进，并不断在他们成长的道路上设置不同的路标，成为学生健康心理和健康品德形成的促进者、催化剂，引导学生学会自我调适、自我选择，向更高的目标前进。

真题面对面

[2021下半年真题]语文课上，张老师提出了一个具有挑战性的问题，引导学生积极思考并通过小组讨论加以解决。从教师观的角度，下列表述正确的是(　　)

A. 张老师注重学生发展的独特性　　B. 张老师是学生成长的研究者

C. 张老师注重学生发展的主体性　　D. 张老师是学生学习的促进者

答案：D。题干中张老师提出问题引导学生积极思考解决问题，这一教学行为促进了学生对知识的学习，体现了教师是学生学习的促进者。

2. 从教学与研究的关系看，教师是教育教学的研究者

在小学教师的职业生涯中，传统的教学活动和研究活动是彼此分离的。教师的任务只是教学，研究被认为是专家们的“专利”。这种教学与研究的脱节，对教师和教学的发展是极其不利的。

教师即研究者，意味着教师在教学过程中要以研究者的心态置身于教学情境之中，以研究者的眼光审视和分析教学理论与教学实践中的各种问题，对自身的行为进行反思，对出现的问题进行探究，对积累的经验进行总结，最终形成规律性的认识。

3. 从教学与课程的关系看，教师是课程的开发者和建设者

在传统的教学中，教学与课程是彼此分离的。教师被排斥于课程之外，教师的任务只是教学，课程游离于教学以外。教学内容和教学进度由国家的教学大纲和教学计划规定，教学参考资料和考试试卷由专家或教研部门编写、提供，教师成了教育行政部门各项规定的机械执行者，成为各种教学参考资料的简单照搬者。

新课程倡导民主、开放、科学的课程理念，同时确立了国家、地方、学校三级课程管理政策，这就要求课程与教学相互整合，教师必须在课程改革中发挥主体作用。教师不仅是课程实施的执行者，更应成为课程的开发者和建设者。

真题面对面

[2019 上半年真题]黄老师经常带学生到学校的荷花池,观察荷叶和荷花,为学生讲解莲藕的生长过程并引导学生将有关荷叶、荷花的知识编成小册子。这体现了黄老师是(　　)

A. 教育科学的研究者　　B. 行为规范的示范者

C. 专业发展的引领者　　D. 课程资源的开发者

答案:D。黄老师善于利用学校现有的资源进行教学,体现出黄老师是课程资源的开发者。

4. 从学校与社区的关系看,教师是社区型开放的教师

随着社会发展,学校越来越广泛地同社区发生各种各样的内在联系。学校教育与社区生活正在走向终身教育要求的"一体化",即学校教育社区化,社区生活教育化。新课程特别强调学校与社区的互动,重视挖掘社区的教育资源。在这种情况下,教师的角色也要求变革。教师不仅仅是学校的一员,还是社区的一员,是整个社区教育、科学、文化事业的共建者。因此,教师角色是开放的,是"社区型"教师。

知识再拔高

教师的角色冲突

教师的角色冲突主要包括以下几个方面:

(1)学校内外价值观念的冲突。这种冲突是由于社会习俗的要求与学校制度本身对教师的期望不符,使教师感到左右为难。

(2)个人的人格需要与制度上的角色期望之间的冲突。一个从事教育事业而没有奉献精神的教师,其言行未必符合教师角色期望,可能会误人子弟。

(3)角色组合中,不同的人对教师有不同的期望。如因家长、校长以及学生对教师的期望不同而导致教师的无所适从。

(4)一位教师承担两种或两种以上角色时所产生的角色冲突。教师在校内外同时扮演多种角色,如一位女教师在家庭中的角色是主妇和母亲,在学校又扮演数学教师和班主任,因此常常感到分身乏术、无法兼顾。

(5)教师个人内在的冲突。这是个人潜能与需要不符合造成的,如教师因能力有限,无法施展抱负,或教师因体罚学生而产生心理矛盾、不安与困扰等。

考点2　现代教师教学行为的转变

1. 在对待师生关系上，强调尊重、赞赏

“为了每一位学生的发展”是新课程的核心理念。为了实现这一理念，教师必须尊重每一位学生做人的尊严和价值，尤其要尊重以下六种学生：智力发育迟缓的学生、学业成绩不良的学生、被孤立和拒绝的学生、有过错的学生、有严重缺点的学生以及和自己意见不一致的学生。

尊重学生同时意味着不伤害学生的自尊心。教师应努力做到：不体罚学生，不辱骂学生，不大声训斥学生，不冷落学生，不羞辱、嘲笑学生，不随意当众批评学生。

教师不仅要尊重每一位学生，还要学会发现学生的闪光点，学会赞赏每一位学生：(1)赞赏学生的独特性、兴趣、爱好、专长；(2)赞赏学生所取得的哪怕是极其微小的成绩；(3)赞赏学生所付出的努力和所表现出来的善意；(4)赞赏学生对教科书的质疑和对自身的超越。

2. 在对待教学关系上，强调帮助、引导

教师“教”的职责在于：帮助学生检视和反思自我，明了自己想要学习什么和获得什么，确立能够达成的目标；帮助学生寻找、搜集和利用学习资源；帮助学生设计恰当的学习活动并形成有效的学习方式；帮助学生发现所学东西的个人意义和社会价值；帮助学生营造和维持学习过程中积极的心理氛围；帮助学生对学习过程和结果进行评价，并促进评价的内化；帮助学生发现自己的潜能和性向。

教的本质在于引导。引导的特点是含而不露、开而不达、引而不发；引导的内容不仅包括方法和思维，同时也包括价值和做人。在这里，引导表现为教师对学生的启迪与激励。

3. 在对待自我上，强调反思

教学反思被认为是“教师专业发展和自我成长的核心因素”。新课程非常强调教师的教学反思，依据教学进程，教学反思分为教学前、教学中、教学后三个阶段。教学反思有助于教师形成和培养自我反思的意识和自我监控的能力。

4. 在对待与其他教育者的关系上，强调合作

在教育教学过程中，教师除了面对学生外，还要与周围其他教师发生联系，要与学生家长进行沟通与配合。课程的综合化趋势特别需要教师之间的合作，不同年级、不同学科的教师要相互配合，齐心协力地培养学生。教师必须处理好与家长的关系，加强与家

长的联系与合作，共同促进学生的健康成长。

教师观是历年考试必考点，每次考试至少会出一道单项选择题，有时还会以材料分析题的形式考查。考生注意理解并掌握相关知识。命题时，单项选择题一般是结合具体情境进行考查，常考的知识点是“教师是学生学习的促进者”“教师是课程的开发者和建设者”。材料分析题则是给定一个材料，要求从教师观的角度评析材料中教师的教育行为，考生作答时可结合教师角色与教师教学行为转变的内容进行分析论证。

三、教师专业发展【9年11考】

考点1　教师专业发展的概念

教师专业发展，即教师专业成长，是指教师在整个专业生涯中，依托专业组织、专门的培养制度和管理制度，通过持续的专业教育，习得教育教学专业技能，形成专业理想、专业道德和专业能力，从而实现专业自主的过程。

教师专业发展包括教师群体的专业发展和教师个体的专业发展。教师群体的专业发展是指教师职业不断成熟、逐渐达到专业标准，并获得相应的专业地位的过程。教师个体的专业发展是教师作为专业人员，从专业思想到专业知识、专业能力、专业心理品质等方面由不成熟到比较成熟的发展过程，即由一个专业新手发展成为专家型教师或教育家型教师的过程。

考点2　教师专业发展的要求

考频分布　2020下单选，2018下单选，2018上单选，2016上单选，2015上单选

1. 善于学习，加强终身学习的意识和能力

教育改革和社会发展已经使得教师自身的社会化不再是一次性能够完成的，不是职前系统定向的培养就能够终身胜任的；教师的继续社会化应当延伸和覆盖教师职业生涯，教师应当成为一个学习者、成为学习共同体的一员。教师通过不断的自主学习、自我监控、实践反思、探究和研修，实现自我的更新与发展。

真题面对面

[2020下半年真题]学校多次安排杨老师参加集体学习与培训,她总是拒绝,还说:“我年龄这么大了,还学什么啊!”杨老师的言行表明其缺乏( )

A. 专业发展意识　　B. 专业发展能力

C. 团结协作意识　　D. 团结协作能力

答案:A。

2. 恒于研究,成为教育教学的研究者

教师应该成为教育教学的研究者。这既是时代对教师的要求,也是教师作为学生学习引导者和促进者的前提条件。教师对于自己所任教学科的教育教学是天然的研究者,应该不断向研究型教师的目标迈进,积极发现自己在教育教学中存在的问题,深入研究思考解决这些问题的方法,促进自身的专业发展。

3. 勤于反思,培养和发展自己的反思能力

教学反思是教师以自己的教学活动过程为思考对象,对自己所做出的行为、决策以及由此所产生的结果进行审视和分析的过程,是一种通过提高参与者的自我觉察水平来促进能力发展的途径。反思是教师成长和发展的核心能力之一。教学反思的内容包括教学目标、教学观念、教学得失,还包括反思自己的教育教学行为是否对学生有伤害及教育教学是否让不同的学生在学习上得到了不同的发展等。教师常用的教学反思方法包括教学后记、教学反思日记和教学案例。教师要结合学校和班级的实际情况及自身优势,改进自己的教育教学。

真题面对面

[2018上半年真题]张老师经常采取一些有效的方法进行教学反思,下列不属于教学反思方法的是( )

A. 撰写教学后记　　B. 编制课程标准

C. 撰写教学案例　　D. 编写教学日志

答案:B。

4. 勇于实践,培养创新精神和创新能力

教师首先要有实践的意识和勇气,及时捕捉机会,将自己新颖的想法转化为实践的行动;其次要对新想法进行可行性论证,确定行动方案,然后进行实践。教师必须通过创造性教育来培养学生的创新精神和创新能力,将学生培养成创新型人才。这要求教师自

身具有一定的创新能力。教师应该经常主动更新观念,学习新知识,在教育教学和日常生活的一点一滴中,有意识地培养和强化自己的创新精神,创造性地进行教育教学,不断提高自己的创新能力。

5. 重视教师交往和合作能力的培养

教师之间有竞争也有合作。日常教学之余,教师之间可以相互交换意见,彼此分享经验。相同学科的教师可以在一起讨论教学方法,相互合作设计课程。不同学科的教师也可以相互学习和借鉴,或在相关学科知识方面提供专业帮助等。

6. 教师要成为课程的开发者

在以往的教学中,教师往往只是课程和教材的忠实执行者,教师的独立思想和创造性发挥受到很大限制。新课改要求教师根据具体情况创造性地进行教学工作,充分发挥自己的才能和奇思妙想,创造出富有个性的课程,由课程的"守成者"变成"开发者"。

考点3 教师专业发展的方法

教师专业发展的方法

考频分布 2023 下单选,2019 下单选,2018 下单选,2017 下单选,2015 上单选

1. 观摩和分析优秀教师的教学活动

课堂教学观摩可分为组织化观摩和非组织化观摩。组织化观摩是有计划、有目的的观摩,非组织化观摩则没有这些特征。为培养、提高新教师和教学经验欠缺的年轻教师宜进行组织化观摩;非组织化观摩要求观摩者有相当完备的理论知识和洞察力。

2. 开展微格教学

微格教学指以少数的学生为对象,在较短的时间内(5~20 分钟),尝试做小型的课堂教学,并把这种教学过程摄制成录像,课后再进行分析。这是训练新教师、提高教学水平的一条重要途径。

3. 进行专门训练

要想促进新教师的成长,我们可以对其进行专门化的训练。其中的关键程序有:(1)每天进行回顾;(2)有意义地呈现新材料;(3)有效地指导课堂作业;(4)布置家庭作业;(5)每周、每月都进行回顾。

4. 进行教学反思

教学反思是指教师以自己的教学活动过程为思考对象,对自己所做出的某种教学行为、决策以及由此所产生的结果进行审视和分析的活动。

布鲁巴奇等人提出了四种反思的方法：

（1）**反思日记**。在每一天教学工作结束后，要求教师写下自己的经验，并与指导教师共同分析。

（2）**详细描述**。教师相互观摩彼此的教学，详细描述看到的情境，并对此进行讨论分析。

（3）**交流讨论**。来自不同学校的教师聚集在一起，首先提出课堂上发生的问题，然后共同讨论解决办法，最后得到的方案为所有教师共享。

（4）**行动研究**。为弄清课堂上遇到的问题的实质，探索用以改进教学的行动方案，教师以及研究者可以进行调查和实验研究。

美国教育心理学家波斯纳提出了教师成长的公式：**经验 + 反思 = 成长**。

知识再拔高

教师专业发展的其他途径

1. 校本教研

校本教研（又称校本研究）是以校为本的教学研究的简称，指以学校自身条件为基础，以学校校长、教师为主力军，针对学校现实存在的问题而开展的有计划的研究活动。学校是校本教研的主阵地，教师是校本教研的主体，解决教学的实际问题是校本教研的核心。

2. 专业引领

专业引领是由教育专家、教研人员、一线骨干教师通过阐释教育教学理念、共拟教育教学方案、指导教育教学实践尝试、引导反思教育教学行为，从而实现促进教师专业发展的目的。专业引领的方式有学术专题报告、理论学习辅导讲座、教学现场指导以及教学专业咨询（座谈）等。

3. 同伴互助

同伴互助的实质是教师作为专业人员之间的对话、互动与合作。同伴互助的形式为：交谈（信息交流和经验共享），协作（共同负责、完成任务），帮助（师徒结对、以老带新、结对互帮）。

4. 脱产进修

脱产进修就是教师暂时离开岗位或部分时间离开岗位到有关院校或培训机构学习或进修，接受比较系统的专业教育。例如，中小学教师为了提升个人业务水平，征得学校同意后，暂时离开岗位去攻读硕士研究生、博士研究生等。

真题面对面

[**2023 下半年真题**]针对学生注意力分散的问题，唐老师运用教育学、心理学理论对学生的认知特点进行了全面分析，设计了矫正方案并实施，取得了良好效果。唐老师的做法体现的教师专业发展途径是(　　)

A. 行动研究　　B. 校本教研

C. 专业引领　　D. 进修培训

答案：A。题干中唐老师为解决学生注意力分散的问题，运用教育理论对学生认知特点进行分析，设计矫正方案并实施，体现的是行动研究。

考点4　教师专业发展的阶段

考频分布　2022 上单选

1. 福勒和布朗的教师专业发展阶段理论

美国学者福勒根据教师的需要和不同时期所关注的焦点问题，把教师的专业发展划分为任教前关注阶段、早期求生存阶段、关注教学情境阶段和关注学生阶段四个阶段。

(1)任教前关注阶段。此阶段是师资养成时期，师范生仍扮演学生角色，对于教师角色仅是想象，没有教学经验，只关注自己；对于给他们上课的教师的观察，常常是不同表情的，甚至是敌意的。

(2)早期求生存阶段。此阶段是初次实际接触教学工作，所关注的是作为教师自己的生存问题，所以，他们关注对课堂的控制、是否被学生喜欢和他人对自己的评价。故在此阶段，教师都具有相当大的压力。

(3)关注教学情境阶段。此阶段教师关注的是教学和在这种教学情境下如何完成教学任务。所以，在此阶段较重视自己的教学，关注的是自己的教学表现，而不是学生的学习。

(4)关注学生阶段。虽然许多教师在职前教育阶段表达了对学生学习、社会和情绪需求的关注，但是没有实际的行动。直到他们亲身体验到必须面对和克服较繁重的工作时，才开始把学生作为关注的中心。

20 世纪 70 年代福勒和布朗的教师专业发展阶段被后人发展为三个阶段，分别是关注生存阶段、关注情境阶段、关注学生阶段。

真题面对面

[2022 上半年真题]王老师经常反问自己:怎样科学设计教学目标?怎样有效改善教学效果?怎样提高学生成绩?这表明王老师所处的专业发展阶段是(　　)

A. 任教前关注阶段　　B. 早期求生存阶段

C. 关注教学情境阶段　　D. 关注学生阶段

答案:C。题干中王老师经常思考怎样顺利完成教学任务,提高学生成绩,表明王老师处于关注教学情境阶段。

2. 斯德菲的教师专业发展五阶段理论

美国学者斯德菲以自我实现理论为依据,提出教师的发展为五个阶段。他从人的自我需要的视角分析,认为每一个教师都希望成为好教师,都有被肯定评价、实现自身价值的需要。

(1)预备生涯阶段。主要为新任职的教师或重新任职的教师,前者需要三年的时间,才能进展到下一阶段,后者会很快超越此阶段。在此阶段的教师具有的特点:理想主义、有活力,富有创意、容易接纳新观念,积极进取,努力向上。

(2)专家生涯阶段。此阶段的教师具有任教科目的多方面能力、知识和态度,也拥有多方面的信息来源。在此阶段的教师有以下几个特点:具有较高水平的教学能力和技巧;有较高的透视力,可随时掌握学生的动态,并对学生有较高的期望值;能激发自我潜能,达到自我实现。

(3)退缩生涯阶段。此阶段,又可分为三个小阶段。

①初期的退缩阶段:教师很少致力于教学改革,教学内容年年重复,所教学生表现平平,个性表现固执、沉默、随波逐流。如果适时支持和鼓励,又会恢复到专家生涯阶段。

②持续的退缩阶段:教师表现出明显的倦怠感,经常批评学校、家长、学生、教育行政部门,甚至表现好的教师。他们抗拒改革,个性也变得消极,或独来独往,或喋喋不休,人际关系不和谐。

③深度退缩阶段:教师表现出教学上的无力感,甚至有时会伤害到学生。但有些教师本人并不认为自己有这些缺点,具有强烈的自卫和防范心理。

(4)更新生涯阶段。此阶段的教师在开始出现厌烦的征兆时,就采取较为积极的应对措施,如参加研讨会、进修学习或加入教师组织等。由于采取措施得当,就会出现主动致力于吸纳新知识,重新振奋起来,重新回到追求专业成长的状态——预备生涯阶段。但更成熟、更有针对性。

(5)退出生涯阶段——离开教师岗位。到了退休年龄或其他原因,离开教学岗位。

职业理念材料分析题解题方法

一、核心知识

要点1 教育观

教育观的材料分析题常见的设计方式:提供一个教师的教育教学符合素质教育理念或者违背素质教育理念的材料,要求考生运用素质教育的相关理论来评析材料中教师的教育教学行为。

要准确分析有关素质教育的材料,必须把握以下几点:

1. 理解素质教育的内涵

一般来说,要求考生运用素质教育的相关理论来评析材料中教师的教育教学行为,最关键的是要找到材料中体现或违背了素质教育理念的信息。目前,教师资格考试关于素质教育的内涵主要考查以下四点:

(1)素质教育是面向全体学生的教育。判断材料中有违这一理念的关键信息主要有:教育教学中只关注优秀学生;分重点班和普通班;劝退后进生;推行应试教育(这种教育搞选拔性、淘汰性,只能照顾到一部分人,多数学生成了陪衬者)。

(2)素质教育是促进学生全面发展的教育。判断材料中有违这一理念的关键信息主要有:教育教学只强调智育,忽视了德育、体育、美育和劳动技术教育;教育只关注智力因素的发展,忽视了非智力因素的发展。所谓智力因素主要包括注意力、观察力、记忆力、思维力和想象力;非智力因素主要有情感、意志、兴趣、好奇心、求知欲等。

(3)素质教育是促进学生个性发展的教育。判断材料中有违这一理念的关键信息主要有:教育教学方式忽视差异性,用一个统一的模式来教育学生;用一个模子来培养人才,造成人才的千篇一律。材料中经常出现的关键信息有:扼杀特长生,评价方式单一化,忽视多元性。

(4)素质教育是以培养创新精神和实践能力为重点的教育。判断材料中有违这一理念的关键信息主要有:教育教学中搞题海战术;教学方式搞灌输;学生课业负担过重;取消选修课程(拓展型课程、发展型课程等);只强调记忆性知识,忽视思维能力发展;等等。

2. 准确判别应试教育

材料中出现了“考试分数”“学习负担重”“升学率”“题海战术”“猜题押题”“死记硬背”“成绩排名”“填鸭式”等关键词语,这种材料往往是批判应试教育的。通过批判应试教育的行为来评析教师的教育教学行为。

要点2 学生观

涉及学生观的材料分析题,一般只考查“以人为本”的学生观。要想准确把握有关学生观的材料,考生必须把握以下知识点:

(1)学生是发展的人。包含三点:学生的身心发展具有规律性,教师要依据学生的身心发展规律和特点开展教育活动;学生具有巨大的发展潜能,要对学生充满信心,帮助学生发展;学生是处于发展过程中的人,是一个不成熟的人,需要教师的指导。

(2)学生是独特的人。包括三点:学生是完整的人;每个学生都具有自身的独特性,教育要因材施教;学生与成人之间存在巨大的差异,思维、行为等与成人不同。

(3)学生是具有独立意义的人。包含三点:学生是独立的个体,是不以教师的意志为转移的客观存在,教育要尊重学生的个体独立性;学生是学习的主体,教育要促进学生的主体性发展;学生是责权的主体,享有权利的同时也要承担责任。

涉及学生观的材料的一般设问形式是:请从学生观的角度评析材料中教师的教育行为。材料中教师的教育行为既有可能符合新课程倡导的学生观,也有可能是违背学生观的。有的材料中会引用两位老师的做法,要求考生从学生观的角度来加以比较。

要点3 教师观

教师观的内容不常考查。对教师观的考查主要涉及新课改背景下的教师观,包括现代教师角色和教师教学行为的转变。

(1)现代教师角色的转变。从教师与学生的关系看,教师是学生学习的促进者;从教学与研究的关系看,教师是教育教学的研究者;从教学与课程的关系看,教师是课程的开发者和建设者;从学校与社区的关系看,教师是社区型开放的教师。

(2)教师教学行为的转变。在对待师生关系上,新课程强调尊重、赞赏;在对待教学关系上,新课程强调帮助、引导;在对待自我上,新课程强调反思;在对待与其他教育者的关系上,新课程强调合作。

在考试中,以上两个方面可能都考,也可能只考查一个方面,或两个方面各考查一部分。考生应注意随机应变。

要点4　职业理念

考查职业理念的材料分析题，其实是要求考生从素质教育观、“以人为本”学生观和新课改背景下的教师观三方面，分别评析教师的教育行为，所以它考查的内容比较综合。

素质教育观，主要考查素质教育的内涵；“以人为本”的学生观，即学生是发展中的人、独特的人、具有独立意义的人。新课程倡导的教师观主要包括现代教师角色的转变和教师行为的转变。

一般来说，这三方面的内容材料都有可能涉及，当然有些可能只是涉及其中的两方面的内容。具体涉及了哪些方面的内容，要根据材料中的关键信息来确认。

二、解题技巧

这里我们以真题为例，说明如何在考试中，拿到理想的分数。

材料：我刚接任三(2)班班主任，全校闻名的“小魔王”——阳阳，成为我的学生了。

开学没几天，阳阳的问题便接踵而来：上课不专心听讲，不按时完成作业，上课经常单腿盘坐在座位上，书包随意扔在地上，和同学闹矛盾后就动手打人……如何改变他的这些毛病呢？

我利用两周的时间认真观察阳阳，发现他有许多毛病，但也有不少优点，比如酷爱阅读，数学成绩好……于是，我请他在全班交流读书心得。阳阳非常高兴地接受了任务。他利用课余时间认真查阅资料，确定内容，反复练习讲解，阳阳在班上的读书交流获得成功。此外，我还和数学老师商量，让阳阳担任数学课代表，同时承担本组数学作业的改错任务，阳阳非常认真负责，经常利用课余时间给同学纠错，讲题。

渐渐地，阳阳改变了以前的毛病，还积极参加学校的兴趣小组，各方面都有了明显进步，和以前相比判若两人。

问题：请结合材料，从学生观的角度，评析“我”的教育行为。

要点1　审题

职业理念的材料分析题，材料部分多以实际的教育教学案例来呈现，问题则是从教育观、学生观、教师观或整体的职业理念出发，评析材料中教师的教育教学行为。

在审题过程中，我们应该先读问题，明确是从哪一方面来评析教师的教育教学行为，再带着问题去阅读材料。

在材料审读中，我们应该标注出其中出现的一些关键信息点，即在什么时间，哪位老师实施了什么样的教育教学行为，以及这种教育教学行为带来了什么样的教育教学效果或给学生带来了什么影响。

要点2 解题

在审清题目之后，我们就可以结合已经掌握的相关知识点进行解题了。在作答职业理念的材料分析时，我们要注意以下几点：

(1)整体评析材料中教师的教育教学行为。解答这类材料分析题的第一步，我们要对材料中教师的教育教学行为进行整体评价。

【例如】材料中"我"的教育行为践行了"以人为本"的学生观，值得肯定。

(2)关键点放在开头。关键点即得分点，得分点要安排在醒目的地方，所以我们在组织答案时，每一个得分点应该放在每段的第一句话中，且要注意语言组织的凝练、简洁。

【例如】学生是发展的人。学生是发展中的人，具有巨大的发展潜能。

(3)结合材料。材料分析题的出题目的就是考查考生实际解决问题的能力，因此，只有理论是不行的，一定要结合材料来验证理论。

【例如】材料中，"我"并没有因为阳阳的调皮捣蛋而放弃他，而是花了两周时间去观察他，发现了他身上的优点，并利用其优点进行教育，让他当数学课代表、交流阅读心得，从而帮他树立了自信心，促进了学生发展。

(4)答题的最后，最好加一句简短的总结，材料分析题一方面考查考生在实际教育教学活动中能否利用自身的教育教学机智较好地解决教育突发状况；另一方面在笔试中也考查考生是否能够利用自己已学的知识合理地进行谋篇布局。因此，合理地安排答题结构也是考试中取得高分的关键要素。

【例如】综上所述，作为教师，在面对像阳阳这样调皮的孩子时，要践行"以人为本"的学生观，积极地促进学生的全面发展。

要点3 参考答案

材料中"我"的教育行为践行了"以人为本"的学生观，值得肯定。

(1)学生是发展的人。学生是发展中的人，具有巨大的发展潜能。作为发展的人，学生还是一个不成熟的人，是一个在教师指导下正在成长的人，教师要用发展的眼光看待学生。材料中，"我"并没有因为阳阳的调皮捣蛋而放弃他，而是花了两周时间去观察他，发现了他身上的优点，并利用其优点进行教育，让他当数学课代表、交流阅读心得，从而帮他树立了自信心,促进了学生发展。

(2)学生是独特的人。学生并不是单纯的抽象的学习者,而是有着丰富个性的完整的人,每个学生都有自身的独特性。材料中,“我”根据阳阳酷爱阅读的优点,让他在班级交流读书心得;根据他数学好的优势,和数学老师商量,让其担任数学课代表,体现了“我”把阳阳同学看作是独特的人的理念。

(3)学生是具有独立意义的人。素质教育强调学生在学习活动中是认识的主体、实践的主体和发展的主体,是学习的主人,作为教师要调动学生学习的积极性和主动性。材料中,“我”通过请阳阳交流读书心得和做数学课代表,激发起阳阳学习的兴趣,他认真查资料,反复练习,给同学讲题,都体现了“我”把阳阳看作是学习主体的理念。

综上所述,作为教师,在面对像阳阳这样调皮的孩子时,要践行“以人为本”的学生观,积极地促进学生的全面发展。

达标测评

建议用时	实际用时	测评总分	实际得分
55 分钟	____分钟	64 分	____分

一、单项选择题(每小题 2 分,共 22 分)

1. 某小学校长对素质教育检查组说:“我们学校对素质教育十分重视,课外活动开展得丰富多彩,有科技小组、美术小组、音乐小组……但现在学生正在上课,下午课外活动时,请你们指导。”该校长对素质教育的理解(　　)

A. 不正确,素质教育不等于课外活动

B. 不正确,素质教育不包括兴趣小组

C. 正确,素质教育要开展课外活动

D. 正确,素质教育要组建兴趣小组

2. “道而弗牵,强而弗抑,开而弗达。”下列对这句话的理解,不正确的是(　　)

A. 体现主体教育思想　　B. 强调学生自主发展

C. 鼓励学生自学成才　　D. 注重对学生的引导

3. 班主任黄老师偏爱学习好的学生,每次上课的时候对于成绩好的学生的提问总是耐心地解答,而对于成绩不好的学生的提问却总是敷衍了事。日常生活中,黄老师也总是对成绩好的学生多加照顾,认为这些学生才是以后有“大出息”的人。黄老师的做

法(　　)

A. 尊重了学生的独立性　　B. 尊重了学生的主体地位

C. 忽视了学生的个性发展　　D. 忽视了学生是发展的人

4. 语文课上,一位学生突然向李老师提出一个与课堂无关却又观点独特、有讨论价值的问题。此时,李老师应当(　　)

A. 肯定学生提出的问题,鼓励学生课余与老师讨论

B. 指责学生胡思乱想,责令其坐好听课

C. 告诉学生不能提与本节课无关的问题

D. 不理会学生的提问

5. 一年级刚开学,班主任王老师便通过各种渠道,深入了解班上每一个同学,并据此制定学生个人发展规划。这说明王老师关注(　　)

A. 学生发展的差异性　　B. 学生发展的互补性

C. 学生发展的平衡性　　D. 学生发展的顺序性

6. 某山区的林老师根据本地区植物种类繁多的特点,带领其他教师编写了教材《xx山区的植物》,并在全区进行推广授课。这突出体现了林老师是(　　)

A. 课堂教学的管理者　　B. 课堂教学的组织者

C. 课程的开发者和建设者　　D. 学生学习的指导者和促进者

7. 学校派骨干教师张老师外出参加培训。张老师说:"我经常给别人做讲座,哪里还需要接受培训?还是让刚参加工作的年轻人去吧!"关于此事,下列说法中正确的是(　　)

A. 张老师具有团队协作的意识　　B. 张老师具有专业发展的意识

C. 张老师缺乏终身学习的意识　　D. 张老师缺乏课程建设的意识

8. 小玲是一个很有艺术天分的姑娘,钢琴、舞蹈、唱歌都非常出众,经常获奖。小玲认为自己不用学习枯燥的文化知识了,凭借这些就可以上一个不错的大学。她的班主任赵老师也这样认为,因此对上课不认真的小玲总是睁一只眼闭一只眼。赵老师的做法(　　)

A. 错误,没有关注到学生的全面发展

B. 正确,尊重了学生的个性发展

C. 错误,应该让学生在各个领域平均发展

D. 正确,符合素质教育的要求

9. 孙老师在工作日志中写道:"在今天的教研会上,我说做教研跟写论文的方法是一样的,居然没有得到认可,是我错了?还是大家不理解我?我得把这个问题搞清楚。"这表

明孙老师(　　)

A. 善于自我反思　　B. 缺乏探索精神

C. 缺乏问题意识　　D. 善于自我暗示

10. 邱老师经常梳理教学工作中遇到的问题,并运用教育学、心理学的知识分析问题的成因,寻找解决策略。邱老师在这一过程中扮演的主要角色是(　　)

A. 教育教学的研究者　　B. 行为规范的示范者

C. 心理健康的维护者　　D. 学生学习的组织者

11. 为了改变学生从课本中找"标准答案"的习惯,刘老师经常在课堂上设计一些开放性问题,引导学生自由讨论,探索答案。同事马老师对刘老师说:"你这样做会使学生思维太发散,也浪费时间,将来考试肯定会吃亏的。我从不这样做!"下列选项中正确的是(　　)

A. 马老师的说法合理,有利于提高学生学习成绩

B. 刘老师的做法得当,有利于培养学生创新意识

C. 马老师的说法欠妥,不利于维持课堂教学秩序

D. 刘老师的做法欠妥,不利于保证正常教学进度

二、材料分析题(每小题 14 分,共 42 分)

1. 材料: 张老师经常带着学生做模仿游戏,很受欢迎。

有一天,老师做了一个很复杂的动作,很多学生都不会做……这时候,一个平时很喜欢"标新立异"的学生对老师说:"老师,我不想跟你那样做,我想和你做得不一样!"老师说好。于是老师拍手,她跺脚;老师扮小花猫,她学大老虎。接着,有好多学生和老师说:"老师,我们也想做不一样的动作。"老师说好,游戏重新开始,同学们做得特别认真,做了很多平时没有做过的动作。张老师发现规则改变后的游戏更吸引学生的注意力,他们的反应力、想象力和创造力都获得了发展。

问题: 请结合材料,从教育观的角度,评析张老师的教育行为。

2. 材料: 汤老师接手 3 班班主任一个月了,他在课间经常把做作业的同学"撵"出教室,还"异想天开"地让学生自主设计去世界文化遗产的考察路线,让学生模仿在联合国发言,让学生设计一次公益募捐的方案……

就在其他老师议论汤老师的这些做法时,他又在"折腾"分层教学,现在他需要投入更多的时间和精力进行准备,上课要同时兼顾班上多个小组的精神状态……有老师建议他少"折腾",还说:"你关注大多数学生就行了,何必那么费劲,再说即使你这样辛苦,也不一定保证每个学生都能学好。"汤老师依然坚持他的做法,在经过多次试验后,他慢慢

发现分层教学还有很多窍门，如可以把分层教学和“小先生制”结合起来，可以让学生自己总结所学所思所得。例如，在学完《狼牙山五壮士》之后，学生交上来的作业有读后感，有续写、改写，有诗歌、图画、短剧，角度多样，观点鲜明。一段时间之后，汤老师发现学生越来越乐于在作业中另辟蹊径地表达自己的想法了。

问题：结合材料，从学生观的角度，评析汤老师的教育行为。

3. **材料**：大学毕业后，曲老师到一所农村小学当语文老师，至今已有八年了。在此期间，有的同事调到条件更好的学校去了，有的则步入了职业倦怠期，有几所条件更好的城区学校想引进他，但他总是拒绝说：“我从小在农村长大，明白农村孩子也需要良好的教育，这里的孩子离不开我。”

为了成为一名优秀的语文老师，曲老师经常翻阅各种期刊杂志，以及时了解语文学科的新信息；他还经常向经验丰富的教师学习，为了提升自己分析和解决问题的能力，曲老师不断学习科学研究方法，并运用这些方法解决了一些教学问题。

曲老师说：“台上一分钟，台下十年功，当教师仅靠大学时代所学的知识远远不够。”他坚持每天至少进行一个小时的阅读，多年来从未间断过，他的阅读范围很广，除了研读文学领域的经典著作之外，他还广泛学习法学、地理学、社会学、美学等各个领域的知识。

问题：请结合材料，从教师观的角度，评析曲老师的行为。

参考答案及解析

一、单项选择题

1. A [解析]题干中小学校长把素质教育简单地当成是各式各样的课外活动，对素质教育的理解太片面。素质教育是促进学生全面发展的教育，实施素质教育必须坚持“五育”并举，促进学生生动活泼地发展。因此，素质教育不等于课外活动。

2. C [解析]“道而弗牵，强而弗抑，开而弗达”的意思是：（对学生）诱导而不牵拉；劝勉而不强制；指导学习的门径，而不把答案直接告诉学生。这句话蕴含把学生当作学习的主体，在教学中引导学生，让学生自主发展的思想。C 项不符合题意。

3. D [解析]题干中黄老师对于成绩好的学生的提问“耐心地解答”，对于成绩不好的学生的提问则“敷衍了事”，说明黄老师忽视了学生是发展中的人，没有看到成绩不好的学生的发展潜能，故本题选 D。A、B、C 三项题干没有体现。

4. A [解析]题干选项中，B 项做法会挫伤学生学习的积极性和主动性；C 项做法则不利于培养学生发现问题、提出问题的探究精神；D 项做法没有尊重和满足学生发展的主体性需求，忽视了学生是学习的主体。B、C、D三项不选。面对学生提出的与课堂无关却又有讨论价值的问题，李老师应当肯定、鼓励学生勇于发问的行为，同时告诉学生可在课下进行研究、讨论，这样做既尊重了学生学习的主体性，又不影响教学任务的完成，故本题选A。

5. A　[解析]从题干中的“通过各种渠道，深入了解班上每一个同学，并据此制定学生个人发展规划”可知王老师能够因材施教，充分发挥每个学生的潜能和积极因素，有的放矢地进行教学，使每个学生都得到最大的发展，这充分体现了王老师尊重学生发展的个别差异性。

6. C　[解析]从教学与课程的关系看，教师是课程的开发者和建设者。题干中林老师发挥其主体作用，总结、利用外界资源，与其他老师一起编写教材并进行推广授课，开发了一门具有地区特色的课程，这突出体现了林老师是课程的开发者和建设者。

7. C　[解析]教师专业发展要求教师学会学习，成为终身学习者。每一个教师都必须不断更新观念、知识和能力，掌握现代教育技术，用于自己的教学，以适应不断变化的时代对教育提出的要求。张老师认为自己参加工作时间长，经常给别人做讲座，因此不需要进行培训，反映出其缺乏终身学习的意识。

8. A　[解析]素质教育倡导的是在教育中使每个学生都得到充分的、全面的发展。学校教育不仅要抓好智育，更要重视德育，还要加强体育、美育、劳动技术教育和社会实践。题干中赵老师默许艺术天赋很高的小玲不好好学习文化知识，是没有关注到小玲的全面发展的表现。

9. A　[解析]题干中，面对其他教师不认可自己看法的问题，孙老师善于自我提问，进行反思，并且愿意付出时间和精力去进行研究、探索，把问题搞清楚，这说明孙老师具有发现问题的能力，善于自我反思，富有探索精神。故B、C两项表述错误，D项题干没有体现，本题选A。

10. A　[解析]教师即研究者，意味着教师在教学过程中要以研究者的心态置身于教学情境之中，以研究者的眼光审视和分析教学理论与教学实践中的各种问题，对自身的行为进行反思，对出现的问题进行探究，对积累的经验进行总结，最终形成规律性的认识。题干中的邱老师经常梳理工作中遇到的问题，并进行研究，从而找到问题的成因及解决策略，体现了教师的研究者角色。

11. B　[解析]素质教育是以培养创新精神和实践能力为重点的教育。刘老师的做法得当，能够激发学生的创新精神，有利于培养学生的创新意识。从马老师的言语中可以看出，马老师重视考试，禁锢了学生的创造性。

二、材料分析题(答案要点)

1. 张老师的教育行为符合新课改背景下的教育观,值得学习。

(1)素质教育是促进学生个性发展的教育,教师要根据不同学生的特点,发展学生的个性。材料中,张老师对于喜欢“标新立异”的学生,尊重她的想法,让学生按照自己的方式做游戏,学生各方面的能力也得到了增长,这说明张老师尊重并充分发展了学生的个性。

(2)素质教育是以培养学生的创新精神和实践能力为重点的教育。材料中,张老师面对学生新颖的想法,并没有拒绝,而是肯定了其想法,并改变了教学方式,鼓励引导学生做出平时没做过的动作。这说明张老师在教学中注重学生创新精神和实践能力的培养。

(3)素质教育是面向全体学生、促进学生全面发展的教育。素质教育强调在教育中每个人都应得到发展,并且要生动活泼地发展。材料中,张老师不仅使“标新立异”的学生得到了发展,还尊重其他学生的意见,与他们一起做新游戏,促进了全班学生的综合能力的提升,这表明张老师的教学做到了面向全体学生,促进了学生的全面发展。

综上所述,张老师在课堂教学中践行了素质教育理念,促进了学生的发展,值得肯定。

2. 材料中汤老师的教育行为符合现代“以人为本”的学生观,是值得学习和借鉴的。

(1)学生是发展的人,学生的发展具有个别差异性,要用发展的观点认识学生。材料中,汤老师相信学生具有发展潜力,才有了丰富多样的作业活动方式,才真正探索出了保证每个学生有效学习的分层教学。

(2)学生是完整的人,学习过程并不是单纯的知识接受或技能训练过程,而是伴随着交往、创造、追求、选择、意志努力、喜怒哀乐等的综合过程,是学生整个内心世界的全面参与。材料中,汤老师的教学方法尊重了学生自身的独特性,强调学生整个身心的参与,有利于学生在原有基础上的不断提高。

(3)学生是具有独立意义的人,是学习的主体,教师应当尊重学生的主观能动性,激发学生学习的积极性,努力建构学生的主体地位。材料中,汤老师对教学方法的一系列探索与改革正体现出对学生主体地位的尊重,其最终目的就是要调动学生学习的积极性,为学生的全面发展提供广阔的发展空间。

总之,汤老师的行为践行了“以人为本”的学生观的要求,真正促进了学生的发展。

3. 材料中曲老师的教育行为体现了良好的教师职业素养,也符合新课程改革对教师提出的新要求,是值得每一位教师尊敬和学习的。

(1)在对待事业上，教师要忠诚于人民的教育事业。曲老师拒绝了条件更好的城区学校的邀请，坚持留在农村小学教书，体现了其具有良好的教师职业道德素质，忠于人民的教育事业，为中国农村的教育事业做出自己的贡献。

(2)在教育教学过程中，教师除了面对学生外，还要与周围其他教师发生联系。课程的综合化趋势特别需要教师之间的合作，不同年级、不同学科的教师要相互配合，齐心协力地培养学生。曲老师为了成为一名优秀的语文老师，经常虚心向同事请教，体现了新课程强调的合作精神。

(3)新课程要求教师应该是一个研究者，在教学过程中要以研究者的心态置身于教学情境之中，以研究者的眼光审视和分析教学理论与教学实践中的各种问题，对自身的行为进行反思，对出现的问题进行探究，对积累的经验进行总结，最终形成规律性的认识。材料中的曲老师为了提升自己分析和解决问题的能力，不断学习科学研究方法，并运用这些方法解决了一些教学问题，即体现了这一点。

(4)教师要注重自我更新与发展，善于学习，加强终身学习的意识和能力。材料中，曲老师经常翻阅各种期刊杂志，及时了解语文学科的新信息；每天至少进行一个小时的阅读，研读文学、法学、地理学、社会学、美学等各个领域的知识。这些行为表明曲老师注重自我更新，善于学习，具有终身学习的意识和能力。

综上所述，曲老师热爱教育事业，扎根农村地区，认真钻研教学，勤读不辍，其精神和行为值得广大教师学习。

即时反思与复盘总结

我于________年____月____日完成了对本章的学习。

复盘一下，我对自己较肯定的地方是____________________

(足够努力/心态积极/方法得当……)

我觉得自己需要改进的地方是____________________

(懒惰懈怠/心情浮躁/方法不当……)

休息片刻，开启下一站征程！

第二章　教师职业道德

内容概要

本章包括教师职业道德规范、教师职业行为、关于教师职业的规范性文件三节。本章内容在真题试卷中所占分值约 18～24 分，主要以单项选择题和材料分析题的形式考查。本章各节 2015—2023 年考频汇总如下：

教师职业道德规范——总考频 57 次

教师职业行为——总考频 15 次

关于教师职业的规范性文件——总考频 6 次

第一节　教师职业道德规范

思维导图

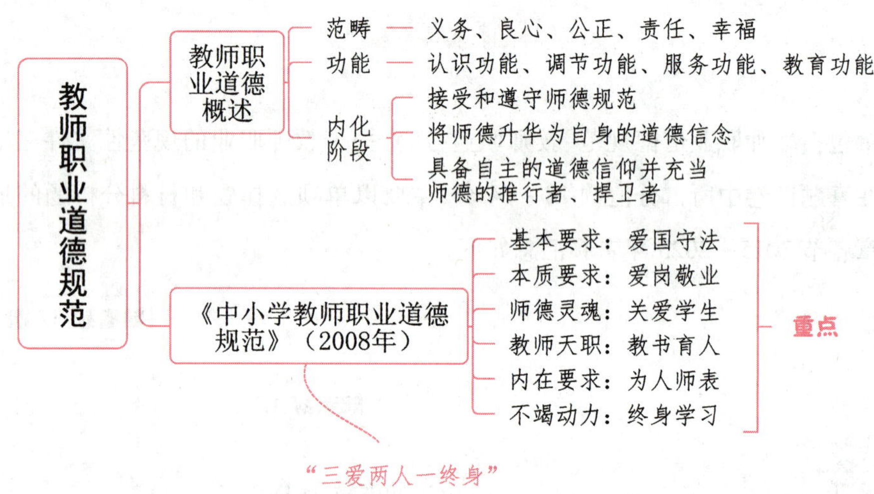

考向分析

本节主要介绍教师职业道德的相关内容与《中小学教师职业道德规范》，需要记忆、理解并运用。在考试中主要以单选题和材料分析题的形式考查。通过汇总分析 2015 年至 2023 年的真题试卷，本节知识考查情况见下表：

知识	考点	考频	题型
教师职业道德概述	教师职业道德的范畴	4	单选
	教师职业道德的功能	1	单选
	教师职业道德内化的阶段	1	单选
《中小学教师职业道德规范（2008 年修订）》	爱岗敬业、关爱学生、教书育人、为人师表、终身学习	49	单选、材料分析
《中小学教师职业道德规范》（1997 年）	依法执教与廉洁从教	2	单选

核心考点

一、教师职业道德概述【9年6考】

考点1 教师职业道德的概念

教师职业道德是教师在从事教育劳动时所应遵循的行为规范和必备的品德的总和，是调节教师与他人、与社会等关系时所必须遵守的基本道德规范和行为准则，以及在此基础上所表现出来的道德观念、情操和品质。师德师风是评价教师队伍素质的第一标准。

考点2 教师职业道德的范畴

考频分布　2023上单选，2022下单选，2021上单选，2019下单选

(1)教师的义务

教师的义务是教师在一定的内心信念和道德责任感的支配下，在教育教学实践中，自觉履行的对学生、他人和社会应尽的职责和任务。教师的义务是教师职业道德的基本范畴之一，其实质是教师的职责在行为上的体现。

(2)教师的良心

教师的良心就是教师在教育教学实践中，在履行对他人、对社会的义务过程中所形成的道德责任感和自我评价能力，它是一种稳定的、持久的精神力量。教师的良心直接影响教育实践的动机和效果，并对教育行为的全过程进行指导和监控，是教师心中的道德"指南"。

(3)教师的公正

教师的公正是指教师在自己的教育活动中对待不同利益关系所表现出来的公平和正义。它表现在教师与自身、教师与同事、教师与学生等人际关系之中。公正必须具备的特性有三条：对等性、可互换性、最终价值判定的依赖性。其中，对等就是指主体对人对事要一视同仁，适用同一个规则或标准。可互换性是对等性的要求和保证。要真正做到对人对己用一个标准，就必须能够让自己处在对方的位置时，仍然接受自己原先承认的法则。

教师公正具有以下三个特点:①教师公正的教育性。②教师公正主体的自觉性。③教师公正实施的实质性。教师公正的实质性是指教师公正具有相当大的灵活性,着眼于实际或实质意义上的公正,而不完全拘泥于形式上的公正。

(4)教师的责任

教师的责任是社会及其群体对教师个人职业角色的期望,教师对这种期望的认同与承担就是教师责任感。教师承担起责任的首要前提是分清任务,认识到在规定的具体情境中所应承担的任务,学会在不同情境中如何跟学生发生相互作用,选择恰当的策略。

(5)教师的幸福

教师的幸福是指教师在教育教学实践中,由于感受到或意识到自己教育理想和目标实现而得到的精神上的满足。教师幸福与其他教师职业道德范畴一样,都是由一定的社会经济关系和社会生活条件决定的。教师实现了自己的目标和理想就会感到精神上的满足,产生幸福的感受。

知识再拔高

教育爱

教育爱是指教育活动中的个体对教育本身所怀有的一种深厚、真挚的感情,通过自己的积极努力,使教育的内在价值和外在价值均得以实现,从而提高他人和社会的幸福。实践教育爱的理念需要教师具有正确的理性把握,坚持和体现教育爱的人道性、引导性、广泛性、理智性和纯洁性、爱与严的结合性。

1. 教育爱的人道性

教育爱的人道性不仅指教育目的上对学生良好人性发展的追求及其制度化的保证,而且还包括在教育过程中对人的生命及其价值的重视,对人的人格、尊严和应有权利的尊重,对人的尊重、关心和爱护,以及对人的合法权益的维护。

2. 教育爱的广泛性

教育爱的广泛性特指两方面的问题:一是教育对象的广泛性,即教育爱要求的不是对个别学生的爱,也不是对少数学生的爱,而是要关心每一名学生,去爱每一名学生,关爱全体学生。二是对教育对象发展的全面关心,即教育爱要求的不只是关心学生学习的好坏、成绩的高低,不只是单纯在各类比赛中拿名次、获大奖,而是要全面关心学生,促进学生各方面的和谐发展。

3. 教育爱的引导性

教育爱的引导性,意味着教师对学生的爱要具有教育意义,体现对学生发展的良好期待和对学生给予良好的教育上的引导,使学生在感受到教师爱的同时也能受到多方面的教育。

4.教育爱的理智性和纯洁性

教育爱的理智性,要求教师对学生的爱应该是理性和明智的,而不应是盲目和冲动的。盲目、冲动的爱可能出现两种结果:一是在爱中缺乏一贯的教育性,放松教育,甚至放任,这就是溺爱。这种爱从长远来说,是不利于学生健康发展的。二是因爱而过分苛刻地要求学生,达不到要求就严厉批评、训斥甚至进行各种形式的惩罚,这就是苛刻的爱。这种爱表面上看是对学生很负责任,一切都是为了学生好,但"爱之深",往往会带来"恨之切"的行为,造成对学生身心的伤害和对他们人格的漠视。教育爱的纯洁性要求教师对学生的爱要正直、公正、坦荡、无私,要以为祖国培养人才的高度责任感来爱学生,对学生爱的情感和行为,应当是真诚的而不能有半点的虚伪,应当真心实意而不应虚情假意。

5.爱与严的结合性

教育爱的目的在于使学生得到良好的发展,这意味着教师对学生的爱不能没有一定的要求。爱与严的结合性要求在实践上把握以下基本问题:一是教师要善于在尊重关爱的基础上对学生提出严格的要求,没有这一基础,学生有时很难接受严格要求,甚至产生情感上的对立。二是要善于在严格要求的过程中体现对学生的尊重关爱,积极为学生达到一定的要求提供及时的帮助和指导。三是教师对学生的爱和严要适度把握。一方面要做到爱而得体;另一方面要做到严而有格,严而有理,严而有方,严而有恒。

真题面对面

[**2023上半年真题**]常有学生说:"我们不否认,老师的严格要求是为我们好,但是有些老师宁给好心不给好脸,常常让我们内心十分反感。"这反映出这些教师缺乏的是(　　)

A.爱的差异性　　B.爱的选择性

C.爱的广泛性　　D.爱的理智性

答案:D。题干中学生认为老师严格要求是为自己好,但对教师"宁给好心不给好脸"的行为内心十分反感,这表明教师的爱在教育实践中缺乏恰当的理性把握。

考点3 教师职业道德的功能

考频分布 2023下单选

道德的有效发挥有待于道德功能的全面实施。归纳起来，道德具有四个方面的主要功能。

1. 道德的认识功能

道德的认识功能，立足于解决一个“知”的问题。人的认识是一个极为复杂的活动，它能产生正确和错误两种不同的结果。良好的道德素养，不是与生俱来的，而是在学校、家庭、社会中长期受教育的结果。在现实社会中，道德能帮助人们认识个人与社会、个人与他人以及个人与自然之间的关系，使人们懂得什么是对的，什么是错的；什么可以做，什么不可以做；什么是必须提倡的，什么是坚决反对的。因此道德是人们认识客观世界的一种方式。

2. 道德的调节功能

道德的调节功能，立足于解决一个“行”的问题。这是道德的主要功能。人们生活在社会中，在与自己的同类发生这样那样的关系时，不可避免地要产生各种各样的矛盾。在非对抗性的矛盾范围内，就需要有道德加以调节，如调节个人与家庭成员之间、个人与朋友之间、个人与领导之间、个人与集体之间乃至于个人与国家之间的关系。它以“应该怎样”为尺度，来衡量和评价人们行为的现状，并力图使人们的行为现状符合于“应当”的尺度。道德这种调节功能，一方面可以指导人们在行动之前采取正确的做法，另一方面在出现矛盾的时候可以纠正错误的行为，使人们的行为合乎道德标准。

3. 道德的服务功能

道德的服务功能，立足于解决一个“用”的问题。道德是一定社会经济关系的产物，又反过来为产生它的社会经济关系服务。任何道德的产生，都是用自己的标准来评价一定的社会经济关系和社会经济状况，肯定其合理性，否定危害它的社会关系的思想和行为。所以道德为产生它的社会经济关系服务，并通过一定的道德标准、道德规范促进社会的发展和进步。

4. 道德的教育功能

所谓道德的教育功能是指道德能够通过评价、激励等方式，通过人们把周围社会现象评价为“善”与“恶”这种巨大的社会力量和人们内在的意志力量，形成社会舆论、社会风尚，树立道德榜样，塑造理想人格，培养人们的道德观念和道德境界，并指导人们的道德行为。

真题面对面

[**2023 下半年真题**]有几位家长的教育理念有些偏颇,甚至与吴老师的相悖,影响了教育效果。吴老师感到很无奈。但考虑到学生的发展,吴老师还是花大量的时间和精力与这些家长沟通,以求形成教育合力。这表明( )

A. 家校矛盾具有非对抗性

B. 家校协作关系具有选择性

C. 家校地位具有非对等性

D. 家校根本利益具有相异性

答案:A。题干中,某些家长的教育理念有些偏颇,甚至与老师的相悖。老师和家长的教育理念不同,属于非对抗性矛盾,可以通过沟通或其他适当方式解决。

考点4 教师职业道德内化的阶段

考频分布 2020 下单选

师德的内化是指教师将国家和社会对教师提出的职业道德规范等要求通过自身的理解吸收,转化为教师内在的信念、意志、准则、性格等,并在工作和生活中通过言论、行为、习惯等外在形式自觉表现出来的稳定性倾向。教师职业道德的内化可以分为两个阶段,一是个体接触、认知和内化外在价值观念和行为规范的阶段;二是将内在观念、内在规范外化为自主自觉的行为实践的阶段。在行为实践阶段,人的道德内化的水平还可以有升华,甚至达到至善至美的境界。在不同的教师中,师德内化的过程发展的程度不尽相同,主要有以下三种不同层次的内化的水平。

1. 接受和遵守师德规范

这是师德内化的初级层次。教师要对作为客体存在的职业道德原则、规范进行较详细的了解,在此基础上,使自己可以做到接受它和遵守它。处于这一水平的教师对师德是缺乏深度理解的,师德内化是初级的和有消极意义的。

2. 将师德升华为自身的道德信念

这是师德内化的中级层次。教师在了解并接受师德规范的基础上,许多教师会自觉思考师德的意义,从更高的层面上掌握它,把师德与国家的教育意志,家长意愿及社会需求联系起来,使自己的道德认识和外在的规范要求融为一体,形成特定的思维定势和个性品德。处于这一水平的个体已较好地理解了师德的意义，并从积极的方面——希望得到夸奖或成为优秀教师去认真遵循师德。这一层次的师德内化是积极的。

3. 具备自主的道德信仰并充当师德的推行者、捍卫者

这是师德内化的高级层次。这种师德内化是建立在对道德原则的本质理解和坚信不疑基础上的，是近乎完美的师德内化。处于这一水平的教师从人类未来发展需要的高度去思考自己应有的师德品行，树立起高远的师德信仰，把自身的幸福建立在实践师德、自我完善、促人上进的体验上。只要有机会，教师都会以积极的人生态度去影响身边更多的人，甚至自愿充当起践行师德的指挥者、监督者和审判者的角色，促成更多的人实践道德规范。

二、《中小学教师职业道德规范(2008 年修订)》【9 年 49 考】

考频分布 2015—2023 年，以单选题形式考查 32 次，材料分析题形式考查 17 次

《中小学教师职业道德规范(2008 年修订)》共六条，分别为爱国守法、爱岗敬业、关爱学生、教书育人、为人师表、终身学习。这六条体现了教师职业特点对师德的本质要求和时代特征。“爱”与“责任”是贯穿其中的核心与灵魂。

考点 1 爱国守法

热爱祖国，热爱人民，拥护中国共产党领导，拥护社会主义。全面贯彻国家教育方针，自觉遵守教育法律法规，依法履行教师职责权利。不得有违背党和国家方针政策的言行。

【内容解读】爱国守法是教师职业的基本要求。热爱祖国是每个公民，也是每个教师的神圣职责和义务。建设社会主义法治国家是我国现代化建设的重要目标。要实现这一目标，需要每个社会成员知法守法，用法律来规范自己的言行，不做法律禁止的事情。爱国是每个公民最基本的政治品质，也是人民教师首要的政治规范。守法是一个人民教师最基本的行为准则。

考点 2 爱岗敬业

爱岗敬业、关爱学生、教书育人

忠诚于人民教育事业，志存高远，勤恳敬业，甘为人梯，乐于奉献。对工作高度负责，认真备课上课，认真批改作业，认真辅导学生。不得敷衍塞责。

【内容解读】爱岗敬业是教师职业的本质要求。爱岗敬业,就是要求教师对教育事业具有强烈的责任感和深厚的感情。没有责任感就办不好教育,没有感情就做不好教育工作。教师应始终牢记自己的神圣职责,志存高远,把个人的成长进步同社会主义伟大事业、同祖国的繁荣富强紧密联系在一起,并在深刻的社会变革和丰富的教育实践中履行自己的光荣职责。献身教育是人民教师忠于党、忠于人民、忠于社会主义祖国的高尚道德境界的具体表现。它是履行师德要求的思想基础和前提条件。教师应努力履行人民教师的神圣职责,在教书中育人,在育人中教书,用自己的辛勤劳动和无私奉献去诠释人民教师的高尚师德。

真题面对面

[2023 上半年真题]小学教师丁老师经常赴各地参加教学研讨,他勤于钻研并发表了不少论文,个人影响力越来越大。但他在教学上投入不足,班上学生成绩不理想。对此,丁老师认为:"不能仅以学生分数评价教师工作。"丁老师的言行(　　)

A. 不合理,教师的首要任务是提高学生分数

B. 不合理,丁老师未能正确理解教师的职责

C. 合理,不能以分数作为评价教师的唯一标准

D. 合理,有利于教师专业发展

答案:B。

考点3　关爱学生

关心爱护全体学生,尊重学生人格,平等公正对待学生。对学生严慈相济,做学生良师益友。保护学生安全,关心学生健康,维护学生权益。不讽刺、挖苦、歧视学生,不体罚或变相体罚学生。

【内容解读】关爱学生是师德的灵魂。"关爱学生",就是要求教师有热爱学生、诲人不倦的情感和爱心。亲其师,信其道。没有爱,就没有教育。关爱学生不是不要严格。严格教育学生,应当全面地、科学地要求学生。概括起来讲,严格教育、全面要求学生应当遵循以下原则:

(1)严而有理。严格教育、全面要求应当符合青少年学生身心发展规律,符合教育规律。只有当这种严格要求能促进人的智能、创造素质、道德品质、体格、心理、自理能力等方面的发展提高时,才是合理的。

(2)严而有度。教师对学生的实际水平、理解和接受能力应有一个正确的估量,才能

对学生提出符合他们实际情况、能为他们所接受的要求。要求不能太高,又不能太低。

(3)严而有方。教师对学生提出的要求必须有办法促使学生乐意地去接受、确确实实地去执行。

(4)严而有恒。所谓恒,就是坚持长久。对学生提出的严格要求不能时有时无,要保持一定的稳定性。

真题面对面

[**2019 下半年真题**]孙老师常在表扬或批评学生时说:“你做得不错! 要是像 XXX 同学一样,可就惨啦!”“千万不要像 XXX 同学一样!”“你就不能像 XXX 同学一样表现好点吗?”孙老师的做法(　　)

A. 正确,能够培养学生谦逊品质　　B. 正确,能够促进学生认识自己

C. 不正确,会伤害被比较的学生　　D. 不正确,应只与优秀学生比较

答案:C。

考点4　教书育人

遵循教育规律,实施素质教育。循循善诱,诲人不倦,因材施教。培养学生良好品行,激发学生创新精神,促进学生全面发展。不以分数作为评价学生的唯一标准。

【内容解读】教书育人是教师的天职。“教书育人”,就是要求教师以育人为根本任务。教师必须热爱学生,了解学生,不歧视学生,建立平等、民主和谐的师生关系,做学生的良师益友。教师对学生的爱,是师德的核心。教师对学生的爱,是一种只讲付出不计回报的、无私的、广泛的且没有血缘关系的爱。这种爱是神圣的,是教师教育学生的感情基础。学生一旦体会到这种感情,就会“亲其师”,从而“信其道”,也正是在这个过程中,教育实现了其根本的功能。爱学生就要对学生一视同仁,不能用简单粗暴的做法对待学生或歧视学生。应当相信每一个学生都能成功,平等对待每一个学生,发现他们的闪光点,让每一个学生都能品尝到成功的喜悦。

真题面对面

[**2021 上半年真题**]在课堂教学中,文老师不仅能够深入浅出地讲解学科知识,而且能结合教学内容对学生进行思想道德方面的引导。文老师的做法体现了(　　)

A. 教育价值的融合　　B. 教法与学法的融合

C. 师生互动的生成　　D. 传授与习得的互补

答案:A。

考点5　为人师表

坚守高尚情操，知荣明耻，严于律己，以身作则。衣着得体，语言规范，举止文明。关心集体，团结协作，尊重同事，尊重家长。作风正派，廉洁奉公。自觉抵制有偿家教，不利用职务之便谋取私利。

【内容解读】为人师表是教师职业的内在要求。所谓"为人师表"，是指教师应该成为学生效法的表率。孔子作为教师，最早倡导以身作则，强调"其身正，不令而行；其身不正，虽令不从"。教师的思想、行为、作风和品质，每时每刻都在感染、熏陶和影响着学生。"为人师表"，就是要求教师言传身教，以身立教，在各个方面率先垂范，做学生的榜样，以自己的人格魅力和学识魅力教育感染学生，做学生健康成长的指导者和引路人。

考点6　终身学习

崇尚科学精神，树立终身学习理念，拓宽知识视野，更新知识结构。潜心钻研业务，勇于探索创新，不断提高专业素养和教育教学水平。

【内容解读】终身学习是教师专业发展的不竭动力。终身学习是时代发展的要求，也是教师职业特点所决定的。因此，教师必须树立终身学习的观念，不断在读书学习中拓宽知识视野，更新知识结构，这是教师专业成长的必由之路。

教育者必须先受教育。孔子说，"学而不厌，诲人不倦"；《礼记 · 学记》中说，"教学相长也"。这些都是颇有道理的。要给学生一杯水，自己必须有一桶水。因此每位人民教师都必须勤奋学习，有学而不厌的进取精神，勇于攀登，不断汲取新的知识，不断优化自己的知识结构，以适应时代的要求。另外，精通业务，严谨治学，还要求教师提高教学的方法和技巧，以提高教学质量，更好地完成教学任务。

真题面对面

[2019下半年真题]学校安排王老师外出培训学习，他说："我都五十多岁了，教学也完全没问题，还参加什么培训？把机会给年轻人吧。"对此，下列说法正确的是(　　)

A. 教学经验丰富的老教师不需要参加培训

B. 作为教师应该不断提高自身的专业水平

C. 培训年轻教师可发挥培训资源最大效用

D. 培训任务过多加重了王老师的工作负担

答案：B。

《中小学教师职业道德规范(2008年修订)》的主要内容可以概括为“三爱两人一终身”,“三爱”即爱国守法、爱岗敬业、关爱学生;“两人”即教书育人、为人师表;“一终身”即终身学习。关于考查教师职业道德的材料分析题,考生阅读时要注意材料中的关键词句,找准教师行为所对应的师德规范。

有关师德规范的关键词或信息

师德规范	关键词或信息
爱国守法	正面:遵守法律法规
	负面:违反教育法律法规、侵犯学生的合法权益
爱岗敬业	正面:认真备课、上课、辅导学生、无私奉献
	负面:做事态度敷衍、应付了事、工作时不耐烦
关爱学生	正面:关注学生身心发展、关爱和帮助弱势学生、关注全体学生、对待学生公平公正
	负面:偏心、侵犯学生合法权益、体罚或讽刺挖苦学生
教书育人	正面:因材施教、培养良好品行、不唯分数论
	负面:唯分数论、对后进生不闻不问
为人师表	正面:以身作则、尊重同事家长、不收礼、言行举止文明
	负面:言行粗俗、着装邋遢、不尊重同事家长、有偿家教
终身学习	正面:积极学习新知识和新技能、钻研教学、参加培训
	负面:得过且过、不思进取、毫无反思

三、《中小学教师职业道德规范(1997年)》【9年2考】

考频分布 2018上单选,2015上单选

1. 依法执教

学习和宣传马列主义、毛泽东思想和邓小平同志建设有中国特色社会主义理论,拥护党的基本路线,全面贯彻国家教育方针,自觉遵守《中华人民共和国教师法》等法律法规,在教育教学中同党和国家的方针政策保持一致,不得有违背党和国家方针、政策的言行。

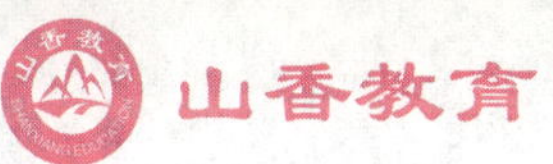

2. 爱岗敬业

热爱教育、热爱学校，尽职尽责、教书育人，注意培养学生具有良好的思想品德。认真备课上课，认真批改作业，不敷衍塞责，不传播有害学生身心健康的思想。

3. 热爱学生

关心爱护全体学生，尊重学生的人格，平等、公正对待学生。对学生严格要求，耐心教导，不讽刺、挖苦、歧视学生，不体罚或变相体罚学生，保护学生合法权益，促进学生全面、主动、健康发展。

4. 严谨治学

树立优良学风，刻苦钻研业务，不断学习新知识，探索教育教学规律，改进教育教学方法，提高教育、教学和科研水平。

5. 团结协作

谦虚谨慎、尊重同志，相互学习、相互帮助，维护其他教师在学生中的威信。关心集体，维护学校荣誉，共创文明校风。

6. 尊重家长

主动与学生家长联系，认真听取意见和建议，取得支持与配合。积极宣传科学的教育思想和方法，不训斥、指责学生家长。

7. 廉洁从教

坚守高尚情操，发扬奉献精神，自觉抵制社会不良风气影响。不利用职责之便谋取私利。

8. 为人师表

模范遵守社会公德，衣着整洁得体，语言规范健康，举止文明礼貌，严于律己，作风正派，以身作则，注重身教。

真题面对面

[2018 上半年真题]小敏数学基础差，秦老师经常利用课余时间义务帮小敏补习。小敏的家长多次给秦老师报酬，都被秦老师婉言谢绝。这表明秦老师(　　)

A. 做到了严慈相济　　B. 不注重家校合作

C. 做到了廉洁从教　　D. 不注重有效沟通

答案：C。

第二节 教师职业行为

思维导图

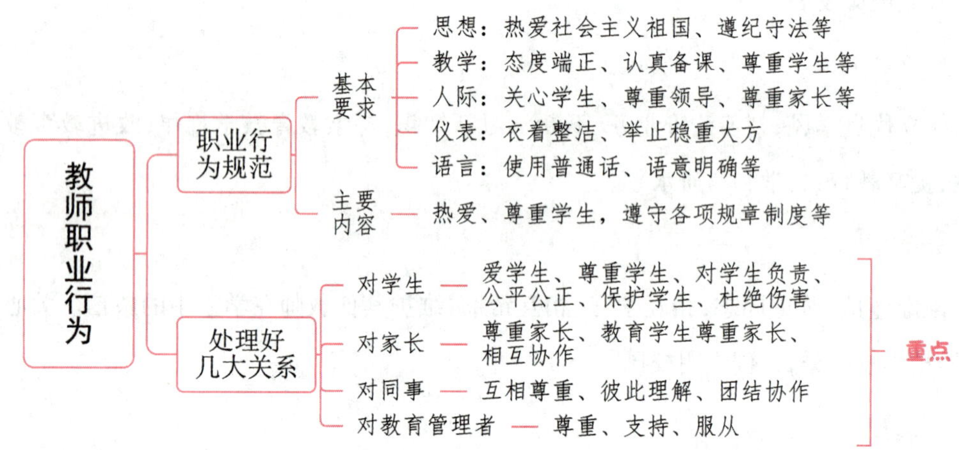

考向分析

本节主要介绍教师职业行为的相关内容，重在理解。在考试中会以单选题的形式考查。通过汇总分析 2015 年至 2023 年的真题试卷，本节知识考查情况见下表：

知识	考点	考频	题型
教师职业行为规范	教师职业行为规范的基本要求	5	单选
	教师职业行为规范的主要内容	1	单选
教师在教学活动中要处理好的几大关系	教师与学生、学生家长、同事的关系	9	单选

一、教师职业行为规范【9 年 6 考】

教师职业行为规范是教师在职业活动过程中，为了实现教育目标、履行教师职责、严守职业道德,从思想认识到日常行为应遵守的基本准则。

考点1 教师职业行为规范的基本要求

考频分布 2019下单选,2017上单选×2,2016上单选,2015下单选

1.教师的思想行为规范

(1)热爱社会主义祖国,拥护中国共产党的领导,认真学习和宣传马克思列宁主义、毛泽东思想,热爱教育事业。

(2)认真执行教育方针,遵循教育规律,尽职尽责,教书育人。

(3)正直诚实,作风正派,为人师表,遵纪守法。

(4)树立正确的人生观和价值观,发扬无私奉献的精神,不做有损国格、人格的事。

(5)积极参加政治学习和宣传活动,做社会主义精神文明的建设者和传播者。

2.教师的教学行为规范

(1)要有端正的教学态度,严肃认真地对待教学工作中的每一项内容。

(2)钻研业务,熟悉教材,认真备课;要善于激发学生的求知欲,组织好课堂教学,创造生动活泼的课堂气氛,尽量避免对学生进行灌输性教学。

(3)精心编排练习,认真批改作业,及时纠正错误。定时做好检查教学质量工作,及时补缺补漏。

(4)按时上课下课,不迟到、不缺课、不拖堂。

(5)上课语言文明、清晰流畅,表达准确简洁;板书整洁规范,内容简练精确。

(6)既要严格要求学生,又要尊重学生,对待学生要一视同仁。热情、耐心地回答学生的提问。不能讽刺、挖苦学生。

(7)教学计划应符合教学进度的要求,不能随意删增内容、加堂或缺课,不能占用学生的自习课或复习考试时间,增加学生的学习负担。

3.教师的人际行为规范

(1)教师与学生之间要做到:热爱学生,关心学生,尊重学生;严格要求,耐心教导,循循善诱,不偏不倚;不以师生关系谋取私利。

(2)教师之间要做到:互相尊重,切忌嫉妒;相互学习,取长补短;平等相待,不卑不亢;乐于助人,关心同事。

(3)教师与领导之间要做到:尊重领导,服从安排;顾全大局,遵守纪律;互相理解,互相支持;秉公办事,团结一致。

(4)教师与家长之间要做到:尊重家长,理解家长;经常家访,互通情况;密切配合,教育学生。

真题面对面

[2019下半年真题]班主任李老师在利用现代通讯方式联系家长的同时,坚持定期家访,研究学生个性特点,制定班级管理规则。对于李老师的做法,下列说法不正确的是( )

A.管理班级实现了优化高效

B.注重教师专业能力提升

C.教育学生做到了因材施教

D.注重家校沟通的多元化

答案:B。

4.教师的仪表行为规范

(1)衣着整洁,朴实大方,服饰要符合职业特点,体现教师为人师表的好形象。

(2)举止稳重大方、潇洒自然、彬彬有礼。切忌轻浮粗俗、拘谨呆板。

5.教师的语言行为规范

(1)教师要使用普通话,边远地区的教师也要通过媒体及其他途径练习普通话,力争发音标准。

(2)语意要明确、表达要清楚,这需要教师熟悉学科知识,思路清晰。

(3)语句要完整,上下连贯、有逻辑性。

(4)教师还要注意与时俱进、丰富语言,学会用学生熟悉、喜欢的语言表达教学内容。

考点2 教师职业行为规范的主要内容

考频分布 2022下单选

教师的职业行为规范主要包括以下几个方面:

(1)热爱党、热爱祖国、热爱教育事业,全面贯彻教育方针和职业规范。

(2)热爱、尊重学生,积极为学生创设良好的育人环境,坚持正面教育,严禁体罚和变相体罚学生。

(3)遵守社会公德和学校各项规章制度,全心全意为学生服务。

(4)严于律己、以身作则、为人师表、举止大方,为学生做出表率。

(5)语言规范文明,入学坚持使用普通话,爱护公物,勤俭节约。

(6)仪表端庄、服饰整洁、大方,便于组织学生活动。

(7)团结同事,对人真诚有礼貌,主动热情帮助别人。

(8)做事认真、踏实,服从领导安排,努力做好各项工作,乐于接受任务。

(9)勤奋学习、刻苦钻研,努力提高自身素质和专业水平。

(10)尊重家长,主动、热情地为家长服务,经常征询家长意见,宣传教育知识。

真题面对面

[**2022 下半年真题**]李老师在班里开展“大家一起找优点”活动,要求学生设立“优点记录本”,既记录自己的优点,也记录同学的优点,并在每周“优点交流会”上交流。李老师的做法(　　)

A. 不恰当,将导致学生的盲目自信　　B. 不恰当,将导致学生报喜不报忧

C. 恰当,能激励学生不断进步　　D. 恰当,能减少班主任工作量

答案:C。

二、教师在教学活动中要处理好的几大关系【9年9考】

教师与学生、教师与学生家长、教师与同事、教师与教育管理者的关系是学校中最基本的人际关系,正确处理好这些关系,直接关系着教育活动开展的质量和效率。

考点1　教师与学生的关系

考频分布　2020下单选×2,2015下单选

1. 教师与学生关系的性质

在教育活动中,学生虽然是教师“教”的对象,但是从教师职业道德要求看,学生也是教师承担“责任”和“义务”的对象。教师对学生所承担的责任和义务,从根本上说就是教师对学生健康成长的责任和义务。因此,在教师与学生的关系上,学生是教师工作的出发点和归属。

2. 处理教师与学生关系的基本要求

(1)爱学生

爱学生,是教师处理与学生关系的根本出发点。没有对学生的爱,教师对于学生所发生的一切行为就没有道德可言。教师对学生的爱,不是对少数人的爱,不是有差别的爱,而是对全体学生的爱,对所有学生付出同样的爱。不论教师面对的学生成绩如何,家庭背景如何等,教师都能够付出自己的爱。教师对学生的爱,应当是无条件的。

(2)尊重学生

尊重学生,是教师建立师生间平等关系的表现。尊重是对师生间平等地位的认可。在师生平等的交往关系中,教师的爱才是真爱,教师的爱才能够实现,学生也才能够感受到教师的爱,从而接受教师对自己的教育。

(3)对学生负责

爱学生,尊重学生,是为了学生的成长。学生的成长,需要在教育教学活动中实现。在教育教学活动中,教师自己的行为要符合教育教学的要求,学生的行为也要符合教育教学的要求。在教育教学活动中,对自己严格要求,也对学生严格要求。教师严格要求学生要做到:严而有理。教师对学生提出的要求必须从学生实际情况出发,在充分考虑教育条件的基础上,选择合适的教育方式,刚柔相济、寓刚于柔。这就是负责,也是一种负责的爱。

(4)公平公正

教师的爱是面向一切学生的,学生所需要的爱也是没有差别的。因而公平公正地对待每一个学生,就是教师的爱给予每一个学生的保证。教师公正地对待学生要求教师要公正、公平、不偏不倚、一视同仁。一方面,教师不能因为个人感情的好恶、私人关系、学生成绩的优劣等偏袒或轻视学生;另一方面,教师不能因为学生的性别、美丑、性格特征、身体条件、家庭出身等不同而偏袒或轻视学生。公平公正地对待学生是树立正确师生观的核心问题。

(5)保护学生

虽然学生应当是教师平等的交往对象,但是由于学生处在身心的发展阶段上,他们应对生活的能力与经验还不足,因而需要教师给予各个方面的保护。

(6)杜绝伤害

既然学生是教师工作的出发点,那么一切有碍、有害学生成长的行为,在教师的方面都是不允许的,特别是体罚和变相体罚等行为。

真题面对面

[2020 下半年真题]本学期,四(1)班方老师组织学生开展了多次防火、防灾及交通安全等主题演练活动。这表明方老师(　　)

A. 善于倾听学生的心声　　B. 重视学生的亲身体验

C. 注重学生的自由发展　　D. 重视培养学生施救意识

答案:B。题干中,方老师组织学生开展各种安全主题演练活动,让学生亲自参与到活动中去,这表明方老师重视学生的亲身体验。

考点2　教师与学生家长的关系

考频分布　2018 下单选,2016 下单选

1. 教师与家长关系的性质

学生是教师工作的出发点,因而教师对学生负有责任和义务。学生是家长送到学校来接受教师教育的,在这个意义上家长也是教师责任与义务的对象。

家长作为孩子的第一任教师,对孩子的成长也负有责任,并且是影响孩子成长的重要因素。从家长是一种教育力量的角度来看,家长也是教师工作的合作伙伴。

2. 处理教师与家长关系的基本要求

(1)尊重家长

学生应当是教师给予平等看待的对象,给予尊重的对象,学生的家长也应当与教师处于平等的关系上,也应当得到教师的尊重。教师和家长在人格上是完全平等的,不存在尊卑之分。教师必须尊重学生家长的人格,特别是尊重社会地位低和所谓"差生"的家长的人格。教师要避免向家长"告状",不要当众责备其子女,不要说侮辱学生家长人格的话和有侮辱学生家长人格的行为,否则会造成教师与家长的对立,不利于教育效能的提高。

(2)教育学生尊重家长

教师不仅要身体力行地尊重学生家长,还要教育学生尊重自己的父母,特别是那些社会地位不高和文化水平不高的父母。教师教育学生尊重家长,不但可以提高家长的威信,增强家庭教育的力量,而且当家长看到自己的孩子在教师教育下健康成长,对自己又很尊敬时,会由衷地感谢教师,更加信任教师。

教师和家长都是以教育好学生、促进学生身心的全面发展为共同目标的,应该建立彼此信任、相互支持的平等关系,只有平等才有沟通的可能,只有平等双方才能合力教育好学生。

(3)相互协作

教师要想得到家长的切实而有效的支持,就必须得到家长的理解。家长对教师的理解,是建立在协作关系上的。在协作的关系中,教师能够了解家长需要得到怎样的指导,家长也知道教师需要得到怎样的支持。

真题面对面

[2018 下半年真题]刚入职不久的班主任张老师因过失被家长投诉了。此时，张老师恰当的做法是(　　)

A. 求助领导，要求换班　　B. 埋怨家长，批评学生

C. 反省自我，积极沟通　　D. 坚持自我，任其自然

答案：C。被家长投诉了，张老师应首先反省自我，反省自己处理问题是否得当，然后积极主动与家长沟通，请其谅解。

考点3　教师与同事的关系

考频分布　2021 上单选，2017 上单选，2016 下单选，2016 上单选

1. 教师与同事关系的性质

教师的教育工作，不是个人行为，而是集体行为。教师个人在集体中开展教育活动，集体的教育活动又通过每一位教师的劳动得以实现。教师的工作离不开教师集体，教师集体也离不开每一位教师。

2. 处理教师与同事关系的基本要求

(1)互相尊重

教师在集体中开展着自己的专业性活动，对于共同开展教育教学活动的同事，在地位上是平等的，也是应当给予尊重的对象。

(2)彼此理解

教师在集体中开展工作，由于工作任务及性质上的差异，教师集体中也会产生矛盾与冲突。这就需要教师与同事之间能够互相理解。

(3)团结协作

教师在集体中工作，协作是十分必要的。协作需要教师与同事搞好团结，相互理解、相互支持。

真题面对面

[2021 上半年真题]特级教师李老师经常去听年轻老师的课并给予指导。一次听孙老师上课时，李老师发现孙老师对某个知识点的讲解存在偏差，便当场打断教学予以纠正。这说明李老师(　　)

A. 帮扶心切，严慈相济　　B. 甘为人梯，示范失当

C. 教学严谨，循循善诱　　D. 严于律己，缺乏尊重

答案:B。题干中,李老师经常去听年轻教师的课并给予指导,体现了李老师甘为人梯,乐于助人;但李老师发现孙老师的讲解存在偏差,当场打断教师教学行为的不妥当,李老师可在课下与孙老师沟通,给予指导。

考点4 教师与教育管理者的关系

1. 教师与教育管理者关系的性质

教师在学校组织中工作,组织的运作是在管理中实现的。有组织,就有组织的管理;有组织的管理,就有组织管理者。教师在教育组织中开展自己的职业活动,也必然要在一定教育管理者的管理之下开展职业活动。从管理的角度看,教育管理者与教师是管理与被管理的关系。

但是,这种管理与被管理的关系,不意味着地位的不平等。教师在学校教育活动中的主体地位,不因教师是被管理者的地位而有所改变。管理与被管理,只是分工的不同。教师与教育管理者的关系,是组织中承担不同任务的人们之间的关系。

2. 处理教师与教育管理者关系的基本要求

(1)尊重

教育管理者的管理目标与教师的职业活动目标是一致的。教师应当尊重教育管理者履行管理职责所开展的教育管理活动。

(2)支持

教师在学校组织中开展职业活动。教师的职责和任务是学校教育管理者赋予的。每一位教师根据自己对职责的承诺,完成学校教育管理者分配的任务,是学校组织实现教育目标的保障。学校组织教育目标的实现,是学生的利益所在,因而教师应当在自己的职业行为上支持学校教育管理者对于学校管理工作的开展。

(3)服从

领导与教师只是职务上的差异,人格上是完全平等的。因此,服从不是对领导百依百顺,而是在与领导意见不一致时,顾全大局。教师应服从领导的工作安排,自觉接受领导的检查和监督。

第三节　关于教师职业的规范性文件

思维导图

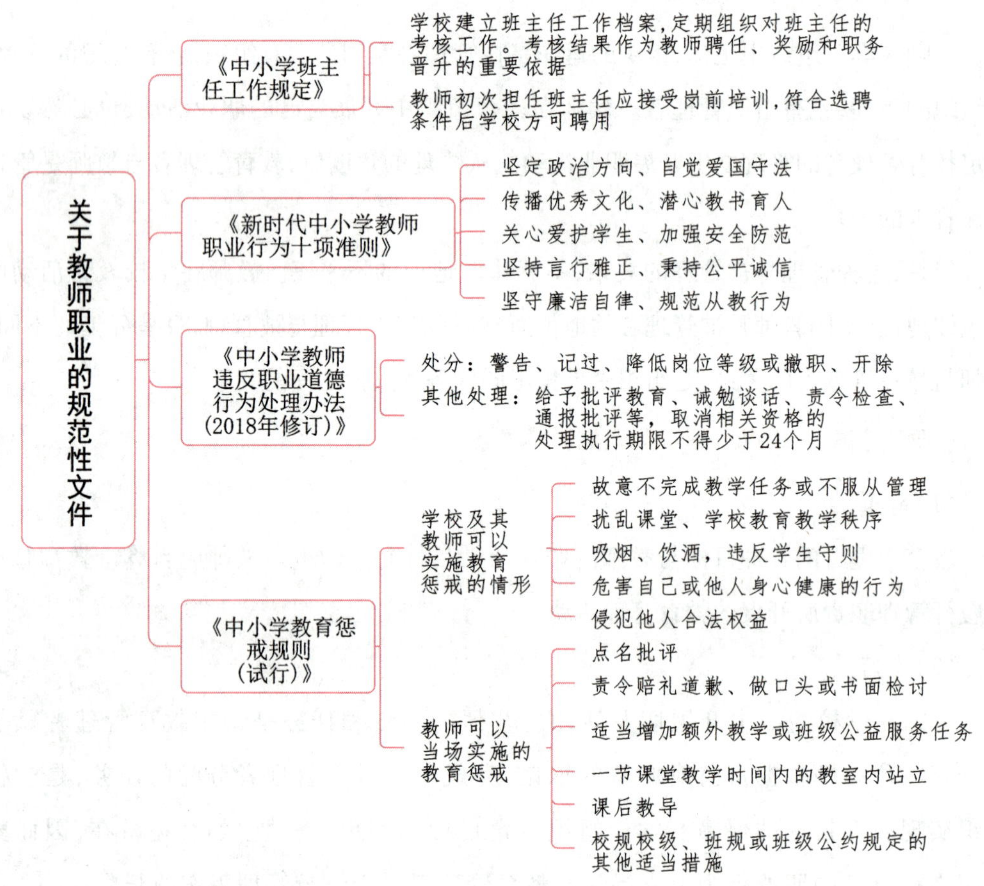

考向分析

本节主要介绍关于教师职业的规范性文件，需要记忆并理解。在考试中主要以单选题的形式考查。通过汇总分析2015年至2023年的真题试卷，本节知识考查情况见下表：

知识	考点	考频	题型
《中小学班主任工作规定》	教师的配备与选聘、职责与任务、待遇与权利	2	单选
《新时代中小学教师职业行为十项准则》	潜心教书育人	1	单选
《中小学教师违反职业道德行为处理办法(2018年修订)》	教师违反职业道德的行为以及处理权限	1	单选
《中小学教育惩戒规则(试行)》	教育惩戒的原则	2	单选

核心考点

一、《中小学班主任工作规定》【9年2考】

考频分布 2023下单选,2022上单选

第一章 总则

第一条 为进一步推进未成年人思想道德建设,加强中小学班主任工作,充分发挥班主任在教育学生中的重要作用,制定本规定。

第二条 班主任是中小学日常思想道德教育和学生管理工作的主要实施者,是中小学生健康成长的引领者,班主任要努力成为中小学生的人生导师。

班主任是中小学的重要岗位,从事班主任工作是中小学教师的重要职责。教师担任班主任期间应将班主任工作作为主业。

第三条 加强班主任队伍建设是坚持育人为本、德育为先的重要体现。政府有关部门和学校应为班主任开展工作创造有利条件,保障其享有的待遇与权利。

第二章 配备与选聘

第四条 中小学每个班级应当配备一名班主任。

第五条 班主任由学校从班级任课教师中选聘。聘期由学校确定,担任一个班级的班主任时间一般应连续1学年以上。

第六条 教师初次担任班主任应接受岗前培训,符合选聘条件后学校方可聘用。

第七条 选聘班主任应当在教师任职条件的基础上突出考查以下条件:

(一)作风正派,心理健康,为人师表;

（二）热爱学生，善于与学生、学生家长及其他任课教师沟通；

（三）爱岗敬业，具有较强的教育引导和组织管理能力。

第三章 职责与任务

第八条 全面了解班级内每一个学生，深入分析学生思想、心理、学习、生活状况。关心爱护全体学生，平等对待每一个学生，尊重学生人格。采取多种方式与学生沟通，有针对性地进行思想道德教育，促进学生德智体美全面发展。

第九条 认真做好班级的日常管理工作，维护班级良好秩序，培养学生的规则意识、责任意识和集体荣誉感，营造民主和谐、团结互助、健康向上的集体氛围。指导班委会和团队工作。

第十条 组织、指导开展班会、团队会（日）、文体娱乐、社会实践、春（秋）游等形式多样的班级活动，注重调动学生的积极性和主动性，并做好安全防护工作。

第十一条 组织做好学生的综合素质评价工作，指导学生认真记载成长记录，实事求是地评定学生操行，向学校提出奖惩建议。

第十二条 经常与任课教师和其他教职员工沟通，主动与学生家长、学生所在社区联系，努力形成教育合力。

第四章 待遇与权利

第十三条 学校在教育管理工作中应充分发挥班主任的骨干作用，注重听取班主任意见。

第十四条 班主任工作量按当地教师标准课时工作量的一半计入教师基本工作量。各地要合理安排班主任的课时工作量，确保班主任做好班级管理工作。

第十五条 班主任津贴纳入绩效工资管理。在绩效工资分配中要向班主任倾斜。对于班主任承担超课时工作量的，以超课时补贴发放班主任津贴。

第十六条 班主任在日常教育教学管理中，有采取适当方式对学生进行批评教育的权利。

第五章 培养与培训

第十七条 教育行政部门和学校应制订班主任培养培训规划，有组织地开展班主任岗位培训。

第十八条 教师教育机构应承担班主任培训任务，教育硕士专业学位教育中应设立中小学班主任工作培养方向。

第六章 考核与奖惩

第十九条 教育行政部门建立科学的班主任工作评价体系和奖惩制度。对长期从事班主任工作或在班主任岗位上做出突出贡献的教师定期予以表彰奖励。选拔学校管理干部应优先考虑长期从事班主任工作的优秀班主任。

第二十条 学校建立班主任工作档案，定期组织对班主任的考核工作。考核结果作为教师聘任、奖励和职务晋升的重要依据。对不能履行班主任职责的，应调离班主任岗位。

真题面对面

[2023 下半年真题]某中学在配备班主任时做出了下列规定，其中不正确的是(　　)

A. 担任一个班级的班主任时间一般应为 1 学期以上

B. 要求初次担任班主任工作的教师必须参加岗前培训

C. 将班主任工作的考核结果作为其聘任和职务晋升的重要依据

D. 在绩效工资分配中向班主任倾斜

答案：A。

第七章　附则

第二十一条 各地可根据本规定，结合当地实际情况，制定中小学班主任工作的具体实施办法。

第二十二条 本规定自发布之日起施行。

二、《新时代中小学教师职业行为十项准则》【9 年 1 考】

考频分布 2022 下单选

教师是人类灵魂的工程师，是人类文明的传承者。长期以来，广大教师贯彻党的教育方针，教书育人，呕心沥血，默默奉献，为国家发展和民族振兴作出了重大贡献。新时代对广大教师落实立德树人根本任务提出新的更高要求，为进一步增强教师的责任感、使命感、荣誉感，规范职业行为，明确师德底线，引导广大教师努力成为有理想信念、有道德情操、有扎实学识、有仁爱之心的好老师，着力培养德智体美劳全面发展的社会主义建设者和接班人，特制定以下准则。

一、坚定政治方向。坚持以习近平新时代中国特色社会主义思想为指导，拥护中国共产党的领导，贯彻党的教育方针；不得在教育教学活动中及其他场合有损害党中央权威、违背党的路线方针政策的言行。

二、自觉爱国守法。忠于祖国，忠于人民，恪守宪法原则，遵守法律法规，依法履行教师职责；不得损害国家利益、社会公共利益，或违背社会公序良俗。

三、传播优秀文化。带头践行社会主义核心价值观，弘扬真善美，传递正能量；不得通过课堂、论坛、讲座、信息网络及其他渠道发表、转发错误观点，或编造散布虚假信息、不良信息。

四、潜心教书育人。落实立德树人根本任务，遵循教育规律和学生成长规律，因材施教，教学相长；不得违反教学纪律，敷衍教学，或擅自从事影响教育教学本职工作的兼职兼薪行为。

五、关心爱护学生。严慈相济，诲人不倦，真心关爱学生，严格要求学生，做学生良师益友；不得歧视、侮辱学生，严禁虐待、伤害学生。

六、加强安全防范。增强安全意识，加强安全教育，保护学生安全，防范事故风险；不得在教育教学活动中遇突发事件、面临危险时，不顾学生安危，擅离职守，自行逃离。

七、坚持言行雅正。为人师表，以身作则，举止文明，作风正派，自重自爱；不得与学生发生任何不正当关系，严禁任何形式的猥亵、性骚扰行为。

八、秉持公平诚信。坚持原则，处事公道，光明磊落，为人正直；不得在招生、考试、推优、保送及绩效考核、岗位聘用、职称评聘、评优评奖等工作中徇私舞弊、弄虚作假。

九、坚守廉洁自律。严于律己，清廉从教；不得索要、收受学生及家长财物或参加由学生及家长付费的宴请、旅游、娱乐休闲等活动，不得向学生推销图书报刊、教辅材料、社会保险或利用家长资源谋取私利。

十、规范从教行为。勤勉敬业，乐于奉献，自觉抵制不良风气；不得组织、参与有偿补课，或为校外培训机构和他人介绍生源、提供相关信息。

真题面对面

［**2022下半年真题**］有家长反映陈老师最近上课总是敷衍了事。经调查了解，陈老师开了一家网店，以致精力不济，备课不充分。对此，陈老师正确的做法是（　　）

A. 联系家长，搞好家校关系

B. 继续经营，加大工作投入

C. 化解冲突，委托同事代课

D. 关闭网店，认真备课施教

答案：D。题干中，陈老师上课总是敷衍了事，其开办的网店已影响了教育教学本职工作，故正确做法应是关闭网店，认真备课教学。

三、《中小学教师违反职业道德行为处理办法(2018年修订)》

【9年1考】

考频分布 2021下单选

第一条 为规范教师职业行为,保障教师、学生的合法权益,根据《中华人民共和国教育法》《中华人民共和国未成年人保护法》《中华人民共和国教师法》《教师资格条例》和《新时代中小学教师职业行为十项准则》等法律法规和制度规范,制定本办法。

第二条 本办法所称中小学教师是指普通中小学、中等职业学校(含技工学校)、特殊教育机构、少年宫以及地方教研室、电化教育等机构的教师。

前款所称中小学教师包括民办学校教师。

第三条 本办法所称处理包括处分和其他处理。处分包括警告、记过、降低岗位等级或撤职、开除。警告期限为6个月,记过期限为12个月,降低岗位等级或撤职期限为24个月。是中共党员的,同时给予党纪处分。

《中小学教师违反职业道德行为处理办法》第3—5条

其他处理包括给予批评教育、诫勉谈话、责令检查、通报批评,以及取消在评奖评优、职务晋升、职称评定、岗位聘用、工资晋级、申报人才计划等方面的资格。取消相关资格的处理执行期限不得少于24个月。

教师涉嫌违法犯罪的,及时移送司法机关依法处理。

第四条 应予处理的教师违反职业道德行为如下:

(一)在教育教学活动中及其他场合有损害党中央权威、违背党的路线方针政策的言行。

(二)损害国家利益、社会公共利益,或违背社会公序良俗。

(三)通过课堂、论坛、讲座、信息网络及其他渠道发表、转发错误观点,或编造散布虚假信息、不良信息。

(四)违反教学纪律,敷衍教学,或擅自从事影响教育教学本职工作的兼职兼薪行为。

(五)歧视、侮辱学生,虐待、伤害学生。

(六)在教育教学活动中遇突发事件、面临危险时,不顾学生安危,擅离职守,自行逃离。

(七)与学生发生不正当关系,有任何形式的猥亵、性骚扰行为。

（八）在招生、考试、推优、保送及绩效考核、岗位聘用、职称评聘、评优评奖等工作中徇私舞弊、弄虚作假。

（九）索要、收受学生及家长财物或参加由学生及家长付费的宴请、旅游、娱乐休闲等活动，向学生推销图书报刊、教辅材料、社会保险或利用家长资源谋取私利。

（十）组织、参与有偿补课，或为校外培训机构和他人介绍生源、提供相关信息。

（十一）其他违反职业道德的行为。

真题面对面

[**2021 下半年真题**]家长向学校投诉覃老师罚迟到的小辉站在教室外面听课。学校的下列做法中正确的是（　　）

A. 将小辉调到其他班级

B. 将覃老师换到其他班级任课

C. 制止覃老师的行为并对其进行诫勉谈话

D. 取消覃老师参评优秀教师资格 12 个月

答案：C。

第五条　学校及学校主管教育部门发现教师存在违反第四条列举行为的，应当及时组织调查核实，视情节轻重给予相应处理。作出处理决定前，应当听取教师的陈述和申辩，听取学生、其他教师、家长委员会或者家长代表意见，并告知教师有要求举行听证的权利。对于拟给予降低岗位等级以上的处分，教师要求听证的，拟作出处理决定的部门应当组织听证。

第六条　给予教师处理，应当坚持公平公正、教育与惩处相结合的原则；应当与其违反职业道德行为的性质、情节、危害程度相适应；应当事实清楚、证据确凿、定性准确、处理恰当、程序合法、手续完备。

第七条　给予教师处理按照以下权限决定：

（一）警告和记过处分，公办学校教师由所在学校提出建议，学校主管教育部门决定。民办学校教师由所在学校决定，报主管教育部门备案。

（二）降低岗位等级或撤职处分，由教师所在学校提出建议，学校主管教育部门决定并报同级人事部门备案。

（三）开除处分，公办学校教师由所在学校提出建议，学校主管教育部门决定并报同级人事部门备案。民办学校教师或者未纳入人事编制管理的教师由所在学校决定并解除其聘任合同，报主管教育部门备案。

（四）给予批评教育、诫勉谈话、责令检查、通报批评，以及取消在评奖评优、职务晋升、职称评定、岗位聘用、工资晋级、申报人才计划等方面资格的其他处理，按照管理权限，由教师所在学校或主管部门视其情节轻重作出决定。

第八条 处理决定应当书面通知教师本人并载明认定的事实、理由、依据、期限及申诉途径等内容。

第九条 教师不服处理决定的，可以向学校主管教育部门申请复核。对复核结果不服的，可以向学校主管教育部门的上一级行政部门提出申诉。

对教师的处理，在期满后根据悔改表现予以延期或解除，处理决定和处理解除决定都应完整存入人事档案及教师管理信息系统。

第十条 教师受到处分的，符合《教师资格条例》第十九条规定的，由县级以上教育行政部门依法撤销其教师资格。

教师受处分期间暂缓教师资格定期注册。依据《中华人民共和国教师法》第十四条规定丧失教师资格的，不能重新取得教师资格。

教师受记过以上处分期间不能参加专业技术职务任职资格评审。

第十一条 教师被依法判处刑罚的，依据《事业单位工作人员处分暂行规定》给予降低岗位等级或者撤职以上处分。其中，被依法判处有期徒刑以上刑罚的，给予开除处分。教师受到剥夺政治权利或者故意犯罪受到有期徒刑以上刑事处罚的，丧失教师资格。

第十二条 学校及主管教育部门不履行或不正确履行师德师风建设管理职责，有下列情形的，上一级行政部门应当视情节轻重采取约谈、诫勉谈话、通报批评、纪律处分和组织处理等方式严肃追究主要负责人、分管负责人和直接责任人的责任：

（一）师德师风长效机制建设、日常教育督导不到位；

（二）师德失范问题排查发现不及时；

（三）对已发现的师德失范行为处置不力、方式不当或拒不处分、拖延处分、推诿隐瞒的；

（四）已作出的师德失范行为处理决定落实不到位，师德失范行为整改不彻底；

（五）多次出现师德失范问题或因师德失范行为引起不良社会影响；

（六）其他应当问责的失职失责情形。

第十三条 省级教育行政部门应当结合当地实际情况制定实施细则，并报国务院教育行政部门备案。

第十四条 本办法自发布之日起施行。

四、《中小学教育惩戒规则(试行)》【9年2考】

考频分布 2023上单选,2022下单选

第一条 为落实立德树人根本任务,保障和规范学校、教师依法履行教育教学和管理职责,保护学生合法权益,促进学生健康成长、全面发展,根据教育法、教师法、未成年人保护法、预防未成年人犯罪法等法律法规和国家有关规定,制定本规则。

第二条 普通中小学校、中等职业学校(以下称学校)及其教师在教育教学和管理过程中对学生实施教育惩戒,适用本规则。

本规则所称教育惩戒,是指学校、教师基于教育目的,对违规违纪学生进行管理、训导或者以规定方式予以矫治,促使学生引以为戒、认识和改正错误的教育行为。

第三条 学校、教师应当遵循教育规律,依法履行职责,通过积极管教和教育惩戒的实施,及时纠正学生错误言行,培养学生的规则意识、责任意识。

教育行政部门应当支持、指导、监督学校及其教师依法依规实施教育惩戒。

第四条 实施教育惩戒应当符合教育规律,注重育人效果;遵循法治原则,做到客观公正;选择适当措施,与学生过错程度相适应。

第五条 学校应当结合本校学生特点,依法制定、完善校规校纪,明确学生行为规范,健全实施教育惩戒的具体情形和规则。

学校制定校规校纪,应当广泛征求教职工、学生和学生父母或者其他监护人(以下称家长)的意见;有条件的,可以组织有学生、家长及有关方面代表参加的听证。校规校纪应当提交家长委员会、教职工代表大会讨论,经校长办公会议审议通过后施行,并报主管教育部门备案。

教师可以组织学生、家长以民主讨论形式共同制定班规或者班级公约,报学校备案后施行。

第六条 学校应当利用入学教育、班会以及其他适当方式,向学生和家长宣传讲解校规校纪。未经公布的校规校纪不得施行。

学校可以根据情况建立校规校纪执行委员会等组织机构,吸收教师、学生及家长、社会有关方面代表参加,负责确定可适用的教育惩戒措施,监督教育惩戒的实施,开展相关宣传教育等。

第七条 学生有下列情形之一，学校及其教师应当予以制止并进行批评教育，确有必要的，可以实施教育惩戒：

（一）故意不完成教学任务要求或者不服从教育、管理的；

（二）扰乱课堂秩序、学校教育教学秩序的；

（三）吸烟、饮酒，或者言行失范违反学生守则的；

（四）实施有害自己或者他人身心健康的危险行为的；

（五）打骂同学、老师，欺凌同学或者侵害他人合法权益的；

（六）其他违反校规校纪的行为。

学生实施属于预防未成年人犯罪法规定的不良行为或者严重不良行为的，学校、教师应当予以制止并实施教育惩戒，加强管教；构成违法犯罪的，依法移送公安机关处理。

第八条 教师在课堂教学、日常管理中，对违规违纪情节较为轻微的学生，可以当场实施以下教育惩戒：

（一）点名批评；

（二）责令赔礼道歉、做口头或者书面检讨；

（三）适当增加额外的教学或者班级公益服务任务；

（四）一节课堂教学时间内的教室内站立；

（五）课后教导；

（六）学校校规校纪或者班规、班级公约规定的其他适当措施。

《中小学教育惩戒规则（试行）》第8—10条

教师对学生实施前款措施后，可以以适当方式告知学生家长。

第九条 学生违反校规校纪，情节较重或者经当场教育惩戒拒不改正的，学校可以实施以下教育惩戒，并应当及时告知家长：

（一）由学校德育工作负责人予以训导；

（二）承担校内公益服务任务；

（三）安排接受专门的校规校纪、行为规则教育；

（四）暂停或者限制学生参加游览、校外集体活动以及其他外出集体活动；

（五）学校校规校纪规定的其他适当措施。

第十条 小学高年级、初中和高中阶段的学生违规违纪情节严重或者影响恶劣的，学校可以实施以下教育惩戒，并应当事先告知家长：

（一）给予不超过一周的停课或者停学，要求家长在家进行教育、管教；

（二）由法治副校长或者法治辅导员予以训诫；

（三）安排专门的课程或者教育场所，由社会工作者或者其他专业人员进行心理辅导、行为干预。

对违规违纪情节严重，或者经多次教育惩戒仍不改正的学生，学校可以给予警告、严重警告、记过或者留校察看的纪律处分。对高中阶段学生，还可以给予开除学籍的纪律处分。

对有严重不良行为的学生，学校可以按照法定程序，配合家长、有关部门将其转入专门学校教育矫治。

第十一条 学生扰乱课堂或者教育教学秩序，影响他人或者可能对自己及他人造成伤害的，教师可以采取必要措施，将学生带离教室或者教学现场，并予以教育管理。

教师、学校发现学生携带、使用违规物品或者行为具有危险性的，应当采取必要措施予以制止；发现学生藏匿违法、危险物品的，应当责令学生交出并可以对可能藏匿物品的课桌、储物柜等进行检查。

教师、学校对学生的违规物品可以予以暂扣并妥善保管，在适当时候交还学生家长；属于违法、危险物品的，应当及时报告公安机关、应急管理部门等有关部门依法处理。

第十二条 教师在教育教学管理、实施教育惩戒过程中，不得有下列行为：

（一）以击打、刺扎等方式直接造成身体痛苦的体罚；

（二）超过正常限度的罚站、反复抄写，强制做不适的动作或者姿势，以及刻意孤立等间接伤害身体、心理的变相体罚；

（三）辱骂或者以歧视性、侮辱性的言行侵犯学生人格尊严；

（四）因个人或者少数人违规违纪行为而惩罚全体学生；

（五）因学业成绩而教育惩戒学生；

（六）因个人情绪、好恶实施或者选择性实施教育惩戒；

（七）指派学生对其他学生实施教育惩戒；

（八）其他侵害学生权利的。

第十三条 教师对学生实施教育惩戒后，应当注重与学生的沟通和帮扶，对改正错误的学生及时予以表扬、鼓励。

学校可以根据实际和需要，建立学生教育保护辅导工作机制，由学校分管负责人、德育工作机构负责人、教师以及法治副校长（辅导员）、法律以及心理、社会工作等方面的专业人员组成辅导小组，对有需要的学生进行专门的心理辅导、行为矫治。

第十四条 学校拟对学生实施本规则第十条所列教育惩戒和纪律处分的，应当听取学生的陈述和申辩。学生或者家长申请听证的，学校应当组织听证。

学生受到教育惩戒或者纪律处分后，能够诚恳认错、积极改正的，可以提前解除教育惩戒或者纪律处分。

第十五条 学校应当支持、监督教师正当履行职务。教师因实施教育惩戒与学生及其家长发生纠纷，学校应当及时进行处理，教师无过错的，不得因教师实施教育惩戒而给予其处分或者其他不利处理。

教师违反本规则第十二条，情节轻微的，学校应当予以批评教育；情节严重的，应当暂停履行职责或者依法依规给予处分；给学生身心造成伤害，构成违法犯罪的，由公安机关依法处理。

第十六条 学校、教师应当重视家校协作，积极与家长沟通，使家长理解、支持和配合实施教育惩戒，形成合力。家长应当履行对子女的教育职责，尊重教师的教育权利，配合教师、学校对违规违纪学生进行管教。

家长对教师实施的教育惩戒有异议或者认为教师行为违反本规则第十二条规定的，可以向学校或者主管教育行政部门投诉、举报。学校、教育行政部门应当按照师德师风建设管理的有关要求，及时予以调查、处理。家长威胁、侮辱、伤害教师的，学校、教育行政部门应当依法保护教师人身安全、维护教师合法权益；情形严重的，应当及时向公安机关报告并配合公安机关、司法机关追究责任。

第十七条 学生及其家长对学校依据本规则第十条实施的教育惩戒或者给予的纪律处分不服的，可以在教育惩戒或者纪律处分作出后15个工作日内向学校提起申诉。

学校应当成立由学校相关负责人、教师、学生以及家长、法治副校长等校外有关方面代表组成的学生申诉委员会，受理申诉申请，组织复查。学校应当明确学生申诉委员会的人员构成、受理范围及处理程序等并向学生及家长公布。

学生申诉委员会应当对学生申诉的事实、理由等进行全面审查，作出维持、变更或者撤销原教育惩戒或者纪律处分的决定。

第十八条 学生或者家长对学生申诉处理决定不服的，可以向学校主管教育部门申请复核；对复核决定不服的，可以依法提起行政复议或者行政诉讼。

第十九条 学校应当有针对性地加强对教师的培训，促进教师更新教育理念、改进教育方式方法，提高教师正确履行职责的意识与能力。

每学期末，学校应当将学生受到本规则第十条所列教育惩戒和纪律处分的信息报主管教育行政部门备案。

第二十条 本规则自2021年3月1日起施行。

各地可以结合本地实际,制定本地方实施细则或者指导学校制定实施细则。

知识再拔高

惩戒教育的基本原则

惩戒教育必须在一定的原则下科学行使,遵循一定的法定程序，否则就是非法的,这是惩戒教育权行使的基本要求。

1. 教育性原则

教育性原则是惩戒教育实施的首要的根本性的原则。惩戒教育的目的是教育,不能为了惩罚而惩罚。惩戒教育必须让学生认识问题所在,认识惩罚手段寄寓着教师的爱心、善意与尊重。当学生认识到错误所在并决心不再重犯时应免于或减轻处罚。这就要求教师在使用惩戒手段时的动机应该是美好的。教师应本着爱护学生,出于使学生的人格向善的良好愿望去惩戒。

2. 科学性原则

正如教育活动要考虑学生的个性、年龄、性别等特点一样,惩戒作为一种教育行为,也应充分考虑学生的性情、精神状态、素质、过往表现、生活方式等特点,在实施惩戒时要因人而异。在惩戒教育中,也要“因材施罚”。实施惩戒教育时,教师应针对学生性别、年龄、气质、性格等具体情况,在惩戒的时间、地点及惩戒方式上采取灵活的态度,不能一成不变、千篇一律。另外,还要依据学生所犯错误的性质、情节,以及对错误的认识态度来决定给予必要的惩戒。

3. 伦理性原则

惩戒教育是发生在教育主体间的一种教育行为,这种行为必须遵守师生间的伦理原则,这是对教育者惩戒行为的基本道德要求。首先惩戒教育要尊重学生的人格,把学生当人看，把学生当做活生生的、具有独特存在价值的个体来对待。其次,在惩戒教育时教师要信任学生。再次,教师在实施惩戒时要懂得关爱和宽容学生。

4. 依法性原则

教师惩戒权是法律赋予教师的一种管理职能,是一种专业权利,同时也是一种义务。但是教师不能滥用这种权力,教师的惩戒应尊重学生的合法权益,教师必须严格遵守相关法律规定,不能侵犯学生的人格权、身体健康权、隐私权、通讯自由权等基本权利,严格禁止体罚及变相体罚行为。

5. 公正性原则

公正性原则是指教师在惩戒学生时能够按照既定的规则处理问题，不杂私情地公平对待每一位学生。公正性原则要求老师在实施惩戒时不能感情用事、对所有违纪学生一视同仁、对事不对人。在惩罚与过失之间，要有必然的联系，不要涉及与过失无关的学生的个人特征及过去的经历。教师要公平客观地对待每一位学生，绝对不能厚此薄彼。

6. 整体性原则

教师在对学生的违纪行为实施否定性制裁时，要结合使用其他方法，不能孤立地使用惩罚手段，必须将惩罚与整个教育方法体系结合起来，尤其应该与说理、赏识等教育方法结合起来使用。教师在平时就要培养学生的荣誉感，如果学生不知道集体对他有什么要求和为什么要求他，惩戒将没有什么意义。惩戒的是学生的过错行为，不能因为学生有过错就全盘否定学生，教师要善于发现学生的闪光点，对学生的任何一点进步都要及时给以鼓励。

7. 艺术性原则

正确地运用惩戒教育，让学生在体验中得到感悟，使惩戒升华到一个更高的境界是需要通过一定的教育艺术来实现的。惩戒教育的语言应该是艺术性的，应该是学生能够接受的。惩戒教育的具体运用同时也是教师实践智慧的表征。惩戒教育的艺术性，不但表现在惩戒教育语言的艺术性和实践的智慧性上，还具体表现在惩戒教育尺度的把握、恰当场合的选择、时机的确定、惩戒方式的选用等方面。

教师职业道德材料分析题解题方法

一、核心知识

教师职业道德规范是指2008年颁布的《中小学教师职业道德规范》中的六个师德条目。这类材料分析题设问的形式通常是："请从教师职业道德的角度，评析材料中老师的教育行为。"对这种评析老师教育行为的材料，考生首先要"定性"，即该老师是遵循还是违背了教师职业道德中的相关规范，或是需要辩证看待，而后根据材料中的关键信息进行具体分析阐述。以下就每条教师职业道德规范所涉及的关键信息作出归纳。

1. 爱国守法

材料如果涉及这一条，一般与“守法”相关，即老师的行为违背了相关法律。因为，爱国比较抽象，很难界定，守法较为具体，容易确定。所谓违背相关法律最主要是指违背《教育法》《义务教育法》《未成年人保护法》等。一般来说，材料出现较多的是老师侵犯学生人格权与受教育权的现象，这种侵权现象就涉及违法。当然，材料中老师的行为到底违背了法律中的哪一条款，考生通常不清楚，答题时可不必具体写出。

2. 爱岗敬业

判定材料中涉及“爱岗敬业”的内容，关键词或信息是“责任”。主要有两点：一是出现了非常高尚的词汇，如“蜡烛”“园丁”“牺牲”“人梯”“无私奉献”等；二是出现了与“勤恳”相关的事迹，如老师认真备课、上课、批改作业、辅导学生等。

3. 关爱学生

判定材料中涉及“关爱学生”的内容，关键词或信息是“师爱”。如果材料中的教师违背了该规范，主要体现为三个方面：教师对学生偏心（与“关心爱护全体学生”“平等公正对待学生”等相背离）；教师侵犯学生权益（与“尊重学生人格”“对学生严慈相济”“保护学生安全、关心学生健康、维护学生权益”相背离）；教师对学生体罚或心罚（讽刺、挖苦、歧视、侮辱人格等都属于心理惩罚）。这里要强调，侵犯学生权益既违背了师德规范中的“关爱学生”，也违背了“爱国守法”。

4. 教书育人

判定材料中涉及“教书育人”的内容，关键词或信息是“全面发展”。材料涉及该规范主要有四个方面：素质教育或应试教育（材料中涉及最多的是老师在意“分数”或“后进生”）；培养良好品行；诲人不倦；因材施教。这里特别强调，“诲人不倦”与“教书育人”相关，一般不属于“关爱学生”。

5. 为人师表

判定材料中涉及“为人师表”的内容，关键词或信息是“榜样”或“表率”。材料涉及这一条规范的主要有四个方面：言行举止；正确处理自己与学生、家长的关系；廉洁奉公；有偿家教。材料中出现最多的是老师的言行举止，如讲话不文明、对学生拳打脚踢等。

6. 终身学习

判定材料中涉及“终身学习”的内容，关键词或信息是“学习”。材料涉及该规范的主要有一点：教师积极学习新知识或认真钻研教学，努力提高专业技能和教学素养。

二、解题技巧

我们以考试真题为例，举例说明如何在综合素质考试中，拿到应得的分数。

材料：课间，王老师发现教室地面纸屑很多，便让劳动委员安排打扫，自己去另一个班上课了。劳动委员心想，等放学后再让值日生打扫吧。不料这时值周生来检查卫生，班级被扣分了。同学们纷纷责备劳动委员和值日生。他俩也为谁该负责争得面红耳赤。事后，劳动委员内疚不已，决定辞职。王老师知道后并没有马上处理，决定第二天以“扫地风波”为主题召开班会。

第二天上午，王老师找班干部谈话，分析得失，统一认识。下午，班会上劳动委员和值日生分别反省了自己的过错，其他班委成员、同学们也纷纷上台发言，承认以前没有很好配合，剖析各自存在的问题，表示不会让“扫地风波”重演。之后，王老师指出了劳动委员和值日生的不足，并对他们今后的工作提出了严格要求。

班会后，王老师单独找劳动委员和值日生谈心，肯定了他们对班级所做的努力。劳动委员打消了“引咎辞职”的念头，表示要化内疚为动力，积极工作。同学们也增强了班级认同感。

此后，班级卫生一直保持良好，多次获得“卫生流动红旗”，其他各方面也很有起色。

问题：请从教师职业道德的角度，评析材料中王老师的教育行为。

要点1　审题

职业道德的材料分析题，材料部分多以实际的教育教学案例呈现，问题则是从教师职业道德角度出发，评析案例中教师的教育教学行为。

在审题过程中，我们第一步应该先读问题，带着问题去阅读材料。

在阅读材料的过程中，我们应该标注出其出现的一些关键信息点，即在什么时间，哪位老师实施了什么样的教育教学行为，以及这种教育教学行为产生了什么样的效果或给学生带来了什么影响。

要点2 解题

在审清题目之后，我们就可以结合已经掌握的相关知识点进行解题。在作答职业道德的材料分析题时，我们要注意以下几点：

(1)整体评析材料中教师的教育教学行为。作答这类材料分析题的第一步，即我们要对材料中教师的做法进行整体评价。

【例如】材料中，王老师的教育行为践行了教师职业道德规范，值得肯定和学习。

(2)关键点放在开头。关键点即得分点，得分点要安排在醒目的地方，所以我们在组织答案时，每一个得分点应该放在每段的第一句话，且要注意语言组织的凝练、简洁。

【例如】爱岗敬业要求教师对工作高度负责，认真备课上课，认真批改作业，认真辅导学生，不得敷衍塞责。

(3)要结合材料。材料分析题的目的是考查考生解决实际问题的能力，因此，只有理论是不行的，一定要结合材料进行分析。

【例如】材料中，班级卫生扣分事件发生后，王老师抓住时机对全班学生进行教育，最终取得了很好的效果。这说明王老师对工作认真负责，做到了爱岗敬业。

(4)答题的最后加一段简短的总结。材料分析题一方面考查考生在实际教育教学活动中能否利用自身的教育教学机智较好地解决教育突发状况；另一方面在笔试中也考查考生是否能够利用自己所学的知识合理地进行谋篇布局。因此，合理安排答题结构也是考试中取得高分的关键要素。

【例如】总之，王老师的教育行为符合教师职业道德规范的要求，值得广大教师学习。

要点3 参考答案

材料中，王老师的教育行为践行了教师职业道德规范，值得肯定和学习。

(1)爱岗敬业要求教师对工作高度负责，认真备课上课，认真批改作业，认真辅导学生，不得敷衍塞责。材料中，班级卫生扣分事件发生后，王老师抓住时机对全班学生进行教育，最终取得了很好的效果。这说明王老师对工作认真负责，做到了爱岗敬业。

(2)关爱学生要求教师关心爱护全体学生，尊重学生人格，平等公正对待学生；对学生严慈相济，做学生的良师益友。王老师没有直接批评劳动委员和值日生，而是通过召开主题班会的方式来教育全体学生，这体现了王老师对学生的尊重。王老师既肯定了劳动委员和值日生的努力,又指出他们的不足,并对他们今后的工作提出了严格要求,这是严慈相济的表现。这些都表明王老师遵循了关爱学生的师德规范。

(3)教书育人要求教师遵循教育规律,实施素质教育;循循善诱,诲人不倦,因材施教。材料中,针对班级卫生扣分事件,王老师召开主题班会,找班干部谈话,分析得失,统一认识,引导班委和全班同学深刻反省自我,找劳动委员和值日生谈心,最终提高了全体学生的认识,也增强了同学们的班级认同感。

总之,王老师的教育行为符合教师职业道德规范的要求,值得广大教师学习。

达标测评

建议用时	实际用时	测评总分	实际得分
25 分钟	____分钟	34 分	____分

一、单项选择题(每小题 2 分,共 20 分)

1. 班主任苏老师发现,承担本班数学教学任务的林老师经常让学生罚站。面对这种情况,苏老师应该(　　)

A. 严厉批评林老师,责令其立即改正

B. 耐心与林老师交流,探讨更好的学生管理办法

C. 学习借鉴林老师的做法,提升自己的课堂管理能力

D. 尊重林老师的主动权,不干预林老师的这种课堂管理行为

2. 某小学规定:教师在课堂上不能穿超短裙、破洞牛仔裤等服装。这一规定是(　　)

A. 对教师着装个性的规范　　B. 对教师教学行为的规范

C. 对教师仪表得当的规范　　D. 对教师举止文明的规范

3. 王老师在教育教学过程中,注意培养学生良好品德,塑造学生健全人格,激发学生创新精神。不违规加重学生课业负担,以发展的眼光评价学生……王老师这种做法充分体现了(　　)

A. 教书育人　　B. 爱岗敬业

C. 为人师表　　D. 关爱学生

4. 有些教师经不起金钱物欲的诱惑，把教书作为向学生索取钱物的条件，以职谋私。这违背了(　　)的要求。

A. 关爱学生　　B. 教书育人　　C. 爱岗敬业　　D. 为人师表

5. 王老师在教学中总是尝试新的教学方法。在音乐课上，王老师鼓励同学们给经典音乐重新填词，评选“最美歌词”和“最具创意奖”，同学们对音乐课的兴趣大增。下列选项中是孔子所说，且与王老师做法相符的是(　　)

A.“吾生也有涯，而知也无涯”

B.“学而不已，阖棺乃止”

C.“古人于为学，终生与之俱”

D.“朝闻道，夕死可矣”

6. 王老师与同事之间相互尊重、相互理解、相互学习、相互帮助……在解决学生成绩和纪律问题时，王老师很重视其他任课教师的意见。这种做法(　　)

A. 正确，王老师具有良好的团结互助精神

B. 正确，有利于处理好师生关系

C. 错误，王老师这样做缺乏主见

D. 错误，教师间缺乏竞争意识，不利于教师专业发展

7. 上课时，程老师发现后排的一名学生在偷偷吃零食，刚开始程老师没有理会，但这名学生吃了很长时间还没停下。程老师忍无可忍，便快速走到这名学生跟前，抢过零食扔出窗外。程老师的做法(　　)

A. 恰当，体现教师的严格要求

B. 恰当，符合学校的管理规定

C. 不恰当，不应简单粗暴地处理问题

D. 不恰当，不应干预学生个人行为

8. 方老师和家长联系紧密，要求家长每天检查孩子的学习情况，还从专业的角度要求家长完全按老师说的方法教育孩子。每当学生犯错，就把家长请到学校，共谋对策。方老师的做法(　　)

A. 不可取，不应把家长当作教师的“助教”

B. 不可取，不应把教育的责任推卸给家长

C. 值得提倡，共同教育学生可以增强教育的效果

D. 值得肯定，发挥了“闻道在先，学有专攻”的优势

9. 钟老师在班上设立“进步展示台”，分类展示在不同方面有进步的学生。这表明钟老师( )

A. 不以分数作为评价学生的唯一标准

B. 不关心学生的全面发展

C. 不注重与学生家庭密切联系

D. 不主动与教师密切合作

10. 教师节前夕，某班主任老师在班级群组织送礼投票，要求学生集资给老师送礼，否则转班。学校核实后，拟对该教师给予降低岗位等级处分。依据《中小学教师违反职业道德行为处理办法(2018 年修订)》，下列选项正确的是( )

A. 由学校提出建议，上级人事部门决定并备案

B. 由学校提出建议，同级人事部门决定并备案

C. 由学校提出建议，学校主管部门决定并报同级人事部门备案

D. 由学校提出建议，学校主管部门决定并报上级人事部门备案

二、材料分析题(共 14 分)

材料：无论工作多忙，杨老师坚持每天读书。在工作中遇到难题，她就在教研组例会上提出来，与同事探讨。在教学方面，她大胆实践，“自主合作，当堂达标”；在教学模式上，把课堂实践尽可能多地还给学生，让学生体验课堂，享受课堂。学生文雪说：“老师让我们自己上台去讲，我们尽管很紧张，但是很喜悦，因为讲完后得到老师的夸奖会有很大成就感。”在新教学模式中，学生学得很快乐，效果也很好。

杨老师发现王宇等几个学生学习很用功，但特别内向，不敢表达，杨老师觉得应该给学生创造机会，让他们接触社会，锻炼人际交往能力。于是，她在班上组织演讲比赛、口语交际大赛等，还带领学生开展社会调查，王宇等同学逐渐变得开朗了。

晓丽同学身体虚弱，杨老师敦促她加强体育锻炼，并且提醒家长帮助晓丽养成良好的生活习惯。在老师和家长的共同努力下，晓丽再也不是以前的“病秧子”了。

问题：请结合材料，从教师职业道德的角度，评析杨老师的教育行为。

参考答案及解析

一、单项选择题

1. B　[解析]题干中林老师的做法违背了“关爱学生”的教师职业道德规范,是错误的行为,所以C、D项的做法都是不对的。教师在处理与同事的关系时要做到:互相尊重,切忌嫉妒;相互学习,取长补短;平等相待,不卑不亢;乐于助人,关心同事。所以A项的严厉批评做法不当,故该题选B。

2. C　[解析]教师的仪表行为规范的要求之一是:衣着整洁,朴实大方,服饰要符合职业特点,体现教师为人师表的好形象。题干中的小学规定教师不能穿超短裙和破洞牛仔裤等服装体现了对教师仪表得当的规范。

3. A　[解析]依据题干表述可知,王老师在教育教学中能够做到培养学生良好的品德,激发学生的创新精神,以发展的眼光评价学生,而不是以分数评价学生,这说明王老师践行了教书育人的职业道德规范。

4. D　[解析]为人师表要求教师要作风正派,廉洁奉公。自觉抵制有偿家教,不利用职务之便谋取私利。

5. B　[解析]终身学习要求教师要崇尚科学精神,树立终身学习理念,拓宽知识视野,更新知识结构;潜心钻研业务,勇于探索创新,不断提高专业素养和教育教学水平。题干中王老师在教学中总是尝试新的教学方法,体现了终身学习的理念。“学而不已,阖棺乃止”比喻学习没有止境,到进入棺材那一刻才终止。这句话是孔子所说,符合终身学习的理念。“吾生也有涯,而知也无涯”出自《庄子》;“古人于为学,终生与之俱”出自清代梁启超的五言诗;“朝闻道,夕死可矣”出自《论语》,意思是早晨能够得知真理,即使当晚死去,也没有遗憾。这些都不符合题干要求。

6. A　[解析]教师在集体中工作,协作是十分必要的。协作需要教师与同事搞好团结,相互理解、相互支持。题干中王老师的做法是正确的,这表明他具有团结协作的精神,能与其他教师进行良性互动。

7. C　[解析]关爱学生要求教师关心爱护全体学生,尊重学生人格,平等公正对待学生。题干中老师处理问题的方式过于简单粗暴,容易伤害学生的自尊心,不利于良好师生关系的构建。

8. A [解析]家长与教师的关系是平等的,是互相协作的关系。题干中的方老师要求家长完全按照自己的方法教育孩子,没有尊重家长的意见,看似认真负责,实则是把自己应该做的都全盘托付给了家长,把家长当作自己的"助教",这种做法是不可取的。

9. A [解析]教书育人要求教师培养学生良好品行,激发学生创新精神,促进学生全面发展。不以分数作为评价学生的唯一标准。题干中钟老师对学生在各个方面的进步都予以肯定,这表明钟老师并不以分数作为评价学生的唯一标准。

10. C [解析]根据《中小学教师违反职业道德行为处理办法(2018 年修订)》第七条规定,降低岗位等级或撤职处分,由教师所在学校提出建议,学校主管教育部门决定并报同级人事部门备案。

二、材料分析题(答案要点)

材料中杨老师的教育行为符合教师职业道德规范的要求,值得称赞。

(1)爱岗敬业要求教师要做到忠诚于人民教育事业,志存高远,勤恳敬业,甘为人梯,乐于奉献。对工作高度负责,认真备课上课,认真批改作业,认真辅导学生。不得敷衍塞责。材料中的杨老师兢兢业业地工作,大胆实践,开创新的教学模式,取得了非常好的效果,符合爱岗敬业这一教师职业道德规范的要求。

(2)关爱学生要求教师要关心爱护全体学生,尊重学生人格,平等公正对待学生。对学生严慈相济,做学生良师益友。保护学生安全,关心学生健康,维护学生权益。材料中的杨老师不仅关心学生的学习成绩,更关心学生的身心健康。她组织各种活动帮助内向的学生锻炼人际交往能力,督促体弱的学生加强体育锻炼,养成良好的生活习惯,这些行为都体现了关爱学生这一职业道德规范的要求。

(3)教书育人要求教师应遵循教育规律,实施素质教育。循循善诱,诲人不倦,因材施教。培养学生良好品行,激发学生创新精神,促进学生全面发展。不以分数作为评价学生的唯一标准。材料中的杨老师能够遵循教育规律,对学生实施素质教育,因材施教,培养学生良好品行,促进学生全面发展。这些教育行为符合教书育人的职业道德的内涵。

(4)终身学习要求教师应崇尚科学精神,树立终身学习理念,拓宽知识视野,更新知识结构。潜心钻研业务,勇于探索创新,不断提高专业素养和教育教学水平。杨老师在繁忙的工作之余,坚持每天读书,积极思考教学中遇到的问题,与同事们探讨,实施新的教学模式,让学生快乐、有效地学习。这都体现出杨老师具有终身学习的理念。

通过上述分析可知，杨老师具备良好的职业道德，是广大教师学习的榜样。

即时反思与复盘总结

我于________年____月____日完成了对本章的学习。

复盘一下，我对自己较肯定的地方是____________________

（足够努力/心态积极/方法得当……）

我觉得自己需要改进的地方是________________________

（懒惰懈怠/心情浮躁/方法不当……）

休息片刻，开启下一站征程！

第三章　法律法规

内容概要

本章包括《中华人民共和国宪法》(节选)、《中华人民共和国教育法》、《中华人民共和国教师法》、《中华人民共和国义务教育法》、《中华人民共和国未成年人保护法》、《中华人民共和国预防未成年人犯罪法》、《学生伤害事故处理办法》、教师的权利与义务、学生的权利九节。本章内容在真题试卷中所占分值约 14 ~ 18 分,主要以单项选择题的形式考查。本章各节 2015—2023 年考频汇总如下:

《中华人民共和国宪法》(节选) —— 总考频 9 次

《中华人民共和国教育法》 —— 总考频 19 次

《中华人民共和国教师法》 —— 总考频 14 次

《中华人民共和国义务教育法》 —— 总考频 21 次

《中华人民共和国未成年人保护法》 —— 总考频 16 次

《中华人民共和国预防未成年人犯罪法》 —— 总考频 15 次

《学生伤害事故处理办法》 —— 总考频 17 次

教师的权利与义务 —— 总考频 3 次

学生的权利 —— 总考频 15 次

第一节 《中华人民共和国宪法》（节选）

思维导图

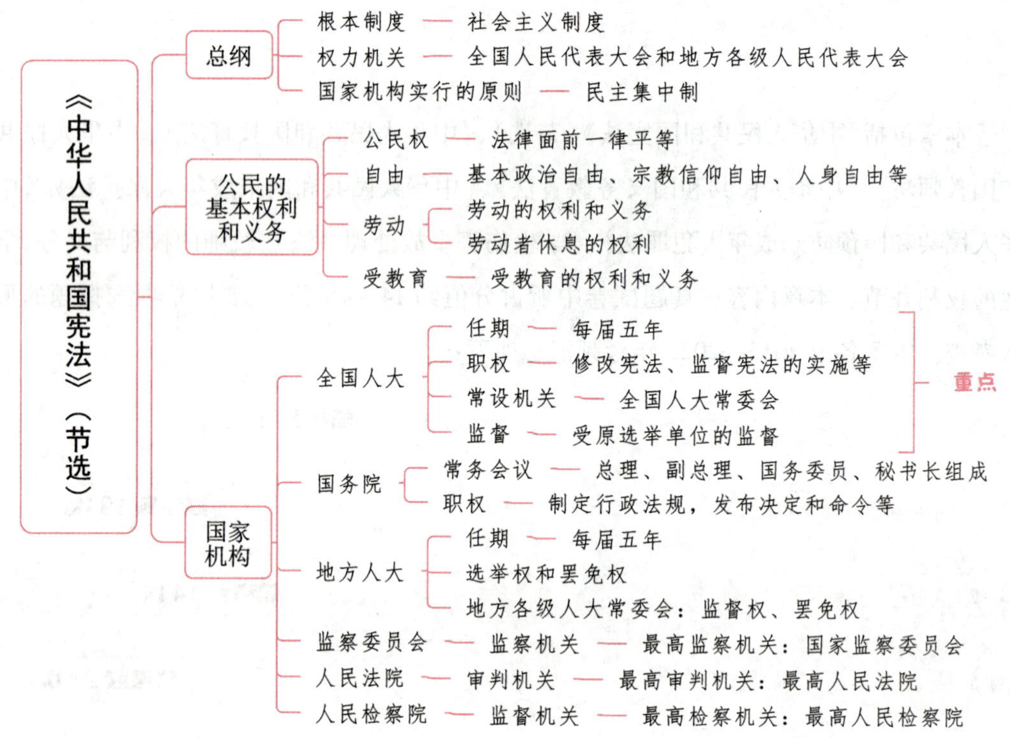

考向分析

本节主要介绍《中华人民共和国宪法》的内容，需要记忆和理解。在考试中主要以单选题的形式考查。通过汇总分析 2015 年至 2023 年的真题试卷，本节知识考查情况见下表：

知识	考点	考频	题型
总纲	国家政体	1	单选
公民的基本权利和义务	我国公民的基本权利	1	单选
国家机构	全国人大、全国人大常委会、国务院、人民政府等机构的职权	7	单选

核心考点

一、《中华人民共和国宪法》的性质

《中华人民共和国宪法》是我国的根本大法，是治国安邦的总章程，是党和人民意志的集中体现。宪法具有最高的法律地位、法律权威、法律效力。依法治国，首先是依宪治国；依法执政，关键是依宪执政。维护宪法权威，就是维护党和人民共同意志的权威；捍卫宪法尊严，就是捍卫党和人民共同意志的尊严；保证宪法实施，就是保证人民根本利益的实现。

二、《中华人民共和国宪法》的内容（节选）【9年9考】

第一章　总　纲

考频分布　2021上单选

【国体】第一条　中华人民共和国是工人阶级领导的、以工农联盟为基础的人民民主专政的社会主义国家。

社会主义制度是中华人民共和国的根本制度。中国共产党领导是中国特色社会主义最本质的特征。禁止任何组织或者个人破坏社会主义制度。

【政体】第二条　中华人民共和国的一切权力属于人民。

人民行使国家权力的机关是全国人民代表大会和地方各级人民代表大会。

人民依照法律规定，通过各种途径和形式，管理国家事务，管理经济和文化事业，管理社会事务。

真题面对面

[**2021上半年真题**]《中华人民共和国宪法》规定，人民行使国家权力的机关是（　　）

A. 全国人民代表大会和地方各级人民代表大会

B. 地方各级人民代表大会和地方各级人民政府

C. 地方各级人民代表大会及其常务委员会

D. 中央人民政府和地方各级人民政府

答案：A。

【民主集中制原则】第三条 中华人民共和国的国家机构实行**民主集中制**的原则。

全国人民代表大会和地方各级人民代表大会都由民主选举产生，对人民负责，受人民监督。

国家行政机关、监察机关、审判机关、检察机关都由人民代表大会产生，对它负责，受它监督。

中央和地方的国家机构职权的划分，遵循在中央的统一领导下，充分发挥地方的主动性、积极性的原则。

【保护私有财产】第十三条 公民的合法的私有财产不受侵犯。

国家依照法律规定保护公民的私有财产权和继承权。

国家为了公共利益的需要，可以依照法律规定对公民的私有财产实行征收或者征用并给予补偿。

【教育事业】第十九条 国家发展社会主义的教育事业，提高全国人民的科学文化水平。

国家举办各种学校，普及初等义务教育，发展中等教育、职业教育和高等教育，并且发展学前教育。

国家发展各种教育设施，扫除文盲，对工人、农民、国家工作人员和其他劳动者进行政治、文化、科学、技术、业务的教育，鼓励自学成才。

国家鼓励集体经济组织、国家企业事业组织和其他社会力量依照法律规定举办各种教育事业。

国家推广全国通用的普通话。

第二章　公民的基本权利和义务

考频分布 2019 下单选

【公民权】第三十三条 凡具有中华人民共和国国籍的人都是中华人民共和国公民。

中华人民共和国公民在法律面前一律平等。

国家尊重和保障人权。

任何公民享有宪法和法律规定的权利，同时必须履行宪法和法律规定的义务。

【基本政治自由】第三十五条 中华人民共和国公民有言论、出版、集会、结社、游行、示威的自由。

【宗教信仰自由】第三十六条 中华人民共和国公民有宗教信仰自由。

任何国家机关、社会团体和个人不得强制公民信仰宗教或者不信仰宗教，不得歧视信仰宗教的公民和不信仰宗教的公民。

国家保护正常的宗教活动。任何人不得利用宗教进行破坏社会秩序、损害公民身体健康、妨碍国家教育制度的活动。

宗教团体和宗教事务不受外国势力的支配。

【人身自由】第三十七条 中华人民共和国公民的人身自由不受侵犯。

任何公民,非经人民检察院批准或者决定或者人民法院决定,并由公安机关执行,不受逮捕。

禁止非法拘禁和以其他方法非法剥夺或者限制公民的人身自由,禁止非法搜查公民的身体。

【人格尊严及保护】第三十八条 中华人民共和国公民的人格尊严不受侵犯。禁止用任何方法对公民进行侮辱、诽谤和诬告陷害。

【通信自由和秘密权】第四十条 中华人民共和国公民的通信自由和通信秘密受法律的保护。除因国家安全或者追查刑事犯罪的需要,由公安机关或者检察机关依照法律规定的程序对通信进行检查外,任何组织或者个人不得以任何理由侵犯公民的通信自由和通信秘密。

【劳动权利和义务】第四十二条 中华人民共和国公民有劳动的权利和义务。

国家通过各种途径,创造劳动就业条件,加强劳动保护,改善劳动条件,并在发展生产的基础上,提高劳动报酬和福利待遇。

劳动是一切有劳动能力的公民的光荣职责。国有企业和城乡集体经济组织的劳动者都应当以国家主人翁的态度对待自己的劳动。国家提倡社会主义劳动竞赛,奖励劳动模范和先进工作者。国家提倡公民从事义务劳动。

国家对就业前的公民进行必要的劳动就业训练。

【劳动者的休息权】第四十三条 中华人民共和国劳动者有休息的权利。

国家发展劳动者休息和休养的设施,规定职工的工作时间和休假制度。

【受教育权利和义务】第四十六条 中华人民共和国公民有受教育的权利和义务。

国家培养青年、少年、儿童在品德、智力、体质等方面全面发展。

真题面对面

[**2019 下半年真题**]下列选项中,不属于《中华人民共和国宪法》规定的公民基本权利的是( )

A. 劳动权　　B. 休息权　　C. 罢工权　　D. 受教育权

答案:C。

【行使自由和权利的限度】第五十一条 中华人民共和国公民在行使自由和权利的时候,不得损害国家的、社会的、集体的利益和其他公民的合法的自由和权利。

第三章 国家机构

考频分布 2023 下单选,2023 上单选,2022 下单选,2022 上单选,2020 下单选,2019 上单选,2018 下单选

【全国人大的性质及常设机关】第五十七条 中华人民共和国全国人民代表大会是最高国家权力机关。它的常设机关是全国人民代表大会常务委员会。

【全国人大的任期】第六十条 全国人民代表大会每届任期五年。

全国人民代表大会任期届满的两个月以前,全国人民代表大会常务委员会必须完成下届全国人民代表大会代表的选举。如果遇到不能进行选举的非常情况,由全国人民代表大会常务委员会以全体组成人员的三分之二以上的多数通过,可以推迟选举,延长本届全国人民代表大会的任期。在非常情况结束后一年内,必须完成下届全国人民代表大会代表的选举。

真题面对面

[**2023 下半年真题**]全国人民代表大会每届的任期是( )

A. 6 年　　B. 5 年　　C. 4 年　　D. 3 年

答案:B。

【全国人大的职权】第六十二条 全国人民代表大会行使下列职权:

《宪法》第 62 条

(一)修改宪法;

(二)监督宪法的实施;

(三)制定和修改刑事、民事、国家机构的和其他的基本法律;

(四)选举中华人民共和国主席、副主席;

(五)根据中华人民共和国主席的提名,决定国务院总理的人选;根据国务院总理的提名,决定国务院副总理、国务委员、各部部长、各委员会主任、审计长、秘书长的人选;

(六)选举中央军事委员会主席;根据中央军事委员会主席的提名,决定中央军事委员会其他组成人员的人选;

(七)选举国家监察委员会主任;

(八)选举最高人民法院院长;

(九)选举最高人民检察院检察长;

(十)审查和批准国民经济和社会发展计划和计划执行情况的报告;

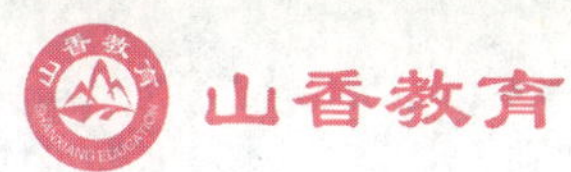

（十一）审查和批准国家的预算和预算执行情况的报告；

（十二）改变或者撤销全国人民代表大会常务委员会不适当的决定；

（十三）批准省、自治区和直辖市的建置；

（十四）决定特别行政区的设立及其制度；

（十五）决定战争和和平的问题；

（十六）应当由最高国家权力机关行使的其他职权。

真题面对面

[2020 下半年真题]根据《中华人民共和国宪法》，有权决定特别行政区设立及其基本制度的是（　　）

A. 中央人民政府　　B. 全国人民代表大会

C. 该特别行政区立法会　　D. 全国人民代表大会常务委员会

答案：B。

【全国人大常委会的职权】第六十七条　全国人民代表大会常务委员会行使下列职权：

（一）解释宪法，监督宪法的实施；

（二）制定和修改除应当由全国人民代表大会制定的法律以外的其他法律；

（三）在全国人民代表大会闭会期间，对全国人民代表大会制定的法律进行部分补充和修改，但是不得同该法律的基本原则相抵触；

（四）解释法律；

（五）在全国人民代表大会闭会期间，审查和批准国民经济和社会发展计划、国家预算在执行过程中所必须作的部分调整方案；

（六）监督国务院、中央军事委员会、国家监察委员会、最高人民法院和最高人民检察院的工作；

（七）撤销国务院制定的同宪法、法律相抵触的行政法规、决定和命令；

（八）撤销省、自治区、直辖市国家权力机关制定的同宪法、法律和行政法规相抵触的地方性法规和决议；

（九）在全国人民代表大会闭会期间，根据国务院总理的提名，决定部长、委员会主任、审计长、秘书长的人选；

（十）在全国人民代表大会闭会期间，根据中央军事委员会主席的提名，决定中央军事委员会其他组成人员的人选；

（十一）根据国家监察委员会主任的提请，任免国家监察委员会副主任、委员；

（十二）根据最高人民法院院长的提请，任免最高人民法院副院长、审判员、审判委员会委员和军事法院院长；

（十三）根据最高人民检察院检察长的提请，任免最高人民检察院副检察长、检察员、检察委员会委员和军事检察院检察长，并且批准省、自治区、直辖市的人民检察院检察长的任免；

（十四）决定驻外全权代表的任免；

（十五）决定同外国缔结的条约和重要协定的批准和废除；

（十六）规定军人和外交人员的衔级制度和其他专门衔级制度；

（十七）规定和决定授予国家的勋章和荣誉称号；

（十八）决定特赦；

（十九）在全国人民代表大会闭会期间，如果遇到国家遭受武装侵犯或者必须履行国际间共同防止侵略的条约的情况，决定战争状态的宣布；

（二十）决定全国总动员或者局部动员；

（二十一）决定全国或者个别省、自治区、直辖市进入紧急状态；

（二十二）全国人民代表大会授予的其他职权。

【逮捕或刑事审判】第七十四条　全国人民代表大会代表，非经全国人民代表大会会议主席团许可，在全国人民代表大会闭会期间非经全国人民代表大会常务委员会许可，不受逮捕或者刑事审判。

【发言和表决】第七十五条　全国人民代表大会代表在全国人民代表大会各种会议上的发言和表决，不受法律追究。

【全国人大代表的监督与罢免】第七十七条　全国人民代表大会代表受原选举单位的监督。原选举单位有权依照法律规定的程序罢免本单位选出的代表。

真题面对面

[2023 上半年真题]关于全国人民代表大会，下列说法正确的是（　　）

A. 全国人民代表大会代表的发言不受法律追究

B. 全国人民代表大会代表不受逮捕或刑事审判

C. 全国人民代表大会代表受原选举单位的监督

D. 全国人民代表大会代表可由常务委员会罢免

答案：C。

【主席副主席的选举】第七十九条 中华人民共和国主席、副主席由全国人民代表大会选举。

有选举权和被选举权的年满四十五周岁的中华人民共和国公民可以被选为中华人民共和国主席、副主席。

中华人民共和国主席、副主席每届任期同全国人民代表大会每届任期相同。

【主席的职权】第八十条 中华人民共和国主席根据全国人民代表大会的决定和全国人民代表大会常务委员会的决定,公布法律,任免国务院总理、副总理、国务委员、各部部长、各委员会主任、审计长、秘书长,授予国家的勋章和荣誉称号,发布特赦令,宣布进入紧急状态,宣布战争状态,发布动员令。

【主席的外交职权】第八十一条 中华人民共和国主席代表中华人民共和国,进行国事活动,接受外国使节;根据全国人民代表大会常务委员会的决定,派遣和召回驻外全权代表,批准和废除同外国缔结的条约和重要协定。

【国务院的性质、地位】第八十五条 中华人民共和国国务院,即中央人民政府,是最高国家权力机关的执行机关,是最高国家行政机关。

【国务院的组织】第八十六条 国务院由下列人员组成:

总理,

副总理若干人,

国务委员若干人,

各部部长,

各委员会主任,

审计长,

秘书长。

国务院实行总理负责制。各部、各委员会实行部长、主任负责制。

国务院的组织由法律规定。

【国务院的工作分工】第八十八条 总理领导国务院的工作。副总理、国务委员协助总理工作。

总理、副总理、国务委员、秘书长组成国务院常务会议。

总理召集和主持国务院常务会议和国务院全体会议。

【国务院的职权】第八十九条 国务院行使下列职权:

(一)根据宪法和法律,规定行政措施,制定行政法规,发布决定和命令;

(二)向全国人民代表大会或者全国人民代表大会常务委员会提出议案;

（三）规定各部和各委员会的任务和职责，统一领导各部和各委员会的工作，并且领导不属于各部和各委员会的全国性的行政工作；

（四）统一领导全国地方各级国家行政机关的工作，规定中央和省、自治区、直辖市的国家行政机关的职权的具体划分；

（五）编制和执行国民经济和社会发展计划和国家预算；

（六）领导和管理经济工作和城乡建设、生态文明建设；

（七）领导和管理教育、科学、文化、卫生、体育和计划生育工作；

（八）领导和管理民政、公安、司法行政等工作；

（九）管理对外事务，同外国缔结条约和协定；

（十）领导和管理国防建设事业；

（十一）领导和管理民族事务，保障少数民族的平等权利和民族自治地方的自治权利；

（十二）保护华侨的正当的权利和利益，保护归侨和侨眷的合法的权利和利益；

（十三）改变或者撤销各部、各委员会发布的不适当的命令、指示和规章；

（十四）改变或者撤销地方各级国家行政机关的不适当的决定和命令；

（十五）批准省、自治区、直辖市的区域划分，批准自治州、县、自治县、市的建置和区域划分；

（十六）依照法律规定决定省、自治区、直辖市的范围内部分地区进入紧急状态；

（十七）审定行政机构的编制，依照法律规定任免、培训、考核和奖惩行政人员；

（十八）全国人民代表大会和全国人民代表大会常务委员会授予的其他职权。

【中央军委组成人员】第九十三条 中华人民共和国中央军事委员会领导全国武装力量。

中央军事委员会由下列人员组成：

主席，

副主席若干人，

委员若干人。

中央军事委员会实行主席负责制。

中央军事委员会每届任期同全国人民代表大会每届任期相同。

【中央军委主席】第九十四条 中央军事委员会主席对全国人民代表大会和全国人民代表大会常务委员会负责。

【地方人大性质】第九十六条 地方各级人民代表大会是地方国家权力机关。

县级以上的地方各级人民代表大会设立常务委员会。

【地方各级人大代表的选举】第九十七条 省、直辖市、设区的市的人民代表大会代表由下一级的人民代表大会选举；县、不设区的市、市辖区、乡、民族乡、镇的人民代表大会代表由选民直接选举。

地方各级人民代表大会代表名额和代表产生办法由法律规定。

【地方人大任期】第九十八条 地方各级人民代表大会每届任期五年。

【各级人大选举权和罢免权】第一百零一条 地方各级人民代表大会分别选举并且有权罢免本级人民政府的省长和副省长、市长和副市长、县长和副县长、区长和副区长、乡长和副乡长、镇长和副镇长。

县级以上的地方各级人民代表大会选举并且有权罢免本级监察委员会主任、本级人民法院院长和本级人民检察院检察长。选出或者罢免人民检察院检察长，须报上级人民检察院检察长提请该级人民代表大会常务委员会批准。

【地方各级人大常委会职权】第一百零四条 县级以上的地方各级人民代表大会常务委员会讨论、决定本行政区域内各方面工作的重大事项；监督本级人民政府、监察委员会、人民法院和人民检察院的工作；撤销本级人民政府的不适当的决定和命令；撤销下一级人民代表大会的不适当的决议；依照法律规定的权限决定国家机关工作人员的任免；在本级人民代表大会闭会期间，罢免和补选上一级人民代表大会的个别代表。

【监察机关】第一百二十三条 中华人民共和国各级监察委员会是国家的监察机关。

【监察委员会的组成】第一百二十四条 中华人民共和国设立国家监察委员会和地方各级监察委员会。

监察委员会由下列人员组成：

主任，

副主任若干人，

委员若干人。

监察委员会主任每届任期同本级人民代表大会每届任期相同。国家监察委员会主任连续任职不得超过两届。

监察委员会的组织和职权由法律规定。

【最高监察机关】第一百二十五条 中华人民共和国国家监察委员会是最高监察机关。

国家监察委员会领导地方各级监察委员会的工作，上级监察委员会领导下级监察委员会的工作。

【监察机关关系】第一百二十六条 国家监察委员会对全国人民代表大会和全国人民代表大会常务委员会负责。地方各级监察委员会对产生它的国家权力机关和上一级监察委员会负责。

【审判机关】第一百二十八条 中华人民共和国人民法院是国家的审判机关。

【审判机关关系】第一百三十二条 最高人民法院是最高审判机关。

最高人民法院监督地方各级人民法院和专门人民法院的审判工作，上级人民法院监督下级人民法院的审判工作。

【监督机关】第一百三十四条 中华人民共和国人民检察院是国家的法律监督机关。

【检察机关关系】第一百三十七条 最高人民检察院是最高检察机关。

最高人民检察院领导地方各级人民检察院和专门人民检察院的工作，上级人民检察院领导下级人民检察院的工作。

自2018年下半年以来，教师资格笔试开始考查宪法相关知识，每次考试一般情况下会出一道试题。关于《宪法》的考题命题比较简单直接，不举例，直接提问，一般是考查我国公民的基本权利和各国家机关的职权（如全国人大、全国人大常委会、国务院等）。这一知识点的试题难度较低，但考生做题时容易混淆各国家机关的职权，从而导致失分，因此考生复习时要牢牢掌握不同国家机关的职权范围。

第二节 《中华人民共和国教育法》

思维导图

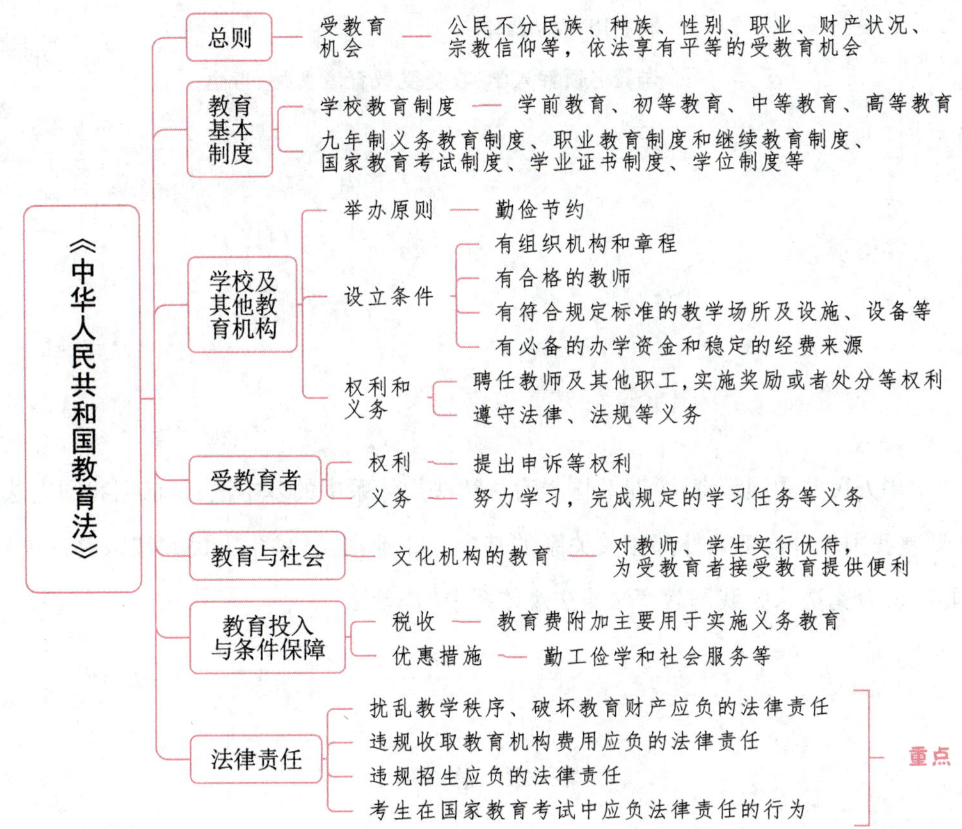

考向分析

本节主要介绍《中华人民共和国教育法》的内容，需要记忆和理解。在考试中主要以单选题的形式考查。通过汇总分析 2015 年至 2023 年的真题试卷，本节知识考查情况见下表：

知识	考点	考频	题型
总则	公民的受教育权利和义务	1	单选
学校及其他教育机构	鼓励举办教育机构、办学条件、教育机构的权利、教育机构的法人条件	5	单选
受教育者	受教育者的权利	2	单选
教育与社会	文化机构的教育	1	单选
教育投入与条件保障	教育税收制度	1	单选
法律责任	教育经费、教学秩序与教育财产、收取教育机构费用、徇私舞弊 与冒名顶替入学、收受受教育者费用、考生行为	9	单选

一、《中华人民共和国教育法》的性质

《中华人民共和国教育法》是我国教育法律法规体系中的基本法,是依据我国宪法制定的调整我国教育内部和外部相关关系的基本法律准则。《中华人民共和国教育法》是我国的“教育宪法”,是我国教育法律法规体系中的“母法”。

二、《中华人民共和国教育法》的内容【9年19考】

第一章 总 则

考频分布 2023下单选

【立法目的】第一条 为了发展教育事业,提高全民族的素质,促进社会主义物质文明和精神文明建设,根据宪法,制定本法。

【适用范围】第二条 在中华人民共和国境内的各级各类教育,适用本法。

【指导思想】第三条 国家坚持中国共产党的领导,坚持以马克思列宁主义、毛泽东思想、邓小平理论、“三个代表”重要思想、科学发展观、习近平新时代中国特色社会主义思想为指导,遵循宪法确定的基本原则,发展社会主义的教育事业。

【教育地位】第四条 教育是社会主义现代化建设的基础,对提高人民综合素质、促进人的全面发展、增强中华民族创新创造活力、实现中华民族伟大复兴具有决定性意义，国家保障教育事业优先发展。

全社会应当关心和支持教育事业的发展。

全社会应当尊重教师。

【教育方针】第五条 教育必须为社会主义现代化建设服务、为人民服务，必须与生产劳动和社会实践相结合，培养德智体美劳全面发展的社会主义建设者和接班人。

【教育基本内容】第六条 教育应当坚持立德树人，对受教育者加强社会主义核心价值观教育，增强受教育者的社会责任感、创新精神和实践能力。

国家在受教育者中进行爱国主义、集体主义、中国特色社会主义的教育，进行理想、道德、纪律、法治、国防和民族团结的教育。

【继承优秀文化】第七条 教育应当继承和弘扬中华优秀传统文化、革命文化、社会主义先进文化，吸收人类文明发展的一切优秀成果。

【教育与国家利益】第八条 教育活动必须符合国家和社会公共利益。

国家实行教育与宗教相分离。任何组织和个人不得利用宗教进行妨碍国家教育制度的活动。

【公民的受教育权利和义务】第九条 中华人民共和国公民有受教育的权利和义务。

公民不分民族、种族、性别、职业、财产状况、宗教信仰等，依法享有平等的受教育机会。

真题面对面

[**2023 下半年真题**]根据《中华人民共和国教育法》，中华人民共和国公民不分民族、种族、性别、职业、财产状况、宗教信仰等，依法享有(　　)

A. 公正的受教育机会　　B. 平等的受教育机会

C. 公平的受教育条件　　D. 平等的受教育条件

答案：B。

【少边贫地区及残疾人的教育】第十条 国家根据各少数民族的特点和需要，帮助各少数民族地区发展教育事业。

国家扶持边远贫困地区发展教育事业。

国家扶持和发展残疾人教育事业。

【终身教育体系】第十一条 国家适应社会主义市场经济发展和社会进步的需要，推进教育改革，推动各级各类教育协调发展、衔接融通，完善现代国民教育体系，健全终身教育体系，提高教育现代化水平。

国家采取措施促进教育公平，推动教育均衡发展。

国家支持、鼓励和组织教育科学研究，推广教育科学研究成果，促进教育质量提高。

【语言文字】第十二条 国家通用语言文字为学校及其他教育机构的基本教育教学语言文字，学校及其他教育机构应当使用国家通用语言文字进行教育教学。

民族自治地方以少数民族学生为主的学校及其他教育机构，从实际出发，使用国家通用语言文字和本民族或者当地民族通用的语言文字实施双语教育。

国家采取措施，为少数民族学生为主的学校及其他教育机构实施双语教育提供条件和支持。

【奖励制度】第十三条 国家对发展教育事业做出突出贡献的组织和个人，给予奖励。

【管理体制】第十四条 国务院和地方各级人民政府根据分级管理、分工负责的原则，领导和管理教育工作。

中等及中等以下教育在国务院领导下，由地方人民政府管理。

高等教育由国务院和省、自治区、直辖市人民政府管理。

【教育行政部门】第十五条 国务院教育行政部门主管全国教育工作，统筹规划、协调管理全国的教育事业。

县级以上地方各级人民政府教育行政部门主管本行政区域内的教育工作。

县级以上各级人民政府其他有关部门在各自的职责范围内，负责有关的教育工作。

【教育监督】第十六条 国务院和县级以上地方各级人民政府应当向本级人民代表大会或者其常务委员会报告教育工作和教育经费预算、决算情况，接受监督。

第二章 教育基本制度

【学校教育制度】第十七条 国家实行学前教育、初等教育、中等教育、高等教育的学校教育制度。

国家建立科学的学制系统。学制系统内的学校和其他教育机构的设置、教育形式、修业年限、招生对象、培养目标等，由国务院或者由国务院授权教育行政部门规定。

【学前教育】第十八条 国家制定学前教育标准，加快普及学前教育，构建覆盖城乡，特别是农村的学前教育公共服务体系。

各级人民政府应当采取措施，为适龄儿童接受学前教育提供条件和支持。

【义务教育】第十九条 国家实行九年制义务教育制度。

各级人民政府采取各种措施保障适龄儿童、少年就学。

适龄儿童、少年的父母或者其他监护人以及有关社会组织和个人有义务使适龄儿童、少年接受并完成规定年限的义务教育。

【职业教育和继续教育】第二十条 国家实行职业教育制度和继续教育制度。

各级人民政府、有关行政部门和行业组织以及企业事业组织应当采取措施，发展并保障公民接受职业学校教育或者各种形式的职业培训。

国家鼓励发展多种形式的继续教育，使公民接受适当形式的政治、经济、文化、科学、技术、业务等方面的教育，促进不同类型学习成果的互认和衔接，推动全民终身学习。

【考试制度】第二十一条 国家实行国家教育考试制度。

国家教育考试由国务院教育行政部门确定种类，并由国家批准的实施教育考试的机构承办。

【学业证书制度】第二十二条 国家实行学业证书制度。

经国家批准设立或者认可的学校及其他教育机构按照国家有关规定，颁发学历证书或者其他学业证书。

【学位制度】第二十三条 国家实行学位制度。

学位授予单位依法对达到一定学术水平或者专业技术水平的人员授予相应的学位，颁发学位证书。

【扫除文盲教育工作】第二十四条 各级人民政府、基层群众性自治组织和企业事业组织应当采取各种措施，开展扫除文盲的教育工作。

按照国家规定具有接受扫除文盲教育能力的公民，应当接受扫除文盲的教育。

【教育督导制度和评估制度】第二十五条 国家实行教育督导制度和学校及其他教育机构教育评估制度。

第三章 学校及其他教育机构

考频分布 2023上单选，2020下单选，2019上单选，2018下单选，2017上单选

【鼓励举办教育机构】第二十六条 国家制定教育发展规划，并举办学校及其他教育机构。

国家鼓励企业事业组织、社会团体、其他社会组织及公民个人依法举办学校及其他教育机构。

国家举办学校及其他教育机构，应当坚持勤俭节约的原则。

以财政性经费、捐赠资产举办或者参与举办的学校及其他教育机构不得设立为营利性组织。

真题面对面

[2023 上半年真题]依据《中华人民共和国教育法》,国家举办学校及其他教育机构应当坚持的原则是( )

A. 勤俭节约 B. 优先发展 C. 就近入学 D. 公平高效

答案:A。

【办学条件】第二十七条 设立学校及其他教育机构,必须具备下列基本条件:

(一)有组织机构和章程;

(二)有合格的教师;

(三)有符合规定标准的教学场所及设施、设备等;

(四)有必备的办学资金和稳定的经费来源。

【办学程序】第二十八条 学校及其他教育机构的设立、变更和终止,应当按照国家有关规定办理审核、批准、注册或者备案手续。

【教育机构的权利】第二十九条 学校及其他教育机构行使下列权利:

(一)按照章程自主管理;

(二)组织实施教育教学活动;

(三)招收学生或者其他受教育者;

(四)对受教育者进行学籍管理,实施奖励或者处分;

(五)对受教育者颁发相应的学业证书;

(六)聘任教师及其他职工,实施奖励或者处分;

(七)管理、使用本单位的设施和经费;

(八)拒绝任何组织和个人对教育教学活动的非法干涉;

(九)法律、法规规定的其他权利。

国家保护学校及其他教育机构的合法权益不受侵犯。

【教育机构的义务】第三十条 学校及其他教育机构应当履行下列义务:

(一)遵守法律、法规;

(二)贯彻国家的教育方针,执行国家教育教学标准,保证教育教学质量;

(三)维护受教育者、教师及其他职工的合法权益;

(四)以适当方式为受教育者及其监护人了解受教育者的学业成绩及其他有关情况提供便利;

(五)遵照国家有关规定收取费用并公开收费项目;

(六)依法接受监督。

【教育机构管理体制】第三十一条 学校及其他教育机构的举办者按照国家有关规定,确定其所举办的学校或者其他教育机构的管理体制。

学校及其他教育机构的校长或者主要行政负责人必须由具有中华人民共和国国籍、在中国境内定居、并具备国家规定任职条件的公民担任,其任免按照国家有关规定办理。学校的教学及其他行政管理,由校长负责。

学校及其他教育机构应当按照国家有关规定,通过以教师为主体的教职工代表大会等组织形式,保障教职工参与民主管理和监督。

【教育机构的法人条件】第三十二条 学校及其他教育机构具备法人条件的,自批准设立或者登记注册之日起取得法人资格。

学校及其他教育机构在民事活动中依法享有民事权利,承担民事责任。

学校及其他教育机构中的国有资产属于国家所有。

学校及其他教育机构兴办的校办产业独立承担民事责任。

第四章 教师和其他教育工作者

【教师权利和义务】第三十三条 教师享有法律规定的权利,履行法律规定的义务,忠诚于人民的教育事业。

【教师待遇】第三十四条 国家保护教师的合法权益,改善教师的工作条件和生活条件,提高教师的社会地位。

教师的工资报酬、福利待遇,依照法律、法规的规定办理。

【教师队伍建设】第三十五条 国家实行教师资格、职务、聘任制度,通过考核、奖励、培养和培训,提高教师素质,加强教师队伍建设。

【员工制度】第三十六条 学校及其他教育机构中的管理人员,实行**教育职员制度**。

学校及其他教育机构中的教学辅助人员和其他专业技术人员,实行专业技术职务聘任制度。

第五章 受教育者

考频分布 2022上单选,2015下单选

【受教育者的平等权】第三十七条 受教育者在入学、升学、就业等方面依法享有平等权利。

学校和有关行政部门应当按照国家有关规定,保障女子在入学、升学、就业、授予学位、派出留学等方面享有同男子平等的权利。

【教育经济资助】第三十八条 国家、社会对符合入学条件、家庭经济困难的儿童、少年、青年,提供各种形式的资助。

【特殊教育保障】第三十九条 国家、社会、学校及其他教育机构应当根据残疾人身心特性和需要实施教育,并为其提供帮助和便利。

【违法犯罪的未成年人】第四十条 国家、社会、家庭、学校及其他教育机构应当为有违法犯罪行为的未成年人接受教育创造条件。

【职业培训和继续教育】第四十一条 从业人员有依法接受职业培训和继续教育的权利和义务。

国家机关、企业事业组织和其他社会组织,应当为本单位职工的学习和培训提供条件和便利。

【终身教育】第四十二条 国家鼓励学校及其他教育机构、社会组织采取措施,为公民接受终身教育创造条件。

【受教育者的权利】第四十三条 受教育者享有下列权利:

(一)参加教育教学计划安排的各种活动,使用教育教学设施、设备、图书资料;

《教育法》第43、44条

(二)按照国家有关规定获得奖学金、贷学金、助学金;

(三)在学业成绩和品行上获得公正评价,完成规定的学业后获得相应的学业证书、学位证书;

(四)对学校给予的处分不服向有关部门提出申诉,对学校、教师侵犯其人身权、财产权等合法权益,提出申诉或者依法提起诉讼;

(五)法律、法规规定的其他权利。

真题面对面

[2022 上半年真题]考试前,李老师发现少了一份试卷,便对学生昭宇说:“你基础太差,参加了考试也不能及格,还是自己看书学习吧!”于是把试卷给了其他同学。李老师的做法( )

A. 错误,班主任才有免除学生参加考试的权利

B. 错误,基础再差的学生也有参加考试的权利

C. 正确,体现了严慈相济的职业道德

D. 正确,体现了因材施教的教育理念

答案:B。

【受教育者的义务】第四十四条 受教育者应当履行下列义务：

（一）遵守法律、法规；

（二）遵守学生行为规范，尊敬师长，养成良好的思想品德和行为习惯；

（三）努力学习，完成规定的学习任务；

（四）遵守所在学校或者其他教育机构的管理制度。

【身心健康保护】第四十五条 教育、体育、卫生行政部门和学校及其他教育机构应当完善体育、卫生保健设施，保护学生的身心健康。

第六章 教育与社会

考频分布 2022 上单选

【创设良好社会环境】第四十六条 国家机关、军队、企业事业组织、社会团体及其他社会组织和个人，应当依法为儿童、少年、青年学生的身心健康成长创造良好的社会环境。

【社会参与】第四十七条 国家鼓励企业事业组织、社会团体及其他社会组织同高等学校、中等职业学校在教学、科研、技术开发和推广等方面进行多种形式的合作。

企业事业组织、社会团体及其他社会组织和个人，可以通过适当形式，支持学校的建设，参与学校管理。

【社会实践活动】第四十八条 国家机关、军队、企业事业组织及其他社会组织应当为学校组织的学生实习、社会实践活动提供帮助和便利。

【社会公益活动】第四十九条 学校及其他教育机构在不影响正常教育教学活动的前提下，应当积极参加当地的社会公益活动。

【家庭教育】第五十条 未成年人的父母或者其他监护人应当为其未成年子女或者其他被监护人受教育提供必要条件。

未成年人的父母或者其他监护人应当配合学校及其他教育机构，对其未成年子女或者其他被监护人进行教育。

学校、教师可以对学生家长提供家庭教育指导。

【文化机构的教育】第五十一条 图书馆、博物馆、科技馆、文化馆、美术馆、体育馆（场）等社会公共文化体育设施，以及历史文化古迹和革命纪念馆（地），应当对教师、学生实行优待，为受教育者接受教育提供便利。

广播、电视台（站）应当开设教育节目，促进受教育者思想品德、文化和科学技术素质的提高。

真题面对面

[2022 上半年真题]为了提高学生的科学素养,顾老师计划带他们去参观当地的科技馆,科技馆以学生年龄小、人数多、管理不便为由,婉拒了请求。科技馆的行为(　　)

A. 应当改进,科技馆应为师生参观提供便利

B. 可以理解,科技馆并不是专门的教育机构

C. 值得肯定,科技馆应当确保学生的人身安全

D. 有待商榷,科技馆所有的设施应向师生免费开放

答案:A。

【校外教育】第五十二条　国家、社会建立和发展对未成年人进行校外教育的设施。

学校及其他教育机构应当同基层群众性自治组织、企业事业组织、社会团体相互配合,加强对未成年人的校外教育工作。

【社会文化教育活动】第五十三条　国家鼓励社会团体、社会文化机构及其他社会组织和个人开展有益于受教育者身心健康的社会文化教育活动。

第七章　教育投入与条件保障

考频分布　2020 下单选

【教育经费制度】第五十四条　国家建立以财政拨款为主、其他多种渠道筹措教育经费为辅的体制,逐步增加对教育的投入,保证国家举办的学校教育经费的稳定来源。

企业事业组织、社会团体及其他社会组织和个人依法举办的学校及其他教育机构,办学经费由举办者负责筹措,各级人民政府可以给予适当支持。

【教育经费所占比例】第五十五条　国家财政性教育经费支出占国民生产总值的比例应当随着国民经济的发展和财政收入的增长逐步提高。具体比例和实施步骤由国务院规定。

全国各级财政支出总额中教育经费所占比例应当随着国民经济的发展逐步提高。

【经费使用】第五十六条　各级人民政府的教育经费支出,按照事权和财权相统一的原则,在财政预算中单独列项。

各级人民政府教育财政拨款的增长应当高于财政经常性收入的增长,并使按在校学生人数平均的教育费用逐步增长,保证教师工资和学生人均公用经费逐步增长。

【专项资金】第五十七条　国务院及县级以上地方各级人民政府应当设立教育专项资金,重点扶持边远贫困地区、少数民族地区实施义务教育。

【税收】第五十八条 税务机关依法足额征收教育费附加，由教育行政部门统筹管理，主要用于实施义务教育。

省、自治区、直辖市人民政府根据国务院的有关规定，可以决定开征用于教育的地方附加费，专款专用。

真题面对面

[**2020下半年真题**]某县某年度依法征收教育费附加共计1057万元。根据《中华人民共和国教育法》的规定，这笔经费应主要用于(　　)

A. 普及学前教育　　B. 发展基础教育

C. 提升高中教育　　D. 实施义务教育

答案：D。

【优惠措施】第五十九条 国家采取优惠措施，鼓励和扶持学校在不影响正常教育教学的前提下开展勤工俭学和社会服务，兴办校办产业。

【捐资助学】第六十条 国家鼓励境内、境外社会组织和个人捐资助学。

【经费使用】第六十一条 国家财政性教育经费、社会组织和个人对教育的捐赠，必须用于教育，不得挪用、克扣。

【金融信贷】第六十二条 国家鼓励运用金融、信贷手段，支持教育事业的发展。

【教育建设管理】第六十三条 各级人民政府及其教育行政部门应当加强对学校及其他教育机构教育经费的监督管理，提高教育投资效益。

【教育建设保障】第六十四条 地方各级人民政府及其有关行政部门必须把学校的基本建设纳入城乡建设规划，统筹安排学校的基本建设用地及所需物资，按照国家有关规定实行优先、优惠政策。

【教育用品保障】第六十五条 各级人民政府对教科书及教学用图书资料的出版发行，对教学仪器、设备的生产和供应，对用于学校教育教学和科学研究的图书资料、教学仪器、设备的进口，按照国家有关规定实行优先、优惠政策。

【教育信息化保障】第六十六条 国家推进教育信息化，加快教育信息基础设施建设，利用信息技术促进优质教育资源普及共享，提高教育教学水平和教育管理水平。

县级以上人民政府及其有关部门应当发展教育信息技术和其他现代化教学方式，有关行政部门应当优先安排，给予扶持。

国家鼓励学校及其他教育机构推广运用现代化教学方式。

第八章　教育对外交流与合作

【教育合作】第六十七条　国家鼓励开展教育对外交流与合作，支持学校及其他教育机构引进优质教育资源，依法开展中外合作办学，发展国际教育服务，培养国际化人才。

教育对外交流与合作坚持独立自主、平等互利、相互尊重的原则，不得违反中国法律，不得损害国家主权、安全和社会公共利益。

【出国教育】第六十八条　中国境内公民出国留学、研究、进行学术交流或者任教，依照国家有关规定办理。

【入境教育】第六十九条　中国境外个人符合国家规定的条件并办理有关手续后，可以进入中国境内学校及其他教育机构学习、研究、进行学术交流或者任教，其合法权益受国家保护。

【学历认证】第七十条　中国对境外教育机构颁发的学位证书、学历证书及其他学业证书的承认，依照中华人民共和国缔结或者加入的国际条约办理，或者按照国家有关规定办理。

第九章　法律责任

考频分布　2015—2023 年，以单选题形式考查 9 次

【教育经费】第七十一条　违反国家有关规定，不按照预算核拨教育经费的，由同级人民政府限期核拨；情节严重的，对直接负责的主管人员和其他直接责任人员，依法给予处分。

违反国家财政制度、财务制度，挪用、克扣教育经费的，由上级机关责令限期归还被挪用、克扣的经费，并对直接负责的主管人员和其他直接责任人员，依法给予处分；构成犯罪的，依法追究刑事责任。

【教学秩序与教育财产】第七十二条　结伙斗殴、寻衅滋事，扰乱学校及其他教育机构教育教学秩序或者破坏校舍、场地及其他财产的，由公安机关给予治安管理处罚；构成犯罪的，依法追究刑事责任。

《教育法》第72—75条

侵占学校及其他教育机构的校舍、场地及其他财产的，依法承担民事责任。

真题面对面

[2021 下半年真题]社会青年孙某闯入一所农村小学寻衅滋事，扰乱学校秩序，依据《中华人民共和国教育法》，对孙某应由(　　)

A. 教育行政部门进行强制教育　　B. 公安机关给予治安管理处罚

C. 受害学校给予罚款　　D. 乡级人民政府实施管制

答案：B。

【教学设施】第七十三条 明知校舍或者教育教学设施有危险,而不采取措施,造成人员伤亡或者重大财产损失的,对直接负责的主管人员和其他直接责任人员,依法追究刑事责任。

【收取教育机构费用】第七十四条 违反国家有关规定,向学校或者其他教育机构收取费用的,由政府责令退还所收费用;对直接负责的主管人员和其他直接责任人员,依法给予处分。

真题面对面

[2022 下半年真题]卫生部门违规向学校收取费用。依据《中华人民共和国教育法》,责令其退返所收费用的机构是(　　)

A. 当地工商部门　　B. 当地教育部门

C. 当地公安部门　　D. 当地人民政府

答案:D。

【违法办学】第七十五条 违反国家有关规定,举办学校或者其他教育机构的,由教育行政部门或者其他有关行政部门予以撤销;有违法所得的,没收违法所得;对直接负责的主管人员和其他直接责任人员,依法给予处分。

【违法招生】第七十六条 学校或者其他教育机构违反国家有关规定招收学生的,由教育行政部门或者其他有关行政部门责令退回招收的学生,退还所收费用;对学校、其他教育机构给予警告,可以处违法所得五倍以下罚款;情节严重的,责令停止相关招生资格一年以上三年以下,直至撤销招生资格、吊销办学许可证;对直接负责的主管人员和其他直接责任人员,依法给予处分;构成犯罪的,依法追究刑事责任。

【徇私舞弊与冒名顶替入学】第七十七条 在招收学生工作中滥用职权、玩忽职守、徇私舞弊的,由教育行政部门或者其他有关行政部门责令退回招收的不符合入学条件的人员;对直接负责的主管人员和其他直接责任人员,依法给予处分;构成犯罪的,依法追究刑事责任。

盗用、冒用他人身份,顶替他人取得的入学资格的,由教育行政部门或者其他有关行政部门责令撤销入学资格,并责令停止参加相关国家教育考试二年以上五年以下;已经取得学位证书、学历证书或者其他学业证书的,由颁发机构撤销相关证书;已经成为公职人员的,依法给予开除处分;构成违反治安管理行为的,由公安机关依法给予治安管理处罚;构成犯罪的,依法追究刑事责任。

与他人串通,允许他人冒用本人身份,顶替本人取得的入学资格的,由教育行政部门或者其他有关行政部门责令停止参加相关国家教育考试一年以上三年以下;有违法所得的,没收违法所得;已经成为公职人员的,依法给予处分;构成违反治安管理行为的,由公安机关依法给予治安管理处罚;构成犯罪的,依法追究刑事责任。

组织、指使盗用或者冒用他人身份,顶替他人取得的入学资格的,有违法所得的,没收违法所得;属于公职人员的,依法给予处分;构成违反治安管理行为的,由公安机关依法给予治安管理处罚;构成犯罪的,依法追究刑事责任。

入学资格被顶替权利受到侵害的,可以请求恢复其入学资格。

【收受受教育者费用】第七十八条 学校及其他教育机构违反国家有关规定向受教育者收取费用的,由教育行政部门或者其他有关行政部门责令退还所收费用;对直接负责的主管人员和其他直接责任人员,依法给予处分。

【考生行为】第七十九条 考生在国家教育考试中有下列行为之一的,由组织考试的教育考试机构工作人员在考试现场采取必要措施予以制止并终止其继续参加考试;组织考试的教育考试机构可以取消其相关考试资格或者考试成绩;情节严重的,由教育行政部门责令停止参加相关国家教育考试一年以上三年以下;构成违反治安管理行为的,由公安机关依法给予治安管理处罚;构成犯罪的,依法追究刑事责任:

(一)非法获取考试试题或者答案的;

(二)携带或者使用考试作弊器材、资料的;

(三)抄袭他人答案的;

(四)让他人代替自己参加考试的;

(五)其他以不正当手段获得考试成绩的作弊行为。

真题面对面

[2019 上半年真题]学生张某在高考中,由他人代替考试。依据《中华人民共和国教育法》的规定,可由教育行政部门责令张某停止参加高考(　　)

A. 3 年　　B. 4 年　　C. 5 年　　D. 6 年

答案:A。

【考试行为】第八十条 任何组织或者个人在国家教育考试中有下列行为之一,有违法所得的,由公安机关没收违法所得,并处违法所得一倍以上五倍以下罚款;情节严重的,处五日以上十五日以下拘留;构成犯罪的,依法追究刑事责任;属于国家机关工作人员的,还应当依法给予处分:

(一)组织作弊的;

(二)通过提供考试作弊器材等方式为作弊提供帮助或者便利的;

(三)代替他人参加考试的;

(四)在考试结束前泄露、传播考试试题或者答案的;

(五)其他扰乱考试秩序的行为。

【教育考试管理】第八十一条 举办国家教育考试,教育行政部门、教育考试机构疏于管理,造成考场秩序混乱、作弊情况严重的,对直接负责的主管人员和其他直接责任人员,依法给予处分;构成犯罪的,依法追究刑事责任。

【责任追究】第八十二条 学校或者其他教育机构违反本法规定,颁发学位证书、学历证书或者其他学业证书的,由教育行政部门或者其他有关行政部门宣布证书无效,责令收回或者予以没收;有违法所得的,没收违法所得;情节严重的,责令停止相关招生资格一年以上三年以下,直至撤销招生资格、颁发证书资格;对直接负责的主管人员和其他直接责任人员,依法给予处分。

前款规定以外的任何组织或者个人制造、销售、颁发假冒学位证书、学历证书或者其他学业证书,构成违反治安管理行为的,由公安机关依法给予治安管理处罚;构成犯罪的,依法追究刑事责任。

以作弊、剽窃、抄袭等欺诈行为或者其他不正当手段获得学位证书、学历证书或者其他学业证书的,由颁发机构撤销相关证书。购买、使用假冒学位证书、学历证书或者其他学业证书,构成违反治安管理行为的,由公安机关依法给予治安管理处罚。

【民事责任】第八十三条 违反本法规定,侵犯教师、受教育者、学校或者其他教育机构的合法权益,造成损失、损害的,应当依法承担民事责任。

知识再拔高

法律责任的类型与承担方式

根据违法主体的法律地位、违法行为的性质和危害程度的不同,法律责任可分为行政法律责任、民事法律责任、刑事法律责任、违宪责任。一个人或组织如果需要承担法律责任,那么,其承担的方式是接受法律制裁,法律制裁可以分为行政制裁、民事制裁和刑事制裁几种不同的方式。

1. 行政法律责任

行政法律责任是指行为人违反了行政法律规范而应承担的法律责任,简称行政责任。行政责任的承担方式是给予行政制裁,行政制裁主要有行政处分和行政处罚两种。

(1)相应的国家机关或工作单位依法给予所属人员的行政处分,包括警告、记过、记大过、降级、撤职、开除六种,如学校依法给予违规教师记过处分。

(2)特定行政机关给予的行政处罚,如教育行政部门有权给予学校或学校教职员工警告、罚款、吊销办学许可证、责令停止招生、撤销教师资格等处罚。对于违反行政法律规范的公民,公安机关有权给予警告、罚款、行政拘留等处罚。此外,公安机关还可依法给予训诫,但训诫不属于行政处罚,而是一种司法强制措施。

在教师资格笔试中,对于违法违规的教师或其他学校工作人员,一般由学校给予行政处分或解聘;对于违反行政法律规范的与学校无关的第三人,一般是由公安机关或相关部门依法给予行政处罚。

2. 民事法律责任

民事法律责任是指行为人违反民事法律、违约或者由于民法规定所应承担的法律责任,简称民事责任。民事责任包括违反合同的违约责任、侵犯他人合法权益的侵权责任等。

民事责任的承担方式是给予民事制裁,主要有停止侵害、排除妨碍、消除危险、恢复原状、消除影响、恢复名誉、赔礼道歉、赔偿损失、支付违约金、返还财产等。民事制裁的执行机关是司法机关,制裁对象可以是公民,也可以是法人。

在教师资格笔试中,民事责任一般常见于各教育法律中的"法律责任"一章或者《学生伤害事故处理办法》的考题。关于民事责任与《民法典》的相关内容,考生需要理解并掌握。

3. 刑事法律责任

刑事法律责任是指行为人实施刑事违法行为所导致的受刑罚处罚的法律责任,简称刑事责任。刑事责任是惩罚最为严厉的一种法律责任。

刑事责任的承担方式是给予刑事制裁,主要包括刑罚(如剥夺政治权利、有期徒刑、没收财产等)和非刑罚的刑事制裁方式(如责令具结悔过、赔礼道歉、赔偿损失等)。

在教育活动中,如克扣、挪用教育经费,违法招生、徇私舞弊等行为,都有可能承担刑事责任。

4. 违宪责任

违宪责任是一种特殊的法律责任,违宪通常是指有关国家机关制定的某种法律、法规和规章,以及国家机关、社会组织或公民的某种行为与宪法的规定相抵触。

在我国，监督宪法实施的权力机关是全国人大及其常委会，但目前对于违宪责任的认定还没有具体的法律规定。

违宪责任的承担形式有弹劾、罢免、撤销、宣告无效、拒绝使用、取缔政治组织等。

在教师资格笔试中，违宪责任基本不会考查，考生稍作了解即可。

第十章　附　则

【军事学校及宗教学校】第八十四条　军事学校教育由中央军事委员会根据本法的原则规定。

宗教学校教育由国务院另行规定。

【国际办学】第八十五条　境外的组织和个人在中国境内办学和合作办学的办法，由国务院规定。

【施行时间】第八十六条　本法自 1995 年 9 月 1 日起施行。

第三节 《中华人民共和国教师法》

思维导图

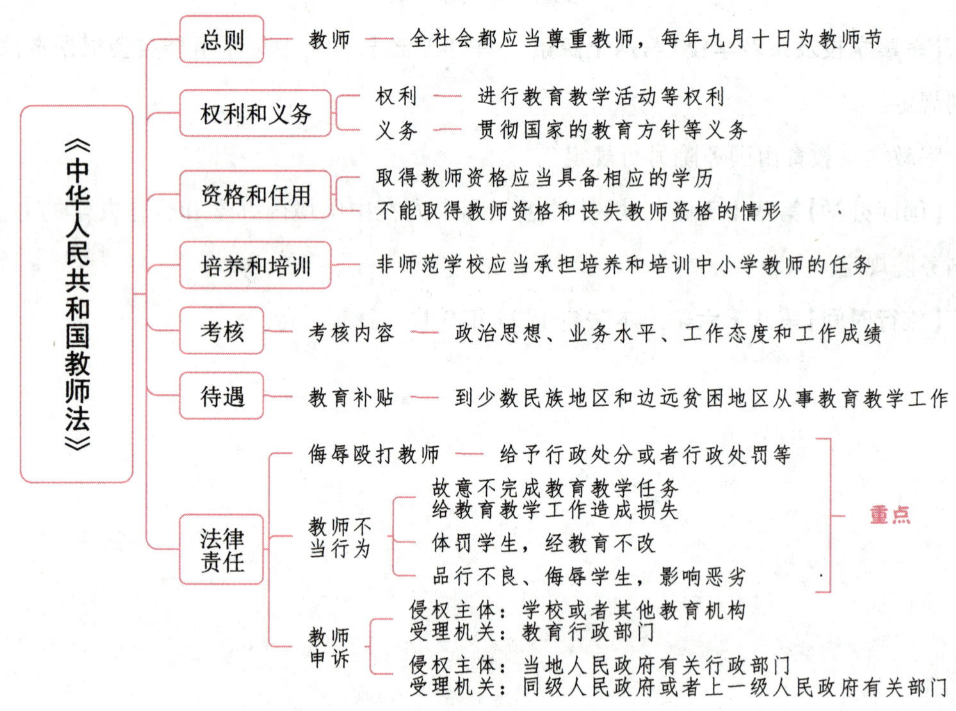

考向分析

本节主要介绍《中华人民共和国教师法》的内容，需要记忆和理解。在考试中主要以单选题的形式考查。通过汇总分析 2015 年至 2023 年的真题试卷，本节知识考查情况见下表：

知识	考点	考频	题型
总则	政府职责	1	单选
权利和义务	教师义务	1	单选
资格和任用	资格限制	2	单选

续表

知识	考点	考频	题型
待遇	社会力量保障	1	单选
法律责任	侮辱殴打教师行为、教师不当行为、教师申诉	9	单选

核心考点

一、《中华人民共和国教师法》的性质

《中华人民共和国教师法》属于教育单行法，是我国教育史上第一部关于教师的法律。它的制定和颁布体现了党和国家对人民教师的重视，有利于从根本上提高教师的社会地位，保障教师的合法权益，使教师成为受人尊重的职业；有利于加强教师队伍的建设，造就一支高素质的教师队伍，促进社会主义教育事业的发展。

二、《中华人民共和国教师法》的内容【9年14考】

第一章　总　则

考频分布　2021上单选

【立法宗旨】第一条　为了保障教师的合法权益，建设具有良好思想品德修养和业务素质的教师队伍，促进社会主义教育事业的发展，制定本法。

【适用对象】第二条　本法适用于在各级各类学校和其他教育机构中专门从事教育教学工作的教师。

【教师职责】第三条　教师是履行教育教学职责的专业人员，承担教书育人，培养社会主义事业建设者和接班人、提高民族素质的使命。教师应当忠诚于人民的教育事业。

【政府职责】第四条　各级人民政府应当采取措施，加强教师的思想政治教育和业务培训，改善教师的工作条件和生活条件，保障教师的合法权益，提高教师的社会地位。

全社会都应当尊重教师。

【管理体制】第五条　国务院教育行政部门主管全国的教师工作。

国务院有关部门在各自职权范围内负责有关的教师工作。

学校和其他教育机构根据国家规定，自主进行教师管理工作。

【教师节】第六条　每年九月十日为教师节。

第二章　权利和义务

考频分布　2023 下单选

【教师权利】第七条　教师享有下列权利：

《教师法》第 7、8 条

（一）进行教育教学活动，开展教育教学改革和实验；

（二）从事科学研究、学术交流，参加专业的学术团体，在学术活动中充分发表意见；

（三）指导学生的学习和发展，评定学生的品行和学业成绩；

（四）按时获取工资报酬，享受国家规定的福利待遇以及寒暑假期的带薪休假；

（五）对学校教育教学、管理工作和教育行政部门的工作提出意见和建议，通过教职工代表大会或者其他形式，参与学校的民主管理；

（六）参加进修或者其他方式的培训。

【教师义务】第八条　教师应当履行下列义务：

（一）遵守宪法、法律和职业道德，为人师表；

（二）贯彻国家的教育方针，遵守规章制度，执行学校的教学计划，履行教师聘约，完成教育教学工作任务；

（三）对学生进行宪法所确定的基本原则的教育和爱国主义、民族团结的教育，法制教育以及思想品德、文化、科学技术教育，组织、带领学生开展有益的社会活动；

（四）关心、爱护全体学生，尊重学生人格，促进学生在品德、智力、体质等方面全面发展；

（五）制止有害于学生的行为或者其他侵犯学生合法权益的行为，批评和抵制有害于学生健康成长的现象；

（六）不断提高思想政治觉悟和教育教学业务水平。

真题面对面

[2023 下半年真题] 教师王某向学校提出辞职，当天便离开学校，所任教课程的教学受到影响。王某的做法（　　）

A. 正确，教师有辞职的权利

B. 正确，教师有教学的自由

C. 不正确，教师在聘期内不能辞职

D. 不正确，辞职应提前向学校申请

答案：D。

【保障机制】第九条 为保障教师完成教育教学任务，各级人民政府、教育行政部门、有关部门、学校和其他教育机构应当履行下列职责：

（一）提供符合国家安全标准的教育教学设施和设备；

（二）提供必需的图书、资料及其他教育教学用品；

（三）对教师在教育教学、科学研究中的创造性工作给以鼓励和帮助；

（四）支持教师制止有害于学生的行为或者其他侵犯学生合法权益的行为。

第三章 资格和任用

考频分布 2023 上单选，2019 上单选

【教师资格制度】第十条 国家实行教师资格制度。

中国公民凡遵守宪法和法律，热爱教育事业，具有良好的思想品德，具备本法规定的学历或者经国家教师资格考试合格，有教育教学能力，经认定合格的，可以取得教师资格。

【学历要求】第十一条 取得教师资格应当具备的相应学历是：

（一）取得幼儿园教师资格，应当具备幼儿师范学校毕业及其以上学历；

（二）取得小学教师资格，应当具备中等师范学校毕业及其以上学历；

（三）取得初级中学教师、初级职业学校文化、专业课教师资格，应当具备高等师范专科学校或者其他大学专科毕业及其以上学历；

（四）取得高级中学教师资格和中等专业学校、技工学校、职业高中文化课、专业课教师资格，应当具备高等师范院校本科或者其他大学本科毕业及其以上学历；取得中等专业学校、技工学校和职业高中学生实习指导教师资格应当具备的学历，由国务院教育行政部门规定；

（五）取得高等学校教师资格，应当具备研究生或者大学本科毕业学历；

（六）取得成人教育教师资格，应当按照成人教育的层次、类别，分别具备高等、中等学校毕业及其以上学历。

不具备本法规定的教师资格学历的公民，申请获取教师资格，必须通过国家教师资格考试。国家教师资格考试制度由国务院规定。

【过渡办法】第十二条 本法实施前已经在学校或者其他教育机构中任教的教师，未具备本法规定学历的，由国务院教育行政部门规定教师资格过渡办法。

【资格认定】第十三条 中小学教师资格由县级以上地方人民政府教育行政部门认定。中等专业学校、技工学校的教师资格由县级以上地方人民政府教育行政部门组织有关主管部门认定。普通高等学校的教师资格由国务院或者省、自治区、直辖市教育行政

部门或者由其委托的学校认定。

具备本法规定的学历或者经国家教师资格考试合格的公民,要求有关部门认定其教师资格的,有关部门应当依照本法规定的条件予以认定。

取得教师资格的人员首次任教时,应当有试用期。

【资格限制】第十四条　受到剥夺政治权利或者故意犯罪受到有期徒刑以上刑事处罚的,不能取得教师资格;已经取得教师资格的,丧失教师资格。

关于教师资格丧失与撤销的规定

法律法规	条文总结	条件	后果
《教师法》第 14 条	规定了教师资格永久丧失的情况	受到剥夺政治权利或者故意犯罪受到有期徒刑以上刑事处罚	永久丧失,一旦丧失就不能再重新申请
《教师资格条例》第 19 条	规定了撤销教师资格的情况	(1)弄虚作假、欺骗教师资格 (2)品行不良、侮辱学生,影响恶劣	暂时丧失,在撤销的 5 年后可再次申请

真题面对面

[2023 上半年真题]教师熊某体罚学生造成该生重伤,被人民法院处以有期徒刑。下列说法正确的是(　　)

A. 熊某将永远不能再取得教师资格

B. 熊某刑期内不能再取得教师资格

C. 熊某三年内不能再取得教师资格

D. 熊某五年内不能再取得教师资格

答案:A。

【鼓励任教】第十五条　各级师范学校毕业生,应当按照国家有关规定从事教育教学工作。

国家鼓励非师范高等学校毕业生到中小学或者职业学校任教。

【职务制度】第十六条　国家实行教师职务制度,具体办法由国务院规定。

【教师聘任】第十七条　学校和其他教育机构应当逐步实行教师聘任制。教师的聘任应当遵循双方地位平等的原则，由学校和教师签订聘任合同，明确规定双方的权利、义务和责任。

实施教师聘任制的步骤、办法由国务院教育行政部门规定。

第四章　培养和培训

【教师培养】第十八条　各级人民政府和有关部门应当办好师范教育，并采取措施，鼓励优秀青年进入各级师范学校学习。各级教师进修学校承担培训中小学教师的任务。

非师范学校应当承担培养和培训中小学教师的任务。

各级师范学校学生享受专业奖学金。

【教师培训】第十九条　各级人民政府教育行政部门、学校主管部门和学校应当制定教师培训规划，对教师进行多种形式的思想政治、业务培训。

【社会措施】第二十条　国家机关、企业事业单位和其他社会组织应当为教师的社会调查和社会实践提供方便，给予协助。

【政府措施】第二十一条　各级人民政府应当采取措施，为少数民族地区和边远贫困地区培养、培训教师。

第五章　考　核

【考核内容】第二十二条　学校或者其他教育机构应当对教师的政治思想、业务水平、工作态度和工作成绩进行考核。

教育行政部门对教师的考核工作进行指导、监督。

【考核原则】第二十三条　考核应当客观、公正、准确，充分听取教师本人、其他教师以及学生的意见。

【考核结果】第二十四条　教师考核结果是受聘任教、晋升工资、实施奖惩的依据。

第六章　待　遇

考频分布　2016 上单选

【教师工资】第二十五条　教师的平均工资水平应当不低于或者高于国家公务员的平均工资水平，并逐步提高。建立正常晋级增薪制度，具体办法由国务院规定。

【教师津贴】第二十六条　中小学教师和职业学校教师享受教龄津贴和其他津贴，具体办法由国务院教育行政部门会同有关部门制定。

【教育补贴】第二十七条　地方各级人民政府对教师以及具有中专以上学历的毕业生到少数民族地区和边远贫困地区从事教育教学工作的，应当予以补贴。

【教师住房】第二十八条　地方各级人民政府和国务院有关部门，对城市教师住房的建设、租赁、出售实行优先、优惠。

县、乡两级人民政府应当为农村中小学教师解决住房提供方便。

【医疗待遇】第二十九条 教师的医疗同当地国家公务员享受同等的待遇；定期对教师进行身体健康检查，并因地制宜安排教师进行休养。

医疗机构应当对当地教师的医疗提供方便。

【退休待遇】第三十条 教师退休或者退职后，享受国家规定的退休或者退职待遇。

县级以上地方人民政府可以适当提高长期从事教育教学工作的中小学退休教师的退休金比例。

【非国家教师待遇工资】第三十一条 各级人民政府应当采取措施，改善国家补助、集体支付工资的中小学教师的待遇，逐步做到在工资收入上与国家支付工资的教师同工同酬，具体办法由地方各级人民政府根据本地区的实际情况规定。

【社会力量保障】第三十二条 社会力量所办学校的教师的待遇，由举办者自行确定并予以保障。

第七章 奖 励

【奖励机制】第三十三条 教师在教育教学、培养人才、科学研究、教学改革、学校建设、社会服务、勤工俭学等方面成绩优异的，由所在学校予以表彰、奖励。

国务院和地方各级人民政府及其有关部门对有突出贡献的教师，应当予以表彰、奖励。

对有重大贡献的教师，依照国家有关规定授予荣誉称号。

【其他奖励方式】第三十四条 国家支持和鼓励社会组织或者个人向依法成立的奖励教师的基金组织捐助资金，对教师进行奖励。

第八章 法律责任

考频分布 2015—2023年，以单选题形式考查9次

【侮辱殴打教师行为】第三十五条 侮辱、殴打教师的，根据不同情况，分别给予行政处分或者行政处罚；造成损害的，责令赔偿损失；情节严重，构成犯罪的，依法追究刑事责任。

【打击报复教师】第三十六条 对依法提出申诉、控告、检举的教师进行打击报复的，由其所在单位或者上级机关责令改正；情节严重的，可以根据具体情况给予行政处分。

国家工作人员对教师打击报复构成犯罪的，依照刑法有关规定追究刑事责任。

【教师不当行为】第三十七条 教师有下列情形之一的，由所在学校、其他教育机构

或者教育行政部门给予行政处分或者解聘：

《教师法》
第37、39条

(一)故意不完成教育教学任务给教育教学工作造成损失的；

(二)体罚学生，经教育不改的；

(三)品行不良、侮辱学生，影响恶劣的。

教师有前款第(二)项、第(三)项所列情形之一，情节严重，构成犯罪的，依法追究刑事责任。

行政处分和行政处罚的区别

处罚措施	实施主体	处罚对象	种类
行政处分	国家机关、事业单位，如各级人民政府、学校、事业单位等	机关、单位内部的工作人员，如教师、公务员	警告、记过、记大过、降级、撤职、开除等六种
行政处罚	一般是具有法定行政处罚权的行政机关，如各级人民政府以及公安、工商、卫生、教育等部门	违反行政法规的公民、法人或其他组织，如个体户、民营企业	警告，罚款，行政拘留，没收违法所得、没收非法财物，暂扣或者吊销许可证、执照，责令停产停业等

真题面对面

[2021 下半年真题]小学教师李某由于在校外兼职，经常旷工，严重影响了学校教学工作。依据《中华人民共和国教师法》，学校应对李某给予(　　)

A. 解聘　　B. 警告　　C. 罚款　　D. 训诫

答案：A。

【拖欠工资】第三十八条　地方人民政府对违反本法规定，拖欠教师工资或者侵犯教师其他合法权益的，应当责令其限期改正。

违反国家财政制度、财务制度，挪用国家财政用于教育的经费，严重妨碍教育教学工作，拖欠教师工资，损害教师合法权益的，由上级机关责令限期归还被挪用的经费，并对直接责任人员给予行政处分；情节严重，构成犯罪的，依法追究刑事责任。

【教师申诉】第三十九条　教师对学校或者其他教育机构侵犯其合法权益的，或者对学校或者其他教育机构作出的处理不服的，可以向教育行政部门提出申诉，教育行政部门应当在接到申诉的三十日内,作出处理。

教师认为当地人民政府有关行政部门侵犯其根据本法规定享有的权利的,可以向同级人民政府或者上一级人民政府有关部门提出申诉,同级人民政府或者上一级人民政府有关部门应当做出处理。

教师申诉制度是考试常考点。命题时,会结合例子考查,一般有两种考查形式:一是判断例子中的被申诉人是谁,二是根据例子判断受理申诉的机关是谁。这一知识点的试题,失分的原因通常是考生未理解教师申诉制度的内涵,或审题不严、看错问题,考生只要认真读题、透彻理解相关知识,一般不难作答。

真题面对面

[2022 下半年真题]教师钱某认为学校侵犯了其工资报酬权,向当地教育行政部门提出申诉。教育行政部门接到申诉作出处理的时限是(　　)

A. 15 日内　　B. 30 日内

C. 45 日内　　D. 60 日内

答案:B。

第九章　附　则

【本法用语含义】第四十条　本法下列用语的含义是:

(一)各级各类学校,是指实施学前教育、普通初等教育、普通中等教育、职业教育、普通高等教育以及特殊教育、成人教育的学校。

(二)其他教育机构,是指少年宫以及地方教研室、电化教育机构等。

(三)中小学教师,是指幼儿园、特殊教育机构、普通中小学、成人初等中等教育机构、职业中学以及其他教育机构的教师。

【辅助人员】第四十一条　学校和其他教育机构中的教育教学辅助人员,其他类型的学校的教师和教育教学辅助人员,可以根据实际情况参照有关规定执行。

军队所属院校的教师和教育教学辅助人员,由中央军事委员会依照本法制定有关规定。

【外籍教师聘用】第四十二条　外籍教师的聘任办法由国务院教育行政部门规定。

【实施时间】第四十三条　本法自 1994 年 1 月 1 日起施行。

第四节　《中华人民共和国义务教育法》

思维导图

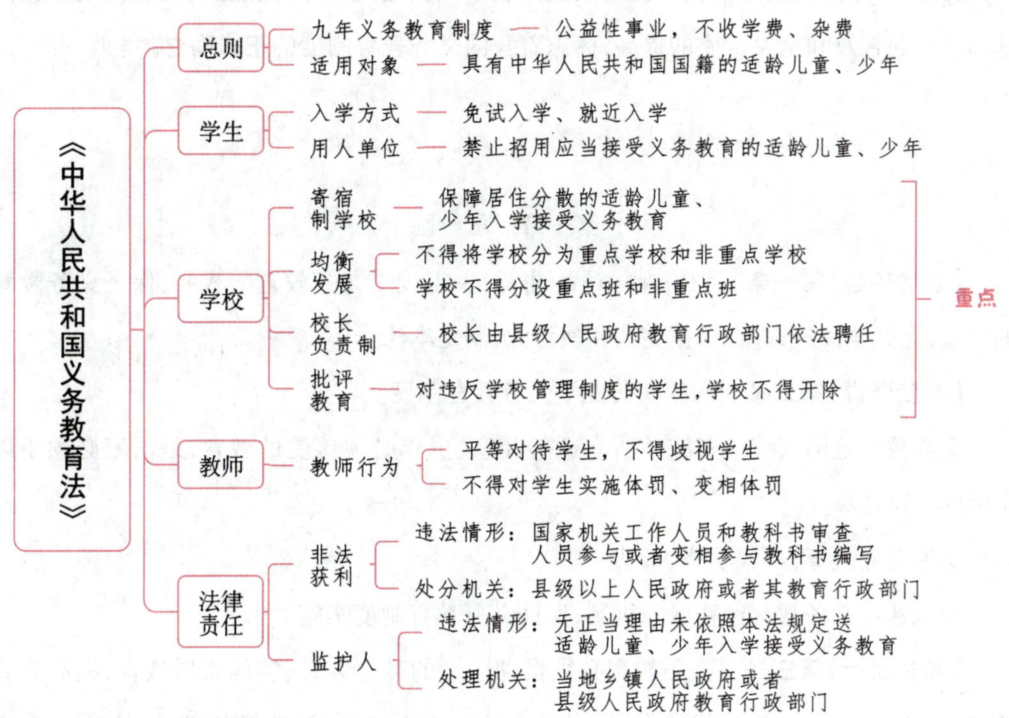

考向分析

本节主要介绍《中华人民共和国义务教育法》的内容，需要记忆并理解。在考试中主要以单选题的形式考查。通过汇总分析2015年至2023年的真题试卷，本节知识考查情况见下表：

知识	考点	考频	题型
学生	免试入学、社会义务	2	单选
学校	寄宿学校、均衡发展、学校违法获利、校长负责制、批评教育	12	单选
教师	教师行为	2	单选
法律责任	非法获利的法律责任、学校法律责任、监护人的法律责任	5	单选

一、《中华人民共和国义务教育法》的性质

《中华人民共和国义务教育法》是新中国成立以来颁布的第一部基础教育方面的法律，是促进和保障我国基础教育健康发展的基本法。它的颁布与实施有力地推动了我国基础教育的普及和全民素质的提高，标志着我国义务教育制度的正式确立。

二、《中华人民共和国义务教育法》的内容【9年21考】

第一章　总　则

【立法宗旨】第一条　为了保障适龄儿童、少年接受义务教育的权利，保证义务教育的实施，提高全民族素质，根据宪法和教育法，制定本法。

【制度概说】第二条　国家实行九年义务教育制度。

义务教育是国家统一实施的所有适龄儿童、少年必须接受的教育，是国家必须予以保障的公益性事业。

实施义务教育，不收学费、杂费。

国家建立义务教育经费保障机制，保证义务教育制度实施。

【实施目标】第三条　义务教育必须贯彻国家的教育方针，实施素质教育，提高教育质量，使适龄儿童、少年在品德、智力、体质等方面全面发展，为培养有理想、有道德、有文化、有纪律的社会主义建设者和接班人奠定基础。

【适用对象】第四条　凡具有中华人民共和国国籍的适龄儿童、少年，不分性别、民族、种族、家庭财产状况、宗教信仰等，依法享有平等接受义务教育的权利，并履行接受义务教育的义务。

【各方义务】第五条　各级人民政府及其有关部门应当履行本法规定的各项职责，保障适龄儿童、少年接受义务教育的权利。

适龄儿童、少年的父母或者其他法定监护人应当依法保证其按时入学接受并完成义务教育。

依法实施义务教育的学校应当按照规定标准完成教育教学任务，保证教育教学质量。

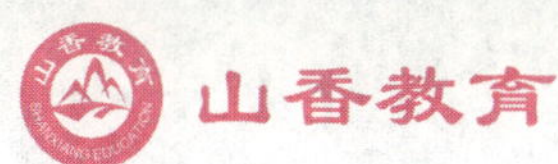

社会组织和个人应当为适龄儿童、少年接受义务教育创造良好的环境。

【保障措施】第六条 国务院和县级以上地方人民政府应当合理配置教育资源，促进义务教育均衡发展，改善薄弱学校的办学条件，并采取措施，保障农村地区、民族地区实施义务教育，保障家庭经济困难的和残疾的适龄儿童、少年接受义务教育。

国家组织和鼓励经济发达地区支援经济欠发达地区实施义务教育。

【管理体制】第七条 义务教育实行国务院领导，省、自治区、直辖市人民政府统筹规划实施，县级人民政府为主管理的体制。

县级以上人民政府教育行政部门具体负责义务教育实施工作；县级以上人民政府其他有关部门在各自的职责范围内负责义务教育实施工作。

【督导制度】第八条 人民政府教育督导机构对义务教育工作执行法律法规情况、教育教学质量以及义务教育均衡发展状况等进行督导，督导报告向社会公布。

【问责制度】第九条 任何社会组织或者个人有权对违反本法的行为向有关国家机关提出检举或者控告。

发生违反本法的重大事件，妨碍义务教育实施，造成重大社会影响的，负有领导责任的人民政府或者人民政府教育行政部门负责人应当引咎辞职。

【奖励制度】第十条 对在义务教育实施工作中做出突出贡献的社会组织和个人，各级人民政府及其有关部门按照有关规定给予表彰、奖励。

第二章 学 生

考频分布 2019 上单选，2016 上单选

【入学年龄】第十一条 凡年满六周岁的儿童，其父母或者其他法定监护人应当送其入学接受并完成义务教育；条件不具备的地区的儿童，可以推迟到七周岁。

《义务教育法》第 11、12、14 条

适龄儿童、少年因身体状况需要延缓入学或者休学的，其父母或者其他法定监护人应当提出申请，由当地乡镇人民政府或者县级人民政府教育行政部门批准。

【免试入学】第十二条 适龄儿童、少年免试入学。地方各级人民政府应当保障适龄儿童、少年在户籍所在地学校就近入学。

父母或者其他法定监护人在非户籍所在地工作或者居住的适龄儿童、少年，在其父母或者其他法定监护人工作或者居住地接受义务教育的，当地人民政府应当为其提供平等接受义务教育的条件。具体办法由省、自治区、直辖市规定。

县级人民政府教育行政部门对本行政区域内的军人子女接受义务教育予以保障。

真题面对面

[2019 上半年真题]小学生李某随外出务工的父母到某市上学,为李某提供平等接受义务教育条件的主体应为(　　)

A. 其户籍所在地人民政府　　B. 其父母或其他法定监护人

C. 其父母工作地人民政府　　D. 以上三者

答案:C。

【保障入学】第十三条　县级人民政府教育行政部门和乡镇人民政府组织和督促适龄儿童、少年入学,帮助解决适龄儿童、少年接受义务教育的困难,采取措施防止适龄儿童、少年辍学。

居民委员会和村民委员会协助政府做好工作,督促适龄儿童、少年入学。

【社会义务】第十四条　禁止用人单位招用应当接受义务教育的适龄儿童、少年。

根据国家有关规定经批准招收适龄儿童、少年进行文艺、体育等专业训练的社会组织,应当保证所招收的适龄儿童、少年接受义务教育;自行实施义务教育的,应当经县级人民政府教育行政部门批准。

第三章　学　校

考频分布　2015—2023 年,以单选题形式考查 12 次

【学校规划】第十五条　县级以上地方人民政府根据本行政区域内居住的适龄儿童、少年的数量和分布状况等因素,按照国家有关规定,制定、调整学校设置规划。新建居民区需要设置学校的,应当与居民区的建设同步进行。

【学校建设】第十六条　学校建设,应当符合国家规定的办学标准,适应教育教学需要;应当符合国家规定的选址要求和建设标准,确保学生和教职工安全。

【寄宿学校】第十七条　县级人民政府根据需要设置寄宿制学校,保障居住分散的适龄儿童、少年入学接受义务教育。

【民族学校】第十八条　国务院教育行政部门和省、自治区、直辖市人民政府根据需要,在经济发达地区设置接收少数民族适龄儿童、少年的学校(班)。

【特殊教育】第十九条　县级以上地方人民政府根据需要设置相应的实施特殊教育的学校(班),对视力残疾、听力语言残疾和智力残疾的适龄儿童、少年实施义务教育。特殊教育学校(班)应当具备适应残疾儿童、少年学习、康复、生活特点的场所和设施。

普通学校应当接收具有接受普通教育能力的残疾适龄儿童、少年随班就读,并为其学习、康复提供帮助。

【严重不良行为少年的义务教育】第二十条 县级以上地方人民政府根据需要，为具有预防未成年人犯罪法规定的严重不良行为的适龄少年设置专门的学校实施义务教育。

【经费保障】第二十一条 对未完成义务教育的未成年犯和被采取强制性教育措施的未成年人应当进行义务教育，所需经费由人民政府予以保障。

【均衡发展】第二十二条 县级以上人民政府及其教育行政部门应当促进学校均衡发展，缩小学校之间办学条件的差距，不得将学校分为重点学校和非重点学校。学校不得分设重点班和非重点班。

县级以上人民政府及其教育行政部门不得以任何名义改变或者变相改变公办学校的性质。

真题面对面

[2021 上半年真题]某小学将学习成绩优秀的学生组建成一个实验班，安排全校最优秀的老师上课，该小学的做法( )

A. 合法，学校有自主办学及自主管理的权利

B. 不合法，学校不得变相设置重点班

C. 合法，有助于教师分层分类教学

D. 不合法，不应该安排最优秀的老师上课

答案：B。

【周边安全】第二十三条 各级人民政府及其有关部门依法维护学校周边秩序，保护学生、教师、学校的合法权益，为学校提供安全保障。

【安全措施】第二十四条 学校应当建立、健全安全制度和应急机制，对学生进行安全教育，加强管理，及时消除隐患，预防发生事故。

县级以上地方人民政府定期对学校校舍安全进行检查；对需要维修、改造的，及时予以维修、改造。

学校不得聘用曾经因故意犯罪被依法剥夺政治权利或者其他不适合从事义务教育工作的人担任工作人员。

【违法获利】第二十五条 学校不得违反国家规定收取费用，不得以向学生推销或者变相推销商品、服务等方式谋取利益。

【校长负责制】第二十六条 学校实行校长负责制。校长应当符合国家规定的任职条件。校长由县级人民政府教育行政部门依法聘任。

【批评教育】第二十七条 对违反学校管理制度的学生，学校应当予以批评教育，不

得开除。

真题面对面

[2023 上半年真题]依据《中华人民共和国义务教育法》,义务教育阶段学校校长由(　　)

A. 县级教育行政部门依法聘任　　B. 所在学校依法聘任

C. 县级教育行政部门依法任命　　D. 全体教师选举产生

答案:A。

第四章　教　师

考频分布　2023 下单选,2021 上单选

【教师的权利与义务】第二十八条　教师享有法律规定的权利,履行法律规定的义务,应当为人师表,忠诚于人民的教育事业。

全社会应当尊重教师。

【教师行为】第二十九条　教师在教育教学中应当平等对待学生,关注学生的个体差异,因材施教,促进学生的充分发展。

教师应当尊重学生的人格,不得歧视学生,不得对学生实施体罚、变相体罚或者其他侮辱人格尊严的行为,不得侵犯学生合法权益。

真题面对面

[2023 下半年真题]小学生孙某经常与同学打架,班主任以此为由再也不让他参加学校、班级的各种文体活动。该班主任的做法(　　)

A. 正确,有利于班级管理

B. 正确,有利于警示学生

C. 不正确,教师不得歧视学生

D. 不正确,教师应征得家长同意

答案:C。

【教师资格与职称】第三十条　教师应当取得国家规定的教师资格。

国家建立统一的义务教育教师职务制度。教师职务分为初级职务、中级职务和高级职务。

【教师待遇】第三十一条　各级人民政府保障教师工资福利和社会保险待遇,改善教师工作和生活条件;完善农村教师工资经费保障机制。

教师的平均工资水平应当不低于当地公务员的平均工资水平。

特殊教育教师享有特殊岗位补助津贴。在民族地区和边远贫困地区工作的教师享有艰苦贫困地区补助津贴。

【教师培养】第三十二条 县级以上人民政府应当加强教师培养工作,采取措施发展教师教育。

县级人民政府教育行政部门应当均衡配置本行政区域内学校师资力量,组织校长、教师的培训和流动,加强对薄弱学校的建设。

【支教】第三十三条 国务院和地方各级人民政府鼓励和支持城市学校教师和高等学校毕业生到农村地区、民族地区从事义务教育工作。

国家鼓励高等学校毕业生以志愿者的方式到农村地区、民族地区缺乏教师的学校任教。县级人民政府教育行政部门依法认定其教师资格,其任教时间计入工龄。

第五章 教育教学

【教育目标】第三十四条 教育教学工作应当符合教育规律和学生身心发展特点,面向全体学生,教书育人,将德育、智育、体育、美育等有机统一在教育教学活动中,注重培养学生独立思考能力、创新能力和实践能力,促进学生全面发展。

【素质教育】第三十五条 国务院教育行政部门根据适龄儿童、少年身心发展的状况和实际情况,确定教学制度、教育教学内容和课程设置,改革考试制度,并改进高级中等学校招生办法,推进实施素质教育。

学校和教师按照确定的教育教学内容和课程设置开展教育教学活动,保证达到国家规定的基本质量要求。

国家鼓励学校和教师采用启发式教育等教育教学方法,提高教育教学质量。

【德育优先】第三十六条 学校应当把德育放在首位,寓德育于教育教学之中,开展与学生年龄相适应的社会实践活动,形成学校、家庭、社会相互配合的思想道德教育体系,促进学生养成良好的思想品德和行为习惯。

【课外活动】第三十七条 学校应当保证学生的课外活动时间,组织开展文化娱乐等课外活动。社会公共文化体育设施应当为学校开展课外活动提供便利。

【教科书编写】第三十八条 教科书根据国家教育方针和课程标准编写,内容力求精简,精选必备的基础知识、基本技能,经济实用,保证质量。

国家机关工作人员和教科书审查人员,不得参与或者变相参与教科书的编写工作。

【教科书审定】第三十九条 国家实行教科书审定制度。教科书的审定办法由国务院教育行政部门规定。

未经审定的教科书，不得出版、选用。

【教科书定价】第四十条　教科书价格由省、自治区、直辖市人民政府价格行政部门会同同级出版主管部门按照**微利原则**确定。

【教科书使用原则】第四十一条　国家鼓励教科书**循环使用**。

第六章　经费保障

【经费的行政保障】第四十二条　国家将义务教育全面纳入财政保障范围，义务教育经费由国务院和地方各级人民政府依照本法规定予以保障。

国务院和地方各级人民政府将义务教育经费纳入财政预算，按照教职工编制标准、工资标准和学校建设标准、学生人均公用经费标准等，及时足额拨付义务教育经费，确保学校的正常运转和校舍安全，确保教职工工资按照规定发放。

国务院和地方各级人民政府用于实施义务教育财政拨款的增长比例应当**高于**财政经常性收入的增长比例，保证按照在校学生人数平均的义务教育费用逐步增长，保证教职工工资和学生人均公用经费逐步增长。

【学生人均经费标准】第四十三条　学校的学生人均公用经费基本标准由国务院财政部门会同教育行政部门制定，并根据经济和社会发展状况适时调整。制定、调整学生人均公用经费基本标准，应当满足教育教学基本需要。

省、自治区、直辖市人民政府可以根据本行政区域的实际情况，制定**不低于**国家标准的学校学生人均公用经费标准。

特殊教育学校（班）学生人均公用经费标准应当**高于**普通学校学生人均公用经费标准。

【经费的责任主体】第四十四条　义务教育经费投入实行国务院和地方各级人民政府根据职责共同负担，省、自治区、直辖市人民政府负责统筹落实的体制。农村义务教育所需经费，由各级人民政府根据国务院的规定分项目、按比例分担。

各级人民政府对家庭经济困难的适龄儿童、少年免费提供教科书并补助寄宿生生活费。

义务教育经费保障的具体办法由国务院规定。

【经费预算】第四十五条　地方各级人民政府在财政预算中将义务教育经费单列。

县级人民政府编制预算，除向农村地区学校和薄弱学校倾斜外，应当均衡安排义务教育经费。

【财政转移支付】第四十六条　国务院和省、自治区、直辖市人民政府规范财政转移支付制度，加大一般性转移支付规模和规范义务教育专项转移支付，支持和引导地方各级人民政府增加对义务教育的投入。地方各级人民政府确保将上级人民政府的义务教育转移支付资金按照规定用于义务教育。

【专项资金】第四十七条 国务院和县级以上地方人民政府根据实际需要，设立专项资金，扶持农村地区、民族地区实施义务教育。

【社会经费来源】第四十八条 国家鼓励社会组织和个人向义务教育捐赠，鼓励按照国家有关基金会管理的规定设立义务教育基金。

【经费使用】第四十九条 义务教育经费严格按照预算规定用于义务教育；任何组织和个人不得侵占、挪用义务教育经费，不得向学校非法收取或者摊派费用。

【经费审计】第五十条 县级以上人民政府建立健全义务教育经费的审计监督和统计公告制度。

第七章 法律责任

考频分布 2022 上单选，2021 下单选，2017 下单选，2016 下单选，2015 上单选

【未履行经费保障职责的责任】第五十一条 国务院有关部门和地方各级人民政府违反本法第六章的规定，未履行对义务教育经费保障职责的，由国务院或者上级地方人民政府责令限期改正；情节严重的，对直接负责的主管人员和其他直接责任人员依法给予行政处分。

【地方政府的责任】第五十二条 县级以上地方人民政府有下列情形之一的，由上级人民政府责令限期改正；情节严重的，对直接负责的主管人员和其他直接责任人员依法给予行政处分：

（一）未按照国家有关规定制定、调整学校的设置规划的；

（二）学校建设不符合国家规定的办学标准、选址要求和建设标准的；

（三）未定期对学校校舍安全进行检查，并及时维修、改造的；

（四）未依照本法规定均衡安排义务教育经费的。

【教育行政部门的责任】第五十三条 县级以上人民政府或者其教育行政部门有下列情形之一的，由上级人民政府或者其教育行政部门责令限期改正、通报批评；情节严重的，对直接负责的主管人员和其他直接责任人员依法给予行政处分：

（一）将学校分为重点学校和非重点学校的；

（二）改变或者变相改变公办学校性质的。

县级人民政府教育行政部门或者乡镇人民政府未采取措施组织适龄儿童、少年入学或者防止辍学的，依照前款规定追究法律责任。

【侵占、挪用义务教育经费等行为的责任】第五十四条 有下列情形之一的，由上级人民政府或者上级人民政府教育行政部门、财政部门、价格行政部门和审计机关根据职责分工责令限期改正；情节严重的，对直接负责的主管人员和其他直接责任人员依法给予处分：

（一）侵占、挪用义务教育经费的；

（二）向学校非法收取或者摊派费用的。

【学校、教师的责任】第五十五条 学校或者教师在义务教育工作中违反教育法、教师法规定的，依照教育法、教师法的有关规定处罚。

【非法获利的法律责任】第五十六条 学校违反国家规定收取费用的，由县级人民政府教育行政部门责令退还所收费用；对直接负责的主管人员和其他直接责任人员依法给予处分。

学校以向学生推销或者变相推销商品、服务等方式谋取利益的，由县级人民政府教育行政部门给予通报批评；有违法所得的，没收违法所得；对直接负责的主管人员和其他直接责任人员依法给予处分。

国家机关工作人员和教科书审查人员参与或者变相参与教科书编写的，由县级以上人民政府或者其教育行政部门根据职责权限责令限期改正，依法给予行政处分；有违法所得的，没收违法所得。

【学校法律责任】第五十七条 学校有下列情形之一的，由县级人民政府教育行政部门责令限期改正；情节严重的，对直接负责的主管人员和其他直接责任人员依法给予处分：

（一）拒绝接收具有接受普通教育能力的残疾适龄儿童、少年随班就读的；

（二）分设重点班和非重点班的；

（三）违反本法规定开除学生的；

（四）选用未经审定的教科书的。

【监护人的法律责任】第五十八条 适龄儿童、少年的父母或者其他法定监护人无正当理由未依照本法规定送适龄儿童、少年入学接受义务教育的，由当地乡镇人民政府或者县级人民政府教育行政部门给予批评教育，责令限期改正。

真题面对面

[2022 上半年真题] 小雨 7 岁了，父母不送他去上学，而是联合了几位志趣相投的朋友，在自己家对孩子进行教育。对此，下列说法正确的是（　　）

A. 小雨的父母应报当地人民政府审核批准

B. 小雨的父母应到当地教育行政部门备案

C. 教育行政部门应依法督促小雨父母改正

D. 教育行政部门应依法对小雨的父母予以处分

答案：C。

【行政法律责任】第五十九条 有下列情形之一的，依照有关法律、行政法规的规定予以处罚：

（一）胁迫或者诱骗应当接受义务教育的适龄儿童、少年失学、辍学的；

（二）非法招用应当接受义务教育的适龄儿童、少年的；

（三）出版未经依法审定的教科书的。

【刑事责任】第六十条 违反本法规定，构成犯罪的，依法追究刑事责任。

第八章 附 则

【不收杂费】第六十一条 对接受义务教育的适龄儿童、少年不收杂费的实施步骤，由国务院规定。

【民办教育的补充说明】第六十二条 社会组织或者个人依法举办的民办学校实施义务教育的，依照民办教育促进法有关规定执行；民办教育促进法未作规定的，适用本法。

【实施时间】第六十三条 本法自2006年9月1日起施行。

第五节 《中华人民共和国未成年人保护法》

思维导图

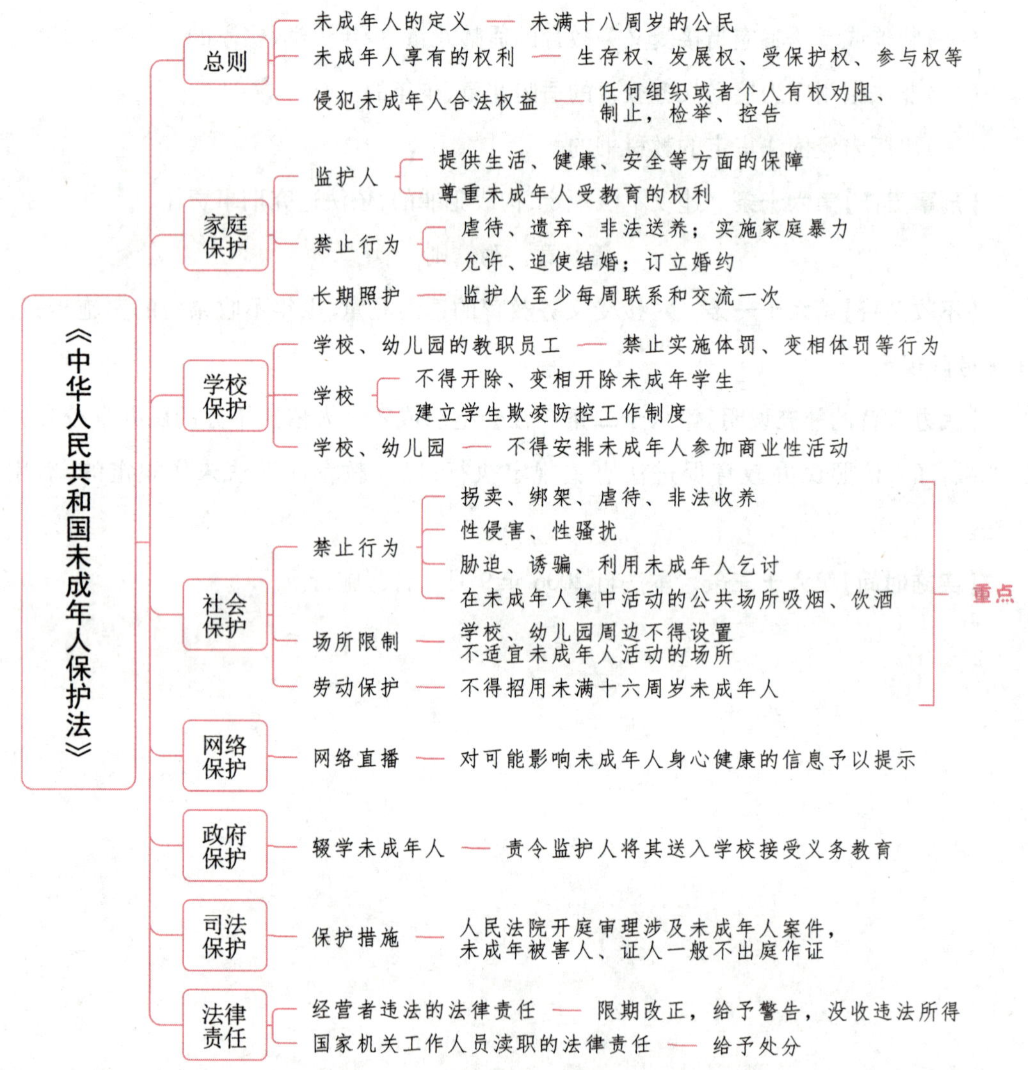

考向分析

本节主要介绍《中华人民共和国未成年人保护法》的内容，需要记忆并理解。在考试

中主要以单选题的形式考查。通过汇总分析2015年至2023年的真题试卷,本节知识考查情况见下表:

知识	考点	考频	题型
总则	未成年人的定义,未成年人保护工作协调机制,检举、控告和强制报告制度	3	单选
家庭保护	监护禁止行为、设立长期照护的条件以及照护人的义务	2	单选
学校保护	禁止商业行为、防治学生欺凌	2	单选
社会保护	对未成年人禁售烟、酒和彩票,劳动保护,通信自由和通信秘密	4	单选
网络保护	对用户行为的安全管理义务	1	单选
政府保护	民政部门承担国家监护职责的政府支持和机构建设	1	单选
司法保护	法定代理人、合适成年人到场	1	单选
法律责任	营业性娱乐场所等经营者的法律责任,民事责任、治安管理处罚和刑事责任	2	单选

一、《中华人民共和国未成年人保护法》的性质

未成年人的保护问题,不仅仅是教育活动领域中的问题,同时也是社会生活领域中的问题。《中华人民共和国未成年人保护法》从未成年人的健康成长需要出发,制定了保护未成年人成长的法律规范,涉及家庭保护、学校保护、社会保护、网络保护、政府保护和司法保护等方面。

二、《中华人民共和国未成年人保护法》的内容【9年16考】

第一章　总　则

考频分布　2022上单选,2021下单选,2019上单选

【立法目的和依据】第一条　为了保护未成年人身心健康,保障未成年人合法权益,促进未成年人德智体美劳全面发展,培养有理想、有道德、有文化、有纪律的社会主义建设者和接班人,培养担当民族复兴大任的时代新人,根据宪法,制定本法。

【未成年人的定义】第二条　本法所称未成年人是指未满十八周岁的公民。

真题面对面

[**2019上半年真题**]《中华人民共和国未成年人保护法》中所指的未成年人是指(　　)

A. 未满12周岁的公民　　B. 未满14周岁的公民

C. 未满16周岁的公民　　D. 未满18周岁的公民

答案:D。

【未成年人平等享有权利】第三条　国家保障未成年人的生存权、发展权、受保护权、参与权等权利。

未成年人依法平等地享有各项权利,不因本人及其父母或者其他监护人的民族、种族、性别、户籍、职业、宗教信仰、教育程度、家庭状况、身心健康状况等受到歧视。

【未成年人保护的基本原则和要求】第四条　保护未成年人,应当坚持最有利于未成年人的原则。处理涉及未成年人事项,应当符合下列要求:

(一)给予未成年人特殊、优先保护;

(二)尊重未成年人人格尊严;

(三)保护未成年人隐私权和个人信息;

(四)适应未成年人身心健康发展的规律和特点;

(五)听取未成年人的意见;

(六)保护与教育相结合。

【对未成年人进行教育】第五条　国家、社会、学校和家庭应当对未成年人进行理想教育、道德教育、科学教育、文化教育、法治教育、国家安全教育、健康教育、劳动教育,加强爱国主义、集体主义和中国特色社会主义的教育,培养爱祖国、爱人民、爱劳动、爱科学、爱社会主义的公德,抵制资本主义、封建主义和其他腐朽思想的侵蚀,引导未成年人树立和践行社会主义核心价值观。

【保护未成年人的共同责任】第六条　保护未成年人,是国家机关、武装力量、政党、人民团体、企业事业单位、社会组织、城乡基层群众性自治组织、未成年人的监护人以及其他成年人的共同责任。

国家、社会、学校和家庭应当教育和帮助未成年人维护自身合法权益,增强自我保护的意识和能力。

【监护人和国家在监护方面的责任】第七条　未成年人的父母或者其他监护人依法对未成年人承担监护职责。

国家采取措施指导、支持、帮助和监督未成年人的父母或者其他监护人履行监护职责。

【发展规划及预算】第八条 县级以上人民政府应当将未成年人保护工作纳入国民经济和社会发展规划，相关经费纳入本级政府预算。

【未成年人保护工作协调机制】第九条 县级以上人民政府应当建立未成年人保护工作协调机制，统筹、协调、督促和指导有关部门在各自职责范围内做好未成年人保护工作。协调机制具体工作由县级以上人民政府民政部门承担，省级人民政府也可以根据本地实际情况确定由其他有关部门承担。

【群团组织及社会组织的职责】第十条 共产主义青年团、妇女联合会、工会、残疾人联合会、关心下一代工作委员会、青年联合会、学生联合会、少年先锋队以及其他人民团体、有关社会组织，应当协助各级人民政府及其有关部门、人民检察院、人民法院做好未成年人保护工作，维护未成年人合法权益。

【检举、控告和强制报告制度】第十一条 任何组织或者个人发现不利于未成年人身心健康或者侵犯未成年人合法权益的情形，都有权劝阻、制止或者向公安、民政、教育等有关部门提出检举、控告。

国家机关、居民委员会、村民委员会、密切接触未成年人的单位及其工作人员，在工作中发现未成年人身心健康受到侵害、疑似受到侵害或者面临其他危险情形的，应当立即向公安、民政、教育等有关部门报告。

有关部门接到涉及未成年人的检举、控告或者报告，应当依法及时受理、处置，并以适当方式将处理结果告知相关单位和人员。

真题面对面

[2022 上半年真题] 思涵受不了继母的虐待，找到班主任刘老师求助。刘老师当即向王校长汇报，王校长却说："清官难断家务事，这种事我们还是别管了。"王校长的做法（　　）

A. 错误，学校应依法履行监护责任，保护儿童人身安全

B. 错误，学校应依法履行保护义务，积极采取救助措施

C. 正确，学校没有执法权限，光凭劝说无济于事

D. 正确，学校不是行政机关，无权干预家庭事务

答案：B。

【科学研究】第十二条 国家鼓励和支持未成年人保护方面的科学研究，建设相关学

科、设置相关专业，加强人才培养。

【统计调查制度】第十三条 国家建立健全未成年人统计调查制度，开展未成年人健康、受教育等状况的统计、调查和分析，发布未成年人保护的有关信息。

【表彰和奖励】第十四条 国家对保护未成年人有显著成绩的组织和个人给予表彰和奖励。

第二章 家庭保护

考频分布 2021 下单选，2018 下单选

【监护人及成年家庭成员的家庭教育职责】第十五条 未成年人的父母或者其他监护人应当学习家庭教育知识，接受家庭教育指导，创造良好、和睦、文明的家庭环境。

共同生活的其他成年家庭成员应当协助未成年人的父母或者其他监护人抚养、教育和保护未成年人。

【监护职责】第十六条 未成年人的父母或者其他监护人应当履行下列监护职责：

（一）为未成年人提供生活、健康、安全等方面的保障；

（二）关注未成年人的生理、心理状况和情感需求；

（三）教育和引导未成年人遵纪守法、勤俭节约，养成良好的思想品德和行为习惯；

（四）对未成年人进行安全教育，提高未成年人的自我保护意识和能力；

（五）尊重未成年人受教育的权利，保障适龄未成年人依法接受并完成义务教育；

（六）保障未成年人休息、娱乐和体育锻炼的时间，引导未成年人进行有益身心健康的活动；

（七）妥善管理和保护未成年人的财产；

（八）依法代理未成年人实施民事法律行为；

（九）预防和制止未成年人的不良行为和违法犯罪行为，并进行合理管教；

（十）其他应当履行的监护职责。

【监护禁止行为】第十七条 未成年人的父母或者其他监护人不得实施下列行为：

（一）虐待、遗弃、非法送养未成年人或者对未成年人实施家庭暴力；

（二）放任、教唆或者利用未成年人实施违法犯罪行为；

（三）放任、唆使未成年人参与邪教、迷信活动或者接受恐怖主义、分裂主义、极端主义等侵害；

（四）放任、唆使未成年人吸烟（含电子烟，下同）、饮酒、赌博、流浪乞讨或者欺凌他人；

（五）放任或者迫使应当接受义务教育的未成年人失学、辍学；

（六）放任未成年人沉迷网络，接触危害或者可能影响其身心健康的图书、报刊、电影、广播电视节目、音像制品、电子出版物和网络信息等；

（七）放任未成年人进入营业性娱乐场所、酒吧、互联网上网服务营业场所等不适宜未成年人活动的场所；

（八）允许或者迫使未成年人从事国家规定以外的劳动；

（九）允许、迫使未成年人结婚或者为未成年人订立婚约；

（十）违法处分、侵吞未成年人的财产或者利用未成年人牟取不正当利益；

（十一）其他侵犯未成年人身心健康、财产权益或者不依法履行未成年人保护义务的行为。

【监护人的安全保障义务】第十八条 未成年人的父母或者其他监护人应当为未成年人提供安全的家庭生活环境，及时排除引发触电、烫伤、跌落等伤害的安全隐患；采取配备儿童安全座椅、教育未成年人遵守交通规则等措施，防止未成年人受到交通事故的伤害；提高户外安全保护意识，避免未成年人发生溺水、动物伤害等事故。

【尊重未成年人的知情权】第十九条 未成年人的父母或者其他监护人应当根据未成年人的年龄和智力发展状况，在作出与未成年人权益有关的决定前，听取未成年人的意见，充分考虑其真实意愿。

【监护人的报告义务】第二十条 未成年人的父母或者其他监护人发现未成年人身心健康受到侵害、疑似受到侵害或者其他合法权益受到侵犯的，应当及时了解情况并采取保护措施；情况严重的，应当立即向公安、民政、教育等部门报告。

【临时照护及禁止未成年人单独生活】第二十一条 未成年人的父母或者其他监护人不得使**未满八周岁**或者由于身体、心理原因需要特别照顾的未成年人处于无人看护状态，或者将其交由无民事行为能力、限制民事行为能力、患有严重传染性疾病或者其他不适宜的人员临时照护。

未成年人的父母或者其他监护人不得使未满十六周岁的未成年人脱离监护单独生活。

【设立长期照护的条件】第二十二条 未成年人的父母或者其他监护人因外出务工等原因在一定期限内不能完全履行监护职责的，应当委托具有照护能力的完全民事行为能力人代为照护；无正当理由的，不得委托他人代为照护。

未成年人的父母或者其他监护人在确定被委托人时，应当综合考虑其道德品质、家庭状况、身心健康状况、与未成年人生活情感上的联系等情况，并听取有表达意愿能力未成年人的意见。

具有下列情形之一的，不得作为被委托人：

（一）曾实施性侵害、虐待、遗弃、拐卖、暴力伤害等违法犯罪行为；

（二）有吸毒、酗酒、赌博等恶习；

（三）曾拒不履行或者长期怠于履行监护、照护职责；

（四）其他不适宜担任被委托人的情形。

【设立长期照护的监护人的义务】第二十三条 未成年人的父母或者其他监护人应当及时将委托照护情况书面告知未成年人所在学校、幼儿园和实际居住地的居民委员会、村民委员会，加强和未成年人所在学校、幼儿园的沟通；与未成年人、被委托人至少每周联系和交流一次，了解未成年人的生活、学习、心理等情况，并给予未成年人亲情关爱。

未成年人的父母或者其他监护人接到被委托人、居民委员会、村民委员会、学校、幼儿园等关于未成年人心理、行为异常的通知后，应当及时采取干预措施。

真题面对面

[**2021 下半年真题**]未成年人丹丹的父母因外出务工，在一定期限内不能完全履行对丹丹的监护职责。依据《中华人民共和国未成年人保护法》，丹丹的父母应该履行的义务不包括（　　）

A. 委托具有监护能力的完全民事行为能力人代为照护

B. 及时将委托照护情况书面告知丹丹所在学校

C. 与丹丹所在学校至少每周联系和交流一次

D. 了解丹丹的学习、生活、心理等方面情况

答案：C。题干中丹丹父母应与丹丹、被委托人至少每周联系和交流一次，并非与学校交流。故本题选C。

【父母离婚对未成年子女的义务】第二十四条 未成年人的父母离婚时，应当妥善处理未成年子女的抚养、教育、探望、财产等事宜，听取有表达意愿能力未成年人的意见。不得以抢夺、藏匿未成年子女等方式争夺抚养权。

未成年人的父母离婚后，不直接抚养未成年子女的一方应当依照协议、人民法院判决或者调解确定的时间和方式，在不影响未成年人学习、生活的情况下探望未成年子女，直接抚养的一方应当配合，但被人民法院依法中止探望权的除外。

第三章　学校保护

考频分布 2023下单选，2021下单选

【全面贯彻国家教育方针政策】第二十五条 学校应当全面贯彻国家教育方针，坚持

立德树人，实施素质教育，提高教育质量，注重培养未成年学生认知能力、合作能力、创新能力和实践能力，促进未成年学生全面发展。

学校应当建立未成年学生保护工作制度，健全学生行为规范，培养未成年学生遵纪守法的良好行为习惯。

【幼儿园的保育教育职责】第二十六条 幼儿园应当做好保育、教育工作，遵循幼儿身心发展规律，实施启蒙教育，促进幼儿在体质、智力、品德等方面和谐发展。

【尊重未成年人人格尊严，不得实施体罚】第二十七条 学校、幼儿园的教职员工应当尊重未成年人人格尊严，不得对未成年人实施体罚、变相体罚或者其他侮辱人格尊严的行为。

【保障未成年学生受教育权利】第二十八条 学校应当保障未成年学生受教育的权利，不得违反国家规定开除、变相开除未成年学生。

学校应当对尚未完成义务教育的辍学未成年学生进行登记并劝返复学；劝返无效的，应当及时向教育行政部门书面报告。

【关爱帮扶 不得歧视】第二十九条 学校应当关心、爱护未成年学生，不得因家庭、身体、心理、学习能力等情况歧视学生。对家庭困难、身心有障碍的学生，应当提供关爱；对行为异常、学习有困难的学生，应当耐心帮助。

学校应当配合政府有关部门建立留守未成年学生、困境未成年学生的信息档案，开展关爱帮扶工作。

【社会生活指导、心理健康辅导、青春期教育、生命教育】第三十条 学校应当根据未成年学生身心发展特点，进行社会生活指导、心理健康辅导、青春期教育和生命教育。

【加强劳动教育】第三十一条 学校应当组织未成年学生参加与其年龄相适应的日常生活劳动、生产劳动和服务性劳动，帮助未成年学生掌握必要的劳动知识和技能，养成良好的劳动习惯。

【反对浪费 文明饮食】第三十二条 学校、幼儿园应当开展勤俭节约、反对浪费、珍惜粮食、文明饮食等宣传教育活动，帮助未成年人树立浪费可耻、节约为荣的意识，养成文明健康、绿色环保的生活习惯。

【保障未成年学生休息权】第三十三条 学校应当与未成年学生的父母或者其他监护人互相配合，合理安排未成年学生的学习时间，保障其休息、娱乐和体育锻炼的时间。

学校不得占用国家法定节假日、休息日及寒暑假期，组织义务教育阶段的未成年学生集体补课，加重其学习负担。

幼儿园、校外培训机构不得对学龄前未成年人进行小学课程教育。

【学校、幼儿园的卫生保健职责】第三十四条 学校、幼儿园应当提供必要的卫生保健条件，协助卫生健康部门做好在校、在园未成年人的卫生保健工作。

【保障未成年人校园安全】第三十五条 学校、幼儿园应当建立安全管理制度，对未成年人进行安全教育，完善安保设施、配备安保人员，保障未成年人在校、在园期间的人身和财产安全。

学校、幼儿园不得在危及未成年人人身安全、身心健康的校舍和其他设施、场所中进行教育教学活动。

学校、幼儿园安排未成年人参加文化娱乐、社会实践等集体活动，应当保护未成年人的身心健康，防止发生人身伤害事故。

【校车安全管理制度】第三十六条 使用校车的学校、幼儿园应当建立健全校车安全管理制度，配备安全管理人员，定期对校车进行安全检查，对校车驾驶人进行安全教育，并向未成年人讲解校车安全乘坐知识，培养未成年人校车安全事故应急处理技能。

【突发事件处置】第三十七条 学校、幼儿园应当根据需要，制定应对自然灾害、事故灾难、公共卫生事件等突发事件和意外伤害的预案，配备相应设施并定期进行必要的演练。

未成年人在校内、园内或者本校、本园组织的校外、园外活动中发生人身伤害事故的，学校、幼儿园应当立即救护，妥善处理，及时通知未成年人的父母或者其他监护人，并向有关部门报告。

【禁止商业行为】第三十八条 学校、幼儿园不得安排未成年人参加商业性活动，不得向未成年人及其父母或者其他监护人推销或者要求其购买指定的商品和服务。

学校、幼儿园不得与校外培训机构合作为未成年人提供有偿课程辅导。

【防治学生欺凌】第三十九条 学校应当建立学生欺凌防控工作制度，对教职员工、学生等开展防治学生欺凌的教育和培训。

学校对学生欺凌行为应当立即制止，通知实施欺凌和被欺凌未成年学生的父母或者其他监护人参与欺凌行为的认定和处理；对相关未成年学生及时给予心理辅导、教育和引导；对相关未成年学生的父母或者其他监护人给予必要的家庭教育指导。

对实施欺凌的未成年学生，学校应当根据欺凌行为的性质和程度，依法加强管教。对严重的欺凌行为，学校不得隐瞒，应当及时向公安机关、教育行政部门报告，并配合相关部门依法处理。

真题面对面

1.［2023 下半年真题］为保障学生安全，某校要求所有学生购买学校统一采购的带有定位功能的智能手环。该校的做法（　　）

A. 正确，有利于学校对学生的统一管理

B. 正确，有利于家长及时了解孩子信息

C. 不正确，购买智能手环应报教育行政部门审批

D. 不正确，是否购买智能手环是学生自己的事情

答案：D。

2.［2021 下半年真题］六（1）班班主任李老师在课间发现学生张某有欺凌行为。李老师首先应当（　　）

A. 对张某心理疏导　　B. 通知张某家长

C. 严肃批评张某　　D. 立即制止张某

答案：D。

【防治性侵害、性骚扰】第四十条　学校、幼儿园应当建立预防性侵害、性骚扰未成年人工作制度。对性侵害、性骚扰未成年人等违法犯罪行为，学校、幼儿园不得隐瞒，应当及时向公安机关、教育行政部门报告，并配合相关部门依法处理。

学校、幼儿园应当对未成年人开展适合其年龄的性教育，提高未成年人防范性侵害、性骚扰的自我保护意识和能力。对遭受性侵害、性骚扰的未成年人，学校、幼儿园应当及时采取相关的保护措施。

【参照适用规定】第四十一条　婴幼儿照护服务机构、早期教育服务机构、校外培训机构、校外托管机构等应当参照本章有关规定，根据不同年龄阶段未成年人的成长特点和规律，做好未成年人保护工作。

第四章　社会保护

考频分布　2023 下单选，2017 下单选，2017 上单选，2015 下单选

【社会保护的基本内容】第四十二条　全社会应当树立关心、爱护未成年人的良好风尚。

国家鼓励、支持和引导人民团体、企业事业单位、社会组织以及其他组织和个人，开展有利于未成年人健康成长的社会活动和服务。

【居民委员会、村民委员会工作职责】第四十三条　居民委员会、村民委员会应当设置专人专岗负责未成年人保护工作，协助政府有关部门宣传未成年人保护方面的法律法

规，指导、帮助和监督未成年人的父母或者其他监护人依法履行监护职责，建立留守未成年人、困境未成年人的信息档案并给予关爱帮扶。

居民委员会、村民委员会应当协助政府有关部门监督未成年人委托照护情况，发现被委托人缺乏照护能力、怠于履行照护职责等情况，应当及时向政府有关部门报告，并告知未成年人的父母或者其他监护人，帮助、督促被委托人履行照护职责。

【公用场馆的优惠政策】第四十四条 爱国主义教育基地、图书馆、青少年宫、儿童活动中心、儿童之家应当对未成年人免费开放；博物馆、纪念馆、科技馆、展览馆、美术馆、文化馆、社区公益性互联网上网服务场所以及影剧院、体育场馆、动物园、植物园、公园等场所，应当按照有关规定对未成年人免费或者优惠开放。

国家鼓励爱国主义教育基地、博物馆、科技馆、美术馆等公共场馆开设未成年人专场，为未成年人提供有针对性的服务。

国家鼓励国家机关、企业事业单位、部队等开发自身教育资源，设立未成年人开放日，为未成年人主题教育、社会实践、职业体验等提供支持。

国家鼓励科研机构和科技类社会组织对未成年人开展科学普及活动。

【未成年人免费或者优惠乘坐交通工具】第四十五条 城市公共交通以及公路、铁路、水路、航空客运等应当按照有关规定对未成年人实施免费或者优惠票价。

【母婴设施的配备】第四十六条 国家鼓励大型公共场所、公共交通工具、旅游景区景点等设置母婴室、婴儿护理台以及方便幼儿使用的坐便器、洗手台等卫生设施，为未成年人提供便利。

【不得限制针对未成年人的照顾或者优惠】第四十七条 任何组织或者个人不得违反有关规定，限制未成年人应当享有的照顾或者优惠。

【鼓励有利于未成年人健康成长的创作】第四十八条 国家鼓励创作、出版、制作和传播有利于未成年人健康成长的图书、报刊、电影、广播电视节目、舞台艺术作品、音像制品、电子出版物和网络信息等。

【新闻媒体的责任】第四十九条 新闻媒体应当加强未成年人保护方面的宣传，对侵犯未成年人合法权益的行为进行舆论监督。新闻媒体采访报道涉及未成年人事件应当客观、审慎和适度，不得侵犯未成年人的名誉、隐私和其他合法权益。

【禁止危害未成年人身心健康的内容】第五十条 禁止制作、复制、出版、发布、传播含有宣扬淫秽、色情、暴力、邪教、迷信、赌博、引诱自杀、恐怖主义、分裂主义、极端主义等危害未成年人身心健康内容的图书、报刊、电影、广播电视节目、舞台艺术作品、音像制品、电子出版物和网络信息等。

【提示可能影响未成年人身心健康的内容】第五十一条 任何组织或者个人出版、发布、传播的图书、报刊、电影、广播电视节目、舞台艺术作品、音像制品、电子出版物或者网络信息，包含可能影响未成年人身心健康内容的，应当以显著方式作出提示。

【禁止儿童色情制品】第五十二条 禁止制作、复制、发布、传播或者持有有关未成年人的淫秽色情物品和网络信息。

【与未成年人有关的广告管理】第五十三条 任何组织或者个人不得刊登、播放、张贴或者散发含有危害未成年人身心健康内容的广告；不得在学校、幼儿园播放、张贴或者散发商业广告；不得利用校服、教材等发布或者变相发布商业广告。

【禁止严重侵犯未成年人权益的行为】第五十四条 禁止拐卖、绑架、虐待、非法收养未成年人，禁止对未成年人实施性侵害、性骚扰。

禁止胁迫、引诱、教唆未成年人参加黑社会性质组织或者从事违法犯罪活动。

禁止胁迫、诱骗、利用未成年人乞讨。

【对生产、销售用于未成年人产品的要求】第五十五条 生产、销售用于未成年人的食品、药品、玩具、用具和游戏游艺设备、游乐设施等，应当符合国家或者行业标准，不得危害未成年人的人身安全和身心健康。上述产品的生产者应当在显著位置标明注意事项，未标明注意事项的不得销售。

【公共场所的安全保障义务】第五十六条 未成年人集中活动的公共场所应当符合国家或者行业安全标准，并采取相应安全保护措施。对可能存在安全风险的设施，应当定期进行维护，在显著位置设置安全警示标志并标明适龄范围和注意事项；必要时应当安排专门人员看管。

大型的商场、超市、医院、图书馆、博物馆、科技馆、游乐场、车站、码头、机场、旅游景区景点等场所运营单位应当设置搜寻走失未成年人的安全警报系统。场所运营单位接到求助后，应当立即启动安全警报系统，组织人员进行搜寻并向公安机关报告。

公共场所发生突发事件时，应当优先救护未成年人。

【住宿经营者安全保护义务】第五十七条 旅馆、宾馆、酒店等住宿经营者接待未成年人入住，或者接待未成年人和成年人共同入住时，应当询问父母或者其他监护人的联系方式、入住人员的身份关系等有关情况；发现有违法犯罪嫌疑的，应当立即向公安机关报告，并及时联系未成年人的父母或者其他监护人。

【不适宜未成年人活动场所设置与服务的限制】第五十八条 学校、幼儿园周边不得设置营业性娱乐场所、酒吧、互联网上网服务营业场所等不适宜未成年人活动的场所。营业性歌舞娱乐场所、酒吧、互联网上网服务

《未成年人保护法》第58、59条

营业场所等不适宜未成年人活动场所的经营者,不得允许未成年人进入;游艺娱乐场所设置的电子游戏设备,除国家法定节假日外,不得向未成年人提供。经营者应当在显著位置设置未成年人禁入、限入标志;对难以判明是否是未成年人的,应当要求其出示身份证件。

【对未成年人禁售烟、酒和彩票】第五十九条 学校、幼儿园周边不得设置烟、酒、彩票销售网点。禁止向未成年人销售烟、酒、彩票或者兑付彩票奖金。烟、酒和彩票经营者应当在显著位置设置不向未成年人销售烟、酒或者彩票的标志;对难以判明是否是未成年人的,应当要求其出示身份证件。

任何人不得在学校、幼儿园和其他未成年人集中活动的公共场所吸烟、饮酒。

【禁止向未成年人提供、销售危险物品】第六十条 禁止向未成年人提供、销售管制刀具或者其他可能致人严重伤害的器具等物品。经营者难以判明购买者是否是未成年人的,应当要求其出示身份证件。

【劳动保护】第六十一条 任何组织或者个人不得招用未满十六周岁未成年人,国家另有规定的除外。

营业性娱乐场所、酒吧、互联网上网服务营业场所等不适宜未成年人活动的场所不得招用已满十六周岁的未成年人。

招用已满十六周岁未成年人的单位和个人应当执行国家在工种、劳动时间、劳动强度和保护措施等方面的规定,不得安排其从事过重、有毒、有害等危害未成年人身心健康的劳动或者危险作业。

任何组织或者个人不得组织未成年人进行危害其身心健康的表演等活动。经未成年人的父母或者其他监护人同意,未成年人参与演出、节目制作等活动,活动组织方应当根据国家有关规定,保障未成年人合法权益。

真题面对面

[2023 下半年真题]依据《中华人民共和国未成年人保护法》,关于未成年人的社会保护,下列说法不正确的是(　　)

A. 任何人不得在中小学、幼儿园吸烟、饮酒

B. 学校发生突发事件时,应当优先救护未成年人

C. 任何组织或者个人不得利用教材发布商业广告

D. 任何组织或者个人不得招用未满 18 周岁的未成年人

答案:D。

【从业查询】第六十二条　密切接触未成年人的单位招聘工作人员时，应当向公安机关、人民检察院查询应聘者是否具有性侵害、虐待、拐卖、暴力伤害等违法犯罪记录；发现其具有前述行为记录的，不得录用。

密切接触未成年人的单位应当每年定期对工作人员是否具有上述违法犯罪记录进行查询。通过查询或者其他方式发现其工作人员具有上述行为的，应当及时解聘。

【通信自由和通信秘密】第六十三条　任何组织或者个人不得隐匿、毁弃、非法删除未成年人的信件、日记、电子邮件或者其他网络通讯内容。

除下列情形外，任何组织或者个人不得开拆、查阅未成年人的信件、日记、电子邮件或者其他网络通讯内容：

（一）无民事行为能力未成年人的父母或者其他监护人代未成年人开拆、查阅；

（二）因国家安全或者追查刑事犯罪依法进行检查；

（三）紧急情况下为了保护未成年人本人的人身安全。

第五章　网络保护

考频分布　2023 上单选

【网络素养】第六十四条　国家、社会、学校和家庭应当加强未成年人网络素养宣传教育，培养和提高未成年人的网络素养，增强未成年人科学、文明、安全、合理使用网络的意识和能力，保障未成年人在网络空间的合法权益。

【健康网络内容创作与传播】第六十五条　国家鼓励和支持有利于未成年人健康成长的网络内容的创作与传播，鼓励和支持专门以未成年人为服务对象、适合未成年人身心健康特点的网络技术、产品、服务的研发、生产和使用。

【监督检查和执法】第六十六条　网信部门及其他有关部门应当加强对未成年人网络保护工作的监督检查，依法惩处利用网络从事危害未成年人身心健康的活动，为未成年人提供安全、健康的网络环境。

【可能影响健康的网络信息】第六十七条　网信部门会同公安、文化和旅游、新闻出版、电影、广播电视等部门根据保护不同年龄阶段未成年人的需要，确定可能影响未成年人身心健康网络信息的种类、范围和判断标准。

【沉迷网络的预防和干预】第六十八条　新闻出版、教育、卫生健康、文化和旅游、网信等部门应当定期开展预防未成年人沉迷网络的宣传教育，监督网络产品和服务提供者履行预防未成年人沉迷网络的义务，指导家庭、学校、社会组织互相配合，采取科学、合理的方式对未成年人沉迷网络进行预防和干预。

任何组织或者个人不得以侵害未成年人身心健康的方式对未成年人沉迷网络进行

干预。

【网络保护软件】第六十九条 学校、社区、图书馆、文化馆、青少年宫等场所为未成年人提供的互联网上网服务设施，应当安装未成年人网络保护软件或者采取其他安全保护技术措施。

智能终端产品的制造者、销售者应当在产品上安装未成年人网络保护软件，或者以显著方式告知用户未成年人网络保护软件的安装渠道和方法。

【学校对未成年学生沉迷网络的预防和处理】第七十条 学校应当合理使用网络开展教学活动。未经学校允许，未成年学生不得将手机等智能终端产品带入课堂，带入学校的应当统一管理。

学校发现未成年学生沉迷网络的，应当及时告知其父母或者其他监护人，共同对未成年学生进行教育和引导，帮助其恢复正常的学习生活。

【监护人的网络保护义务】第七十一条 未成年人的父母或者其他监护人应当提高网络素养，规范自身使用网络的行为，加强对未成年人使用网络行为的引导和监督。

未成年人的父母或者其他监护人应当通过在智能终端产品上安装未成年人网络保护软件、选择适合未成年人的服务模式和管理功能等方式，避免未成年人接触危害或者可能影响其身心健康的网络信息，合理安排未成年人使用网络的时间，有效预防未成年人沉迷网络。

【个人信息处理规定以及更正权、删除权】第七十二条 信息处理者通过网络处理未成年人个人信息的，应当遵循合法、正当和必要的原则。处理不满十四周岁未成年人个人信息的，应当征得未成年人的父母或者其他监护人同意，但法律、行政法规另有规定的除外。

未成年人、父母或者其他监护人要求信息处理者更正、删除未成年人个人信息的，信息处理者应当及时采取措施予以更正、删除，但法律、行政法规另有规定的除外。

【私密信息的提示和保护义务】第七十三条 网络服务提供者发现未成年人通过网络发布私密信息的，应当及时提示，并采取必要的保护措施。

【预防网络沉迷的一般性规定】第七十四条 网络产品和服务提供者不得向未成年人提供诱导其沉迷的产品和服务。

网络游戏、网络直播、网络音视频、网络社交等网络服务提供者应当针对未成年人使用其服务设置相应的时间管理、权限管理、消费管理等功能。

以未成年人为服务对象的在线教育网络产品和服务，不得插入网络游戏链接，不得推送广告等与教学无关的信息。

【网络游戏服务提供者的义务】第七十五条 网络游戏经依法审批后方可运营。

国家建立统一的未成年人网络游戏电子身份认证系统。网络游戏服务提供者应当要求未成年人以真实身份信息注册并登录网络游戏。

网络游戏服务提供者应当按照国家有关规定和标准，对游戏产品进行分类，作出适龄提示，并采取技术措施，不得让未成年人接触不适宜的游戏或者游戏功能。

网络游戏服务提供者不得在每日二十二时至次日八时向未成年人提供网络游戏服务。

【网络直播服务提供者的义务】第七十六条 网络直播服务提供者不得为未满十六周岁的未成年人提供网络直播发布者账号注册服务；为年满十六周岁的未成年人提供网络直播发布者账号注册服务时，应当对其身份信息进行认证，并征得其父母或者其他监护人同意。

【禁止实施网络欺凌】第七十七条 任何组织或者个人不得通过网络以文字、图片、音视频等形式，对未成年人实施侮辱、诽谤、威胁或者恶意损害形象等网络欺凌行为。

遭受网络欺凌的未成年人及其父母或者其他监护人有权通知网络服务提供者采取删除、屏蔽、断开链接等措施。网络服务提供者接到通知后，应当及时采取必要的措施制止网络欺凌行为，防止信息扩散。

【接受投诉、举报】第七十八条 网络产品和服务提供者应当建立便捷、合理、有效的投诉和举报渠道，公开投诉、举报方式等信息，及时受理并处理涉及未成年人的投诉、举报。

【投诉、举报权】第七十九条 任何组织或者个人发现网络产品、服务含有危害未成年人身心健康的信息，有权向网络产品和服务提供者或者网信、公安等部门投诉、举报。

【对用户行为的安全管理义务】第八十条 网络服务提供者发现用户发布、传播可能影响未成年人身心健康的信息且未作显著提示的，应当作出提示或者通知用户予以提示；未作出提示的，不得传输相关信息。

网络服务提供者发现用户发布、传播含有危害未成年人身心健康内容的信息的，应当立即停止传输相关信息，采取删除、屏蔽、断开链接等处置措施，保存有关记录，并向网信、公安等部门报告。

网络服务提供者发现用户利用其网络服务对未成年人实施违法犯罪行为的，应当立即停止向该用户提供网络服务，保存有关记录，并向公安机关报告。

真题面对面

[2023 上半年真题]某网站在对用户发帖进行审核时,发现有用户发布了一条可能影响未成年人身心健康的信息。依据《中华人民共和国未成年人保护法》,该网站应当采取的措施是( )

A. 作出提示或者通知用户予以提示

B. 立即停止向该用户提供网络服务

C. 删除相关记录并向当地公安机关报告

D. 删除、屏蔽、断开链接等

答案:A。

第六章　政府保护

考频分布　2015 上单选

【政府、基层自治组织未成年人保护工作的落实主体】第八十一条　县级以上人民政府承担未成年人保护协调机制具体工作的职能部门应当明确相关内设机构或者专门人员,负责承担未成年人保护工作。

乡镇人民政府和街道办事处应当设立未成年人保护工作站或者指定专门人员,及时办理未成年人相关事务;支持、指导居民委员会、村民委员会设立专人专岗,做好未成年人保护工作。

【家庭教育指导服务】第八十二条　各级人民政府应当将家庭教育指导服务纳入城乡公共服务体系,开展家庭教育知识宣传,鼓励和支持有关人民团体、企业事业单位、社会组织开展家庭教育指导服务。

【政府保障未成年人受教育的权利】第八十三条　各级人民政府应当保障未成年人受教育的权利,并采取措施保障留守未成年人、困境未成年人、残疾未成年人接受义务教育。

对尚未完成义务教育的辍学未成年学生,教育行政部门应当责令父母或者其他监护人将其送入学校接受义务教育。

【发展托育、学前教育事业】第八十四条　各级人民政府应当发展托育、学前教育事业,办好婴幼儿照护服务机构、幼儿园,支持社会力量依法兴办母婴室、婴幼儿照护服务机构、幼儿园。

县级以上地方人民政府及其有关部门应当培养和培训婴幼儿照护服务机构、幼儿园的保教人员,提高其职业道德素质和业务能力。

【职业教育及职业技能培训】第八十五条 各级人民政府应当发展职业教育，保障未成年人接受职业教育或者职业技能培训，鼓励和支持人民团体、企业事业单位、社会组织为未成年人提供职业技能培训服务。

【残疾未成年人接受教育的权利】第八十六条 各级人民政府应当保障具有接受普通教育能力、能适应校园生活的残疾未成年人就近在普通学校、幼儿园接受教育；保障不具有接受普通教育能力的残疾未成年人在特殊教育学校、幼儿园接受学前教育、义务教育和职业教育。

各级人民政府应当保障特殊教育学校、幼儿园的办学、办园条件，鼓励和支持社会力量举办特殊教育学校、幼儿园。

【政府保障校园安全】第八十七条 地方人民政府及其有关部门应当保障校园安全，监督、指导学校、幼儿园等单位落实校园安全责任，建立突发事件的报告、处置和协调机制。

【政府保障校园周边安全】第八十八条 公安机关和其他有关部门应当依法维护校园周边的治安和交通秩序，设置监控设备和交通安全设施，预防和制止侵害未成年人的违法犯罪行为。

【未成年人活动场所的建设和维护、学校文化体育设施的免费或者优惠开放】第八十九条 地方人民政府应当建立和改善适合未成年人的活动场所和设施，支持公益性未成年人活动场所和设施的建设和运行，鼓励社会力量兴办适合未成年人的活动场所和设施，并加强管理。

地方人民政府应当采取措施，鼓励和支持学校在国家法定节假日、休息日及寒暑假期将文化体育设施对未成年人免费或者优惠开放。

地方人民政府应当采取措施，防止任何组织或者个人侵占、破坏学校、幼儿园、婴幼儿照护服务机构等未成年人活动场所的场地、房屋和设施。

【卫生保健、传染病防治和心理健康】第九十条 各级人民政府及其有关部门应当对未成年人进行卫生保健和营养指导，提供卫生保健服务。

卫生健康部门应当依法对未成年人的疫苗预防接种进行规范，防治未成年人常见病、多发病，加强传染病防治和监督管理，做好伤害预防和干预，指导和监督学校、幼儿园、婴幼儿照护服务机构开展卫生保健工作。

教育行政部门应当加强未成年人的心理健康教育，建立未成年人心理问题的早期发现和及时干预机制。卫生健康部门应当做好未成年人心理治疗、心理危机干预以及精神障碍早期识别和诊断治疗等工作。

【对困境未成年人实施分类保障】第九十一条 各级人民政府及其有关部门对困境未成年人实施分类保障，采取措施满足其生活、教育、安全、医疗康复、住房等方面的基本需要。

【民政部门临时监护】第九十二条 具有下列情形之一的，民政部门应当依法对未成年人进行临时监护：

（一）未成年人流浪乞讨或者身份不明，暂时查找不到父母或者其他监护人；

（二）监护人下落不明且无其他人可以担任监护人；

（三）监护人因自身客观原因或者因发生自然灾害、事故灾难、公共卫生事件等突发事件不能履行监护职责，导致未成年人监护缺失；

（四）监护人拒绝或者怠于履行监护职责，导致未成年人处于无人照料的状态；

（五）监护人教唆、利用未成年人实施违法犯罪行为，未成年人需要被带离安置；

（六）未成年人遭受监护人严重伤害或者面临人身安全威胁，需要被紧急安置；

（七）法律规定的其他情形。

【临时监护的具体方式】第九十三条 对临时监护的未成年人，民政部门可以采取委托亲属抚养、家庭寄养等方式进行安置，也可以交由未成年人救助保护机构或者儿童福利机构进行收留、抚养。

临时监护期间，经民政部门评估，监护人重新具备履行监护职责条件的，民政部门可以将未成年人送回监护人抚养。

【长期监护的法定情形】第九十四条 具有下列情形之一的，民政部门应当依法对未成年人进行长期监护：

（一）查找不到未成年人的父母或者其他监护人；

（二）监护人死亡或者被宣告死亡且无其他人可以担任监护人；

（三）监护人丧失监护能力且无其他人可以担任监护人；

（四）人民法院判决撤销监护人资格并指定由民政部门担任监护人；

（五）法律规定的其他情形。

【民政部门长期监护未成年人的收养】第九十五条 民政部门进行收养评估后，可以依法将其长期监护的未成年人交由符合条件的申请人收养。收养关系成立后，民政部门与未成年人的监护关系终止。

【民政部门承担国家监护职责的政府支持和机构建设】第九十六条 民政部门承担临时监护或者长期监护职责的，财政、教育、卫生健康、公安等部门应当根据各自职责予以配合。

县级以上人民政府及其民政部门应当根据需要设立未成年人救助保护机构、儿童福利机构，负责收留、抚养由民政部门监护的未成年人。

【建设全国统一的未成年人保护热线，支持社会力量共建未成年人保护平台】第九十七条 县级以上人民政府应当开通全国统一的未成年人保护热线，及时受理、转介侵犯未成年人合法权益的投诉、举报；鼓励和支持人民团体、企业事业单位、社会组织参与建设未成年人保护服务平台、服务热线、服务站点，提供未成年人保护方面的咨询、帮助。

【违法犯罪人员信息查询系统】第九十八条 国家建立性侵害、虐待、拐卖、暴力伤害等违法犯罪人员信息查询系统，向密切接触未成年人的单位提供免费查询服务。

【培育、引导和规范社会力量参与未成年人保护工作】第九十九条 地方人民政府应当培育、引导和规范有关社会组织、社会工作者参与未成年人保护工作，开展家庭教育指导服务，为未成年人的心理辅导、康复救助、监护及收养评估等提供专业服务。

第七章 司法保护

考频分布 2022 下单选

【司法机关职责】第一百条 公安机关、人民检察院、人民法院和司法行政部门应当依法履行职责，保障未成年人合法权益。

【专门机构、专门人员及评价考核标准】第一百零一条 公安机关、人民检察院、人民法院和司法行政部门应当确定专门机构或者指定专门人员，负责办理涉及未成年人案件。办理涉及未成年人案件的人员应当经过专门培训，熟悉未成年人身心特点。专门机构或者专门人员中，应当有女性工作人员。

公安机关、人民检察院、人民法院和司法行政部门应当对上述机构和人员实行与未成年人保护工作相适应的评价考核标准。

【未成年人案件中语言、表达方式】第一百零二条 公安机关、人民检察院、人民法院和司法行政部门办理涉及未成年人案件，应当考虑未成年人身心特点和健康成长的需要，使用未成年人能够理解的语言和表达方式，听取未成年人的意见。

【个人信息保护】第一百零三条 公安机关、人民检察院、人民法院、司法行政部门以及其他组织和个人不得披露有关案件中未成年人的姓名、影像、住所、就读学校以及其他可能识别出其身份的信息，但查找失踪、被拐卖未成年人等情形除外。

【法律援助、司法救助】第一百零四条 对需要法律援助或者司法救助的未成年人，法律援助机构或者公安机关、人民检察院、人民法院和司法行政部门应当给予帮助，依法为其提供法律援助或者司法救助。

法律援助机构应当指派熟悉未成年人身心特点的律师为未成年人提供法律援助

服务。

法律援助机构和律师协会应当对办理未成年人法律援助案件的律师进行指导和培训。

【检察监督】第一百零五条 人民检察院通过行使检察权，对涉及未成年人的诉讼活动等依法进行监督。

【公益诉讼】第一百零六条 未成年人合法权益受到侵犯，相关组织和个人未代为提起诉讼的，人民检察院可以督促、支持其提起诉讼；涉及公共利益的，人民检察院有权提起公益诉讼。

【继承权、受遗赠权和受抚养权保护】第一百零七条 人民法院审理继承案件，应当依法保护未成年人的继承权和受遗赠权。

人民法院审理离婚案件，涉及未成年子女抚养问题的，应当尊重已满八周岁未成年子女的真实意愿，根据双方具体情况，按照最有利于未成年子女的原则依法处理。

【人身安全保护令、撤销监护人资格】第一百零八条 未成年人的父母或者其他监护人不依法履行监护职责或者严重侵犯被监护的未成年人合法权益的，人民法院可以根据有关人员或者单位的申请，依法作出人身安全保护令或者撤销监护人资格。

被撤销监护人资格的父母或者其他监护人应当依法继续负担抚养费用。

【社会调查】第一百零九条 人民法院审理离婚、抚养、收养、监护、探望等案件涉及未成年人的，可以自行或者委托社会组织对未成年人的相关情况进行社会调查。

【法定代理人、合适成年人到场】第一百一十条 公安机关、人民检察院、人民法院讯问未成年犯罪嫌疑人、被告人，询问未成年被害人、证人，应当依法通知其法定代理人或者其成年亲属、所在学校的代表等合适成年人到场，并采取适当方式，在适当场所进行，保障未成年人的名誉权、隐私权和其他合法权益。

人民法院开庭审理涉及未成年人案件，未成年被害人、证人一般不出庭作证；必须出庭的，应当采取保护其隐私的技术手段和心理干预等保护措施。

真题面对面

[2022下半年真题] 依据《中华人民共和国未成年人保护法》，下列属于司法保护的是(　　)

A. 人民法院开庭时，未成年被害人一般不出庭作证

B. 公安机关依法维护校园周边的治安和交通秩序

C. 任何组织或个人不得招用未满16周岁的未成年人

D. 监护人依法履行对未成年人的监护职责和抚养义务

答案:A。人民法院开庭审理涉及未成年人案件,未成年被害人、证人一般不出庭作证;必须出庭的,应当采取保护其隐私的技术手段和心理干预等保护措施。故本题选 A。B 选项属于政府保护,C 选项属于社会保护,D 选项属于家庭保护。

【特定未成年被害人司法保护】第一百一十一条 公安机关、人民检察院、人民法院应当与其他有关政府部门、人民团体、社会组织互相配合,对遭受性侵害或者暴力伤害的未成年被害人及其家庭实施必要的心理干预、经济救助、法律援助、转学安置等保护措施。

【同步录音录像等保护措施】第一百一十二条 公安机关、人民检察院、人民法院办理未成年人遭受性侵害或者暴力伤害案件,在询问未成年被害人、证人时,应当采取同步录音录像等措施,尽量一次完成;未成年被害人、证人是女性的,应当由女性工作人员进行。

【违法犯罪未成年人的保护方针和原则】第一百一十三条 对违法犯罪的未成年人,实行教育、感化、挽救的方针,坚持教育为主、惩罚为辅的原则。

对违法犯罪的未成年人依法处罚后,在升学、就业等方面不得歧视。

【司法机关对未尽保护职责单位的监督】第一百一十四条 公安机关、人民检察院、人民法院和司法行政部门发现有关单位未尽到未成年人教育、管理、救助、看护等保护职责的,应当向该单位提出建议。被建议单位应当在一个月内作出书面回复。

【司法机关开展未成年人法治宣传教育】第一百一十五条 公安机关、人民检察院、人民法院和司法行政部门应当结合实际,根据涉及未成年人案件的特点,开展未成年人法治宣传教育工作。

【社会组织、社会工作者参与未成年人司法保护】第一百一十六条 国家鼓励和支持社会组织、社会工作者参与涉及未成年人案件中未成年人的心理干预、法律援助、社会调查、社会观护、教育矫治、社区矫正等工作。

第八章　法律责任

考频分布 2019 下单选,2016 上单选

【违反强制报告义务的法律责任】第一百一十七条 违反本法第十一条第二款规定,未履行报告义务造成严重后果的,由上级主管部门或者所在单位对直接负责的主管人员和其他直接责任人员依法给予处分。

【监护人不履行监护职责或者侵犯未成年人合法权益的法律责任】第一百一十八条

未成年人的父母或者其他监护人不依法履行监护职责或者侵犯未成年人合法权益的，由其居住地的居民委员会、村民委员会予以劝诫、制止；情节严重的，居民委员会、村民委员会应当及时向公安机关报告。

公安机关接到报告或者公安机关、人民检察院、人民法院在办理案件过程中发现未成年人的父母或者其他监护人存在上述情形的，应当予以训诫，并可以责令其接受家庭教育指导。

【学校等机构及其教职员工的法律责任】第一百一十九条 学校、幼儿园、婴幼儿照护服务等机构及其教职员工违反本法第二十七条、第二十八条、第三十九条规定的，由公安、教育、卫生健康、市场监督管理等部门按照职责分工责令改正；拒不改正或者情节严重的，对直接负责的主管人员和其他直接责任人员依法给予处分。

【未给予免费或者优惠待遇的法律责任】第一百二十条 违反本法第四十四条、第四十五条、第四十七条规定，未给予未成年人免费或者优惠待遇的，由市场监督管理、文化和旅游、交通运输等部门按照职责分工责令限期改正，给予警告；拒不改正的，处一万元以上十万元以下罚款。

【制作、复制、出版、发布、传播危害未成年人出版物的法律责任】第一百二十一条 违反本法第五十条、第五十一条规定的，由新闻出版、广播电视、电影、网信等部门按照职责分工责令限期改正，给予警告，没收违法所得，可以并处十万元以下罚款；拒不改正或者情节严重的，责令暂停相关业务、停产停业或者吊销营业执照、吊销相关许可证，违法所得一百万元以上的，并处违法所得一倍以上十倍以下的罚款，没有违法所得或者违法所得不足一百万元的，并处十万元以上一百万元以下罚款。

【场所运营单位和住宿经营者的法律责任】第一百二十二条 场所运营单位违反本法第五十六条第二款规定、住宿经营者违反本法第五十七条规定的，由市场监督管理、应急管理、公安等部门按照职责分工责令限期改正，给予警告；拒不改正或者造成严重后果的，责令停业整顿或者吊销营业执照、吊销相关许可证，并处一万元以上十万元以下罚款。

【营业性娱乐场所等经营者的法律责任】第一百二十三条 相关经营者违反本法第五十八条、第五十九条第一款、第六十条规定的，由文化和旅游、市场监督管理、烟草专卖、公安等部门按照职责分工责令限期改正，给予警告，没收违法所得，可以并处五万元以下罚款；拒不改正或者情节严重的，责令停业整顿或者吊销营业执照、吊销相关许可证，可以并处五万元以上五十万元以下罚款。

【公共场所吸烟、饮酒的法律责任】第一百二十四条 违反本法第五十九条第二款规定，在学校、幼儿园和其他未成年人集中活动的公共场所吸烟、饮酒的，由卫生健康、教育、市场监督管理等部门按照职责分工责令改正，给予警告，可以并处五百元以下罚款；场所管理者未及时制止的，由卫生健康、教育、市场监督管理等部门按照职责分工给予警告，并处一万元以下罚款。

【未按规定招用、使用未成年人的法律责任】第一百二十五条 违反本法第六十一条规定的，由文化和旅游、人力资源和社会保障、市场监督管理等部门按照职责分工责令限期改正，给予警告，没收违法所得，可以并处十万元以下罚款；拒不改正或者情节严重的，责令停产停业或者吊销营业执照、吊销相关许可证，并处十万元以上一百万元以下罚款。

【密切接触未成年人单位的法律责任】第一百二十六条 密切接触未成年人的单位违反本法第六十二条规定，未履行查询义务，或者招用、继续聘用具有相关违法犯罪记录人员的，由教育、人力资源和社会保障、市场监督管理等部门按照职责分工责令限期改正，给予警告，并处五万元以下罚款；拒不改正或者造成严重后果的，责令停业整顿或者吊销营业执照、吊销相关许可证，并处五万元以上五十万元以下罚款，对直接负责的主管人员和其他直接责任人员依法给予处分。

【网络产品和服务提供者等的法律责任】第一百二十七条 信息处理者违反本法第七十二条规定，或者网络产品和服务提供者违反本法第七十三条、第七十四条、第七十五条、第七十六条、第七十七条、第八十条规定的，由公安、网信、电信、新闻出版、广播电视、文化和旅游等有关部门按照职责分工责令改正，给予警告，没收违法所得，违法所得一百万元以上的，并处违法所得一倍以上十倍以下罚款，没有违法所得或者违法所得不足一百万元的，并处十万元以上一百万元以下罚款，对直接负责的主管人员和其他责任人员处一万元以上十万元以下罚款；拒不改正或者情节严重的，并可以责令暂停相关业务、停业整顿、关闭网站、吊销营业执照或者吊销相关许可证。

【国家机关工作人员渎职的法律责任】第一百二十八条 国家机关工作人员玩忽职守、滥用职权、徇私舞弊，损害未成年人合法权益的，依法给予处分。

【民事责任、治安管理处罚和刑事责任】第一百二十九条 违反本法规定，侵犯未成年人合法权益，造成人身、财产或者其他损害的，依法承担民事责任。

违反本法规定，构成违反治安管理行为的，依法给予治安管理处罚；构成犯罪的，依法追究刑事责任。

第九章 附 则

【相关概念的含义】第一百三十条 本法中下列用语的含义：

（一）密切接触未成年人的单位，是指学校、幼儿园等教育机构；校外培训机构；未成年人救助保护机构、儿童福利机构等未成年人安置、救助机构；婴幼儿照护服务机构、早期教育服务机构；校外托管、临时看护机构；家政服务机构；为未成年人提供医疗服务的医疗机构；其他对未成年人负有教育、培训、监护、救助、看护、医疗等职责的企业事业单位、社会组织等。

（二）学校，是指普通中小学、特殊教育学校、中等职业学校、专门学校。

（三）学生欺凌，是指发生在学生之间，一方蓄意或者恶意通过肢体、语言及网络等手段实施欺压、侮辱，造成另一方人身伤害、财产损失或者精神损害的行为。

【外国人、无国籍未成年人的保护】第一百三十一条 对中国境内未满十八周岁的外国人、无国籍人，依照本法有关规定予以保护。

【施行日期】第一百三十二条 本法自2021年6月1日起施行。

知识再拔高

我国《刑法》和《民法典》中关于未成年人的部分规定

1.《中华人民共和国刑法》（节选）

【刑事责任年龄的界定】第十七条 已满十六周岁的人犯罪，应当负刑事责任。

已满十四周岁不满十六周岁的人，犯故意杀人、故意伤害致人重伤或者死亡、强奸、抢劫、贩卖毒品、放火、爆炸、投放危险物质罪的，应当负刑事责任。

已满十二周岁不满十四周岁的人，犯故意杀人、故意伤害罪，致人死亡或者以特别残忍手段致人重伤造成严重残疾，情节恶劣，经最高人民检察院核准追诉的，应当负刑事责任。

对依照前三款规定追究刑事责任的不满十八周岁的人，应当从轻或者减轻处罚。

因不满十六周岁不予刑事处罚的，责令其父母或者其他监护人加以管教；在必要的时候，依法进行专门矫治教育。

2.《中华人民共和国民法典》（节选）

【自然人民事权利能力的起止】第十三条 自然人从出生时起到死亡时止，具有民事权利能力，依法享有民事权利，承担民事义务。

【成年人与未成年人的年龄标准】第十七条 十八周岁以上的自然人为成年人。不满十八周岁的自然人为未成年人。

【完全民事行为能力人】第十八条 成年人为完全民事行为能力人，可以独立实施民事法律行为。

十六周岁以上的未成年人，以自己的劳动收入为主要生活来源的，视为完全民事行为能力人。

【限制民事行为能力的未成年人】第十九条 八周岁以上的未成年人为限制民事行为能力人，实施民事法律行为由其法定代理人代理或者经其法定代理人同意、追认；但是，可以独立实施纯获利益的民事法律行为或者与其年龄、智力相适应的民事法律行为。

【无民事行为能力的未成年人】第二十条 不满八周岁的未成年人为无民事行为能力人，由其法定代理人代理实施民事法律行为。

【未成年人的监护人】第二十七条 父母是未成年子女的监护人。

未成年人的父母已经死亡或者没有监护能力的，由下列有监护能力的人按顺序担任监护人：

（一）祖父母、外祖父母；

（二）兄、姐；

（三）其他愿意担任监护人的个人或者组织，但是须经未成年人住所地的居民委员会、村民委员会或者民政部门同意。

第六节 《中华人民共和国预防未成年人犯罪法》

思维导图

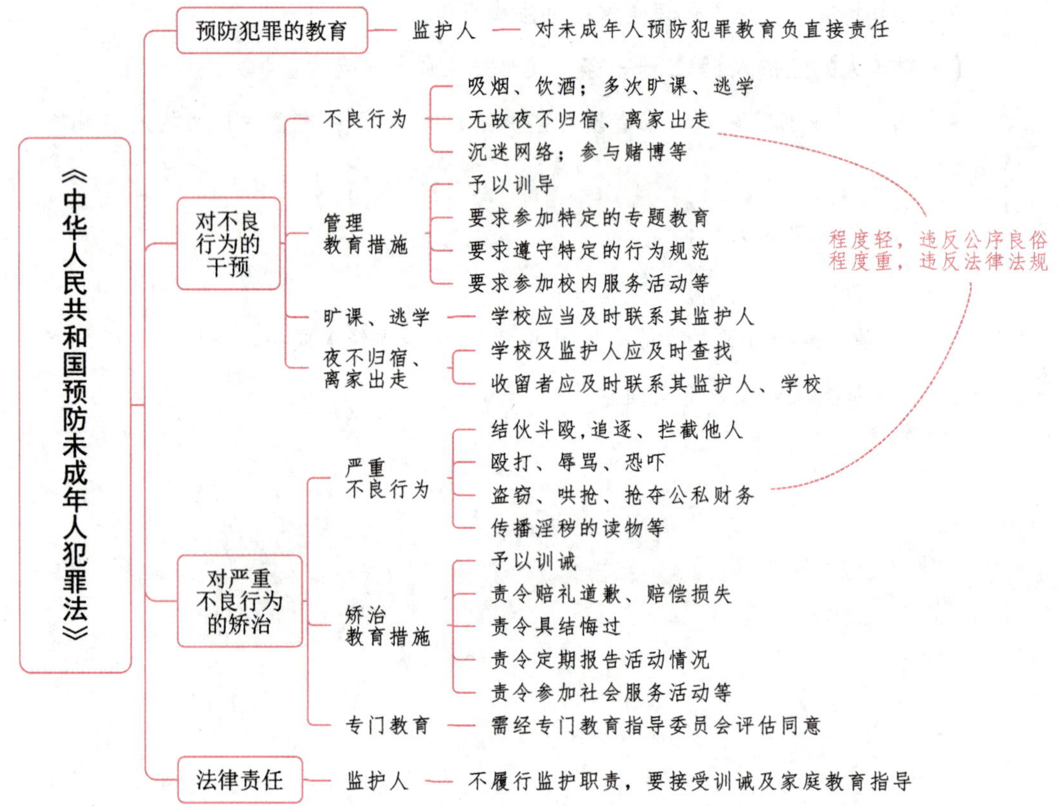

考向分析

本节主要介绍《中华人民共和国预防未成年人犯罪法》的内容，需要记忆并理解。在考试中主要以单选题的形式考查。通过汇总分析2015年至2023年的真题试卷，本节知识考查情况见下表：

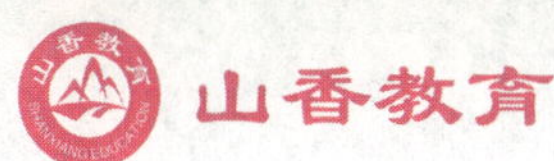

知识	考点	考频	题型
预防犯罪的教育	监护人对未成年人预防犯罪的直接责任	1	单选
对不良行为的干预	不良行为的界定,学校对有不良行为的未成年学生的管教,学校对旷课、逃学的处理,对参加不良行为团伙的处理	8	单选
对严重不良行为的矫治	严重不良行为的界定、对严重不良行为的未成年人的矫治教育措施、分级分类教育矫治	4	单选
法律责任	父母等监护人不履行监护职责的处理	2	单选

核心考点

一、《中华人民共和国预防未成年人犯罪法》的性质

《中华人民共和国预防未成年人犯罪法》同《中华人民共和国未成年人保护法》关系密切,两者实质上都着眼于未成年人的保护,两者是相互联系、相互补充的关系。《中华人民共和国预防未成年人犯罪法》旨在预防未成年人犯罪,责任主体涉及学校、家庭、社会和政府部门等。

二、《中华人民共和国预防未成年人犯罪法》的内容【9年15考】

第一章　总　则

【立法目的和依据】第一条　为了保障未成年人身心健康,培养未成年人良好品行,有效预防未成年人违法犯罪,制定本法。

【预防未成年人犯罪的方针原则】第二条　预防未成年人犯罪,立足于教育和保护未成年人相结合,坚持预防为主、提前干预,对未成年人的不良行为和严重不良行为及时进行分级预防、干预和矫治。

【保护未成年人合法权益原则】第三条　开展预防未成年人犯罪工作,应当尊重未成年人人格尊严,保护未成年人的名誉权、隐私权和个人信息等合法权益。

【预防未成年人犯罪综合治理原则】第四条　预防未成年人犯罪,在各级人民政府组织下,实行综合治理。

国家机关、人民团体、社会组织、企业事业单位、居民委员会、村民委员会、学校、家庭等各负其责、相互配合，共同做好预防未成年人犯罪工作，及时消除滋生未成年人违法犯罪行为的各种消极因素，为未成年人身心健康发展创造良好的社会环境。

【各级人民政府预防未成年人犯罪的工作职责】第五条 各级人民政府在预防未成年人犯罪方面的工作职责是：

（一）制定预防未成年人犯罪工作规划；

（二）组织公安、教育、民政、文化和旅游、市场监督管理、网信、卫生健康、新闻出版、电影、广播电视、司法行政等有关部门开展预防未成年人犯罪工作；

（三）为预防未成年人犯罪工作提供政策支持和经费保障；

（四）对本法的实施情况和工作规划的执行情况进行检查；

（五）组织开展预防未成年人犯罪宣传教育；

（六）其他预防未成年人犯罪工作职责。

【专门学校和专门教育】第六条 国家加强专门学校建设，对有严重不良行为的未成年人进行专门教育。专门教育是国民教育体系的组成部分，是对有严重不良行为的未成年人进行教育和矫治的重要保护处分措施。

省级人民政府应当将专门教育发展和专门学校建设纳入经济社会发展规划。县级以上地方人民政府成立专门教育指导委员会，根据需要合理设置专门学校。

专门教育指导委员会由教育、民政、财政、人力资源社会保障、公安、司法行政、人民检察院、人民法院、共产主义青年团、妇女联合会、关心下一代工作委员会、专门学校等单位，以及律师、社会工作者等人员组成，研究确定专门学校教学、管理等相关工作。

专门学校建设和专门教育具体办法，由国务院规定。

【公检法司专门人员负责预防未成年人犯罪工作】第七条 公安机关、人民检察院、人民法院、司法行政部门应当由专门机构或者经过专业培训、熟悉未成年人身心特点的专门人员负责预防未成年人犯罪工作。

【群团组织协助政府机关做好预防未成年人犯罪工作】第八条 共产主义青年团、妇女联合会、工会、残疾人联合会、关心下一代工作委员会、青年联合会、学生联合会、少年先锋队以及有关社会组织，应当协助各级人民政府及其有关部门、人民检察院和人民法院做好预防未成年人犯罪工作，为预防未成年人犯罪培育社会力量，提供支持服务。

【鼓励社会组织参与预防未成年人犯罪工作】第九条 国家鼓励、支持和指导社会工作服务机构等社会组织参与预防未成年人犯罪相关工作，并加强监督。

【禁止教唆未成年人实施不良行为】第十条 任何组织或者个人不得教唆、胁迫、引诱未成年人实施不良行为或者严重不良行为，以及为未成年人实施上述行为提供条件。

【未成年人应当遵纪守法、加强自律】第十一条 未成年人应当遵守法律法规及社会公共道德规范，树立自尊、自律、自强意识，增强辨别是非和自我保护的能力，自觉抵制各种不良行为以及违法犯罪行为的引诱和侵害。

【结合生理、心理特点预防未成年人犯罪】第十二条 预防未成年人犯罪，应当结合未成年人不同年龄的生理、心理特点，加强青春期教育、心理关爱、心理矫治和预防犯罪对策的研究。

【国家鼓励预防未成年人犯罪科学研究】第十三条 国家鼓励和支持预防未成年人犯罪相关学科建设、专业设置、人才培养及科学研究，开展国际交流与合作。

【国家对预防未成年人犯罪工作的表彰和奖励】第十四条 国家对预防未成年人犯罪工作有显著成绩的组织和个人，给予表彰和奖励。

第二章 预防犯罪的教育

考频分布 2017 下单选

【对未成年人加强社会主义核心价值观教育】第十五条 国家、社会、学校和家庭应当对未成年人加强社会主义核心价值观教育，开展预防犯罪教育，增强未成年人的法治观念，使未成年人树立遵纪守法和防范违法犯罪的意识，提高自我管控能力。

【监护人对未成年人预防犯罪的直接责任】第十六条 未成年人的父母或者其他监护人对未成年人的预防犯罪教育负有直接责任，应当依法履行监护职责，树立优良家风，培养未成年人良好品行；发现未成年人心理或者行为异常的，应当及时了解情况并进行教育、引导和劝诫，不得拒绝或者怠于履行监护职责。

【学校应当开展预防犯罪教育】第十七条 教育行政部门、学校应当将预防犯罪教育纳入学校教学计划，指导教职员工结合未成年人的特点，采取多种方式对未成年学生进行有针对性的预防犯罪教育。

【法治教育专职教师和法治副校长】第十八条 学校应当聘任从事法治教育的专职或者兼职教师，并可以从司法和执法机关、法学教育和法律服务机构等单位聘请法治副校长、校外法治辅导员。

【学校应当开展心理健康教育】第十九条 学校应当配备专职或者兼职的心理健康教育教师，开展心理健康教育。学校可以根据实际情况与专业心理健康机构合作，建立心理健康筛查和早期干预机制，预防和解决学生心理、行为异常问题。

学校应当与未成年学生的父母或者其他监护人加强沟通，共同做好未成年学生心理健康教育；发现未成年学生可能患有精神障碍的，应当立即告知其父母或者其他监护人送相关专业机构诊治。

【学生欺凌防控制度】第二十条 教育行政部门应当会同有关部门建立学生欺凌防控制度。学校应当加强日常安全管理，完善学生欺凌发现和处置的工作流程，严格排查并及时消除可能导致学生欺凌行为的各种隐患。

【鼓励社会工作者进驻学校】第二十一条 教育行政部门鼓励和支持学校聘请社会工作者长期或者定期进驻学校，协助开展道德教育、法治教育、生命教育和心理健康教育，参与预防和处理学生欺凌等行为。

【预防犯罪教育计划】第二十二条 教育行政部门、学校应当通过举办讲座、座谈、培训等活动，介绍科学合理的教育方法，指导教职员工、未成年学生的父母或者其他监护人有效预防未成年人犯罪。

学校应当将预防犯罪教育计划告知未成年学生的父母或者其他监护人。未成年学生的父母或者其他监护人应当配合学校对未成年学生进行有针对性的预防犯罪教育。

【预防犯罪工作效果纳入考核】第二十三条 教育行政部门应当将预防犯罪教育的工作效果纳入学校年度考核内容。

【开展多种形式的预防未成年人犯罪宣传教育活动】第二十四条 各级人民政府及其有关部门、人民检察院、人民法院、共产主义青年团、少年先锋队、妇女联合会、残疾人联合会、关心下一代工作委员会等应当结合实际，组织、举办多种形式的预防未成年人犯罪宣传教育活动。有条件的地方可以建立青少年法治教育基地，对未成年人开展法治教育。

【居(村)委会预防未成年人犯罪的协助作用】第二十五条 居民委员会、村民委员会应当积极开展有针对性的预防未成年人犯罪宣传活动，协助公安机关维护学校周围治安，及时掌握本辖区内未成年人的监护、就学和就业情况，组织、引导社区社会组织参与预防未成年人犯罪工作。

【校外活动场所开展预防犯罪教育】第二十六条 青少年宫、儿童活动中心等校外活动场所应当把预防犯罪教育作为一项重要的工作内容，开展多种形式的宣传教育活动。

【职业培训机构、用人单位开展预防犯罪教育】第二十七条 职业培训机构、用人单位在对已满十六周岁准备就业的未成年人进行职业培训时，应当将预防犯罪教育纳入培训内容。

第三章 对不良行为的干预

考频分布 2015—2023 年，以单选题形式考查 8 次

【不良行为的界定】第二十八条 本法所称不良行为，是指未成年人实施的不利于其健康成长的下列行为：

《预防未成年人犯罪法》第 28—31 条

（一）吸烟、饮酒；

（二）多次旷课、逃学；

（三）无故夜不归宿、离家出走；

（四）沉迷网络；

（五）与社会上具有不良习性的人交往，组织或者参加实施不良行为的团伙；

（六）进入法律法规规定未成年人不宜进入的场所；

（七）参与赌博、变相赌博，或者参加封建迷信、邪教等活动；

（八）阅览、观看或者收听宣扬淫秽、色情、暴力、恐怖、极端等内容的读物、音像制品或者网络信息等；

（九）其他不利于未成年人身心健康成长的不良行为。

【监护人对不良行为要制止并管教】第二十九条 未成年人的父母或者其他监护人发现未成年人有不良行为的，应当及时制止并加强管教。

【公安机关、居（村）委会要制止不良行为】第三十条 公安机关、居民委员会、村民委员会发现本辖区内未成年人有不良行为的，应当及时制止，并督促其父母或者其他监护人依法履行监护职责。

【学校对有不良行为的未成年学生的管教】第三十一条 学校对有不良行为的未成年学生，应当加强管理教育，不得歧视；对拒不改正或者情节严重的，学校可以根据情况予以处分或者采取以下管理教育措施：

（一）予以训导；

（二）要求遵守特定的行为规范；

（三）要求参加特定的专题教育；

（四）要求参加校内服务活动；

（五）要求接受社会工作者或者其他专业人员的心理辅导和行为干预；

（六）其他适当的管理教育措施。

真题面对面

[2021 下半年真题] 小学生宋某多次旷课、逃学，经老师多次教育仍拒不改正。对于宋某，学校可以（　　）

A. 予以处分　　B. 予以训诫

C. 开除学籍　　D. 责令参加社会服务活动

答案：A。

【家校合作机制】第三十二条　学校和家庭应当加强沟通，建立家校合作机制。学校决定对未成年学生采取管理教育措施的，应当及时告知其父母或者其他监护人；未成年学生的父母或者其他监护人应当支持、配合学校进行管理教育。

【学校可采取管教措施的情形】第三十三条　未成年学生偷窃少量财物，或者有殴打、辱骂、恐吓、强行索要财物等学生欺凌行为，情节轻微的，可以由学校依照本法第三十一条规定采取相应的管理教育措施。

【学校对旷课、逃学的处理】第三十四条　未成年学生旷课、逃学的，学校应当及时联系其父母或者其他监护人，了解有关情况；无正当理由的，学校和未成年学生的父母或者其他监护人应当督促其返校学习。

【对夜不归宿、离家出走的处理】第三十五条　未成年人无故夜不归宿、离家出走的，父母或者其他监护人、所在的寄宿制学校应当及时查找，必要时向公安机关报告。

收留夜不归宿、离家出走未成年人的，应当及时联系其父母或者其他监护人、所在学校；无法取得联系的，应当及时向公安机关报告。

对学生旷课、逃学或者夜不归宿的处理是常考点。命题时，通常是题干给出一个示例，说某学生旷课，要求考生判断学校或教师该如何处理；或者是学校、教师发现学生旷课后未及时联系家长，要求判断其做法是否正确。

发现学生旷课：学校或教师首先要及时联系家长，不能对学生旷课放任不管。

学生夜不归宿：监护人或寄宿制学校应及时查找，必要时报告公安机关。

【对夜不归宿、离家出走未成年人的救助】第三十六条　对夜不归宿、离家出走或者流落街头的未成年人，公安机关、公共场所管理机构等发现或者接到报告后，应当及时采取有效保护措施，并通知其父母或者其他监护人、所在的寄宿制学校，必要时应当护送其返回住所、学校；无法与其父母或者其他监护人、学校取得联系的，应当护送未成年人到救助保护机构接受救助。

【对参加不良行为团伙的处理】第三十七条　未成年人的父母或者其他监护人、学校发现未成年人组织或者参加实施不良行为的团伙，应当及时制止；发现该团伙有违法犯罪嫌疑的，应当立即向公安机关报告。

第四章　对严重不良行为的矫治

考频分布　2023 上单选，2022 下单选，2019 上单选，2015 上单选

【严重不良行为的界定】第三十八条　本法所称严重不良行为，是指未成年人实施的

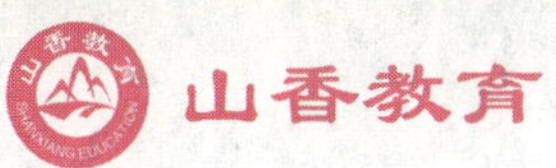

有刑法规定、因不满法定刑事责任年龄不予刑事处罚的行为，以及严重危害社会的下列行为：

（一）结伙斗殴，追逐、拦截他人，强拿硬要或者任意损毁、占用公私财物等寻衅滋事行为；

（二）非法携带枪支、弹药或者弩、匕首等国家规定的管制器具；

（三）殴打、辱骂、恐吓，或者故意伤害他人身体；

（四）盗窃、哄抢、抢夺或者故意损毁公私财物；

（五）传播淫秽的读物、音像制品或者信息等；

（六）卖淫、嫖娼，或者进行淫秽表演；

（七）吸食、注射毒品，或者向他人提供毒品；

（八）参与赌博赌资较大；

（九）其他严重危害社会的行为。

遇到考查不良行为和严重不良行为的试题时，考生可从未成年学生的行为性质进行判断。一般而言，行为性质比较严重、社会影响较大、后果较为严重的，一般都是严重不良行为。新修订的法条对不良行为与严重不良行为的界定见下表。

不良行为与严重不良行为

不良行为（第 28 条）	严重不良行为（第 38 条）
吸烟、饮酒	吸食、注射毒品，或者向他人提供毒品
多次旷课、逃学	非法携带枪支、弹药或者弩、匕首等国家规定的管制器具
无故夜不归宿、离家出走	殴打、辱骂、恐吓，或者故意伤害他人身体
沉迷网络	盗窃、哄抢、抢夺或者故意损毁公私财物
与社会上具有不良习性的人交往，组织或者参加实施不良行为的团伙	结伙斗殴，追逐、拦截他人，强拿硬要或者任意损毁、占用公私财物等寻衅滋事行为
进入法律法规规定未成年人不宜进入的场所	卖淫、嫖娼，或者进行淫秽表演
参与赌博、变相赌博，或者参加封建迷信、邪教等活动	参与赌博赌资较大

续表

不良行为(第 28 条)	严重不良行为(第 38 条)
阅览、观看或者收听宣扬淫秽、色情、暴力、恐怖、极端等内容的读物、音像制品或者网络信息等	传播淫秽的读物、音像制品或者信息等
其他不利于未成年人身心健康成长的不良行为	其他严重危害社会的行为

【对严重不良行为的强制报告义务】第三十九条 未成年人的父母或者其他监护人、学校、居民委员会、村民委员会发现有人教唆、胁迫、引诱未成年人实施严重不良行为的，应当立即向公安机关报告。公安机关接到报告或者发现有上述情形的，应当及时依法查处；对人身安全受到威胁的未成年人，应当立即采取有效保护措施。

【公安机关接到举报后的处理】第四十条 公安机关接到举报或者发现未成年人有严重不良行为的，应当及时制止，依法调查处理，并可以责令其父母或者其他监护人消除或者减轻违法后果，采取措施严加管教。

【对严重不良行为的未成年人的矫治教育措施】第四十一条 对有严重不良行为的未成年人，公安机关可以根据具体情况，采取以下矫治教育措施：

（一）予以训诫；

（二）责令赔礼道歉、赔偿损失；

（三）责令具结悔过；

（四）责令定期报告活动情况；

（五）责令遵守特定的行为规范，不得实施特定行为、接触特定人员或者进入特定场所；

（六）责令接受心理辅导、行为矫治；

（七）责令参加社会服务活动；

（八）责令接受社会观护，由社会组织、有关机构在适当场所对未成年人进行教育、监督和管束；

（九）其他适当的矫治教育措施。

【社会组织及监护人参与配合矫治教育】第四十二条 公安机关在对未成年人进行矫治教育时，可以根据需要邀请学校、居民委员会、村民委员会以及社会工作服务机构等社会组织参与。

未成年人的父母或者其他监护人应当积极配合矫治教育措施的实施，不得妨碍阻挠或者放任不管。

【专门教育】第四十三条 对有严重不良行为的未成年人，未成年人的父母或者其他监护人、所在学校无力管教或者管教无效的,可以向教育行政部门提出申请,经专门教育指导委员会评估同意后,由教育行政部门决定送入专门学校接受专门教育。

【接受专门教育的情形】第四十四条 未成年人有下列情形之一的,经专门教育指导委员会评估同意,**教育行政部门会同公安机关**可以决定将其送入专门学校接受专门教育:

(一)实施严重危害社会的行为,情节恶劣或者造成严重后果;

(二)多次实施严重危害社会的行为;

(三)拒不接受或者配合本法第四十一条规定的矫治教育措施;

(四)法律、行政法规规定的其他情形。

【对构成违法犯罪行为的专门矫治教育】第四十五条 未成年人实施刑法规定的行为、因不满法定刑事责任年龄不予刑事处罚的,经专门教育指导委员会评估同意,教育行政部门会同公安机关可以决定对其进行专门矫治教育。

省级人民政府应当结合本地的实际情况,至少确定一所专门学校按照分校区、分班级等方式设置专门场所,对前款规定的未成年人进行专门矫治教育。

前款规定的专门场所实行闭环管理,公安机关、司法行政部门负责未成年人的矫治工作,教育行政部门承担未成年人的教育工作。

【专门学校的学期评估】第四十六条 专门学校应当在每个学期适时提请专门教育指导委员会对接受专门教育的未成年学生的情况进行评估。对经评估适合转回普通学校就读的,专门教育指导委员会应当向原决定机关提出书面建议,由原决定机关决定是否将未成年学生转回普通学校就读。

原决定机关决定将未成年学生转回普通学校的,其原所在学校不得拒绝接收;因特殊情况,不适宜转回原所在学校的,由教育行政部门安排转学。

【分级分类教育矫治】第四十七条 专门学校应当对接受专门教育的未成年人**分级分类**进行教育和矫治,有针对性地开展道德教育、法治教育、心理健康教育,并根据实际情况进行职业教育;对没有完成义务教育的未成年人,应当保证其继续接受义务教育。

专门学校的未成年学生的学籍保留在原学校,符合毕业条件的,原学校应当颁发毕业证书。

【专门学校与监护人的联系沟通】第四十八条 专门学校应当与接受专门教育的未成年人的父母或者其他监护人加强联系,定期向其反馈未成年人的矫治和教育情况,为父母或者其他监护人、亲属等看望未成年人提供便利。

【未成年人和监护人的行政复议和行政诉讼权利】第四十九条 未成年人及其父母

或者其他监护人对本章规定的行政决定不服的,可以依法提起行政复议或者行政诉讼。

第五章　对重新犯罪的预防

【公检法机关对未成年人的法治教育】第五十条　公安机关、人民检察院、人民法院办理未成年人刑事案件,应当根据未成年人的生理、心理特点和犯罪的情况,有针对性地进行法治教育。

对涉及刑事案件的未成年人进行教育,其法定代理人以外的成年亲属或者教师、辅导员等参与有利于感化、挽救未成年人的,公安机关、人民检察院、人民法院应当邀请其参加有关活动。

【对未成年人刑事案件的社会调查和心理测评】第五十一条　公安机关、人民检察院、人民法院办理未成年人刑事案件,可以自行或者委托有关社会组织、机构对未成年犯罪嫌疑人或者被告人的成长经历、犯罪原因、监护、教育等情况进行社会调查;根据实际需要并经未成年犯罪嫌疑人、被告人及其法定代理人同意,可以对未成年犯罪嫌疑人、被告人进行心理测评。

社会调查和心理测评的报告可以作为办理案件和教育未成年人的参考。

【未成年人的取保候审】第五十二条　公安机关、人民检察院、人民法院对于无固定住所、无法提供保证人的未成年人适用取保候审的,应当指定合适成年人作为保证人,必要时可以安排取保候审的未成年人接受社会观护。

【未成年人在关押、管理、教育和社区矫正方面的区别对待】第五十三条　对被拘留、逮捕以及在未成年犯管教所执行刑罚的未成年人,应当与成年人分别关押、管理和教育。对未成年人的社区矫正,应当与成年人分别进行。

对有上述情形且没有完成义务教育的未成年人,公安机关、人民检察院、人民法院、司法行政部门应当与教育行政部门相互配合,保证其继续接受义务教育。

【未成年犯的法治教育与职业教育】第五十四条　未成年犯管教所、社区矫正机构应当对未成年犯、未成年社区矫正对象加强法治教育,并根据实际情况对其进行职业教育。

【未成年社区矫正对象的安置帮教】第五十五条　社区矫正机构应当告知未成年社区矫正对象安置帮教的有关规定,并配合安置帮教工作部门落实或者解决未成年社区矫正对象的就学、就业等问题。

【对刑满释放未成年犯的安置帮教措施】第五十六条　对刑满释放的未成年人,未成年犯管教所应当提前通知其父母或者其他监护人按时接回,并协助落实安置帮教措施。没有父母或者其他监护人、无法查明其父母或者其他监护人的,未成年犯管教所应当提前通知未成年人原户籍所在地或者居住地的司法行政部门安排人员按时接回,由民政部门或者居民委员会、村民委员会依法对其进行监护。

【父母等监护人和学校、居(村)委会的协助安置帮教义务】第五十七条 未成年人的父母或者其他监护人和学校、居民委员会、村民委员会对接受社区矫正、刑满释放的未成年人，应当采取有效的帮教措施，协助司法机关以及有关部门做好安置帮教工作。

居民委员会、村民委员会可以聘请思想品德优秀，作风正派，热心未成年人工作的离退休人员、志愿者或其他人员协助做好前款规定的安置帮教工作。

【不得歧视刑满释放和接受社区矫正的未成年人】第五十八条 刑满释放和接受社区矫正的未成年人，在复学、升学、就业等方面依法享有与其他未成年人同等的权利，任何单位和个人不得歧视。

【未成年人犯罪记录等的封存制度】第五十九条 未成年人的犯罪记录依法被封存的，公安机关、人民检察院、人民法院和司法行政部门不得向任何单位或者个人提供，但司法机关因办案需要或者有关单位根据国家有关规定进行查询的除外。依法进行查询的单位和个人应当对相关记录信息予以保密。

未成年人接受专门矫治教育、专门教育的记录，以及被行政处罚、采取刑事强制措施和不起诉的记录，适用前款规定。

【人民检察院对未成年人重新犯罪预防工作的监督】第六十条 人民检察院通过依法行使检察权，对未成年人重新犯罪预防工作等进行监督。

第六章 法律责任

考频分布 2017上单选，2016下单选

【父母等监护人不履行监护职责的处理】第六十一条 公安机关、人民检察院、人民法院在办理案件过程中发现实施严重不良行为的未成年人的父母或者其他监护人不依法履行监护职责的，应当予以训诫，并可以责令其接受家庭教育指导。

【学校及其教职员工违法行为的法律责任】第六十二条 学校及其教职员工违反本法规定，不履行预防未成年人犯罪工作职责，或者虐待、歧视相关未成年人的，由教育行政等部门责令改正，通报批评；情节严重的，对直接负责的主管人员和其他直接责任人员依法给予处分。构成违反治安管理行为的，由公安机关依法予以治安管理处罚。

教职员工教唆、胁迫、引诱未成年人实施不良行为或者严重不良行为，以及品行不良、影响恶劣的，教育行政部门、学校应当依法予以解聘或者辞退。

【歧视未成年人的法律责任】第六十三条 违反本法规定，在复学、升学、就业等方面歧视相关未成年人的，由所在单位或者教育、人力资源社会保障等部门责令改正；拒不改正的，对直接负责的主管人员或者其他直接责任人员依法给予处分。

【社会组织、机构及其工作人员违法行为的法律责任】第六十四条　有关社会组织、机构及其工作人员虐待、歧视接受社会观护的未成年人，或者出具虚假社会调查、心理测评报告的，由民政、司法行政等部门对直接负责的主管人员或者其他直接责任人员依法给予处分，构成违反治安管理行为的，由公安机关予以治安管理处罚。

【教唆未成年人实施不良行为的法律责任】第六十五条　教唆、胁迫、引诱未成年人实施不良行为或者严重不良行为，构成违反治安管理行为的，由公安机关依法予以治安管理处罚。

【国家机关及其工作人员的法律责任】第六十六条　国家机关及其工作人员在预防未成年人犯罪工作中滥用职权、玩忽职守、徇私舞弊的，对直接负责的主管人员和其他直接责任人员，依法给予处分。

【刑事责任的追究】第六十七条　违反本法规定，构成犯罪的，依法追究刑事责任。

第七章　附　则

【施行日期】第六十八条　本法自 2021 年 6 月 1 日起施行。

第七节　《学生伤害事故处理办法》

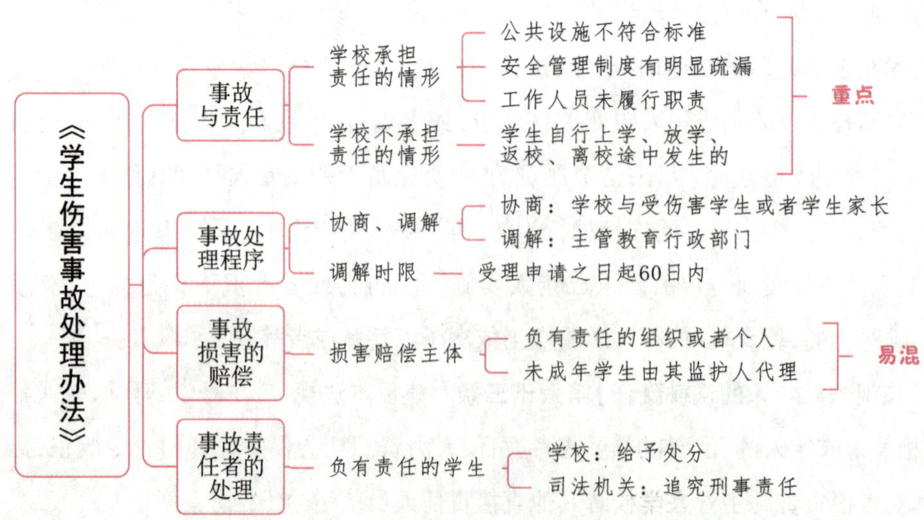

考向分析

本节主要介绍《学生伤害事故处理办法》的内容,需要记忆并理解。在考试中主要以单选题的形式考查。通过汇总分析 2015 年至 2023 年的真题试卷,本节知识考查情况见下表:

知识	考点	考频	题型
事故与责任	归责原则、学校承担事故责任的具体情形、学生或未成年学生监护人的法律责任、学校可援引的免责抗辩事由、校外事故处理原则、致害人承担法律责任的情形	9	单选
事故处理程序	调解时限、诉讼	2	单选
事故损害的赔偿	损害赔偿主体、监护人责任	5	单选
事故责任者的处理	责任学生的法律制裁	1	单选

核心考点

一、《学生伤害事故处理办法》的性质

《学生伤害事故处理办法》由教育部制定颁发。教育部作为国务院所属教育行政机构,在教育法律法规纵向层级体系中,其所制定的规范性文件当属于“教育规章”。《学生伤害事故处理办法》明确了学生伤害事故与责任、事故处理程序、事故损害的赔偿、事故责任者的处理等事项。

二、《学生伤害事故处理办法》的内容【9 年 17 考】

第一章　总　则

【立法宗旨】第一条　为积极预防、妥善处理在校学生伤害事故,保护学生、学校的合法权益,根据《中华人民共和国教育法》、《中华人民共和国未成年人保护法》和其他相关法律、行政法规及有关规定,制定本办法。

【适用范围】第二条　在学校实施的教育教学活动或者学校组织的校外活动中,以及在

学校负有管理责任的校舍、场地、其他教育教学设施、生活设施内发生的,造成在校学生人身损害后果的事故的处理,适用本办法。

【实施原则】第三条 学生伤害事故应当遵循依法、客观公正、合理适当的原则,及时、妥善地处理。

【安全设施】第四条 学校的举办者应当提供符合安全标准的校舍、场地、其他教育教学设施和生活设施。

教育行政部门应当加强学校安全工作,指导学校落实预防学生伤害事故的措施,指导、协助学校妥善处理学生伤害事故,维护学校正常的教育教学秩序。

【学校安全措施】第五条 学校应当对在校学生进行必要的安全教育和自护自救教育;应当按照规定,建立健全安全制度,采取相应的管理措施,预防和消除教育教学环境中存在的安全隐患;当发生伤害事故时,应当及时采取措施救助受伤害学生。

学校对学生进行安全教育、管理和保护,应当针对学生年龄、认知能力和法律行为能力的不同,采用相应的内容和预防措施。

【学生注意事项】第六条 学生应当遵守学校的规章制度和纪律;在不同的受教育阶段,应当根据自身的年龄、认知能力和法律行为能力,避免和消除相应的危险。

【监护人责任】第七条 未成年学生的父母或者其他监护人(以下称为监护人)应当依法履行监护职责,配合学校对学生进行安全教育、管理和保护工作。

学校对未成年学生不承担监护职责,但法律有规定的或者学校依法接受委托承担相应监护职责的情形除外。

第二章 事故与责任

考频分布 2015—2023 年,以单选题形式考查 9 次

【归责原则】第八条 发生学生伤害事故,造成学生人身损害的,学校应当按照《中华人民共和国侵权责任法》及相关法律、法规的规定,承担相应的事故责任。

【学校承担事故责任的具体情形】第九条 因下列情形之一造成的学生伤害事故,学校应当依法承担相应的责任:

(一)学校的校舍、场地、其他公共设施,以及学校提供给学生使用的学具、教育教学和生活设施、设备不符合国家规定的标准,或者有明显不安全因素的;

《学生伤害事故处理办法》第 9、10 条

(二)学校的安全保卫、消防、设施设备管理等安全管理制度有明显疏漏,或者管理混乱,存在重大安全隐患,而未及时采取措施的;

(三)学校向学生提供的药品、食品、饮用水等不符合国家或者行业的有关标准、要求的;

（四）学校组织学生参加教育教学活动或者校外活动，未对学生进行相应的安全教育，并未在可预见的范围内采取必要的安全措施的；

（五）学校知道教师或者其他工作人员患有不适宜担任教育教学工作的疾病，但未采取必要措施的；

（六）学校违反有关规定，组织或者安排未成年学生从事不宜未成年人参加的劳动、体育运动或者其他活动的；

（七）学生有特异体质或者特定疾病，不宜参加某种教育教学活动，学校知道或者应当知道，但未予以必要的注意的；

（八）学生在校期间突发疾病或者受到伤害，学校发现，但未根据实际情况及时采取相应措施，导致不良后果加重的；

（九）学校教师或者其他工作人员体罚或者变相体罚学生，或者在履行职责过程中违反工作要求、操作规程、职业道德或者其他有关规定的；

（十）学校教师或者其他工作人员在负有组织、管理未成年学生的职责期间，发现学生行为具有危险性，但未进行必要的管理、告诫或者制止的；

（十一）对未成年学生擅自离校等与学生人身安全直接相关的信息，学校发现或者知道，但未及时告知未成年学生的监护人，导致未成年学生因脱离监护人的保护而发生伤害的；

（十二）学校有未依法履行职责的其他情形的。

真题面对面

[2020 下半年真题]某小学组织六年级学生秋游，活动前与学生家长签订了学校免责协议。活动中，学生孙某不慎摔伤。对此事故责任的判断，正确的是（　　）

A. 学校已签协议，不应承担法律责任

B. 学校是监护人，应承担监护人责任

C. 学校组织校外活动，就应该承担全部责任

D. 学校所签协议无效，应依法承担法律责任

答案：D。

【学生或未成年学生监护人的法律责任】第十条　学生或者未成年学生监护人由于过错，有下列情形之一，造成学生伤害事故，应当依法承担相应的责任：

（一）学生违反法律法规的规定，违反社会公共行为准则、学校的规章制度或者纪律，实施按其年龄和认知能力应当知道具有危险或者可能危及他人的行为的；

（二）学生行为具有危险性，学校、教师已经告诫、纠正，但学生不听劝阻、拒不改正的；

（三）学生或者其监护人知道学生有特异体质，或者患有特定疾病，但未告知学校的；

（四）未成年学生的身体状况、行为、情绪等有异常情况，监护人知道或者已被学校告知，但未履行相应监护职责的；

（五）学生或者未成年学生监护人有其他过错的。

【学生因参加活动致害时的责任处理】第十一条 学校安排学生参加活动，因提供场地、设备、交通工具、食品及其他消费与服务的经营者，或者学校以外的活动组织者的过错造成的学生伤害事故，有过错的当事人应当依法承担相应的责任。

【学校可援引的免责抗辩事由】第十二条 因下列情形之一造成的学生伤害事故，学校已履行了相应职责，行为并无不当的，无法律责任：

（一）地震、雷击、台风、洪水等不可抗的自然因素造成的；

（二）来自学校外部的突发性、偶发性侵害造成的；

（三）学生有特异体质、特定疾病或者异常心理状态，学校不知道或者难于知道的；

（四）学生自杀、自伤的；

（五）在对抗性或者具有风险性的体育竞赛活动中发生意外伤害的；

（六）其他意外因素造成的。

【校外事故处理原则】第十三条 下列情形下发生的造成学生人身损害后果的事故，学校行为并无不当的，不承担事故责任；事故责任应当按有关法律法规或者其他有关规定认定：

（一）在学生自行上学、放学、返校、离校途中发生的；

（二）在学生自行外出或者擅自离校期间发生的；

（三）在放学后、节假日或者假期等学校工作时间以外，学生自行滞留学校或者自行到校发生的；

（四）其他在学校管理职责范围外发生的。

真题面对面

[**2023下半年真题**]因父母长期外出务工，小学生小红跟祖父母一起生活，她在放学回家途中将同学打伤。应对该事件承担赔偿责任的主体是（ ）

A. 小红　　B. 小红祖父母

C. 小红父母　　D. 学校

答案：C。

【致害人承担法律责任的情形】第十四条 因学校教师或者其他工作人员与其职务

无关的个人行为,或者因学生、教师及其他个人故意实施的违法犯罪行为,造成学生人身损害的,由致害人依法承担相应的责任。

在历年考试中,《学生伤害事故处理办法》几乎每次考试都会考查。题干通常会给出一个关于学生伤害事故的例子,要求考生结合例子进行判断。试题的命题角度多是要求考生判断承担事故责任或赔偿责任的主体是谁,有时还会具体考查主体的担责程度,如承担主要责任、部分或次要责任。

对于这类试题,考生要认真读题,明确问题要求选择的是担责主体还是担责程度,然后结合例子和相关法条确认事故发生的具体情形(时间、地点)、致害主体及其所要承担的责任程度,此外还需考虑学校是否担责。

事故情形及担责主体

<table>
<tr><th>担责情况</th><th colspan="2">事故情形</th></tr>
<tr><td rowspan="5">学校负责
(第 9 条)</td><td colspan="2">学校场地设施、安全教育与管理、食品药品等存在问题</td></tr>
<tr><td colspan="2">教职员工身心健康、工作规范与方式方法等存在问题</td></tr>
<tr><td colspan="2">对学生擅自离校、特异体质、伤害救助等事项的关注与处理上存在问题</td></tr>
<tr><td colspan="2">安排学生进行不适宜的活动、学生危险行为未及时制止</td></tr>
<tr><td colspan="2">其他未尽职责的行为</td></tr>
<tr><td rowspan="7">学校不负责
(第 12、13 条)</td><td rowspan="3">在学校职责范围内,但学校不知情或已尽相应职责,行为并无不当</td><td>自然灾害、来自学校外部的突发侵害、有风险的体育竞赛活动</td></tr>
<tr><td>学校不知道学生身心异常、学生自杀或自伤</td></tr>
<tr><td>其他意外情况</td></tr>
<tr><td rowspan="4">非职责范围</td><td>上学、放学、返校、离校途中</td></tr>
<tr><td>学生自行外出、擅自离校</td></tr>
<tr><td>放学后、节假日、寒暑假期等非学校工作日</td></tr>
<tr><td>未在学校职责范围内的其他事故</td></tr>
<tr><td rowspan="4">学生或未成年学生监护人负责
(第 10 条)</td><td colspan="2">学生故意实施违法违规行为、危险行为屡教不改</td></tr>
<tr><td colspan="2">特异体质未告知学校</td></tr>
<tr><td colspan="2">对身心异常的学生,其监护人未履行监护职责</td></tr>
<tr><td colspan="2">学生或学生监护人的其他过错</td></tr>
<tr><td>致害人负责(第 14 条)</td><td colspan="2">教师个人行为或第三方的个人行为</td></tr>
</table>

第三章 事故处理程序

考频分布 2019 下单选,2018 下单选

【学校的及时救助义务】第十五条 发生学生伤害事故,学校应当及时救助受伤害学生,并应当及时告知未成年学生的监护人;有条件的,应当采取紧急救援等方式救助。

【学校的报告义务】第十六条 发生学生伤害事故,情形严重的,学校应当及时向主管教育行政部门及有关部门报告;属于重大伤亡事故的,教育行政部门应当按照有关规定及时向同级人民政府和上一级教育行政部门报告。

【行政部门的职责】第十七条 学校的主管教育行政部门应学校要求或者认为必要,可以指导、协助学校进行事故的处理工作,尽快恢复学校正常的教育教学秩序。

【事故的调解和诉讼】第十八条 发生学生伤害事故,学校与受伤害学生或者学生家长可以通过协商方式解决;双方自愿,可以书面请求主管教育行政部门进行调解。成年学生或者未成年学生的监护人也可以依法直接提起诉讼。

【调解时限】第十九条 教育行政部门收到调解申请,认为必要的,可以指定专门人员进行调解,并应当在受理申请之日起60日内完成调解。

真题面对面

[**2019 下半年真题**]小学生罗某在学校组织的体育活动中受伤,学校和学生家长书面请求主管教育行政部门进行调解。根据《学生伤害事故处理办法》,该主管部门完成调解的时间段为( )

A. 受理申请之日起60日内　　B. 受理申请之日起45日内

C. 受理申请之日起30日内　　D. 受理申请之日起15日内

答案:A。

【调解程序】第二十条 经教育行政部门调解,双方就事故处理达成一致意见的,应当在调解人员的见证下签订调解协议,结束调解;在调解期限内,双方不能达成一致意见,或者调解过程中一方提起诉讼,人民法院已经受理的,应当终止调解。调解结束或者终止,教育行政部门应当书面通知当事人。

【诉讼】第二十一条 对经调解达成的协议,一方当事人不履行或者反悔的,双方可以依法提起诉讼。

【事故处理结果】第二十二条 事故处理结束,学校应当将事故处理结果书面报告主管的教育行政部门;重大伤亡事故的处理结果,学校主管的教育行政部门应当向同级人

民政府和上一级教育行政部门报告。

第四章 事故损害的赔偿

考频分布 2022 上单选,2018 下单选,2018 上单选 ×2,2017 上单选

【损害赔偿主体】第二十三条 对发生学生伤害事故负有责任的组织或者个人,应当按照法律法规的有关规定,承担相应的损害赔偿责任。

【赔偿范围与标准的确定】第二十四条 学生伤害事故赔偿的范围与标准,按照有关行政法规、地方性法规或者最高人民法院司法解释中的有关规定确定。

教育行政部门进行调解时,认为学校有责任的,可以依照有关法律法规及国家有关规定,提出相应的调解方案。

【伤残鉴定】第二十五条 对受伤害学生的伤残程度存在争议的,可以委托当地具有相应鉴定资格的医院或者有关机构,依据国家规定的人体伤残标准进行鉴定。

【学校的赔偿责任】第二十六条 学校对学生伤害事故负有责任的,根据责任大小,适当予以经济赔偿,但不承担解决户口、住房、就业等与救助受伤害学生、赔偿相应经济损失无直接关系的其他事项。

学校无责任的,如果有条件,可以根据实际情况,本着自愿和可能的原则,对受伤害学生给予适当的帮助。

【追偿权】第二十七条 因学校教师或者其他工作人员在履行职务中的故意或者重大过失造成的学生伤害事故,学校予以赔偿后,可以向有关责任人员追偿。

【监护人责任】第二十八条 未成年学生对学生伤害事故负有责任的,由其监护人依法承担相应的赔偿责任。

学生的行为侵害学校教师及其他工作人员以及其他组织、个人的合法权益,造成损失的,成年学生或者未成年学生的监护人应当依法予以赔偿。

【赔偿金的筹措】第二十九条 根据双方达成的协议、经调解形成的协议或者人民法院的生效判决,应当由学校负担的赔偿金,学校应当负责筹措;学校无力完全筹措的,由学校的主管部门或者举办者协助筹措。

【伤害赔偿准备金】第三十条 县级以上人民政府教育行政部门或者学校举办者有条件的,可以通过设立学生伤害赔偿准备金等多种形式,依法筹措伤害赔偿金。

【保险机制】第三十一条 学校有条件的,应当依据保险法的有关规定,参加学校责任保险。

教育行政部门可以根据实际情况,鼓励中小学参加学校责任保险。

提倡学生自愿参加意外伤害保险。在尊重学生意愿的前提下,学校可以为学生参加

意外伤害保险创造便利条件，但不得从中收取任何费用。

第五章　事故责任者的处理

考频分布　2023 上单选

【学校责任人的法律制裁】第三十二条　发生学生伤害事故，学校负有责任且情节严重的，教育行政部门应当根据有关规定，对学校的直接负责的主管人员和其他直接责任人员，分别给予相应的行政处分；有关责任人的行为触犯刑律的，应当移送司法机关依法追究刑事责任。

【安全隐患的整顿】第三十三条　学校管理混乱，存在重大安全隐患的，主管的教育行政部门或者其他有关部门应当责令其限期整顿；对情节严重或者拒不改正的，应当依据法律法规的有关规定，给予相应的行政处罚。

【教育部门责任人的法律制裁】第三十四条　教育行政部门未履行相应职责，对学生伤害事故的发生负有责任的，由有关部门对直接负责的主管人员和其他直接责任人员分别给予相应的行政处分；有关责任人的行为触犯刑律的，应当移送司法机关依法追究刑事责任。

【责任学生的法律制裁】第三十五条　违反学校纪律，对造成学生伤害事故负有责任的学生，学校可以给予相应的处分；触犯刑律的，由司法机关依法追究刑事责任。

真题面对面

[2023 上半年真题]在某小学发生的学生伤害事故中，学生孙某违反校纪对造成事故负有责任。依据《学生伤害事故处理办法》，学校可以对孙某给予(　　)

A. 罚款　　B. 处分　　C. 行政处罚　　D. 心理干预

答案：B。

【对扰乱正常事故处理的行为人的制裁】第三十六条　受伤害学生的监护人、亲属或者其他有关人员，在事故处理过程中无理取闹，扰乱学校正常教育教学秩序，或者侵犯学校、学校教师或者其他工作人员的合法权益的，学校应当报告公安机关依法处理；造成损失的，可以依法要求赔偿。

第六章　附　则

【本办法用语解释】第三十七条　本办法所称学校，是指国家或者社会力量举办的全日制的中小学（含特殊教育学校）、各类中等职业学校、高等学校。

本办法所称学生是指在上述学校中全日制就读的受教育者。

【本办法适用范围】第三十八条　幼儿园发生的幼儿伤害事故，应当根据幼儿为完全无行为能力人的特点，参照本办法处理。

【本办法适用范围】第三十九条 其他教育机构发生的学生伤害事故，参照本办法处理。

在学校注册的其他受教育者在学校管理范围内发生的伤害事故，参照本办法处理。

【实施时间】第四十条 本办法自2002年9月1日起实施，原国家教委、教育部颁布的与学生人身安全事故处理有关的规定，与本办法不符的，以本办法为准。

在本办法实施之前已处理完毕的学生伤害事故不再重新处理。

第八节 教师的权利与义务

思维导图

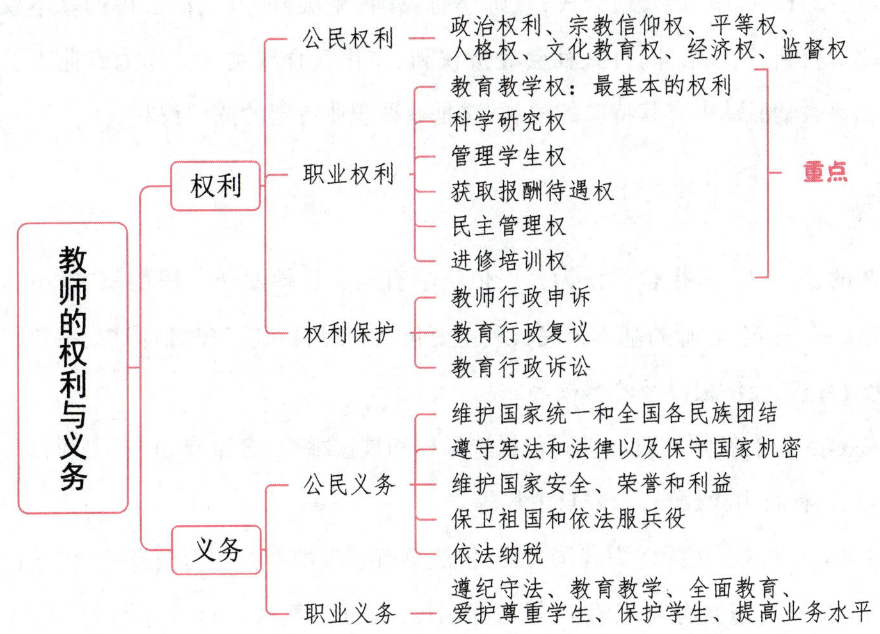

考向分析

本节主要介绍教师的权利与义务的相关内容，重在理解。在考试中主要以单选题的形式考查。通过汇总分析2015年至2023年的真题试卷，本节知识考查情况见下表：

知识	考点	考频	题型
教师的权利	教师的职业权利	1	单选
	教师权利的保护	1	单选
教师的义务	教师的职业义务	1	单选

一、教师的权利【9年2考】

教师的权利是指教师在教育教学活动中依法享有的权益,是国家对教师能够做出或不做出一定行为,以及要求他人相应做出或不做出一定行为的许可与保障。法律上的教师权利包括教师实施某种行为的权利以及要求义务人履行义务的权利。

教师在法律上的权利分为两部分,一是教师作为一般公民所享有的权利,二是教师作为教育者的权利。作为普通公民,教师享有我国《宪法》所规定的公民的基本权利,如公民的政治权利、宗教信仰自由、社会经济权利、文化教育权利等。作为专业人员,教师在从事教育教学活动中有其特殊的权利,这是一种职业特定的法律权利。

考点1　教师的公民权利

教师的公民权利是指教师作为公民依法享有相关法律赋予公民的基本权利。依照我国《宪法》的规定,教师的基本公民权利主要包括:政治权利、宗教信仰权、平等权、人格权、文化教育权、经济权以及监督权等。

(1)政治权利:教师的政治权利包括选举权和被选举权、言论自由权、出版自由权、集会自由权、结社自由权、游行示威自由权等。

(2)宗教信仰权:教师作为我国公民,依法享有宗教信仰权。但根据我国《教育法》的相关规定,我国实施教育与宗教相分离的制度。因此,教师不能在学校进行任何宗教活动。

(3)平等权:任何公民在法律面前人人平等,任何组织和个人都不得有超越宪法和法律的特权。

(4)人格权:人格权是指公民基于其法律人格而享有的、以人格利益为客体,为维护其独立人格所必需的权利。教师的人格权包括生命权、健康权、身体权、姓名权、肖像权、名誉权、荣誉权、隐私权等。

(5)财产权:公民的财产权是指权利人直接支配财产而排除他人妨碍的权利。

(6)文化教育权:公民的文化教育权主要包括公民的受教育权和进行科研、文学艺术创作和其他文化活动的权利。对于教师而言,与教育教学有关的主要是科学研究权。

(7)经济权:公民的经济权主要包括劳动权、休息权、物质帮助权、退休人员生活保障权等。

(8)监督权:公民对于任何国家机关和国家工作人员,有提出批评和建议的权利;对于任何国家机关和国家工作人员的违法失职行为,教师有向有关国家机关提出申诉、控告或者检举的权利。

考点2　教师的职业权利

考频分布　2022上单选

1. 教育教学权

教育教学权即进行教育教学活动,开展教育教学改革和实验的权利。这是教师**最基本的权利**。

这一权利的基本含义包括:

(1)作为教师,有权依据其所在学校的教学计划、教育工作量等具体要求,结合自身教学特点自主地组织课堂教学;

(2)作为教师,有权依照教学大纲(课程标准)的要求确定其教学内容、进度,不断完善教学内容;

(3)作为教师,有权针对不同的教育教学对象,在教育教学的形式、方法、具体内容等方面进行改革和实验。

2. 科学研究权

科学研究权即从事科学研究、学术交流,参加专业的学术团体,在学术活动中发表意见的权利。这是教师作为专业技术人员所享有的一项基本权利。

这一权利的基本含义包括:

(1)作为教师,在完成规定的教育教学任务的前提下,有权进行科学研究、技术开发、撰写学术论文、著书立说等创造性活动;

(2)作为教师,有权参加有关的学术交流活动,参加依法成立的学术团体并在其中兼任工作；

(3)作为教师，有权在学术研究中发表自己的学术观点，开展学术争鸣。

教师在行使此项权利时，要注意处理好教学与科研的关系，使之相辅相成，更好地提高教育教学质量。

3. 管理学生权

管理学生权即指导学生的学习和发展，评定学生的品行和学业成绩的权利。这是与教师在教育教学过程中的主导地位相适应的一项基本权利。

这一权利的基本含义包括：

(1)作为教师，有权根据教育规律和学生的身心发展特点，因材施教，有针对性地指导学生的学习，并在学生的升学、就业等方面给予指导；

(2)作为教师，有权对学生的思想品德、学习、文体活动、劳动等方面给予客观公正的评价；

(3)作为教师，有权运用正确的指导思想和科学的方式方法，使学生的个性和能力得到充分发展。

教师在行使管理学生权时，要注意加强对学生的各方面管理，将关心爱护学生与严格要求学生相结合，促进学生德、智、体等方面全面发展。

4. 获取报酬待遇权

获取报酬待遇权即按时获取工资报酬，享受国家规定的福利待遇以及寒暑假期的带薪休假的权利。这是教师的基本物质保障权利。教师的**工资报酬**，一般包括基础工资、职务工资、课时报酬、奖金、教龄津贴、班主任津贴及其他各种津贴在内的工资性收入。

这一权利的基本含义包括：

(1)教师的报酬必须按时发放，不得拖欠教师的报酬，不得克扣或变相克扣教师的工资；

(2)作为教师，有权要求所在学校及其主管部门根据国家教育法律、教师聘任合同的规定按时足额地支付工资报酬；

(3)作为教师，有权享受国家规定的福利待遇，包括教师的医疗、住房、退休等方面的各项待遇和优惠，以及寒暑假期的带薪休假。

另外，《中华人民共和国义务教育法》中也对教师权利的获取报酬待遇权进行了具体补充。例如，各级人民政府保障义务教育教师工资福利和社会保险待遇，义务教育教师的平均工资水平应当不低于当地公务员的平均工资水平，义务教育阶段的特殊教育教师享有补助津贴。

5. 民主管理权

民主管理权即对学校教育教学、管理工作和教育行政部门的工作提出意见和建议，通过教职工代表大会或者其他形式，参与学校的民主管理的权利。这是教师参与教育管理的民主权利。

这一权利的基本含义包括：

作为教师，有权通过教职工代表大会、工会等组织形式以及其他适当方式，参与学校民主管理，讨论学校改革、发展等方面的重大事项，保障自身的民主权利和切身利益，推进学校的民主建设。

教师在行使民主管理权时，应注意遵循民主集中制的原则，并充分发挥自己对学校、教育行政部门工作的监督作用。

6. 进修培训权

进修培训权即教师享有参加进修或者其他方式的培训的权利。这是教师享有的接受继续教育的权利。

这一权利的基本含义包括：

(1)作为教师，有权参加进修或接受其他形式的培训，不断更新知识，调整知识结构，逐渐完善终身学习体制，从而保障教育教学质量；

(2)教育行政部门和学校其他教育机构应当采取多种形式，开辟多种渠道，保证教师进修培训权的行使，如运用现代远程教育网络，为教师提供继续教育、终身学习的机会。

教师行使这一权利，要在完成本职工作的前提下，有组织、有安排地进行，不得影响学校正常的教育教学工作。

真题面对面

[2022 上半年真题]为促进教师终身学习，某县教育行政部门为所有在岗教师提供了每年不低于 72 学时的培训机会。该县的做法(　　)

A. 正确，保障了教师参加进修培训的权利

B. 正确，促进了义务教育经费的均衡分配

C. 错误，侵犯了学校自主管理的权利

D. 错误，侵犯了教师带薪休假的权利

答案：A。

考点3 教师权利的保护

考频分布 2018 上单选

教师在自身权利受到不法侵害时，有权通过合法途径，如行政申诉、行政复议、行政诉讼，维护自身的合法权益。

1. 教师行政申诉

教师行政申诉，是指教师在其合法权益受到侵犯时，依照法律法规的规定，向主管的行政机关申诉理由，请求处理。教师申诉的范围包括：

(1)教师认为学校或其他教育机构侵犯其《中华人民共和国教师法》规定的合法权益的，可以提起申诉。这里的合法权益，包括《中华人民共和国教师法》规定的教师在职务聘任、教学科研、工作条件、民主管理、培训进修、考核奖惩、工资福利待遇、退休等方面的各项权益。只要教师认为自己的上述权益受到侵犯，都可以提起申诉。

(2)教师对学校或其他教育机构作出的处理决定不服的，可以提出申诉。

(3)教师认为当地人民政府的有关行政部门侵犯其根据《中华人民共和国教师法》规定享有的合法权益的，可以提出申诉。

2. 教育行政复议

教育行政复议，是指教育行政相对人(如学校、教师)认为教育行政机关作出的具体行政行为侵犯其合法权益，向作出该行为的机关的上一级教育行政机关或该机关所属的本级人民政府提出申请，受理申请的行政机关对发生争议的具体行政行为进行复查并作出决定的活动。

根据我国《行政复议法》关于行政复议范围的规定，并结合我国教育行政管理的实际，教育行政复议的范围主要包括：

(1)对教育行政机关作出的教育行政处罚决定不服的；

(2)对教育行政机关作出的教育行政强制措施、教育行政强制执行决定不服的；

(3)认为符合法定条件申请教育行政许可，教育行政机关拒绝或者在法定期限内不予答复，或者对教育行政机关作出的有关行政许可的其他决定不服的；

(4)认为教育行政机关侵犯其经营自主权的；

(5)认为教育行政机关违法集资、摊派费用或者违法要求履行其他义务的；

(6)申请教育行政机关履行保护人身权利、财产权利、受教育权利等合法权益的法定职责，教育行政机关拒绝履行、未依法履行或者不予答复；

(7)认为教育行政机关的其他具体行政行为侵犯其合法权益的。

3. 教育行政诉讼

教育行政诉讼,是指教育行政管理相对人认为教育行政机关的具体行政行为侵犯其合法权益,依法向人民法院起诉,请求给予法律救济,并由人民法院对行政行为进行审查和裁判的诉讼救济活动。

关于我国教育行政诉讼的具体受案范围,《中华人民共和国行政诉讼法》第十二条和第十三条分别做出了明确的规定。在教育行政诉讼中,教育行政案件的涉案范围主要集中在:

(1)对教育行政处罚不服的;

(2)认为符合法定条件申请行政许可,教育行政机关拒绝或者在法定期限内不予答复,或者对教育行政机关作出的有关教育行政许可的其他决定不服的;

(3)申请教育行政机关履行保护人身权、财产权的法定职责,而教育行政机关拒绝履行或者不予答复的;

(4)认为教育行政机关违法要求其履行义务的;

(5)认为教育行政机关侵犯其人身权、财产权的。

二、教师的义务【9年1考】

教师的义务,是指教师按照《中华人民共和国教育法》《中华人民共和国教师法》及其他有关法律、法规,从事教育教学工作而必须履行的责任,表现为教师在教育教学活动中必须做出一定行为或不得做出一定行为。

如同教师的权利一样,教师的义务也分为两部分:一是教师作为公民应承担的义务,二是教师作为教育者应承担的义务。这两部分义务既有联系又有区别。一方面,教师作为公民应承担的一部分义务体现在教师的特定义务之中;另一方面,教师特定义务中的一部分又是公民义务的具体化和职业化,还有一部分内容是相互独立的。

考点1 教师的公民义务

依照我国《宪法》的规定,教师作为普通公民,应当履行如下义务。

(1)教师具有维护国家统一和全国各民族团结的义务。我国《宪法》第五十二条规定:"中华人民共和国公民有维护国家统一和全国各民族团结的义务。"

(2)教师具有遵守宪法和法律以及保守国家机密的义务。我国《宪法》第五十三条规定:“中华人民共和国公民必须遵守宪法和法律,保守国家机密,爱护公共财产,遵守劳动纪律,遵守公共秩序,尊重社会公德。”

(3)教师具有维护国家安全、荣誉和利益的义务。我国《宪法》第五十四条规定:“中华人民共和国公民有维护祖国的安全、荣誉和利益的义务,不得有危害祖国的安全、荣誉和利益的行为。”

(4)教师具有保卫祖国和依法服兵役的义务。我国《宪法》第五十五条规定:“保卫祖国、抵抗侵略是中华人民共和国每一个公民的神圣职责。依照法律服兵役和参加民兵组织是中华人民共和国公民的光荣义务。”

(5)教师具有依法纳税的义务。我国《宪法》第五十六条规定:“中华人民共和国公民有依照法律纳税的义务。”

考点2　教师的职业义务

考频分布　2021 上单选

结合教师的职业特点,根据《中华人民共和国教育法》和《中华人民共和国教师法》的有关规定,我国教师应承担的义务主要有以下六项。

1. 遵纪守法义务

《中华人民共和国教师法》第八条第一项规定,教师应当“遵守宪法、法律和职业道德,为人师表”,简称遵纪守法义务。

(1)宪法和法律是国家、社会组织和公民活动的基本行为准则。任何组织和公民都必须遵守。教师要教书育人,就应模范地遵守宪法和法律。

(2)教师职业是一种专门化的职业,有着自身的职业道德准则,教师应当自觉遵守职业道德,做到爱岗敬业、热爱学生、诲人不倦、博学多才、关心集体、团结奋进。我国 2008 年修订的《中小学教师职业道德规范》,明确规定了中小学教师应当遵守的职业道德准则,中小学教师应严格遵守。

(3)教师是人类灵魂的工程师,担负着培养下一代的任务,他们在传授科学文化知识的同时,对学生的思想品德、个性形成有着重要影响,所以教师要注意言传身教,做到为人师表。

2. 教育教学义务

教育教学工作是教师的本职工作,也是教师的基本义务。《中华人民共和国教师法》第八条第二项规定,教师应当“贯彻国家的教育方针,遵守规章制度,执行学校的教学计划,履行教师聘约,完成教育教学工作任务”。

(1)教师在教育教学工作中,必须坚持教育教学为社会主义现代化建设服务、为人民服务,必须与生产劳动和社会实践相结合,培养德智体美劳全面发展的社会主义建设者和接班人;必须坚持教育教学的社会主义方向,对学生进行社会主义教育,不能有违背社会主义方向和党的政策的任何言论和教育内容。

(2)教师除遵守法律、法规外,还必须遵守学校的规章制度,按照教学计划和教学大纲(课程标准)的要求进行教育教学活动,不得任意改变教学计划,不得无故缺勤、旷工,保证学校教育教学工作的有序进行。

(3)教师应按照聘任合同的约定,履行本人的教育教学职责,完成聘任合同约定的工作任务。

真题面对面

[**2021 上半年真题**]教师张某不执行学校的教学计划,随意安排教学内容和教学进度。张某的做法(　　)

A. 合法,教师有选择教学内容的权利

B. 合法,教师有安排教学进度的权利

C. 不合法,教师有执行学校教学计划的义务

D. 不合法,教师有提高教学业务水平的义务

答案:C。

3. 全面教育义务

《中华人民共和国教师法》第八条第三项规定,教师有“对学生进行宪法所确定的基本原则的教育和爱国主义、民族团结的教育,法制教育以及思想品德、文化、科学技术教育,组织、带领学生开展有益的社会活动”的义务。

(1)教师应当对学生进行基本原则的教育和爱国主义、民族团结的教育,坚定学生的共产主义信念,培养学生爱祖国、爱人民的思想。

(2)教师应当对学生进行法制教育及思想品德、文化、科学技术的教育,增强学生的法制观念,引导学生树立科学的世界观、人生观、价值观,并使学生掌握现代文化科学技术知识,把学生培养成为有理想、有道德、有文化、有纪律的合格公民。

(3)教师应当根据学生能力培养和健康成长的需要,组织学生开展有益的社会活动,使学生在活动中长知识、长才干,培养学生的社会责任感。

4. 爱护尊重学生义务

《中华人民共和国教师法》第八条第四项规定，教师有“关心、爱护全体学生，尊重学生人格，促进学生在品德、智力、体质等方面全面发展”的义务。

（1）教师应当关心、爱护学生。关心、爱护学生是教师的天职，也是教师做好教育工作的前提条件。教师关心、爱护学生，不能只是关心、爱护一部分学生，而是应当关心、爱护全体学生，对缺点较多的后进生，教师应当给予更多的关心、爱护。教师关心、爱护学生，有利于学生的健康成长。

（2）教师应当尊重学生人格。人格尊严是宪法赋予公民的一项基本权利。尽管在教育教学活动中教师处于主导地位，学生处于受教育者的地位，但二者在人格上是平等的。

5. 保护学生义务

《中华人民共和国教师法》第八条第五项规定，教师有“制止有害于学生的行为或者其他侵犯学生合法权益的行为，批评和抵制有害于学生健康成长的现象”的义务。

（1）教师在教育教学活动中有义务制止有害于学生的行为或其他侵犯学生合法权益的行为。保护学生的合法权益和身心健康发展是全社会的共同责任，教师更是责无旁贷。对于来自各方面的不利于学生健康成长的行为或者侵犯学生合法权益的行为，如社会上的无业青年恐吓学生、索要学生财物等，教师有义务加以劝说、制止，必要时向有关机关举报。

（2）教师有义务对社会上出现的有害于学生健康成长的不良现象进行批评和抵制。在社会生活中存在种种有害于学生健康成长的现象，如腐败现象、唯利是图现象、文娱场所对色情和暴力的渲染以及文化传媒对学生的不当引导等，对此，教师有义务通过各种方式加以批评和抵制，以维护学生的健康成长。

6. 提高业务水平义务

《中华人民共和国教师法》第八条第六项规定，教师有“不断提高思想政治觉悟和教育教学业务水平”的义务。这项义务可简称“提高业务水平”。

教育教学工作是一项培养人才且专业性很强的工作，这就要求教师应具有较高的思想道德和业务水平。特别是在当今社会，科学技术发展迅速，知识更新速度不断加快，而且社会生活日趋复杂化，各种道德、价值观念鱼龙混杂。为了适应新形势下教育教学工作的需要，教师应不断学习，更新知识，加强思想道德修养。只有这样，才能真正担负起提高民族素质的历史使命。

第九节 学生的权利

思维导图

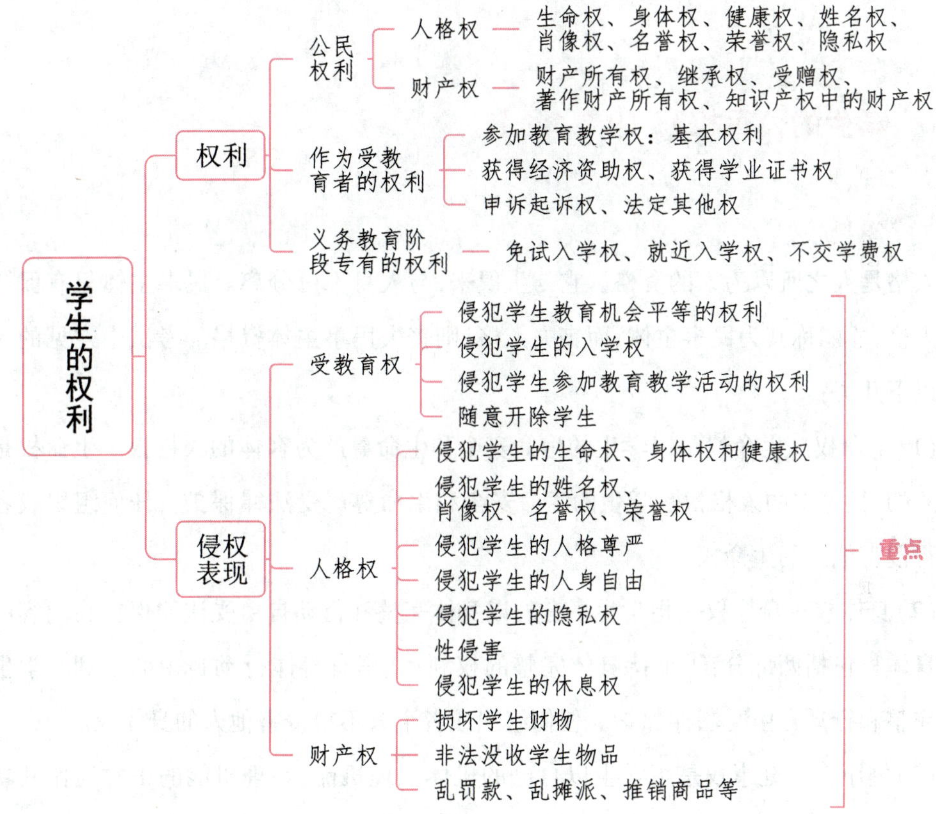

考向分析

本节主要介绍学生的权利与常见的侵犯学生权利的表现形式，需要考生加强理解。在考试中主要以单选题的形式考查。通过汇总分析 2015 年至 2023 年的真题试卷，本节知识考查情况见下表：

知识	考点	考频	题型
学生的公民权利	学生的公民权利	1	单选

续表

知识	考点	考频	题型
侵犯学生权利的主要表现	侵犯学生的受教育权	4	单选
	侵犯学生的人格权	4	单选
	侵犯学生的财产权	6	单选

一、学生的公民权利【9年1考】

1. 人格权

人格是人之所以为人的资格。它与生俱来,与人身不可分离。民事主体只有保持自己的人格,才能称其为民事主体;而丧失人格,则丧失民事主体资格。考试中常见的人格权有以下几类:

(1)生命权。生命权是以学生的生命安全和生命尊严为客体的人格权。生命权是学生独立的、最基本的人格权。学生的生命安全和生命尊严受法律保护。任何组织或者个人不得侵害他人的生命权。

(2)身体权。身体权是指学生享有的以身体完整和行动自由受法律保护为内容的权利。身体权包括两部分:①维持身体完整的权利;②享有身体行动自由的权利。学生的身体完整和行动自由受法律保护。任何组织或者个人不得侵害他人的身体权。

(3)健康权。健康权是指学生以自己的机体生理机能、心理机能的正常运作和功能的完善发挥,维持人体生命活动的利益为内容的具体人格权。学生的身心健康受法律保护。任何组织或者个人不得侵害他人的健康权。

(4)姓名权。姓名权是学生对其姓名享有的权利。学生享有姓名权,有权依法决定、使用、变更或者许可他人使用自己的姓名。

(5)**肖像权**。学生享有肖像权,有权依法制作、使用、公开或者许可他人使用自己的肖像。肖像是通过影像、雕塑、绘画等方式在一定载体上所反映的特定自然人可以被识别的外部形象。未经学生监护人的书面同意,任何人不得以营利为目的使用学生的肖像。

(6)**名誉权**。学生享有名誉权。名誉是对民事主体的品德、声望、才能、信用等的社会评价。任何组织或者个人不得以侮辱、诽谤等方式侵害学生的名誉权。

(7)**荣誉权**。学生享有荣誉权。任何组织或者个人不得非法剥夺学生的荣誉称号,不得诋毁、贬损学生的荣誉。

(8)**隐私权**。学生享有隐私权。隐私是学生的私人生活安宁和不愿为他人知晓的私密空间、私密活动、私密信息。任何组织或者个人不得以刺探、侵扰、泄露、公开等方式侵害学生的隐私权。

2. 财产权

考频分布 2016 下单选

财产权是指具有物质财富内容,直接和经济利益相联系的民事权利。一般而言,学生财产权包括财产所有权、继承权、受赠权、著作权中的著作财产权以及知识产权中的财产权利等。

(1)财产所有权是指所有人依法对其财产享有占有、使用、收益、处分的权利。学生年龄虽小,但任何人不得随意剥夺、侵犯其权利。

(2)继承权是指依法享有的、能够无偿取得死亡公民遗留的个人合法财产的权利。

(3)受赠权是指接受别人赠予的财物的权利。

(4)著作财产权是著作权人基于对作品的利用给其带来的财产收益权。

(5)知识产权中的财产权是指智力成果被法律承认以后,权利人可利用这些智力成果取得报酬或者得到奖励的权利,这种权利也称之为经济权利。

二、学生作为受教育者的权利

1. 参加教育教学权

学生享有“参加教育教学计划安排的各种活动,使用教学设施、设备、图书资料”的权利,简称“参加教育教学权”,这是学生的基本权利。这项权利主要包括以下两方面:

(1)参加教育教学活动权。在教学过程中,学生有权参加教育教学计划安排的各种课堂教学、讲座、课堂讨论、观摩、实验、见习、实习、测验和考试等活动。任何组织和个人都不得以任何借口非法剥夺学生参加教育教学活动的权利。

(2)使用教育教学设施权。学生有平等使用教育教学设施、设备和图书资料的权利。为保障学生完成学习任务,学校及其他教育机构应当依法按规定提供符合卫生安全标准的教育教学设施、设备、图书资料及其他教育教学用品。

2. 获得经济资助权

学生享有“按照国家有关规定获得奖学金、贷学金、助学金”的权利，简称“获得经济资助权”。

对于义务教育阶段的学生，国家已经明确不收学费、杂费，并且由国家财政保障义务教育经费。《中华人民共和国义务教育法》第四十四条还规定：“各级人民政府对家庭经济困难的适龄儿童、少年免费提供教科书并补助寄宿生生活费。”义务教育阶段的适龄儿童、少年有获得国家经济资助的权利。

3. 获得学业证书权

学生享有“在学业成绩和品行上获得公正评价，完成规定的学业后获得相应的学业证书、学位证书”的权利，简称“获得学业证书权”。这项权利主要体现在两个方面：

（1）获得公正评价。按照学生学籍管理的规定，学生的学籍档案里有学习成绩登记表，学校要如实地记录学生各科学习成绩和品行状况。在学业成绩和品行上获得公正评价是指学生有权在德、智、体、美、劳方面获得按照国家统一标准的一视同仁的客观评价。教师对学生的评价不应受到学生家长的权势、地位、金钱等影响，也不能受到其他与教育教学无关因素的影响。

（2）获得学业证书。从本质上来看，学业证书和学位证书是对学生受教育时期内的学业成绩、学术水平和品行的最终评定，学生除思想品德等方面合格外，完成或提前完成教育教学计划规定的全部课程，考试、考核及格或修满学分，在该教育阶段结束时均有权获得相应学业证书、学位证书。

4. 申诉起诉权

学生享有“对学校给予的处分不服，向有关部门提出申诉，对学校、教师侵犯其人身权、财产权等合法权益，提出申诉或者依法提起诉讼”的权利，简称“申诉起诉权”。

当学生的合法权益受到学校、教师的侵犯时，或者对学校给予的处分不服，学生有权提出申诉，任何人不得无理阻挠。有关部门应积极受理，并按规定及时予以答复。依据“无救济就无管理”的现代法治思想，各级学校及教育行政部门要建立健全学生申诉制度，确保学生享有申诉权和起诉权。

5. 法定其他权

学生除了享有以上四项权利外，还享有法律、法规规定的其他权利，简称“法定其他权”。法律、法规规定的其他权利主要包括三种情况：

（1）教育法之外的法定权，即在其他法律、法规中已经规定，而教育法律、法规中没有重复规定的权利。

(2)新颁布的法定权,即新颁布的法律、法规中对学生权利的新规定,包括新赋予的权利以及对原有权利的修订、撤销等。

(3)变化的法定权,即教育法律、法规中已有规定,但是随着客观形势的发展变化,经法定解释,该项权利具有了新的含义。

三、义务教育阶段学生所专有的权利

根据《中华人民共和国义务教育法》的规定,小学和初级中学的学生还享有以下权利:

(1)免试入学权。凡年满六周岁的儿童,其父母或者其他法定监护人应当送其入学接受并完成义务教育。适龄儿童、少年免试入学。免试入学权的规定表明,监护人送子女入学只有一个年龄条件,别无其他条件。同时,为保障适龄儿童免试入学权的真正享有,根据《中华人民共和国义务教育法》的规定,不送子女入学的原因只能有一个,即身体状况,只有适龄子女因疾病或伤残,其父母或者其他法定监护人提出延缓入学或休学的申请,才能得到当地乡镇人民政府或者县级人民政府教育行政部门的批准。

(2)就近入学权。地方各级人民政府应当保障适龄儿童、少年在户籍所在地学校就近入学。

(3)不交学费权。实施义务教育,不收学费、杂费。这既是义务教育公益性的要求,也是义务教育义务性的要求。

四、侵犯学生权利的主要表现【9年14考】

考点1 侵犯学生的受教育权

考频分布 2023下单选,2022上单选,2021上单选,2016下单选

受教育权是学生最基本的权利。常见的侵权行为主要表现为:

(1)侵犯学生教育机会平等的权利。教育机会平等主要是指学生享有平等的受教育机会,学生的这项权利主要包括享有和使用学校的教育教学资源、图书资料、实验设备等,教师不能以任何理由歧视和区别对待学生。

(2)侵犯学生的入学权。我国《义务教育法》规定了义务教育对象的入学条件,即凡达到入学年龄,不分性别、民族、种族等,只要有接受教育的能力,都必须入学接受规定年

限的义务教育。此外,实施义务教育的学校必须依法接收应该在本校就读的适龄儿童入学。

(3)侵犯学生参加教育教学活动的权利。我国《教育法》规定,受教育者享有“参加教育教学计划安排的各种活动”的权利。在教育教学中,学生有权参加教学计划安排的授课、讲座、课堂讨论、观摩、实验、实习和考试等活动。

(4)随意开除学生。学校应当尊重未成年学生受教育的权利,关心、爱护学生,对品行有缺点、学习有困难的学生,应当耐心教育、帮助,不得歧视,不得违反法律和国家规定开除未成年学生。一些随意开除学生或者勒令未成年学生退学的行为,就侵犯了学生的受教育权。

真题面对面

[**2023 下半年真题**]某小学规定,没有完成暑假作业的学生,一律不准到校上课。该校的做法( )

A. 合法,学校有自主管理权

B. 合法,学校有惩罚学生的权利

C. 不合法,学校侵犯了学生的休息权

D. 不合法,学校侵犯了学生的受教育权

答案:D。

考点 2　侵犯学生的人格权

考频分布　2021 上单选,2018 上单选 ×2,2015 下单选

侵犯学生的人格权的主要表现为:

(1)侵犯学生的生命权、身体权和健康权。学生作为公民享有我国《民法典》赋予的这几项权利。在学校教育中,这类侵害主要是由体罚或变相体罚,教育教学设施不安全以及学校、教师不作为侵权等造成的。

侵犯学生的人格权

(2)侵犯学生的姓名权、肖像权、名誉权、荣誉权。他人不得盗用、假冒、随意更改学生自己的姓名。除一些特殊情况外,学生有权禁止他人未经允许制作和使用自己的肖像,有权禁止他人对自己的肖像进行毁损、玷污、丑化或歪曲。学生的名誉不得受到歪曲或损害。荣誉是一个人受到外部给予的光荣称誉,每个学生在学校应有平等的机会获得。

(3)侵犯学生的人格尊严。学校和教师必须尊重学生的人格尊严,严禁对学生实施

体罚、变相体罚或其他侮辱人格尊严的行为。

(4)侵犯学生的人身自由。人身自由是公民的一项基本权利,包括身体行动自由和表达的自由。侵害学生人身自由的表现形式:非法拘禁和限制学生、非法搜查学生、非法限制学生表达自由的权利等。

(5)侵犯学生的隐私权。隐私权是指公民生活中不愿为他人公开或知悉的个人秘密不可侵犯的人身权利。学校和教师侵犯学生隐私的表现形式有:故意隐匿、毁弃或者非法开拆学生信件,披露、宣扬学生自身及家庭成员资料,提供学生成绩的方式不适当等。

(6)性侵害。教师性侵害是指教师用欺哄、武力、讨好、教唆或者物质诱惑及其他方式把未成年学生引向性接触,以满足其需求的行为。这是教师利用学生对自己的崇拜和信任来实施的犯罪行为,也属于教师利用职务之便实施违法行为的范畴。近年来,教师对学生实施性侵犯的现象日趋严重,被侵害的对象绝大部分是 14 周岁以下的中小学生。其中最主要的性犯罪案件是强奸案和猥亵儿童案。

(7)侵犯学生的休息权。休息权是学生的基本权利。教师应保护学生的休息权。保护学生的休息权有利于学生的身体健康,有利于提高学生的学习效率。但实际上,教师侵害学生休息权的现象比较普遍,主要表现为:一些老师不能按时下课,经常拖堂;一些学校不能按时放学,占用课余时间给学生集体补课或训练;还有一些学校占用学生午饭后的休息时间,组织诸如比赛、大扫除等活动;还有少数学校占用学生周末时间组织大型活动等。

真题面对面

[2021 上半年真题]班上有人遗失了财物,孔老师未经调查就怀疑是学生熊某偷拿了,尽管熊某一再否认,但孔老师还是要求他当着全班同学的面承认“罪行”。孔老师的行为(　　)

A. 侵犯了熊某的人身自由　　B. 侵犯了熊某的人格尊严

C. 侵犯了熊某的隐私权　　D. 侵犯了熊某的荣誉权

答案:B。

考点 3　侵犯学生的财产权

考频分布　2022 上单选,2020 下单选,2019 下单选,2016 下单选,2015 下单选,2015 上单选

学生的合法财产受到法律保护,教师不得侵占、破坏或非法扣押、没收等。学生对教

师侵犯其财产权的行为可依法申诉或提起诉讼。教师侵犯学生财产权的表现形式有:损坏学生财物、非法没收学生物品、乱罚款、乱摊派、推销商品等。

著作权中的著作财产权、知识产权中与财产有关的权利等均属于财产权的范畴。常见的侵权形式为:非法占有学生因其著作、智力成果所获得的薪酬、奖金,非法利用学生的著作和智力成果营利等。

“侵犯学生权利的主要表现”是本节的重要考点,也是历年真题中的高频考点。命题时会结合例子,要求考生判断相应主体所侵犯的学生权利是哪一种。试题中的侵权主体若是学校或教师,一般侵犯的是学生的受教育权、隐私权、财产权、健康权、人身自由权等;若侵权主体是学生家长,一般侵犯的是隐私权、受教育权;若侵权主体是同学或他人,可能侵犯的是名誉权、隐私权、肖像权等。

在考试中,侵犯学生的财产权考查频率较高,考生需要重点掌握。

真题面对面

[**2022 上半年真题**]梓轩的画多次在市儿童画展上获奖,前段时间,某出版社因修订地方教材的需要,在未联系他的情况下,就用了他的一幅作品作为插图。该出版社的做法(　　)

A. 合法,教材的编辑和出版属于社会公益事业

B. 合法,出版社使用的是已公开发表的作品

C. 不合法,出版社应该事先取得梓轩的授权

D. 不合法,不应该选择未成年人的作品作为插图

答案:C。

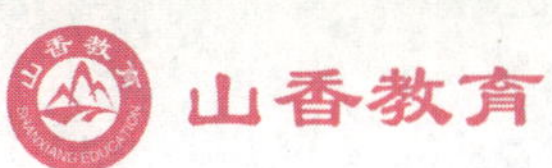

达标测评

建议用时	实际用时	测评总分	实际得分
12 分钟	______分钟	24 分	______分

单项选择题(每小题 2 分,共 24 分)

1.《中华人民共和国宪法》规定,国家的法律监督机关是(　　)

A. 中华人民共和国人民检察院　　B. 中华人民共和国监察委员会

C. 全国人民代表大会常务委员会　　D. 中华人民共和国人民法院

2. 某小学违反国家有关规定向学生收取补课费,依据《中华人民共和国教育法》的规定,有权责令该校退还所收费用的是(　　)

A. 教育行政部门　　B. 纪检部门

C. 公安部门　　D. 物价部门

3. 根据《中华人民共和国教师法》的规定,下列情形中,学校不能给予教师行政处分或者解聘的是(　　)

A. 故意旷课,损害教学的　　B. 体罚学生,屡犯不改的

C. 穿戴不整,影响仪表的　　D. 侮辱学生,影响恶劣的

4. 某学校在入学招生时采取智力测验的方式筛选学生,年满六周岁的小威在测试中成绩不佳,学校拒绝接收其入学。对此表述正确的是(　　)

A. 合理,可以提高学校教学质量

B. 合理,应该提高学校学生素质

C. 不合理,适龄儿童、少年应该免试入学

D. 不合理,应当给予多次测验的机会

5. 某平台通过了 11 岁小亮的网络直播账号注册申请后,小亮利用课余时间做起了游戏直播。平台的这种行为(　　)

A. 可取,保护了儿童的好奇心

B. 可取,有利于促进学生个性发展

C. 不可取,侵犯了小亮的人身自由权

D. 不可取,违反了我国《未成年人保护法》的规定

6. 某小学学生王某沉迷网络,无心学习,经常旷课、逃学去网吧打游戏,后来甚至发

展到偷盗同学的财物。王某的上述行为中,属于未成年人严重不良行为的是(　　)

A. 沉迷网络　　B. 经常旷课

C. 进出网吧　　D. 偷窃财物

7. 某小学教室的天花板因地震脱落,学生小林被吓得不敢动弹,刘老师见状急忙冲上前去保护小林,自己被砸伤,班上的另两名同学也受轻伤。对于这起事故,下列选项中正确的是(　　)

A. 学校应承担过错赔偿责任　　B. 学校应对教师给予适当补偿

C. 小林的监护人应承担赔偿责任　　D. 学校主管人员应承担刑事责任

8. 某小学为提升教师专业水平,从所有教师工资中扣除 100 元用于订阅专业刊物。该小学的做法(　　)

A. 合法,学校有权管理和使用本单位经费

B. 合法,学校有按照章程自主管理的权利

C. 不合法,侵犯了教师获取工资报酬的权利

D. 不合法,侵犯了教师从事科学研究的自由

9. 在一次创新大赛中,小明的作品获得一等奖,并经过相关部门认定取得专利,赢得了一定的奖金奖励。其班主任李老师没有征得小明的同意,私自把奖金划入班费。小明了解情况后向李老师要回奖金,李老师以此次活动为集体活动为由拒绝了小明的要求。李老师的做法侵犯了小明的(　　)

A. 获得经济资助权　　B. 继承权

C. 受赠权　　D. 财产权

10. 小学生林某课外活动期间在学校的操场上翻单杠,单杠因年久失修突然断裂,林某从单杠上摔落到硬地上,造成脊柱严重骨折。应对林某的伤害承担责任的是(　　)

A. 林某自己负责　　B. 林某的父母或其他监护人负责

C. 学校负责　　D. 以上各方均不负责

11. 某教师积极参加学校工会活动,并对学校的改革发展建言献策。该教师行使的权利是(　　)

A. 教育教学权　　B. 控告检举权

C. 民主管理权　　D. 培训进修权

12. 张老师责令考试成绩不及格的小强停课半天写检查,张老师的做法(　　)

A. 合法,有助于警示其他学生　　B. 合法,教师有管理学生的权利

C. 不合法,侵犯了小强的人身权　　D. 不合法,侵犯了小强的受教育权

参考答案及解析

单项选择题

1. A **[解析]**根据《中华人民共和国宪法》第一百三十四条规定,中华人民共和国人民检察院是国家的法律监督机关。

2. A **[解析]**根据《中华人民共和国教育法》第七十八条规定,学校及其他教育机构违反国家有关规定向受教育者收取费用的,由教育行政部门或者其他有关行政部门责令退还所收费用;对直接负责的主管人员和其他直接责任人员,依法给予处分。

3. C **[解析]**根据《中华人民共和国教师法》第三十七条规定,教师有下列情形之一的,由所在学校、其他教育机构或者教育行政部门给予行政处分或者解聘:(一)故意不完成教育教学任务给教育教学工作造成损失的;(二)体罚学生,经教育不改的;(三)品行不良、侮辱学生,影响恶劣的。C 项不属于以上情形,学校不能给予行政处分或者解聘。

4. C **[解析]**根据《中华人民共和国义务教育法》第十二条规定,适龄儿童、少年免试入学。地方各级人民政府应当保障适龄儿童、少年在户籍所在地学校就近入学。

5. D **[解析]**《中华人民共和国未成年人保护法》第七十六条规定,网络直播服务提供者不得为未满十六周岁的未成年人提供网络直播发布者账号注册服务;为年满十六周岁的未成年人提供网络直播发布者账号注册服务时,应当对其身份信息进行认证,并征得其父母或者其他监护人同意。小亮的年龄未满十六周岁,平台不应该为其提供网络直播服务。因此,本题选 D。

6. D **[解析]**根据《中华人民共和国预防未成年人犯罪法》第三十八条规定,本法所称严重不良行为,是指未成年人实施的有刑法规定、因不满法定刑事责任年龄不予刑事处罚的行为,以及严重危害社会的下列行为:(一)结伙斗殴,追逐、拦截他人,强拿硬要或者任意损毁、占用公私财物等寻衅滋事行为;(二)非法携带枪支、弹药或者弩、匕首等国家规定的管制器具;(三)殴打、辱骂、恐吓,或者故意伤害他人身体;(四)盗窃、哄抢、抢夺或者故意损毁公私财物;(五)传播淫秽的读物、音像制品或者信息等;(六)卖淫、嫖娼,或者进行淫秽表演;(七)吸食、注射毒品,或者向他人提供毒品;(八)参与赌博赌资较大;(九)其他严重危害社会的行为。故 D 项属于严重不良行为,本题选 D。

7. B **[解析]**根据《学生伤害事故处理办法》第十二条规定,因地震、雷击、台风、洪水等不可抗的自然因素造成的学生伤害事故,学校已履行了相应职责,行为并无不当的,无法律责任。故 A、D 可排除。题干中,天花板因地震脱落砸伤保护学生的刘老师,学生小林无过错，其监护人无需承担赔偿责任。故C项不选。刘老师履行教师职责，积极保护学生，学校应对受伤的刘老师给予适当补偿，故本题答案为B项。

8. C [解析]题干中的小学从教师工资中扣除100元用于订阅专业刊物，属于变相克扣教师工资，侵犯了教师获取工资报酬的权利，故学校做法不合法。

9. D [解析]李老师在未征得小明同意的情况下把小明所获奖金划入班费，并拒绝小明想要回奖金的要求。小明参加竞赛获得的奖金奖励属于其个人财产，故李老师的做法侵犯了小明的财产权。

10. C [解析]根据《学生伤害事故处理办法》第九条规定，因学校的校舍、场地、其他公共设施，以及学校提供给学生使用的学具、教育教学和生活设施、设备不符合国家规定的标准，或者有明显不安全因素造成的学生伤害事故，学校应当依法承担相应的责任。在本题中，这一伤害事故是由于学校提供给学生林某的体育设施存在明显的不安全因素造成的。因此，学校应当依法承担相应的责任。

11. C [解析]民主管理权是指教师对学校教育教学、管理工作和教育行政部门的工作提出意见和建议，通过教职工代表大会或者其他形式，参与学校的民主管理的权利。题干中该教师积极参加学校工会活动，并对学校的改革发展建言献策，该老师行使的是教师的民主管理权。

12. D [解析]学生享有"参加教育教学计划安排的各种活动，使用教学设施、设备、图书资料"的权利。题干中张老师剥夺成绩不合格的小强的上课权利，这是教师侵犯学生受教育权的具体表现。

即时反思与复盘总结

我于________年____月____日完成了对本章的学习。

复盘一下，我对自己较肯定的地方是________________

（足够努力/心态积极/方法得当……）

我觉得自己需要改进的地方是________________

（懒惰懈怠/心情浮躁/方法不当……）

休息片刻，开启下一站征程！

第四章　文化素养

内容概要

本章包括历史常识、科学常识、传统文化常识、文学常识、艺术常识五节，本章内容在真题试卷中所占分值约18分，主要以单选题的形式考查。本章各节2015—2023年考频汇总如下：

历史常识	总考频24次
科学常识	总考频49次
传统文化常识	总考频21次
文学常识	总考频28次
艺术常识	总考频28次

第一节 历史常识

思维导图

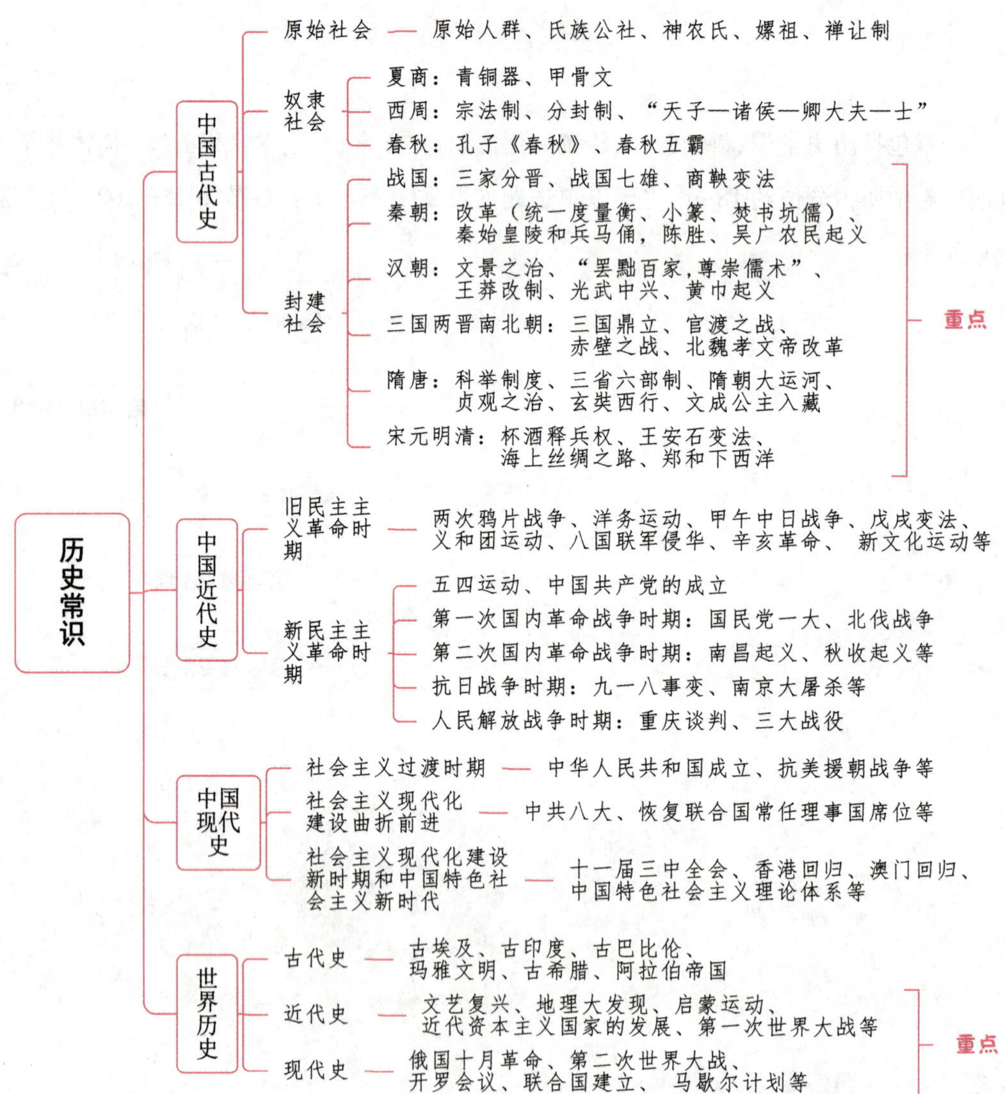

考向分析

本节主要介绍中外历史发展，内容琐碎繁杂，记忆性知识较多。在考试中会以单选题的形式考查。通过汇总分析2015年至2023年的真题试卷，本节知识考查情况见下表：

知识	考点	考频	题型
中国古代史	原始社会	1	单选
	奴隶社会	2	单选
	封建社会	7	单选
中国近代史	旧民主主义革命时期、新民主主义革命时期	2	单选
中国现代史	社会主义现代化建设新时期	1	单选
世界历史	世界古代史	2	单选
	世界近代史	5	单选
	世界现代史	4	单选

一、中国古代史【9年10考】

考点1　原始社会

考频分布　2019上单选

在考古学上，根据人类使用的工具的质料的不同，把人类社会的发展分成石器时代、青铜时代和铁器时代。在原始社会中，由于人们使用的主要工具是石制器具，因而这个阶段也被称为石器时代。原始社会经历了原始人群和氏族公社两个时期。

1. 原始人群

我国是世界上发现古人类遗址最多的国家之一。目前发现的中国猿人化石有元谋人、蓝田人、北京人等。其中，元谋人是我国境内目前已确认的最早的古人类。

2. 氏族公社

母系氏族公社：母系氏族公社初期的代表有柳江人、资阳人、山顶洞人等，山顶洞人最有代表性。母系氏族公社阶段的文化遗存最突出的是仰韶文化和河姆渡文化。前者代表黄河流域的文化遗存，后者代表长江流域的文化遗存。其中，最能反映母系氏族公社繁荣时期面貌的是半坡遗址和河姆渡遗址。

父系氏族公社:这个时期的文化遗存中,最具代表性的是龙山文化遗址和大汶口文化遗址。龙山文化也称为"黑陶文化",分布在黄河中下游地区。大汶口文化遗址位于山东泰安大汶口,大汶口文化晚期的墓葬里随葬品相差悬殊,说明已出现了私有财产,有明显的贫富分化。

早期古人类遗存

名称	生活年代	发现地点	文明程度
元谋人	距今约170万年	云南元谋县上那蚌村附近	能制造工具和使用火
北京人	距今约70万到20万年	北京西南周口店龙骨山	会制造石器工具,能使用火
山顶洞人	距今约3万年	周口店龙骨山顶部的洞穴里	使用打制石器,掌握磨光和钻孔技术,懂得人工取火

3."三皇""五帝"时期

古史相传,中国历史从三皇五帝开始。三皇时代较早,名称众说不一,神话色彩浓重。五帝的事迹较为具体。

神农氏:神农氏是农业之神,传说他"斫木为耜(古代的一种农具,形状像现在的锹),揉木为耒(古代的一种农具,形状像木叉)",发明创造了各种用于农耕的劳动工具,并教部落的人如何耕作。民间传说中,神农氏还是"医药之祖"。

黄帝:姓公孙,名轩辕,降于轩辕之丘,定都于有熊。相传黄帝已能建造宫室以避寒暑,制作衣裳,挖掘水井,制造船只,会炼铜,并发明了弓箭。相传在黄帝时期,仓颉创造文字,伶伦制作音律,隶首发明算盘。

嫘祖:是黄帝的妻子,即黄帝"正妃"。嫘祖首创种桑养蚕之法,抽丝编绢之术,被后人奉为"**先蚕圣母**"。

禅让制:相传在黄帝之后,黄河流域有许多部族。为了增强实力,陶唐氏、有虞氏和夏后氏三个部族结成联盟,尧、舜、禹依次成为联盟的首领。当时实行禅让制,即将联盟首领的位子传给贤德之人。尧鼓励人们开垦农田,发展历法,适时耕种。尧年老时,征求各部族首领意见,推举品行高尚的舜做他的继承人。舜在位时,制定刑法,完善制度,稳定局势,又派禹治水,解除水患。舜年老时让位于禹。

真题面对面

[2019上半年真题]人类文明的发展是与人类使用生产工具分不开的,考古学家根据人类所使用工具的变革,将人类古代的历史划分为不同的时期。下列选项中不属于这些历史时期的是(　　)

A. 石器时代　B. 陶器时代　C. 青铜时代　D. 铁器时代

答案:B。

考点 2　奴隶社会

考频分布　2022 下单选,2022 上单选

我国的奴隶社会一般包括夏、商、西周和春秋。

1. 夏

约公元前 2070 年,禹建立夏王朝,这是中国历史上第一个王朝。禹死后,其子启继位,世袭制代替了禅让制。夏朝是我国最早的奴隶制国家。

夏朝的青铜器标志着我国由石器时代进入了青铜器时代。

2. 商

约公元前 1600 年,汤建立商朝,都城建在亳。商王汤任用贤才,发展农业、手工业和商业,使经济得到发展,人民生活相对安定,商朝很快强大起来。受战乱、环境变化等因素的影响,商朝多次迁都,到商王盘庚时迁到殷(今河南安阳)。盘庚迁殷后,商朝的统治比较稳定,出现了“百姓由宁,殷道复兴”的局面。

我国有文字可考的历史是从商朝开始的。甲骨文是中国商周时期刻写在龟甲和牛、羊等兽骨上的文字。甲骨文记载的内容十分丰富,涉及祭祀、战争、农牧业、官制、刑法、医药、天文历法等。甲骨文是中国已发现的古代文字中年代最早、体系较为完整的文字,对中国文字的形成与发展有深远的影响。中国近代研究甲骨文成就最高者当属“甲骨四堂”,即罗振玉(号雪堂)、王国维(号观堂)、郭沫若(字鼎堂)、董作宾(字彦堂)。

后母戊鼎

商朝的青铜器制造业有很大的发展,后母戊鼎是迄今世界上出土的最重的青铜器。

真题面对面

[2022 下半年真题]商朝最初定都于亳,此后迁都,其中最重要的一次是迁都到殷,自此逐渐强盛起来,农业发达,政局稳定,诸侯来朝。下列选项中,迁都至殷的商王是(　　)

A. 盘庚　　B. 南庚

C. 太庚　　D. 祖庚

答案:A。

3. 西周

公元前 1046 年，周武王率众伐纣，灭商建周，定都镐京，史称西周。西周实行分封制与宗法制，史称“封建亲戚，以蕃屏周”，形成了“天子—诸侯—卿大夫—士”金字塔型的等级结构，加强了周天子对地方的政治统治。

宗法制：是以血缘亲疏与嫡庶来确定继承关系和名分的制度，实行嫡长子继承制。在姬姓宗亲内，周王是大宗，诸侯是小宗。在诸侯国内，诸侯是大宗，卿大夫是小宗。以此类推，层层区别。

分封制：为稳定周初的政治形势，巩固疆土，周王根据血缘关系远近和功劳大小，将宗亲和功臣等分封到各地，授予他们管理土地和人民的权力，建立诸侯国，以保证周王朝对地方的控制，同时稳定政局，扩大统治范围。诸侯具有较大的独立性，但需要向周王进献贡物，并服从周王调兵。受封者可以在自己的封地内进行再分封，从而确立了周王朝的社会等级制度“分封制”。

西周的青铜器在夏商两代的基础上继续发展。西周早期青铜器作品有大盂鼎、利簋等。西周中晚期，青铜器制造发生巨大改变，青铜器的铸造与使用都体现了不可僭越的分封等级制度。颂壶、毛公鼎等青铜器具有鲜明的周朝艺术风格特色。

公元前 841 年，周厉王贪财好利，为政暴虐，引发了“国人暴动”。周厉王出逃，大臣召公、周公共同执政，史称“共和行政”。公元前 771 年，周幽王被杀，西周灭亡。

4. 春秋

周幽王的儿子周平王继位后，王都迁到洛邑，史称东周。东周分为春秋和战国两个阶段。“春秋时期”一般是指从公元前 770 年至公元前 476 年，因孔子编订的编年体史书《春秋》而得名。“战国时期”一般是指从公元前 475 年至公元前 221 年，因西汉刘向整理校订的《战国策》一书而得名。

春秋五霸：春秋时期，一些大的诸侯国扩张势力，力图号召和控制中小诸侯国，确立霸主地位。齐国、晋国、楚国、吴国与越国等先后建立了霸权，史书将这一时期建立霸权的诸侯国国君统称为“春秋五霸”。

春秋时期，社会经济有很大的发展。尤其是春秋后期，铁制农具和牛耕出现，促进了农业上的深耕细作，并为开发山林、扩大耕地创造了条件。在农业发展的同时，手工业的规模不断扩大，青铜业、冶铁业、纺织业、煮盐业以及漆器制作等都有所发展。春秋的著名青铜器有莲鹤方壶、云纹铜禁、春秋牺尊、越王勾践剑等。

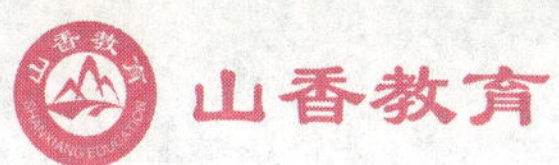

考点3　封建社会

考频分布　2023上单选,2019下单选,2019上单选,2018下单选,2018上单选,2016下单选,2015下单选

战国、秦朝、汉朝

1. 战国

三家分晋:战国初年,晋国衰败,晋国被韩、赵、魏三家大夫瓜分。

战国七雄:经过长期纷争,许多中小诸侯国消失了,形成了齐、楚、燕、韩、赵、魏、秦七个大国,史称"战国七雄"。

商鞅变法:公元前356年,秦孝公任用商鞅实行变法,使秦国迅速成为战国后期最富强的诸侯国,为后来秦国统一全国奠定了基础。同时期,李悝在魏国主持变法,吴起在楚国主持变法。

春秋战国时期的变法

诸侯国	名称	变法内容
魏国	李悝变法	政治上:主张废止世袭贵族特权,选贤任能,赏罚严明; 经济上:主要实行尽地力之教、平籴法; 法律上:制定出中国历史上第一部比较系统的封建成文法典——《法经》
楚国	吴起变法	均爵平禄;废除无用无能的官职,削减官吏俸禄以养兵; 纠正楚国风俗,肃清谄媚风气; 制定并公布法律,法律面前官民平等; 捐弃冗官,废除远支的王室,节省财政,增强军队的战斗力
秦国	商鞅变法	政治上:确立县制,由国君直接派官吏治理;废除贵族的世袭特权;改革户籍制度,加强对人民的管理;严明法度,禁止私斗; 经济上:废除井田制;鼓励耕织,生产粮食、布帛多的人可免除徭役;统一度量衡; 军事上:奖励军功,对有军功者授予爵位并赏赐土地

战国时期,铁制工具和牛耕的使用进一步推广,社会生产力水平不断提高,新兴地主阶级的势力增强。手工业分工更加细密,货币流通广泛。战国后期,秦国还注重兴修水利,李冰主持修建了都江堰,郑国主持修建了郑国渠。

2. 秦朝

秦国采取远交近攻策略，分化瓦解，各个击破，先后消灭了韩、赵、魏、楚、燕、齐六国，于公元前221年建立起我国历史上第一个统一的封建王朝——秦朝，定都咸阳。秦朝实现统一后，采取了一系列巩固中央集权的统治措施。

秦朝巩固中央集权的统治措施

领域	内容
政治上	确立至高无上的皇权，秦王独揽大权；在中央设置三公九卿制，地方推行郡县制；统一法令，颁布《秦律》
经济上	在全国实行土地私有制，按亩纳税；统一度量衡（标准量器“商鞅方升”）、货币（圆形方孔半两钱）；统一车轨，修建驰道，开凿灵渠
文化上	统一文字，小篆作为通用文字在全国使用；“焚书坑儒”
军事上	军队统一，军权高度集中，军队的指挥和管理体制严密，兵役制度也较为完善；阳陵虎符是秦始皇统一中国后颁发给阳陵驻守将领的虎符，用以调动军队； 蒙恬率军北击匈奴，收复河套地区；修筑万里长城

秦始皇陵和兵马俑：秦始皇陵是我国历史上第一座规模宏大、设计完善的帝王陵园，其巨大的规模、丰富的陪葬品居历代帝王陵墓之首。秦始皇陵发掘的秦铜车马是中国考古史上出土的体型最大、结构最复杂、系驾关系最完整的古代车马，被誉为“青铜之冠”。秦始皇兵马俑坑位于今西安市临潼区秦始皇陵东侧，是秦始皇陵的大型陪葬坑。

陈胜、吴广农民起义：公元前209年，陈胜、吴广率领众人发动了中国历史上第一次农民大起义。后来，陈胜、吴广被杀死，起义军被秦军残酷镇压，起义失败。

公元前207年，刘邦的军队进占咸阳，秦朝灭亡。秦朝灭亡后，拥有重兵的项羽自封为西楚霸王，封刘邦为汉王。双方为争夺帝位，展开争战，史称“楚汉之争”。项羽虽势力强大，却刚愎自用，一味依赖武力；刘邦注重收揽民心，善用人才，力量逐渐由弱变强。最终，刘邦的军队将项羽及部下包围在垓下（位于今安徽灵璧境内）。项羽兵败，突围后自刎。

3. 汉朝

（1）西汉

公元前202年，刘邦称帝，建立汉朝，定都长安，史称西汉。刘邦即汉高祖。

文景之治:汉初统治集团吸取秦朝速亡的教训,尊奉“无为而治”,采取“与民休息”政策,减轻赋税、徭役和刑罚,提倡节俭,减少财政支出。文帝、景帝在位期间,经济得到了明显恢复,社会稳定。

汉武盛世:汉武帝时期,经过一系列改革措施,国力空前强大,开疆拓土,西汉开始进入鼎盛时期。

汉武帝时期的改革措施

领域	内容
政治	颁布推恩令,削弱了诸侯王的势力; 加强皇权,削弱丞相权力,设立直接为皇帝所掌控的中朝,尚书令的作用开始提升; 确立以察举制为代表的新的官吏选拔制度
思想	采纳董仲舒的建议,“罢黜百家,尊崇儒术”
军事	派卫青、霍去病“三击匈奴”,解除了来自北方的威胁
外交	派遣张骞两次出使西域,开拓了汉朝通往西域的“丝绸之路”,路线:长安—河西走廊—今新疆地区—中亚—西亚—欧洲
经济	改革币制,将铸币权收归中央;实行盐铁官营;推行均输平准;向工商业者征收财产税

真题面对面

[2019 上半年真题]“罢黜百家,独尊儒术”,这一历史事件对后世产生了深远的影响,该事件发生的朝代是(　　)

A. 秦　　B. 汉　　C. 隋　　D. 唐

答案:B。

王莽改制:公元9年,外戚王莽夺取皇位,改国号为新,西汉灭亡。王莽针对西汉末年的社会矛盾采取了一系列措施,试图挽救社会危机,具体包括:第一,“更名天下田曰王田”,私人不得买卖,用恢复井田制的办法来解决土地问题。第二,改奴婢为“私属”,亦不得买卖。第三,实行“五均六莞”,即在国都长安及五大城市设立五均官,政府管理五均赊贷及管理物价,征收商税,由政府经营盐、铁、酒、铸钱并征收山泽税。第四,改革币制。第五,改革中央机构,调整郡、县划分,改易官名、地名。第六,改变少数民族族名和首领的封号 。

真题面对面

[**2019 下半年真题**]在中国历史上,仿照《周礼》的制度推行新政,以“王田制”为名恢复“井田制”,将盐、铁、酒、铸钱收归官府专营,多次改变币制的改革运动是(　　)

A. 邹忌变法　　B. 王莽改制　　C. 庆历新政　　D. 戊戌变法

答案:B。

(2)东汉

公元 25 年,西汉宗室刘秀称帝,重建汉朝,定都洛阳,史称东汉。东汉初年出现了社会安定、经济恢复、人口增长的局面,史称“**光武中兴**”。

黄巾起义:公元 184 年,贫苦农民在巨鹿人张角的号令下,揭竿而起,发动起义。他们头扎黄巾,故称本次起义为“黄巾起义”。黄巾起义以失败而告终,但沉重打击了东汉的统治,使其一蹶不振。

4. 三国两晋南北朝

(1)三国

公元 220 年,曹丕在洛阳称帝,国号魏;221 年,刘备在成都称帝,国号汉,定都成都,史称蜀汉;229 年,孙权在建业(今南京)称帝,建立吴国。三国鼎立的局面形成。

三国后期,魏国实力增强,吴、蜀两国日益衰落。263 年,魏灭蜀。

(2)两晋

公元 266 年,司马炎自立为帝,改国号为晋,以洛阳为都,史称西晋。公元 280 年,西晋灭吴,统一全国。316 年,被内迁匈奴贵族所灭。317 年,晋室宗亲司马睿在建康(今南京)建立晋朝,史称东晋。公元 383 年,北方的前秦向南方的东晋发起侵略吞并战争。经过淝水之战,前秦大败,北方各民族纷纷脱离前秦的统治,先后建立了十余个小国。

法显与《佛国记》:法显为东晋佛教学者,399 年,他从长安出发,经西域至天竺,游历多个国家,收集了大批梵文经典。他把自己的旅行见闻写成《佛国记》(又名《法显传》)。

(3)南北朝

公元 420 年,刘宋取代东晋,此后南方历经宋、齐、梁、陈四个朝代,均在建康(今南京)建都,史称“南朝”。公元 439 年,北魏统一黄河流域,之后分裂为东魏和西魏,东魏又为北齐代替,西魏为北周所篡夺。北魏、东魏、西魏、北齐、北周合称“北朝”。南朝和北朝合称“南北朝”。

其间,北魏孝文帝为了加强统治,决心开始进行改革。改革的主要内容有:颁布均田令,农民须向国家交纳租税,服徭役和兵役;为接受汉族文化,迁都洛阳;改革鲜卑旧俗,穿汉服,学说汉话,采汉姓,提倡与汉族通婚。孝文帝的这些改革,促进了北方各民族的大融合。

知识再拔高

中国古代著名战役

战役	时期	主要交战方	内容
长勺之战	春秋	齐国、鲁国	公元前684年，齐桓公兴师伐鲁，鲁庄公避齐军锋芒，率军撤退到长勺。庄公欲先发制人，被曹刿劝止。齐军开始攻击鲁军阵地，曹刿认为齐兵势锐，不能出击，于是庄公下令固守阵地，只令弓弩手射击。齐军很快发动了第二次进攻，鲁军仍按兵不动。齐军认为鲁军胆小，又发动了第三次进攻。曹刿认为齐军士气已疲，建议反击。庄公亲擂战鼓，鲁军将士奋勇出击，齐军溃败而逃。曹刿见齐军车辙混乱、旗鼓杂乱，建议庄公乘胜追击，将齐军逐出了鲁境
城濮之战	春秋	晋国、楚国	公元前632年，楚北上围宋，宋向晋告急，晋文公率军救宋。晋军为避开楚军的北进锋芒，在未战之前，主动退军“三舍”。在城濮，晋文公会晋、宋、齐、秦等军，大破楚军。此战后，晋文公大会诸侯于践土，确立了其霸主地位
桂陵之战	战国	魏国、齐国	公元前354年，魏国大将庞涓率军包围赵都邯郸，次年，赵国向齐国求救。齐王任命田忌为主将，孙膑为军师，率军援救赵国。孙膑认为魏军以精锐攻赵，国内空虚，于是率兵攻打魏都大梁(今河南开封)，果然诱使魏将庞涓撤军回救。于是孙膑在桂陵伏袭，疲惫不堪的魏军走到桂陵，中了齐军的埋伏，大败而归
马陵之战	战国	魏国、齐国	公元前342年，魏攻韩，韩求救于齐。次年，齐威王派田忌为将、孙膑为军师率军救韩。齐军直指魏国国都大梁，庞涓闻讯立即回师自救，齐以增兵减灶之计诱魏军至马陵，太子申被俘，庞涓自杀。马陵之战使魏国实力大为削弱
长平之战	战国	秦国、赵国	公元前260年，秦赵两军在长平展开决战，秦将白起击破赵军主力，杀赵将赵括，大败赵军。此战极大地加速了秦国统一中国的进程
垓下之战	西汉	刘邦、项羽	公元前202年，楚汉两军决战于垓下。项羽被汉军围困在垓下，“四面楚歌”，已无斗志，别虞姬，于乌江自刎

续表

战役	时期	主要交战方	内容
官渡之战	东汉	曹操、袁绍	公元 200 年,曹操与袁绍战于官渡(今河南中牟),曹操以少胜多,大败袁绍,为以后统一北方奠定了基础
赤壁之战	东汉	孙刘联军、曹操	公元 208 年,刘备与孙权联军共同抗曹,火烧赤壁。联军以少胜多,大败曹军。为三国鼎立局面的形成奠定基础
淝水之战	东晋	东晋、前秦	公元 383 年,前秦皇帝苻坚不顾大多数朝臣的反对,强征各族人民当兵,进攻东晋。晋军布阵严整,苻坚从远处瞭望,只见“八公山上,草木皆兵”,心虚胆怯。晋军要求前秦军稍稍后撤,以便渡河作战。苻坚命令军队后撤。不料,当前秦军后撤时,有人在阵后大喊:“秦兵被打败了!”前秦军顿时阵脚大乱,自相践踏,一溃而不可收拾。晋军乘机发动猛烈攻击,打败前秦军。苻坚中箭负伤,带领残兵逃回北方

真题面对面

1. [**2023 上半年真题**]南京是中国历史文化名城,有“六朝古都”之称。下列选项中,曾在南京建都,却又不属前述“六朝”的是(　　)

A. 三国吴　　B. 东晋　　C. 南朝陈　　D. 明朝

答案:D。

2. [**2022 上半年真题**]公元前 7 世纪后期,晋国和楚国进行了一场战役,晋军大败楚国,从此奠定了晋文公的“霸主”地位。这场战役是(　　)

A. 城濮之战　　B. 桂陵之战

C. 马陵之战　　D. 长平之战

答案:A。

5. 隋朝

公元 581 年,隋文帝杨坚建立隋朝,隋文帝时期经济繁荣发展,史称“开皇之治”。隋炀帝统治后期,各地爆发起义,公元 618 年,隋朝灭亡。

科举制度:隋文帝即位后,废除了前朝的选官制度,初步建立起通过考试选拔人才的制度。隋炀帝时创立进士科,科举制正式确立。此后,科举制成为历朝选拔官吏的主要制度,一直维持了约1300年。

隋朝大运河:公元605年,隋炀帝下令开凿大运河。这条人工河以洛阳为中心,北抵涿郡,南达余杭,连接了海河、黄河、淮河、长江和钱塘江五大水系,全长2700多千米。大运河的开通,大大促进了南北政治、经济和文化的交流。

6. 唐朝

公元618年,李渊在长安(今西安)建立唐朝,李渊就是唐高祖。

贞观之治:唐太宗李世民继位后,吸取隋亡的教训,轻徭薄赋,劝课农桑,戒奢从简,知人善任,虚怀纳谏。在他统治时期,国家出现了少有的开明政治局面,史称“贞观之治”。

玄奘西行:贞观初年,高僧玄奘不畏艰难,矢志不移,到达天竺(古印度),回长安后根据他的口述,由弟子记录写成《大唐西域记》。玄奘的取经事迹为《西游记》的原型。

文成公主入藏:公元7世纪,唐太宗把文成公主嫁给吐蕃赞普松赞干布,唐朝与吐蕃建立了亲密的关系。

武则天称帝:690年,武则天称帝,定都洛阳,改国号为“周”,成为中国历史上唯一的一位女皇帝。公元705年,武则天退位,唐中宗复辟,恢复唐朝。

开元盛世:唐玄宗李隆基即位以后,稳定政局,励精图治,重用贤能,在贤相姚崇和宋璟的辅佐下,实行了一系列改革:整顿吏治,裁减冗员;发展经济,改革税制;注重文教,编修经籍。唐玄宗在位的前期,年号为“开元”,当时政治稳定,经济繁荣,国库充盈,民众生活安定,唐朝的国力达到前所未有的强大,进入了鼎盛时期,历史上称为“开元盛世”。

鉴真东渡:唐高僧鉴真不畏艰险,经过6次东渡最终到达日本,为中日文化交流作出了重要贡献。

安史之乱:唐玄宗统治后期,755年节度使安禄山与部将史思明起兵叛乱,攻陷长安。安史之乱历时八年,虽最终被平定,但它造成了唐代藩镇割据的局面。安史之乱是唐朝由盛转衰的转折点。

黄巢起义:875年,黄巢领导的农民起义爆发。起义军横扫大半个中国,一度攻占长安,沉重地打击了唐朝的统治。黄巢起义军的将领朱温后投降唐朝,被封为节度使。他与其他藩镇联合镇压黄巢起义,逐渐控制政权。907年,朱温废唐称帝,国号梁,史称后梁。唐朝至此灭亡。

知识再拔高

三省六部制

隋唐时期，三省六部制确立。

三省指中书省、门下省和尚书省，是由皇帝直接掌控的中枢。中书省负责草拟皇帝的诏令；门下省负责审核诏令，有不妥者驳回；尚书省负责执行，下设吏、户、礼、兵、刑、工六部，分工处理各项具体政务。三省长官共议国事，执宰相之职。

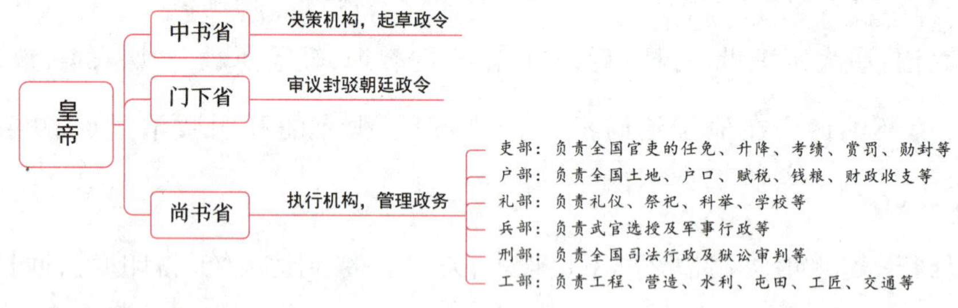

7. 五代、辽、西夏

(1)五代十国

从907年朱全忠(朱温)灭唐建立后梁，到960年北宋建立，北方黄河流域相继出现后梁、后唐、后晋、后汉、后周五个政权，统治北方长达50多年，史称五代。五代除后唐定都洛阳外，其余都定都开封。同时南方各地先后出现吴越、南唐等九个割据政权，连同五代末期在山西建立的北汉，称为“十国”。五代十国是中国历史上的一个分裂时期。

(2)契丹的兴起和辽国的建立

公元10世纪初，耶律阿保机统一契丹各部，并于916年称帝，建立契丹国。耶律阿保机任用汉族知识分子制定典章制度，创制契丹文字。947年，契丹改国号为辽。耶律阿保机就是辽太祖。1125年，辽被金所灭。

(3)西夏

“夏”是党项族李元昊于1038年建立的政权，史称“西夏”。西夏政权建立后，多次与北宋发生战争。1227年被蒙古所灭。

8. 宋朝

(1)北宋

公元960年，赵匡胤在陈桥驿(今河南封丘)发动兵变，黄袍加身，夺取后周政权，史称“陈桥兵变”，改国号为宋，定都东京(今河南开封)，史称北宋。

杯酒释兵权：宋太祖赵匡胤为防止出现分裂割据的局面，通过一场酒宴，以威逼利诱的方式，胁迫高级将领交出兵权，史称“杯酒释兵权”。

澶渊之盟：宋真宗时期，辽国大举侵宋，经过多次战争，双方签订盟约，规定宋每年送给辽岁币，银 10 万两、绢 20 万匹，史称“澶渊之盟”。

庆历新政：庆历三年，宋仁宗任命范仲淹为参知政事，发动了一场变革，其基本方案有：“择长官”“均公田”“厚农桑”“修武备”“减徭役”等。但变革触犯了宗室勋贵和大官僚、大地主的利益，最终“新政”被一一废除，改革失败。

王安石变法：宋神宗时期，王安石发动了一场旨在消除宋初以来积弊的改革。变法以发展生产、富国强兵、挽救宋朝政治危机为目的，以“理财”“整军”为中心，涉及经济、军事和教育领域。

王安石变法的主要措施

领域	措施	内容	目的
经济	募役法	征收役钱，用来雇人到官府服役；原先不服役的官僚等，也要交纳役钱	限制官僚等的特权，增加政府收入
	方田均税法	核实土地，按土地的多少、好坏平均征税	使官僚和大地主不能隐瞒土地、逃避赋税，增加国家赋税收入
	农田水利法	鼓励垦荒和兴修水利	促进农业发展
军事	保甲法	把农村人户编制起来，有两个以上成年男子的人户，出一人为保丁；保丁平时种田，农闲练兵	加强对人民的控制，稳定统治秩序，增强国家的军事力量

靖康之变：公元 12 世纪初，完颜阿骨打建立金朝，并于 1126 年大举侵宋，次年占领东京（今河南开封），掳走宋徽宗、宋钦宗，北宋灭亡，史称“靖康之变”。

（2）南宋

1127 年，宋钦宗的弟弟赵构在应天府（今河南商丘）称帝，为宋高宗，后定都临安，史称南宋。

岳飞抗金：南宋主战派将领岳飞请求北伐，收复失地，并多次痛击金军。但岳飞被秦桧以“莫须有”的罪名迫害，于 1142 年在杭州大理寺风波亭被赐死。

崖山海战：宋元之间的大决战，最终元军以少胜多，宋军全军覆没。南宋灭亡。南宋宰相文天祥被俘，坚拒劝降，后来在大都从容就义。

海上丝绸之路：宋朝是经济高速发展的发达时期，也是海上丝绸之路繁盛兴旺的高峰期，沿海一带的广州、泉州成了世界级港口城市，还出现了能够远涉重洋的“福船”。值得一提的是，泉州是联合国教科文组织唯一认定的海上丝绸之路起点。

9. 元朝

13 世纪初，铁木真（成吉思汗）逐步统一蒙古各部，并于 1206 年建立蒙古汗国，被尊为"成吉思汗"。此后半个世纪，蒙古军队先后灭掉西辽、西夏和金朝，收服吐蕃诸部，兼并云南的大理政权，还远征到中亚、西亚、东欧地区。公元 1260 年，成吉思汗之孙忽必烈继承汗位，1271 年定国号为大元，次年定都大都（今北京）。

行省制度：为加强统治，元朝实行行省制。在中央设置中书省，作为全国最高行政机构；其他地区设行中书省，简称"行省"，由中央派官吏管理。在行省之下，继承前代的制度，设置路、府、州、县。

对边疆地区的管辖：元朝在澎湖岛设置了澎湖巡检司，负责管辖澎湖和琉球（今台湾），这是历史上中央政府首次在台湾地区正式建立的行政机构。对于吐蕃地区，由直属中央政府的宣政院进行管理。元朝还设北庭都元帅府、宣慰司等管理军政事务，加强了对西域的管辖。

红巾军起义：1351 年，刘福通领导农民起义，后遭元军镇压。但红巾军将领朱元璋率领的队伍不断壮大，于 1368 年攻占大都，元朝灭亡。

10. 明朝

1368 年，朱元璋在应天府（今南京）称帝，建立明朝。

靖难之役与迁都北京：明太祖死后，继位的建文帝看到藩王的实力日益强大，对自己构成严重威胁，下令实行削藩。北平的燕王朱棣，打出"靖难"即平定祸乱的旗号，起兵反对建文帝，史称"靖难之役"。靖难之役以燕王朱棣的胜利告终，朱棣称帝，即明成祖，于 1421 年迁都北京。

郑和下西洋：1405—1433 年，郑和先后七次率船队航海，访问了亚非 30 多个国家和地区，最远到达非洲东海岸和红海沿岸。郑和下西洋是世界航海史上的壮举，比欧洲航海家的远洋航行早半个多世纪。

土木之变：1449 年，瓦剌首领也先大举进兵明境，明英宗朱祁镇御驾亲征，结果大败，被俘于土木堡，史称"土木之变"。土木之变后，明朝由盛转衰。

戚继光抗倭：1561 年，倭寇大举侵犯浙江。戚继光率军英勇作战，在台州九战九捷，先后歼灭倭寇一万多人，烧毁倭船无数，平定了浙东地区的倭患。此后，戚继光又率军进入福建、广东地区，与其他抗倭将领一起带领广大军民与倭寇激战，先后消灭了两地的倭寇，使东南沿海的倭患基本解除。

修筑长城：为了防御北方蒙古贵族南扰，明朝先后 18 次修筑长城，形成了东起鸭绿江边、西至嘉峪关,总长万余里的明长城。明代长城以城墙为主体,由关隘、城台、烽火台等组成,沿线设立卫所,驻守军队,开展屯田,进行生产,并修建了相连的道路,形成一个完整的军事防御体系。在长城修筑史上,明代修筑长城的规模最大,历时最久,布局更合理,技术更先进,设施更为完善,工程质量更为优异。

李自成起义:明朝末年,李自成领导农民起义,提出"均田免赋"的口号。1644 年,李自成在西安建立政权,国号大顺,随即攻入北京,崇祯帝自缢于煤山殉国,明朝灭亡。

11. 清朝(1840 年前)

1616 年,努尔哈赤在赫图阿拉(今辽宁)自立为汗,国号大金,史称后金。1635 年,皇太极改族名为满洲;1636 年,改国号为大清。1644 年,清军入关,清朝定都北京。

康乾盛世:清朝皇帝康熙、雍正、乾隆在位期间,出现了 100 多年的鼎盛局面,政局稳定,经济繁荣,疆域开拓并巩固。

设立台湾府:明朝末年,荷兰殖民者侵占了我国台湾。1662 年,郑成功驱逐荷兰殖民者,收复台湾。1683 年,清军渡海远征,郑氏后裔战败投降。第二年,清朝在台湾设府,隶属福建省。1885 年,台湾正式建省,成为中国的一个行省。

册封达赖喇嘛:顺治帝赐予西藏佛教格鲁派首领五世达赖"达赖喇嘛"封号;康熙帝册封格鲁派另一位首领"班禅额尔德尼"封号。乾隆皇帝制定了"金瓶掣签"制度,规定选定喇嘛教活佛转世灵童人选的方法。

二、中国近代史【9 年 2 考】

考点 1 旧民主主义革命时期

考频分布 2017 上单选

1. 第一次鸦片战争和《南京条约》

1839 年 6 月,钦差大臣林则徐将收缴的鸦片在广州虎门海滩当众销毁。1840 年 6 月,英国远征军总司令懿律率军开进广州海口,发动侵略战争。1841 年初,英军武装占领香港岛。

1842 年 8 月,英国迫使清政府签订中国近代史上第一个丧权辱国的不平等条约——中英《南京条约》。《南京条约》主要内容:开放广州、厦门、福州、宁波、上海五处为通商口岸;割让香港岛给英国;赔偿 2100 万银元;英商进出口货物应纳税款,必须经过双方协议。

知识再拔高

开眼看世界

林则徐、魏源是近代中国最早开眼看世界的人。林则徐面对英美官员交涉鸦片烟土需要国际知识,便在广州开办译馆,罗致译员,收集有关西洋各国的消息情报和国际知识,包括国际法知识,汇译成《四洲志》等书稿,供对外交涉时参考。

魏源注意收集外国史地知识,在《四洲志》基础上编成《海国图志》一书。这部书按照世界五大洲介绍各国历史、地理、社会现状以及军事、科技等,是近代中国最早介绍外国历史地理的书籍之一,被誉为了解外国知识的"百科全书"。魏源在书中提出了"师夷之长技以制夷"的思想。

2. 太平天国运动

1851 年,洪秀全、杨秀清等在广西桂平金田村宣布起义,建号太平天国。1853 年春,太平军占领南京,改名为天京,定为都城。1864 年,太平天国首都天京陷落,标志着太平天国运动的失败。

洪秀全于 1853 年颁布了《天朝田亩制度》,提出了"有田同耕,有饭同食,有衣同穿,有钱同使"的主张。1859 年,太平天国的洪仁玕撰写了《资政新篇》。《资政新篇》具有鲜明的资本主义色彩。

3. 第二次鸦片战争

1856 年,英、法两国对中国发动了第二次鸦片战争,美、俄两国以调停人面目出现。1858 年,清政府被迫分别与英、法、美、俄四国签订《天津条约》。1860 年 8 月,英法联军占领天津。10 月,英法联军抢劫、焚毁圆明园后,进入北京城,迫使清政府签订《北京条约》。通过《天津条约》《北京条约》,英、法获取了割地、赔款、开放通商口岸以及内河航行权等大量权益。

从 19 世纪 50 年代到 80 年代,俄国强迫清政府签订一系列不平等条约,共割占了中国东北和西北 150 多万平方千米领土。

4. 洋务运动

19 世纪 60 年代,清朝统治阶级内部掀起以"自强""求富"为口号,以巩固清朝统治为目的的洋务运动。曾国藩、左宗棠、李鸿章、张之洞等是提倡和参与洋务运动的代表人物。洋务派创办了一批军事工业和官督商办的民用企业,还办了培养翻译和军事人才的学校,建成了以北洋舰队为代表的新式海军。

洋务运动时期创办的企业

时间(年)	1861	1865	1866	1872	1878	1878	1880	1882	1890	1890
创办者	曾国藩	曾国藩、李鸿章	左宗棠	李鸿章	李鸿章	左宗棠	李鸿章	李鸿章	张之洞	张之洞
企业	安庆内军械所	江南制造总局	福州船政局	上海轮船招商局	开平矿务局	兰州织呢局	电报总局	上海机器织布局	汉阳铁厂	湖北织布官局

5. 甲午中日战争和《马关条约》

1894 年 7 月,日本海军在丰岛海面袭击清军运兵船,8 月,甲午中日战争爆发。1895 年初,日军占领威海卫,北洋舰队全军覆没。

1895 年,清政府被迫签订《马关条约》。《马关条约》的主要内容:清政府割辽东半岛、台湾全岛及所有附属各岛屿、澎湖列岛给日本;赔偿日本兵费白银两亿两;开放沙市、重庆、苏州、杭州为商埠;允许日本在通商口岸开设工厂等。

6. 戊戌变法

1898 年(农历戊戌年),光绪帝颁布“明定国是”诏书,标志着戊戌变法的开始。此后的 103 天里,光绪帝先后发布上百道变法诏令,涉及政治、经济、军事、文化、教育等方面除旧布新的举措,史称“百日维新”。变法触犯了以慈禧太后为首的顽固派的利益,9 月 21 日,慈禧太后囚禁光绪帝,杀害积极推动变法运动的谭嗣同、杨锐、林旭、刘光第、杨深秀、康广仁六人(史称“戊戌六君子”),历时 103 天的变法失败。

“戊戌变法”的失败证明资产阶级改良道路在中国走不通。

7. 义和团运动

义和团运动是在反洋教的斗争中兴起的。西方势力深入中国城市、乡村后引发了一系列冲突,特别是德国强占胶州湾,进一步刺激了山东民众。以“扶清灭洋”为口号的反洋教斗争蔓延到山东、直隶很多州县农村。1900 年 5 月 28 日,英、美、法、德、俄、日、奥、意八国决定联合出兵镇压义和团。慈禧太后采用“招抚”义和团的办法,企图对义和团加以控制利用。后来,在中外势力联合镇压下,义和团运动失败。

8. 八国联军侵华和《辛丑条约》

1900 年,英、俄、日、法、德、美、意、奥八国联军,以镇压义和团为名,在天津大沽登陆。八国联军占领北京后,继续派兵侵略其他地方,在所到之处烧杀抢掠,无恶不作,犯下骇人听闻的罪行。八国联军侵华后,英、俄、日、法、德、美、意、奥、荷、比、西 11 国以补偿损失为名同清政府签订《辛丑条约》。《辛丑条约》主要内容:清政府向各国赔偿白银 4.5 亿两，分39年还清，本息共计白银约9.8亿两，以海关税、盐税等税收作担保；清政府保证严禁人民参加各种形式的反帝活动；清政府拆毁大沽炮台，允许外国军队驻扎在从北京到山海关的铁路沿线要地；划定北京东交民巷为使馆界，允许各国派兵驻守，不准中国人居住；改总理衙门为外务部，班列六部之前。

《辛丑条约》是中国近代史上赔款数目最庞大、主权丧失最严重的不平等条约。从此，清政府沦为帝国主义列强统治中国的工具，中国完全陷入半殖民地半封建社会的深渊。

9. 辛亥革命

1894年，孙中山在檀香山组织兴中会。1905年，孙中山在日本东京成立了中国同盟会，同盟会以"驱除鞑虏，恢复中华，创立民国，平均地权"为政治纲领。孙中山在《民报》发刊词中，将同盟会的政治纲领阐发为"民族""民权""民生"三大主义，合称"三民主义"。

1911年10月10日，湖北新军工程营革命党人在武昌起义，因1911年为农历辛亥年，故这次革命也被称为"辛亥革命"。辛亥革命推翻了清王朝统治，结束了中国两千多年的君主专制制度，传播了民主共和理念，推动了中华民族思想解放，促使社会经济、思想文化和社会风俗等方面发生新的变化，为民族资本主义的发展创造了有利条件。

10. 中华民国成立

1912年1月1日，孙中山在南京宣誓就职中华民国临时大总统，中华民国临时政府成立。3月，孙中山在南京颁布了《中华民国临时约法》，确立了行政、立法、司法三权分立的政治体制。《中华民国临时约法》是中国历史上第一部具有资产阶级共和国宪法性质的重要文件。

1912年2月12日，在袁世凯软硬兼施的逼迫下，宣统帝宣布退位，至此，清王朝正式灭亡。

11. 新文化运动

1915年9月，陈独秀在上海创办《青年杂志》，是新文化运动兴起的标志。新文化运动倡导民主和科学。

考点2　新民主主义革命时期

考频分布　2023上单选

1. 五四运动

五四运动是新文化运动的高潮。五四运动的导火线是中国在巴黎和会的外交失败。

1919年5月4日，五四运动爆发，北京学生举行游行示威，高喊“外争主权，内除国贼”等口号。学生的爱国行动遭到北洋军阀政府的镇压。6月，北京大批学生被捕，上海出现大规模的工人罢工和商人罢市。在巨大压力下，北京政府释放了被捕学生。参加巴黎和会的中国代表也拒绝在和约上签字。

五四运动是一场以先进青年知识分子为先锋、广大人民群众参加的彻底反帝反封建的伟大爱国革命运动，它促进了马克思主义在中国的传播，为中国共产党成立做了思想上干部上的准备，是中国旧民主主义革命走向新民主主义革命的转折点。

2. 中国共产党的成立

1921年7月23日，中国共产党第一次全国代表大会在上海召开。出席会议的除毛泽东、董必武、李达等13名代表外，还有共产国际代表。由于法租界巡捕突然搜查会场，会议最后一天是在浙江嘉兴南湖一艘游船上进行的。大会通过的纲领，首先确定了中国共产党这个名称。大会明确了中国共产党的奋斗目标是推翻资产阶级，建立无产阶级专政，实现社会主义和共产主义。大会还选举产生了党的领导机构，陈独秀任书记。

知识再拔高

中共会议

中共二大：1922年7月，中国共产党第二次全国代表大会讨论通过了《中国共产党章程》，共6章29条，分别对党员的条件和审批程序、党的组织系统及其构成、党的会议和活动方式、党的组织纪律、党的经费来源及使用等方面作了较详细的规定，是中国共产党的第一部正式党章。

中共三大：1923年6月，中国共产党第三次全国代表大会召开，通过了《中国共产党第一次修正章程》。党的三大的中心议题是讨论与国民党合作、建立革命统一战线的问题。此次会议正式决定同孙中山领导的国民党合作，建立革命统一战线，共产党员以个人身份加入国民党，把国民党改造为工人、农民、小资产阶级和民族资产阶级的革命同盟。

中共四大：1925年1月，中国共产党第四次全国代表大会在上海召开，通过了《中国共产党第二次修正章程》，第一次明确提出了无产阶级在民主革命中的领导权和工农联盟问题。

3. 第一次国内革命战争时期

第一次国内革命战争时期，又称大革命时期，是指1924—1927年间中国共产党和中国国民党第一次合作进行反帝反封建的革命时期。

国民党一大:1924 年 1 月,中国国民党第一次全国代表大会在广州召开,会上对国民党进行改组,实际上确立了“联俄、联共、扶助农工”三大政策,这次大会标志着国共两党合作的正式建立。

北伐战争:1926 年 7 月,国民革命军兵分三路从广州出发,北伐的对象是吴佩孚、孙传芳、张作霖三大军阀。北伐军在不到 9 个月的时间里,打垮了吴佩孚,消灭了孙传芳主力,迫使张作霖势力退回关外。

4. 第二次国内革命战争时期

第二次国内革命战争,指中国人民在中国共产党领导下反对国民党反动统治的战争。

南昌起义:1927 年 8 月 1 日,周恩来、贺龙、叶挺、朱德、刘伯承等人率领革命军在南昌发动武装起义,打响了武装反抗国民党反动派的第一枪。

八七会议:1927 年 8 月 7 日,中国共产党召开“八七会议”。会议纠正了陈独秀右倾机会主义错误,确定实行土地革命和武装反抗国民党反动派的总方针。

秋收起义:1927 年 9 月,毛泽东领导了湘赣边秋收起义,由于敌强我弱,起义军在进攻长沙途中受挫。毛泽东主持召开会议,决定改向敌人统治力量薄弱的山区进军,创建井冈山革命根据地。从此,中国革命走上了建立农村革命根据地,以农村包围城市,武装夺取政权的道路。

红军长征:随着第五次反“围剿”的失败,1934 年 10 月,中央红军在江西于都集结,被迫实施战略转移,开始长征。1936 年 10 月,红军三大主力会师于甘肃会宁,宣告红军长征胜利结束。

遵义会议:1935 年 1 月,长征中的党中央在贵州遵义召开会议,肯定了毛泽东的正确军事主张,事实上确立了以毛泽东为核心的党中央的正确领导。会后,中央决定由毛泽东、周恩来、王稼祥组成三人军事指挥小组,全权负责长征中的军事指挥。遵义会议成为中国共产党历史上一个生死攸关的转折点。

5. 抗日战争

九一八事变:又称沈阳事变。1931 年 9 月 18 日夜,日本关东军炸毁沈阳北郊柳条湖附近南满铁路的一段铁轨,反诬中国军队破坏,并借此炮轰中国东北军驻地北大营和沈阳城,制造了九一八事变。19 日,日军占领沈阳,之后,东北三省全部沦陷。九一八事变后,中国人民开始了长达十四年的抗日战争。

西安事变:1936 年 12 月 12 日,张学良、杨虎城在多次劝谏蒋介石停止内战、联共抗日被拒绝的情况下,发动“兵谏”,扣押了蒋介石,并通电全国,要求停止内战,一致抗日,这就是“西安事变”。1936 年 12 月 25 日,蒋介石被释放,西安事变和平解决。

七七事变:1937 年 7 月 7 日晚,日军借故炮轰我军防地,驻宛平城和卢沟桥的中国守军奋起抵抗,史称“七七事变”,又称“卢沟桥事变”。七七事变标志着中国全民族抗战的开始。同年 9 月,蒋介石发表讲话,国共两党再次合作,抗日民族统一战线正式形成。

南京大屠杀:1937 年 12 月 13 日起,侵华日军于南京及附近地区进行长达 6 周的有组织、有计划、有预谋的大屠杀和奸淫、放火、抢劫等血腥暴行。南京大屠杀的遇难人数超过 30 万。每年的 12 月 13 日是南京大屠杀死难者国家公祭日。

四大会战:全面抗战爆发之后,国民政府在正面战场组织四大会战,来抵抗日军侵略者。其中,淞沪会战粉碎了日本侵略者 3 个月灭亡中国的计划;太原会战中的平型关大捷,打破了日军不可击败的神话;徐州会战中的台儿庄战役是抗日战争爆发以来,中国军队在正面战场取得的最大的一场胜仗;1938 年 10 月,武汉会战结束后,抗日战争进入战略相持阶段。

抗日战争胜利:在中国人民和世界反法西斯力量的共同打击下,1945 年 8 月 15 日,日本天皇发表“终战诏书”,接受波茨坦公告,宣布无条件投降。9 月 2 日,日本代表在投降书上签字,历时 14 年的中国人民抗日战争结束。

6. 人民解放战争

重庆谈判:抗日战争胜利之际,中国共产党和中国国民党两党就中国未来的发展前途、建设大计在重庆进行和平谈判。从 1945 年 8 月 29 日至 10 月 10 日,经过 43 天谈判,国共双方达成《政府与中共代表会谈纪要》,即“双十协定”。协定规定:坚决避免内战,建设独立、自由和富强的新中国。

三大战役:指 1948 年 9 月至 1949 年 1 月,中国人民解放军同国民党军队进行的战略决战,包括辽沈战役、淮海战役、平津战役三个战略性战役。三大战役的胜利,奠定了中国革命在全国胜利的基础。

三、中国现代史【9 年 1 考】

考点 1　社会主义过渡时期

1. 中华人民共和国成立

1949 年 9 月,中国人民政治协商会议第一届全体会议在北平召开,会议通过了具有临时宪法性质的《中国人民政治协商会议共同纲领》,决定成立中华人民共和国,改北平为北京作为首都,国旗为五星红旗。1949 年 10 月 1 日,毛泽东主席在天安门上向世界宣告:中华人民共和国中央人民政府成立。

2. 抗美援朝战争

1950 年,美国派兵武装干涉朝鲜内战,把战火烧到中朝边境。朝鲜请求中国出兵援助。1950 年 10 月,中国人民志愿军赴朝参战。1953 年 7 月,美国不得不在《朝鲜停战协定》上签字,中国人民取得抗美援朝战争的伟大胜利。

抗美援朝战争打出了国威和军威,提高了新中国的国际地位。抗美援朝战争伟大胜利,是中国人民站起来后屹立于世界东方的宣言书,是中华民族走向伟大复兴的重要里程碑。

3. 三大改造的完成和社会主义制度的建立

从 1953 年起,我国全面展开了对农业、手工业、资本主义工商业的社会主义改造。到 1956 年底,社会主义改造基本完成,社会主义公有制成为我国主要的所有制形式。三大改造的完成标志着社会主义基本制度在我国建立。

考点 2 社会主义现代化建设曲折前进

1. 中共八大

1956 年 9 月,中国共产党在北京召开第八次全国代表大会。根据社会主义基本制度已经在我国建立起来的新形势,大会分析了当时国内的主要矛盾,指出党和人民的主要任务是集中力量把我国尽快地从落后的农业国变为先进的工业国。中共八大以后,中国开始全面的大规模的社会主义建设。

2. 建设成就

从新中国成立到改革开放前的这段历史,我国在工业、农业、科技、国防、外交、文化教育等方面取得了巨大成就。

工业方面:建成一大批大中型项目,比如武汉、包头两大钢铁基地,大庆油田、胜利油田和大港油田。新兴的电子工业、原子能工业、航天工业从无到有地发展起来。

交通方面:修建了兰新、兰青、包兰等铁路。

水利、农业方面:兴修水利、开展农田基本建设、培育推广良种、提倡科学种田。

医疗卫生方面:我国首先完成了人工合成结晶牛胰岛素。

在社会主义建设中,涌现出无数先进典型和英雄模范人物,形成了具有特定内涵的时代精神。“铁人”王进喜、党的好干部焦裕禄、解放军好战士雷锋等,都是其中的典型代表。以李四光、钱学森、邓稼先、华罗庚等为代表的一批著名科学家,在科技事业和经济文化建设事业中作出重大贡献,成为知识分子的杰出代表。

3. 恢复联合国常任理事国席位

1971 年 10 月,第 26 届联合国代表大会恢复中华人民共和国在联合国的一切合法权利。

4. 中美建交

1972 年 2 月,美国总统尼克松访华,中美双方签署《联合公报》。1979 年 1 月 1 日,《中美建交公报》正式生效,中美正式建交。

5. 中日建交

1972 年 9 月,日本首相田中角荣访问中国,双方发表《中日联合声明》,标志着中日邦交正常化。

考点 3　社会主义现代化建设新时期和中国特色社会主义新时代

考频分布　2023 上单选

1. 十一届三中全会

1978 年 12 月,中共十一届三中全会在北京召开。全会以邓小平的《解放思想,实事求是,团结一致向前看》重要讲话为指导,决定停止使用“以阶级斗争为纲”的错误口号,作出把全党工作着重点转移到社会主义现代化建设上来、实行改革开放的历史性决策。全会重新确立了党的思想路线、政治路线和组织路线,恢复了党的民主集中制的优良传统,审查解决了历史上遗留的一批重大问题和一些重要领导人的功过是非问题。中共十一届三中全会,实现了新中国成立以来党的历史上具有深远意义的伟大转折,开启了改革开放和社会主义现代化建设新时期。

2. 香港、澳门回归

1997 年 7 月 1 日,中英两国政府完成香港政权交接仪式,中国对香港恢复行使主权,中华人民共和国香港特别行政区正式成立。

1999 年 12 月 20 日,中国对澳门恢复行使主权,中华人民共和国澳门特别行政区正式成立。香港、澳门的回归,标志着祖国统一大业向前迈出重要一步。

3. 中国特色社会主义理论体系

中国特色社会主义理论体系，是包括邓小平理论、“三个代表”重要思想、科学发展观、习近平新时代中国特色社会主义思想在内的科学理论体系。

知识再拔高

中国自由贸易试验区

自由贸易试验区（简称FTZ）是指在贸易和投资等方面比世贸组织有关规定更加优惠的贸易安排，在主权国家或地区的关境以外，划出特定的区域，准许外国商品豁免关税自由进出。

2013年9月，中国（上海）自由贸易试验区正式成立，涵盖上海外高桥保税区、上海外高桥保税物流园区、洋山保税港区和上海浦东机场综合保税区等4个海关特殊监管区域。

2015年4月，党中央、国务院决定设立中国（广东）自由贸易试验区、中国（天津）自由贸易试验区、中国（福建）自由贸易试验区3个自贸区。中国（广东）自由贸易试验区涵盖广州南沙新区片区、深圳前海蛇口片区和珠海横琴新区片区三个片区。中国（天津）自由贸易试验区包括天津港东疆片区、天津机场片区和滨海新区中心商务片区。中国（福建）自由贸易试验区包括福州片区、厦门片区和平潭片区。

2017年3月，党中央、国务院决定设立中国（辽宁）自由贸易试验区、中国（浙江）自由贸易试验区、中国（河南）自由贸易试验区、中国（湖北）自由贸易试验区、中国（重庆）自由贸易试验区、中国（四川）自由贸易试验区、中国（陕西）自由贸易试验区7个自贸区。

2018年10月，国务院批复同意设立中国（海南）自由贸易试验区，实施范围为海南岛全岛。

2019年8月，国务院发布《国务院关于同意新设6个自由贸易试验区的批复》，决定设立中国（山东）自由贸易试验区、中国（江苏）自由贸易试验区、中国（广西）自由贸易试验区、中国（河北）自由贸易试验区、中国（云南）自由贸易试验区、中国（黑龙江）自由贸易试验区。

2020年9月，党中央、国务院决定设立中国（北京）自由贸易试验区、中国（湖南）自由贸易试验区、中国（安徽）自由贸易试验区，扩展中国（浙江）自由贸易试验区。

四、世界历史【9年11考】

考点1　世界古代史

考频分布　2022下单选,2018下单选

1. 古代文明的产生与扩展

(1)古埃及

古埃及文明发源于尼罗河流域,文明的象征是金字塔,金字塔的建造不仅体现了法老的至上权威,而且证明了埃及人在建筑和数学方面都达到了较高的水平。古埃及人制定了世界上最早的太阳历,并发明了世界上最早的文字之一——象形文字。

(2)古印度

古印度文明发源于印度河、恒河流域。古代印度人创造了灿烂辉煌的文化,世界上广泛应用的“阿拉伯数字”,实际上起源于印度,后经阿拉伯人传至世界各地。

在国家形成过程中,印度出现不平等的种姓制度:婆罗门主掌宗教祭祀;刹帝利主要由以国王为首的武士集团构成,负责统治和保卫国家;吠舍大多数是普通劳动者,少部分是富有的商人;首陀罗地位最低,需要为前三个等级服务。后来,在四个种姓之外,还出现了“贱民”。

孔雀王朝统治时期是古代印度文明的鼎盛时期。阿育王是孔雀王朝的第三位国王,在位期间基本统一了印度。孔雀王朝时期的印度,农业和工商业都比较繁荣,出现了许多工商业中心城市,首都华氏城是当时世界上最繁华、人口最多的大城市之一。

(3)古巴比伦

古巴比伦文明发源于两河流域(底格里斯河和幼发拉底河)。古巴比伦人发明了楔形文字,根据月亮的盈亏变化制定了阴历,发明了计数法中的60进位制。

古巴比伦王国时期,国王汉谟拉比颁布的《汉谟拉比法典》是世界上现存的第一部比较完备的成文法典,法典全文以楔形文字刻在黑色玄武岩上。

(4)玛雅文明

玛雅文明是美洲印第安文明的杰出代表,因印第安玛雅人而得名。玛雅人发展了以种植玉米为主的农业,建立了众多城市国家。他们制造出精美的陶器,发明了独特的文字,用复杂的历法纪年,并采用20进制,也知道“零”的概念。15世纪中期,玛雅文明衰落。

(5)波斯帝国

国王是整个政权的核心和最高主宰,他的权力被认为来自神。公元前6世纪,波斯兴起于伊朗高原,迅速征服了包括两河流域、埃及、小亚细亚和巴尔干半岛北部在内的广大地区,建立起地跨亚非欧三大洲的帝国。波斯帝国的创立者是阿契美尼德氏族的居鲁士二世。波斯帝国实行君主专制制度。地方实行行省制,行省总督和军事长官相互监督和制约。

(6)古希腊城邦和亚历山大帝国

希腊最早的文明产生于爱琴海地区。爱琴文明包括克里特文明和迈锡尼文明。

①斯巴达和雅典

公元前8世纪,希腊出现了城邦。斯巴达和雅典是古希腊最著名的两个城邦。

斯巴达是少数人掌握政权的寡头政治的代表,其居民可以分为三部分。有公民权的斯巴达人每户都有一块大小相当的土地,有奴隶为他们耕作,因此,斯巴达人可以脱离生产劳动,投身于军事活动,完全军事化。斯巴达的非公民中有一部分自由人,主要务农,也有人从事商业和手工业。居民中人数最多的是被称为“希洛人”的奴隶,他们被固定在土地上,从事艰苦的农业劳动。

雅典建立了民主政体。在伯里克利主政时期,雅典的奴隶制民主政治发展到高峰。伯里克利扩大了公民的权利,公职人员几乎都是从全体公民中抽签产生,使每一名公民都有参政的机会。代表各地的10个主席团轮流主持城邦日常事务,召集公民大会。公民大会是最高权力机构,具有立法、司法等多种职能。

②亚历山大帝国

公元前4世纪晚期,马其顿国王亚历山大率军进攻波斯帝国,打败了波斯帝国国王大流士三世,最终建立了地跨欧、亚、非三大洲的帝国。亚历山大继承波斯帝国的基本制度,宣布君权神授,将政治、军事等大权集于一身。

(7)古罗马

公元前509年,罗马人建立了罗马共和国,由元老院、执政官和公民大会三权分立。

公元前450年左右,罗马颁布了成文法,因这部法刻在十二块青铜板上,所以被称为《十二铜表法》。《十二铜表法》涉及诉讼程序、所有权和债务权、宗教法等内容,使定罪量刑有了文字依据。

公元前73年,罗马爆发了斯巴达克奴隶起义。

公元前27年,罗马元老院授予屋大维“奥古斯都”尊号,罗马进入帝国时代。

395年,罗马帝国分裂为东罗马和西罗马,东罗马以拜占庭(即君士坦丁堡)为都;西罗马仍以罗马为都。

476年,西罗马帝国在日耳曼人的打击下灭亡。东罗马帝国则延续下来,查士丁尼继任为东罗马帝国皇帝后,组建了一个法典编纂委员会。委员会编成《查士丁尼法典》《法学汇纂》《法理概要》。查士丁尼还命人将自己执政时期的法令编辑为《新法典》。这四部法律文献统称为《罗马民法大全》。

2. 封建时代的国家

(1)法兰克王国

西罗马帝国灭亡前后,日耳曼人在西欧建立了许多大小不同的王国,被称为“蛮族王国”,其中最为强大的是481年建立的法兰克王国。

法兰克王国的建立者是克洛维。克洛维皈依了基督教,承认罗马教会在欧洲的重要地位。在他的推动下,整个法兰克王国都信仰了基督教。

8世纪,查理成为法兰克王国国王。继位后,查理四处征伐,并实行鼓励基督教发展的政策,颁布“什一税”(即每个教区的人民把每年收入的1/10贡献给教会)。他统治时期的法兰克王国,史称“查理曼帝国”。

843年,查理曼帝国一分为三。东法兰克王国成了以后的德国,西法兰克王国成了以后的法国,东、西部之间的地区则成了以后的意大利。

1337—1453年,英法两国由于领土争端和王位继承权问题发生了长达一百多年的战争,史称“百年战争”。圣女贞德是英法百年战争时期法国的民族英雄。

(2)阿拉伯帝国

穆罕默德于7世纪初创立了伊斯兰教,在麦地那建立了一个以共同信仰为基础的宗教社团,即穆斯林公社。阿拉伯国家的雏形由此诞生。630年,穆罕默德率穆斯林占领麦加,阿拉伯半岛基本统一。至8世纪中期,阿拉伯帝国的版图横跨亚、欧、非三大洲,是当时世界上疆域最大的帝国。阿拉伯帝国的最高首领称“哈里发”,实行中央集权统治。

阿拉伯人改造了古印度人从0到9的计数法,形成了我们现在使用的“阿拉伯数字”,并创造了完整的代数学。阿拉伯人还是东西方文化的沟通者,中国的造纸术、指南针、火药等重大发明和印度的棉花、食糖等都是由阿拉伯人传入欧洲的。

3. 文明的交流

农耕、冶铁、雕刻技术和神话:西亚的农耕技术,逐步传到中亚、欧洲和北非一些地区。冶铁技术起源于西亚,扩散到埃及和希腊等地。西亚的神话传入希腊,成为希腊神话的重要内容。希腊最初的雕刻艺术,特别是人像雕刻,在很多方面都模仿埃及。

字母文字的源头:字母文字起源于西亚地区的腓尼基。它在东方演化为阿拉马字母,由阿拉马字母发展出古代西亚、埃及以及印度等地的多种字母;它向西传入希腊,形成希腊字母,再演化出拉丁字母。希腊字母和拉丁字母成为今天欧洲几乎所有字母文字的源头。

经贸和文化交流:公元前后,汉朝和罗马帝国分别兴起于亚欧大陆的东西两端。两大强国之间缺乏官方的直接往来,但通过丝绸之路,双方有间接的经贸和文化交流。早在波斯帝国时期,中国的丝绸已到达地中海东岸。

真题面对面

[**2018 下半年真题**]拉丁美洲是美国以南所有美洲地区的通称,历史上曾为印第安人的家园,孕育了灿烂的古代文明,下列选项中,发祥于该地区的古代文明是(　　)

A. 拉丁文明　　B. 玛雅文明　　C. 爱琴文明　　D. 波斯文明

答案:B。

考点 2　世界近代史

考频分布　2022 下单选,2021 下单选,2017 上单选,2016 上单选,2015 上单选

1. 文艺复兴

文艺复兴是 14 世纪至 17 世纪初在欧洲发生的一场宣扬新思想的新文化运动。文艺复兴始于意大利,西欧中世纪晚期资本主义生产关系的萌芽是文艺复兴产生的根本原因。文艺复兴以学习和恢复希腊罗马古典文化为号召,实质上却是创立符合新兴资产阶级需要的新文化,其精神内核是人文主义。

2. 地理大发现

地理大发现是西方史学家对 15—17 世纪欧洲航海者一系列航海活动的通称。1488 年,葡萄牙人迪亚士到达了非洲西南端的风暴角(即好望角)。1492 年,哥伦布抵达“美洲”,开辟了欧美航线;1497～1498 年,达・伽马开辟自西欧绕过非洲南端直达印度的航路;1519—1522 年麦哲伦船队首次完成环球航行。新航路的开辟和美洲的发现,初步形成了世界市场,开始了西方国家殖民掠夺的狂潮。

3. 殖民掠夺

拉丁美洲的殖民地化:1496 年,西班牙在海地建立了第一个永久性殖民地圣多明各。到 18 世纪晚期,拉丁美洲已完全处于欧洲列强的殖民统治之下,其中绝大部分土地为西班牙和葡萄牙的殖民地,小部分土地被荷兰、英国和法国占据。殖民者在拉丁美洲实行专制统治,推行农奴制,奴役和屠杀印第安人,从非洲贩入黑人奴隶,发展起罪恶的黑奴贸易。

亚洲沦为殖民地半殖民地:从 17 世纪开始,英国、荷兰和法国成为殖民侵略活动的主角,加快了亚洲的殖民地和半殖民地化。

西方列强瓜分非洲:从 15 世纪开始,欧洲殖民者就侵入非洲。19 世纪 70 年代以前,欧洲殖民国家只侵占了 10% 左右的非洲土地;19 世纪末 20 世纪初,帝国主义列强侵占了非洲全部土地的 96% 以上。除埃塞俄比亚和利比里亚两国保持形式上的独立以外,整个非洲已被瓜分完毕。

知识再拔高

帝国主义国家在非洲占领的殖民地

国家	殖民地面积	占非洲总面积百分比
英国	8860020 平方公里	29%
法国	10795520 平方公里	35.6%
德国	2347034 平方公里	7.7%
意大利	2339540 平方公里	7.7%
西班牙	308355 平方公里	1%
葡萄牙	2089089 平方公里	7%

4. 启蒙运动

启蒙运动是 17、18 世纪欧洲资产阶级的一场反封建、反教会的思想文化运动,是继文艺复兴之后近代欧洲发生的第二次思想解放运动。启蒙运动起源于英国,在法国形成高潮,影响遍及欧洲、美洲和亚洲。代表人物有英国的亚当·斯密、洛克,法国的伏尔泰、孟德斯鸠、卢梭、狄德罗,德国的康德等。启蒙思想家认为判断是非的标准是人的理性。他们相信进步,相信在科学和教育的作用下,社会将趋于完美。他们对未来社会提出了一些基本的政治思想,如天赋人权、平等、自由、法治和权力制衡等。

启蒙运动进一步解放了人们的思想,为资本主义制度的建立作了理论准备和舆论宣传，直接推动了美国独立战争和法国大革命，有助于在这些国家建立资产阶级统治。启蒙思想也成为殖民地半殖民地人民争取民族独立的精神武器。

5. 近代资本主义国家的发展

（1）英国

16～17 世纪，英国资产阶级和新贵族在经济上日益强大，他们以议会为基地，向专制王权发起挑战。1640 年，英国爆发革命。经过两次内战，议会获胜，处死国王。随后，英国经历了共和国、军事独裁和王朝复辟时期的反复斗争。1688 年，发生"光荣革命"，革命成果获得巩固。1689 年，英国议会通过《权利法案》限制国王权力，英国君主立宪制逐步形成。

（2）美国

18 世纪中叶，英国对北美大西洋沿岸 13 块殖民地的种种限制和剥削，激起了北美人民的强烈不满，他们要求独立的呼声高涨。1775 年春，英军在来克星顿与埋伏在那里的武装村民交火，美国独立战争开始。1776 年 7 月 4 日，大陆会议通过《独立宣言》，宣告北美殖民地脱离英国独立。1777 年，美国取得萨拉托加大捷，这是独立战争的转折点。1781 年英军主力在约克镇投降。1783 年，英国承认美国独立。1787 年，美国制定宪法，确立"三权分立"原则。

美国独立后，经济获得发展。但南北双方在关税、西部领土建州等问题上矛盾重重，在奴隶制的存废问题上斗争尤其尖锐。1861 年，美国内战爆发，史称"南北战争"。林肯领导的联邦政府先后颁布《宅地法》和《解放黑人奴隶宣言》，赢得民众支持，最终击败了南方分裂势力。1865 年，内战结束。

（3）法国

1789 年 7 月 14 日，法国民众攻占巴士底狱，标志着法国大革命爆发。1789 年 8 月，法国制宪议会通过了《人权宣言》。1792 年，法国宣布废除君主制度，成立法兰西第一共和国。1794 年 7 月雅各宾派专政被热月党人推翻，恢复共和制，法国大革命的高潮结束。这一事件史称"热月政变"。1795 年，《马赛曲》被确立为法国国歌。1799 年 11 月，拿破仑发动"雾月政变"，建立执政府。1804 年，经公民投票，法国改为帝国，史称"法兰西第一帝国"，拿破仑加冕称帝。1812 年，拿破仑远征俄国，大败而归。1815 年，法兰西第一帝国覆灭。

1848 年，法国爆发了由工人阶级领导的"二月革命"，推翻了七月王朝，成立了法兰西第二共和国。1851 年，路易·波拿巴发动政变，并于 1852 年宣布成立帝国，标志着法兰西第二共和国被法兰西第二帝国取代。

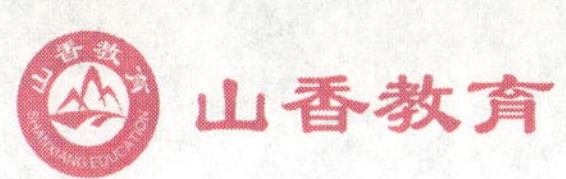

1870年,法国人民推翻了第二帝国,恢复了共和政体,成立了法兰西第三共和国。1940年德国法西斯入侵法国,第三共和国结束。

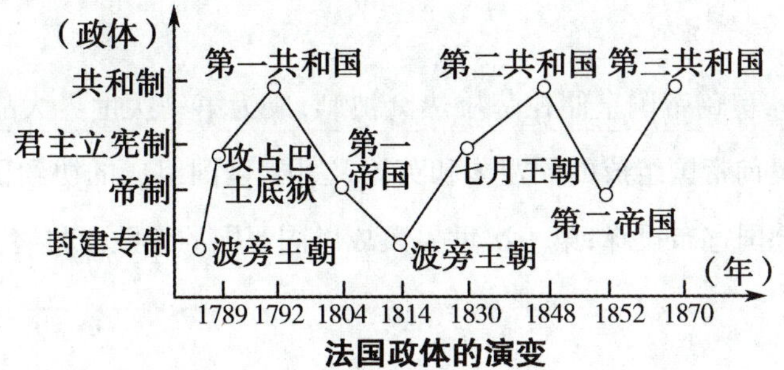

法国政体的演变

(4)俄国

1861年,面临空前危机的俄国沙皇政府进行废除农奴制改革,农奴获得人身自由,可以通过赎买得到土地。随后沙皇又进行其他改革,如实行地方自治和地方选举、实施统一的司法制度、进行教育改革、实行义务兵役制等,还采取各种措施刺激工业发展。这些自上而下的改革使俄国走上资本主义发展道路,但没有直接触及沙皇专制制度,保留了大量农奴制残余。

(5)德意志帝国

19世纪中期,德意志处于分裂状态。普鲁士和奥地利是德意志的两个最大邦国。普鲁士国王威廉一世起用俾斯麦为宰相,在1864—1871年先后击败丹麦、奥地利和法国,统一了除奥地利以外的德意志。1871年,德意志帝国成立,实行君主立宪制。《德意志帝国宪法》规定,皇帝拥有绝对实权,议会权力有限,德国的君主立宪制是一种不彻底的不完善的代议制。

(6)日本

19世纪中期,日本面临沦为半殖民地的民族危机。日本有识之士于1868年推翻幕府统治,进行改革,史称"明治维新"。明治政府加强中央集权,废除封建等级制度,推行"富国强兵""殖产兴业""文明开化"三大政策,仿效西方国家制定宪法。宪法肯定了天皇神圣不可侵犯和统揽一切的地位,议会、内阁、军部相互牵制,成为天皇权力的代行机构。明治维新保留了大量封建势力,成为军国主义的社会基础。

6. 科学社会主义的诞生与传播

1848年2月,由马克思和恩格斯起草的《共产党宣言》正式发表,标志着马克思主义的诞生。《共产党宣言》第一次比较完整系统地阐述了科学社会主义的基本原理。

1864年,国际工人协会(即第一国际)成立。第一国际的成立推动了马克思主义的传播和国际工人运动进入新阶段。1870年,普法战争中法国战败。法国资产阶级政府对外屈膝投降,对内镇压人民。1871 年 3 月 18 日,政府军队同巴黎市民发生冲突,导致巴黎市民起义。3 月 28 日,巴黎公社宣告成立。

7. 第一次世界大战

1914 年 6 月,奥匈帝国皇储在萨拉热窝被刺,成为第一次世界大战的导火索。战争主要在由德国、奥匈帝国组成的同盟国和英国、法国、俄国组成的协约国之间进行。1918 年 11 月 11 日,德国宣布投降,第一次世界大战以同盟国的失败而告终。

知识再拔高

资本主义国家的主要政体

政体	具体内容	主要国家
君主立宪制	以世袭的君主为国家元首,但其权力由宪法规定、受到一定限制的政权组织形式,它是资产阶级同封建贵族妥协的产物。君主立宪制分为二元君主制和议会君主制两种形式	二元君主制:摩洛哥、约旦; 议会君主制:英国、日本、西班牙、荷兰、比利时、丹麦
民主共和制	国家最高权力机关和国家元首由选举产生,并有一定任期的国家管理形式。它是资本主义国家普遍采取的政权组织形式。资产阶级共和制分为议会共和制和总统共和制两种形式。一些国家对总统制进行了改革,实行一种"半总统制"	议会共和制:意大利、德国、奥地利、印度、新加坡; 总统共和制:美国、墨西哥、巴西、印度尼西亚; 半总统制:法国、乌克兰

真题面对面

[2022 下半年真题]君主立宪制是指国家元首由世袭的君主担任,君主的权力受到宪法和议会制约的君主制政体。下列选项中,不是君主立宪制政体的国家是(　　)

A. 日本　　B. 丹麦　　C. 奥地利　　D. 西班牙

答案:C。

考点 3　世界现代史

考频分布　2023 下单选,2020 下单选,2019 下单选,2018 上单选

1. 俄国十月革命

1917 年 11 月 7 日(俄历 10 月 25 日),以列宁为首的布尔什维克党领导工人阶级和

革命士兵,举行武装起义。次日,全俄工兵代表苏维埃第二次代表大会宣布推翻俄国资产阶级临时政府,成立布尔什维克党领导的苏维埃政权。列宁当选为人民委员会主席,颁布《和平法令》和《土地法令》。十月革命是人类历史上第一次胜利的社会主义革命,建立了第一个无产阶级专政的国家。

真题面对面

[**2023 下半年真题**]下列选项中,历史文件与历史事件对应正确的是(　　)

A.《土地法令》——俄国十月革命

B.《独立宣言》——法国大革命

C.《人权宣言》——英国资产阶级革命

D.《权利法案》——美国南北战争

答案:A。

2. 凡尔赛—华盛顿体系

第一次世界大战结束后,战胜国在 1919 年和 1921 ~ 1922 年分别召开巴黎和会和华盛顿会议,缔结了以《凡尔赛条约》和《九国公约》为代表的一系列国际条约,在全球范围内建立了帝国主义的国际新秩序——凡尔赛—华盛顿体系。这一体系的主要内容包括:德国及其盟国承担战争罪责,战败国向战胜国割地赔款,裁减军备,德国的海外殖民地被战胜国瓜分;承认波兰复国,承认捷克斯洛伐克和南斯拉夫等国家独立;限制美国、英国、日本等国的海军军备;中国收回山东主权,但日本保留了诸多特权;列强同意将“门户开放”“机会均等”作为侵略中国的共同原则。

《凡尔赛条约》对德国的过分压制间接导致了第二次世界大战的爆发。另外,《凡尔赛条约》对战胜国中国的不公正待遇直接导致了中国五四运动的爆发。

3. 第二次世界大战

(1)战争概况

1931 年,日本制造九一八事变,发动了侵华战争,拉开了第二次世界大战的序幕。

1939 年 9 月,德军突袭波兰,作为波兰盟国的英、法两国迫于舆论压力,于 9 月 3 日对德宣战。第二次世界大战全面爆发。

1941 年 6 月,德国入侵苏联,苏联战场成为抵抗纳粹德国的主战场。同年 12 月,日本挑起太平洋战争,美国对日宣战,第二次世界大战发展到全球阶段。

1942 年 1 月,以美、苏、英、中为首的 26 个国家签署《联合国家宣言》,建立世界反法西斯同盟。

1943 年春，斯大林格勒战役扭转了二战的局势。

1945 年 5 月 8 日，德国宣告无条件投降。

1945 年 8 月 15 日，日本法西斯宣布无条件投降。9 月 2 日，日本正式签订投降书，第二次世界大战结束。

1945 年 11 月，欧洲国际军事法庭在纽伦堡对纳粹德国的首要战犯和犯罪组织进行长达 10 个多月的审判，史称“纽伦堡审判”。

1946 年 5 月，远东国际军事法庭在东京正式开庭，史称“东京审判”。这是人类历史上规模最大的一次国际审判。

(2)雅尔塔体系

第二次世界大战中后期，反法西斯同盟国的首脑相继在开罗、德黑兰、雅尔塔和波茨坦等地召开会议，缔结了一系列条约和协定，建立了战后国际秩序，史称“雅尔塔体系”。

开罗会议：在反法西斯战争进程取得根本转变的形势下，1943 年 11 月，为了加强反法西斯联合作战的力量，中、美、英三国首脑在开罗举行会议，会议商讨了联合对日作战的计划，并发表了《开罗宣言》，宣言明确规定把日本强占的中国东北地区、台湾及其附属岛屿、澎湖群岛等归还中国，等等。

德黑兰会议：1943 年 11 月，英、美、苏三国首领在伊朗的德黑兰举行会议，通过了关于三国对德作战的一致行动和关于战后合作的宣言，并决定在欧洲开辟第二战场。

雅尔塔会议：1945 年 2 月，苏、美、英三国首脑在克里米亚半岛的雅尔塔举行会议，通过了关于彻底击败德国，消灭德国军国主义和法西斯主义，惩办战犯及战后德国民主化等重要决议，并决定在战后建立一个新的国际组织——联合国。苏联答应在欧洲战事结束三个月内，参加对日作战。

波茨坦会议：1945 年 7 月中旬至 8 月初，苏、美、英三国首脑在波茨坦举行会议，重申雅尔塔会议的精神。中、美、英三国发表《波茨坦公告》促令日本无条件投降。

真题面对面

[2020 下半年真题]二战期间，中、美、英三国首脑召开国际会议，商讨了联合对日作战计划，确认了日本归还所侵占的台湾等中国领土。该国际会议名称是（　　）

A. 波茨坦会议　B. 凡尔赛会议　C. 开罗会议　D. 巴黎和会

答案：C。

4. 联合国建立

联合国是人类构建世界和平的成果，也是影响最大的国际组织。1945 年 10 月 24

日,在美国旧金山签订的《联合国宪章》生效标志着联合国正式成立。联合国安全理事会,简称“安理会”,担负着维护国际和平与安全的主要责任。安理会由中国、法国、俄罗斯、英国、美国等5个常任理事国和10个非常任理事国组成,常任理事国拥有否决权。联合国秘书处是联合国的行政秘书事务机构。

5. 马歇尔计划

马歇尔计划,又称欧洲复兴计划,由时任美国国务卿马歇尔提出,该计划企图通过援助西欧恢复经济,稳定资本主义制度。

6. 美苏冷战

冷战是指第二次世界大战后的40多年间,以美、苏为首的两大集团之间既非战争又非和平的对峙与竞争状态。1947年,杜鲁门主义的出台标志着冷战的开始。1991年,苏联的解体标志着冷战的结束。

7. 世界多极化发展趋势

随着冷战的结束和两极格局的消失,一方面,美国作为世界上唯一的超级大国,希望建立由美国主导的单极世界。另一方面,世界多极化趋势继续发展。在欧洲共同体基础上成立的欧洲联盟,继续向经济和政治一体化迈进。

苏联解体后,俄罗斯联邦取代了苏联在联合国的地位,拥有可以与美国匹敌的军事力量,推行多极化外交,在国际事务中的作用仍然举足轻重。

日本在保持经济大国的同时,将追求政治乃至军事大国作为国家的长远战略目标。

中国坚持和平发展,坚持对外开放的基本国策,坚定奉行互利共赢的开放战略,倡导践行真正的多边主义,反对单边主义、霸权主义和强权政治,推动构建新型国际关系,正在发挥并将继续发挥负责任大国的作用。

广大发展中国家总体实力增强,成为推动世界多极化的重要力量。

8. 经济全球化

20世纪70年代以来,以信息技术为代表的新的科学技术的发展成为经济全球化的主要推动力量。进入90年代,跨国公司迅猛发展,国际投资迅速增加,世界贸易组织的诞生,把贸易、投资和服务的国际化提高到新的水平。进入21世纪,随着以互联网、人工智能等为代表的新一轮科学技术的发展,经济全球化成为强劲的时代潮流。

第二节　科学常识

思维导图

- 科学常识
  - 中国古代科技成就
    - 四大发明 —— 火药、指南针、造纸术、印刷术
    - 天文历法 —— 《夏小正》、《春秋》哈雷彗星、郭守敬《授时历》
    - 数学物理 —— 《墨经》、《周髀算经》、《九章算术》、圆周率
    - 农业、手工业 —— 氾胜之《氾胜之书》、贾思勰《齐民要术》、沈括《梦溪笔谈》、宋应星《天工开物》等
    - 医学 —— 扁鹊“望闻问切”、《黄帝内经》、《伤寒杂病论》、《千金方》、李时珍《本草纲目》“东方医药巨典”等
    - 地理学 —— 《周易》首提“地理”名称、郦道元《水经注》、徐弘祖《徐霞客游记》
  - 中国近现代科技成就
    - 国防建设 —— 两弹一星、核潜艇、航空母舰
    - 航空航天 —— 中国航天神舟系列飞船、中国空间站、探月工程、探日工程、北斗卫星导航系统、量子卫星“墨子号”
    - 信息技术成就 —— 超导量子计算原型机“九章三号”
    - 生物学和医学 —— 袁隆平“杂交水稻之父”、屠呦呦发现青蒿素
  - 西方科技成就
    - 近代科技
      - 天文学：“日心说”“星云假说”
      - 物理学：电磁感应现象、相对论、放射性元素“镭”
      - 化学：质量守恒定律、诺贝尔奖、元素周期表
      - 生物学、医学：细胞学说、《物种起源》巴氏消毒法、青霉素
    - 三次科技革命成果
      - 蒸汽时代：蒸汽机、蒸汽轮船、蒸汽机车
      - 电气时代：发电机、电灯、留声机、电话、无线电报
      - 信息时代：原子弹、核电站、电子计算机、人造卫星
  - 生活科学常识
    - 物理 —— 声现象、光现象、物态变化、力学、物理单位
    - 化学 —— 空气成分、物质构成、金属材料
    - 生物医学 —— 生物及其特征、维生素、人体内的血液成分、传染病、常见的医学检测技术
    - 地理 —— 太阳系与地球、地表形态、大气分层等
    - 数学 —— 中数、众数、算术平均数、平均差、方差、标准差、加权平均数、百分等级、区分度
    - （以上为重点）
    - 气象灾害预警信号 —— 台风、暴雨、暴雪、寒潮、大风、沙尘暴、高温、干旱、雷电、冰雹、霜冻、大雾、霾、道路结冰

考向分析

本节主要介绍中外各领域的重要人物与重大成就以及生活科学常识，内容繁杂，需要记忆并理解。在考试中会以单选题的形式考查。通过汇总分析2015年至2023年的真题试卷，本节知识考查情况见下表：

知识	考点	考频	题型
中国古代科技成就	天文历法成就、医学成就、地理学成就	3	单选
中国近现代科技成就	航空航天成就、信息技术成就、生物学和医学成就	5	单选
西方科技成就	天文学成就、物理学成就、化学成就、生物学和医学成就、三次科技革命成果	10	单选
生活科学常识	物理常识、化学常识、生物医学常识、地理常识、数学常识、气象灾害预警信号	31	单选

一、中国古代科技成就【9年3考】

考点1　四大发明

1. 火药

唐朝时，中国人已经发明了火药。唐朝末年，火药开始运用到军事领域。宋元时期，火药武器广泛用于战争。当时，人们主要利用火药的特性，制成爆炸性武器，或者用来制成管形火器。宋金战争中宋军使用了火器，而金人从宋人那里学会了制造、使用火药武器。蒙古人在灭金、灭宋的战争中，也大量使用了火器。元朝还用金属作筒，取代竹筒，发明了火铳，这比以前的突火枪威力更大。

2. 指南针

战国时人们利用天然磁铁做成指南工具，称为“司南”。宋代开始用人造磁铁制成指南的工具。北宋末年，中国的海船上开始使用指南针。乘坐中国海船的阿拉伯商人将指南针传到阿拉伯国家，后来又传到欧洲，大大促进了世界远洋航海技术的发展。朱彧在1119年写成《萍洲可谈》一书，书中写道：“舟师识地理，夜则观星，昼则观日，阴晦观指南针。”这是世界航海史上使用指南针航海的最早记录。

3. 造纸术

西汉时期，人们已经懂得了造纸的基本方法。东汉时，蔡伦总结前人经验，改进了造纸术。此后纸的使用日益普遍，纸逐渐取代简帛，成为人们广泛使用的书写材料，也便利了典籍的流传。

4. 印刷术

我国在隋唐时期发明了雕版印刷术。北宋时期，毕昇发明了活字印刷术，比欧洲早约 400 年。活字印刷术的发明极大提高了制版效率，推动了文化的传播。到了元代，著名的科学家王祯在《农书》中对木活字技术作了系统的总结并有所创新，发明了转轮排字法。元朝中期，出现了铜活字印刷。

考点 2　天文历法成就

考频分布　2018 上单选

夏朝历法《夏小正》记载了一年中各个月份的物候、天象、气象和农事情况。

干支纪日法是商朝历法的最大成就，它是世界上延续时间最长的纪日方法。商朝甲骨文中保留了我国最早的日食、月食和新星记录。

《春秋》中关于哈雷彗星的记载，是世界公认的关于哈雷彗星的最早记录，比欧洲早 670 多年。春秋时期，历法已经形成自己固定的系统，基本上确立了十九年七闰的规律，比欧洲早 160 年。

战国时期的《甘石星经》，是世界上最早的天文学著作之一，书中的《石氏星表》是现存世界上最早的星表之一。

汉武帝时制定的《太初历》是我国第一部比较完整的历法。公元前 28 年，西汉关于太阳黑子的记录是世界上最早的太阳黑子记录。东汉时张衡发明了地动仪，测定地震方位。

唐朝时，僧人一行制定的《大衍历》比较准确地反映了太阳运行的规律，并在世界上首创用科学的方法实测地球子午线长度。

元朝郭守敬主持编制的《授时历》记载的一年的周期与现行公历基本相同，但比现行公历的确立早约 300 年。

真题面对面

[2018 上半年真题] 在我国历史上，创造和改进了简仪、仰仪、高表等观测天象的仪器，主持编制了《授时历》，将一个回归年的天数精确到 365.2425 天的数学家、天文学家是（　　）

A. 张衡　　　　B. 祖冲之

C. 郭守敬　　　　D. 徐光启

答案：C。

考点 3　数学物理成就

战国时墨子著有《墨经》，书中分 8 条论述了光学知识，阐述了影、小孔成像、平面镜、凹面镜、凸面镜成像等，被称为"《墨经》光学八条"。

西汉初期成书的《周髀算经》是中国流传至今的、最早的一部数学著作，主要介绍了勾股定理及其在测量上的应用。同时，它也是一部天文学著作，主要阐述了盖天说和四分历法。

东汉时的《九章算术》分九章介绍了许多算术命题及其解法，是当时世界上最先进的应用数学著作。它的出现标志着中国古代数学形成了完整的体系。

魏晋时期，数学家刘徽运用极限理论提出了计算圆周率的正确方法。南朝的祖冲之精确地算出圆周率是在 3.1415926 与 3.1415927 之间，比欧洲早近一千年。祖冲之父子的《缀术》对数学的发展有杰出贡献。

唐初的王孝通撰写的《缉古算经》是我国现存最早的解三次方程的著作。

"算经十书"是十部著名的数学著作，曾作为隋唐时代国子监算学科的教科书。它们分别是：《周髀算经》《九章算术》《海岛算经》《张丘建算经》《夏侯阳算经》《五经算术》《缉古算经》《缀术》《五曹算经》《孙子算经》。"算经十书"标志着中国古代数学的高峰。

知识再拔高

勾股定理

勾股定理是指直角三角形的两条直角边的平方和等于斜边的平方。中国古代称直角三角形为勾股形，并称直角边中较小者为勾，另一长直角边为股，斜边为弦，所以称这个定理为勾股定理。周朝时期的商高提出了"勾三股四弦五"的定理，因此也有人称为商高定理。在西方，勾股定理被称为毕达哥拉斯定理。

考点4　农业、手工业成就

我国农业、手工业主要成就

朝代	作者	成就	地位
西汉	氾胜之	《氾胜之书》	我国现存最古老的一部农书
东汉	崔寔	《四民月令》	叙述一年例行农事活动的专著
北魏	贾思勰	《齐民要术》	我国现存最早的一部完整的农书，标志着中国传统农学的成熟
北宋	沈括	《梦溪笔谈》	是一部涉及古代自然科学、工艺技术及社会历史现象的综合性笔记体著作。记载了我国古代特别是北宋时期自然科学达到的辉煌成就，被李约瑟评价为“**中国科学史上的里程碑**”
明朝	宋应星	《天工开物》	世界上第一部关于农业、手工业生产的综合性著作，其中记录了人工杂交育种培育优良蚕种。此书被誉为“中国17世纪的工艺百科全书”
	徐光启	《农政全书》	全面总结了我国古代生产的先进经验、技术革新和作者关于农学的创新研究成果，与北魏贾思勰的《齐民要术》并列为我国农学著述之两大丰碑

考点5　医学成就

考频分布　2015上单选

春秋战国之际的名医扁鹊，已经懂得用针刺、按摩、汤药等多种方法治疗疾病。他总结出来的望、闻、问、切四种诊断疾病的方法，一直被中医沿用。

战国问世、西汉编定的《黄帝内经》，是我国现存较早的重要医学文献，它反映了我国古代医学的早期成就，奠定了中国医学的理论基础。

东汉时的《神农本草经》是中国古代第一部药物学著作，是中医药药物学理论发展的源头。“医圣”张仲景的《伤寒杂病论》发展了中医学的理论和治疗方法，总结了各种疾病的症候，提出在诊断上要辨证分析病情，然后对症治疗。

东汉的华佗发明了“麻沸散”，擅长外科手术，被誉为“神医”。华佗还模仿虎、鹿、熊、猿、鸟五种动物的活动姿态，创编出了“五禽戏”，帮助人们强身健体。

唐朝时，孙思邈的《千金方》全面总结历代和当时的医药学成果，他被后人誉为“药王”。

唐高宗时编的《唐本草》是世界上最早由国家编定和颁布的药典。

明朝李时珍的《本草纲目》,总结了我国古代药物学成就,丰富了我国医药学宝库,在世界医药史上占有重要的地位,被誉为“东方医药巨典”。《本草纲目》不仅对药物学作了详细记载,还在植物学、动物学、矿物学、物理学、化学、农学、天文学、气象学等许多方面,有着广泛的论述。

考点 6　地理学成就

考频分布　2016 下单选

西周时期,《周易》首先提出了“地理”这一名称。

西晋裴秀绘制出《禹贡地域图》,提出绘制地图的 6 项原则,即“制图六体”。

北魏地理学家郦道元的《水经注》以水道为纲记载区域地理信息,是一部综合性的地理学著作。

明代的《徐霞客游记》,作者徐霞客,名弘祖。这部书详细记录了各地的地理、水文、地质、植物等现象,以及经济、交通、城镇聚落、风土文物等,其中对丹霞地貌的考察和记述,居当时世界的先进水平。

二、中国近现代科技成就【9 年 5 考】

考点 1　国防建设成就

1964 年,我国第一颗原子弹爆炸成功。1967 年,我国第一颗氢弹爆炸成功。1970 年,我国用长征一号运载火箭,成功地发射了第一颗人造地球卫星——东方红一号。

1970 年,我国自行研制的首艘核潜艇下水,试航成功。

2012 年 9 月 25 日,我国首艘航空母舰“辽宁”号交付海军。“辽宁”号航空母舰前身是苏联海军的库兹涅佐夫级航空母舰次舰“瓦良格”号,后由中国购入并进行建造改进,于 2012 年正式服役。

2019 年 12 月 17 日,我国第二艘航空母舰,也是首艘自主建造的航空母舰“山东”舰在三亚交付海军。“山东”舰在中国首艘航母“辽宁”号使用的经验基础上改进优化而来,是中国真正意义上的第一艘国产航空母舰。

2022 年 6 月 17 日,我国第三艘航空母舰“福建”舰下水开展系泊试验和航行试验。“福建”舰是中国完全自主设计建造的首艘弹射型航空母舰。

考点2 航空航天成就

考频分布 2023 上单选,2021 下单选,2019 上单选

1. 神舟系列

中国航天神舟系列飞船

时间	基本信息
1999 年	“神舟一号”无人飞船发射升空,这是中国载人航天工程的首次飞行
2003 年	“神舟五号”载人飞船成功发射,杨利伟成为我国进入太空的第一位航天员
2005 年	航天员费俊龙、聂海胜搭乘“神舟六号”飞船发射升空,实现了多人多天飞行
2008 年	“神舟七号”载人飞船发射升空,航天员翟志刚首次出舱
2012 年	“神舟九号”载人飞船与“天宫一号”对接成功,刘洋是我国首位进入太空的女航天员
2013 年	“神舟十号”载人飞船进入太空,航天员王亚平实现太空授课
2016 年	“神舟十一号”载人飞船成功发射,并与“天宫二号”自动交会对接成功
2021 年	“神舟十二号”载人飞船与**天和核心舱**对接形成组合体,完成空间站阶段中国航天员的首次空间出舱活动
2022 年	“神舟十四号”载人飞船与天和核心舱对接形成组合体,3 名航天员进行为期 6 个月的在轨驻留
2023 年	“神舟十六号”任务是我国载人航天工程进入空间站应用与发展阶段的首次载人飞行任务。“神舟十六号”航天员乘组由景海鹏、朱杨柱、桂海潮 3 名航天员组成,其中,航天员景海鹏第四次执行飞行任务,成为中国目前为止“飞天”次数最多的航天员 10 月 26 日,“神舟十七号”航天员汤洪波、唐胜杰、江新林入驻空间站

2. 中国空间站

空间实验室是开展空间试验活动的载人航天飞行器,规模上小于空间站,是空间站的雏形。2011 年,“天宫一号”成功升空,它是中国第一个目标飞行器;2016 年,“天宫二号”发射成功,它是中国首个具备补加功能的载人航天科学实验空间实验室和首个真正意义上的太空实验室。

中国空间站包括天和核心舱、梦天实验舱、问天实验舱、载人飞船(即已经命名的“神舟”号飞船)和货运飞船(天舟飞船)五个模块。2022 年 12 月 31 日,中国国家主席习近平在新年贺词中宣布中国空间站全面建成。

3. 探测任务系列

(1)探月工程

2007 年,我国成功发射月球探测卫星“嫦娥一号”,迈出了航天深空探测的第一步。

2013 年,“嫦娥三号”成功实施月面软着陆,“玉兔号”月球车实现月面巡视勘察。

2018 年 12 月 8 日,“嫦娥四号”成功发射。2019 年 1 月 3 日,“嫦娥四号”实现人类探测器首次月背软着陆,传回世界首张近距离拍摄的月背影像图像。

2020 年 12 月 17 日,“嫦娥五号”返回器携带月球样品在内蒙古四子王旗预定区域安全着陆。

(2)火星探测任务

2020 年 7 月 23 日,长征五号遥四运载火箭搭载我国首次火星探测任务“**天问一号**”探测器,在中国文昌航天发射场点火升空。2021 年 5 月 15 日,火星探测器“天问一号”携带首辆火星车“祝融号”成功着陆火星。这是我国首次实施火星着陆任务。

(3)探日工程

2021 年 10 月 14 日,我国在太原卫星发射中心采用长征二号丁运载火箭,成功发射首颗太阳探测科学技术试验卫星“羲和号”。

4. 北斗卫星导航系统

北斗卫星导航系统是中国自主建设、独立运行的卫星导航系统,是为全球用户提供全天候、全天时、高精度的定位、导航和授时服务的国家重要时空基础设施。2017 年 11 月 5 日,中国第三代导航卫星顺利升空,它标志着中国正式开始建造“北斗”全球卫星导航系统。2020 年 6 月 23 日,中国北斗三号最后一颗全球组网卫星发射成功,至此,北斗三号全球卫星导航系统星座部署完成,向全球提供服务。

北斗系统提供多个频点的导航信号,能够通过多频信号组合使用等方式提高服务精度。北斗系统创新融合了导航与通信能力,具备定位导航授时、星基增强、地基增强、精密单点定位、短报文通信和国际搜救等多种服务能力。

5. 量子卫星

2016 年 8 月 16 日,世界首颗量子科学实验卫星“**墨子号**”在酒泉由长征二号丁运载火箭成功发射升空。

真题面对面

[2023 上半年真题]火星探测是指人类通过向火星发射空间探测器,对火星进行的科学探测活动。2020 年 7 月 23 日,我国首个火星探测器在文昌航天发射场发射升空并成功入轨。该火星探测器的名称是(　　)

A. 天宫一号　　B. 神舟一号　　C. 天问一号　　D. 长征一号

答案:C。

考点3　海洋和极地科考成就

1. 海洋科考成就

1970 年 1 月,上海江南造船厂建造“向阳红 01 号”。“向阳红 01 号”是国家海洋局建造的第一艘水文气象船,也是我国第一艘吨位比较大的气象船。

1977 年 8 月 31 日,“远望一号”船在江南造船厂建成下水,它是我国自行设计建造的第一代综合性航天远洋测量船。

“大洋一号”是中国第一艘现代化的综合性远洋科学考察船,也是我国远洋科学调查的主力船舶。

2020 年 11 月 10 日,“奋斗者”号在马里亚纳海沟成功坐底,创造了 10909 米中国载人深潜新纪录,标志着我国在大深度载人深潜领域达到世界领先水平,使我国成为世界上第二个实现万米载人深潜的国家。

2. 极地科考成就

1985 年,中国首个南极科学考察站长城站建立。中国南极科考站包括中国南极长城站、中国南极中山站、中国南极昆仑站、中国南极泰山站以及在建的中国南极罗斯海新站。

2004 年,中国首个北极科考站黄河站建立。除中国北极黄河站外,2018 年 10 月 18 日,我国第二个北极科学考察站中 - 冰北极科学考察站正式运行。

“雪龙 2”号是中国第一艘自主建造的极地科考破冰船,2019 年 7 月正式交付中国极地研究中心使用。

考点4　信息技术成就

考频分布　2017 下单选

1978 年,王选成功研制汉字激光照排技术。王选被誉为“当代毕昇”。

1983 年,中国第一台每秒钟运算一亿次以上的“银河 Ⅰ 号”巨型计算机,在长沙研制成功。

2000 年,我国独立研制的第一台类人型机器人,标志着我国机器人技术已跻身国际先进行列。

2009 年,我国首台千万亿次超级计算机“天河一号”研制成功。

2013 年,“天河二号”研制成功。2010—2015 年的全球超级计算机 500 强榜单中,

"天河二号"六度称雄。

2016 年 6 月 20 日，在世界超算大会上，我国第一台全部采用国产处理器构建的"神威·太湖之光"超级计算机系统荣登全球超级计算机 500 强榜单之首，不仅速度比第二名"天河二号"快出近 2 倍，其效率也提高 3 倍。

2017 年，世界首台超越早期经典计算机的光量子计算机在中国研制成功，标志着中国在量子计算机研究领域迈入世界一流行列。

2021 年 5 月和 10 月，潘建伟团队先后成功构建了超导量子计算原型机"祖冲之号"和"祖冲之二号"。

2023 年 10 月，中国科研团队成功构建量子计算原型机"九章三号"，再度刷新光量子信息技术世界纪录。"九章三号"求解高斯玻色取样数学问题的速度比目前全球最快的超级计算机快一亿亿倍。

考点 5　生物学和医学成就

考频分布　2016 上单选

1943—1945 年在昆明工作期间，病毒学家朱既明研制出中国第一个抗生素——**青霉素**。

1965 年，中国科学家人工合成结晶牛胰岛素。这是世界上第一次人工合成的具有生物活力的结晶蛋白质。

1973 年，袁隆平在世界上首次培育出可广泛种植的杂交水稻，大幅提高了水稻产量。袁隆平被称为"杂交水稻之父"。

2015 年，屠呦呦获得 2015 年诺贝尔生理学或医学奖，这是中国科学家在中国本土进行的科学研究首次获诺贝尔科学奖项。她先驱性地发现了青蒿素，开创了疟疾治疗新方法。

2016 年，我国在世界上首次解析出 NPC1 蛋白的清晰结构，为干预、治疗罕见遗传疾病"尼曼-皮克病"和埃博拉病毒打开了新大门。

三、西方科技成就【9 年 10 考】

考点 1　近代科学家及其成就

1. 天文学成就

考频分布　2017 下单选

哥白尼，波兰天文学家，著有《天体运行论》，确立"日心说"，成为近代天文学的起点。

伽利略，意大利天文学家和物理学家，首次用自制天文望远镜观测天体，进一步论证了哥白尼的学说。伽利略做了自由落体实验，也是近代实验物理学的开拓者，被誉为“近代科学之父”。

第谷，丹麦天文学家，发现了仙后星座中的一颗新星，这颗新星的发现动摇了亚里士多德天体不变的学说。

开普勒，德国天文学家，提出了行星运动的三大定律，其中行星运动第一定律认为每个行星都在一个椭圆形的轨道上绕太阳运转，而太阳位于这个椭圆轨道的一个焦点上。

哈雷，英国天文学家和数学家，代表作《彗星天文学论说》，其首先测定哈雷彗星轨道，并预言其周期为76年。

康德，德国哲学家，在《宇宙发展史概论》一书中首先提出了太阳系起源的“星云”假说。

哈勃，美国天文学家，提出了谱线红移定律，即哈勃定律。

2. 物理学成就

考频分布 2020下单选，2017上单选，2016下单选，2015下单选

帕斯卡，法国物理学家。他利用帕斯卡裂桶实验证明了大气压强的存在，发现了帕斯卡定律。

牛顿，英国物理学家、数学家、天文学家。他提出牛顿运动三大定律，发现了万有引力定律，建立经典力学体系。

奥斯特，丹麦物理学家、化学家。他于1820年发现了电流的磁效应。

法拉第，英国物理学家、化学家。他首次发现电磁感应现象，进而得到产生交流电的方法。1831年，法拉第发明了人类第一台发电机——圆盘发电机。

麦克斯韦，英国物理学家、数学家。他建立了完整的电磁场理论并预言了电磁波的存在。

居里夫人，法国物理学家，发现了放射性元素镭，动摇了“经典”力学，为以相对论和量子理论为基础的现代物理学开辟了道路。

普朗克，德国物理学家，量子概念的提出者。

伦琴，德国物理学家，发现了X射线，是首届诺贝尔物理学奖得主。

爱因斯坦，美籍犹太人，物理学家，现代物理学的开创者、奠基人。他提出了狭义相对论和广义相对论，为现代物理学奠定了理论基础，被美国《时代周刊》评选为“世纪伟人”。

卢瑟福，英国物理学家，“原子核物理学之父”。他首先根据 α 粒子散射实验提出原子的核式结构模型，并于 1919 年首先发现质子。

玻尔，丹麦物理学家，哥本哈根学派创始人。他提出了互补原理和哥本哈根诠释来解释量子力学。

海森堡，德国物理学家，量子力学创始人之一。他创立了矩阵力学，并提出不确定性原理及矩阵理论。

3. 化学成就

考频分布 2019 下单选

波义耳，英国化学家、物理学家，被誉为“现代化学之父”。他提出科学的元素概念，使化学成为独立的科学。波义耳提出了波义耳定律，是人类历史上第一个被发现的“定律”。

拉瓦锡，法国化学家，证明了燃烧是一种有氧参加的化学反应，否定了“燃素说”，揭示了燃烧的本质，正式确立了质量守恒定律。

阿伏伽德罗，意大利物理学家、化学家，提出了阿伏伽德罗定律。著名的阿伏伽德罗常量(NA)就是以他的姓氏命名。

凯库勒，德国有机化学家，提出了有机分子的结构理论，发现了苯的结构简式。

诺贝尔，瑞典化学家、发明家，诺贝尔奖创始人，尤其在炸药方面成就卓越。诺贝尔奖分为五类：物理学奖、化学奖、生理学或医学奖、文学奖及和平奖，用于奖励在所在领域有突出贡献的人。

卡罗瑟斯，美国化学家，研制出氯丁橡胶，发明了世界上最早进行工业化生产的合成纤维——**尼龙**。

门捷列夫，俄国科学家，发现化学元素的周期性，并依据原子量递增的顺序制作出第一张元素周期表。

真题面对面

[2019 下半年真题]尼龙是世界上最早实现工业化生产的合成纤维，它的发明使纺织品的面貌焕然一新，被称为改变世界的重大发明之一。下列选项中，尼龙的发明人是(　　)

A. 卡罗瑟斯　　B. 莱特兄弟

C. 弗莱明　　D. 贝克兰

答案：A。

4. 生物学和医学成就

考频分布　2018 下单选，2016 上单选

维萨里，比利时解剖学家、医生，发表《人体构造》一书，确立了近代解剖学说。

哈维，英国生理学家，提出了著名的血液循环学说，奠定了近代生理学的基础。

德国植物学家施莱登和动物学家施旺最早提出细胞学说，推动了现代生物学和医学的发展。

达尔文，英国生物学家，发表了《物种起源》，提出了生物进化论。

巴斯德，法国微生物学家、化学家，近代微生物学奠基人，发明了狂犬疫苗、巴氏灭菌法。他把微生物的研究从主要研究微生物的形态转移到研究微生物的生理途径上来，从而奠定了工业微生物学和医学微生物学的基础，并开创了微生物生理学。

孟德尔，奥地利生物学家，遗传学奠基人，"现代遗传学之父"。他通过豌豆实验，发现了遗传学三大基本规律中的两个，分别为分离规律及自由组合规律。

弗莱明，英国细菌学家、微生物学家。他首先发现了青霉素，开创了医学新纪元。

真题面对面

[**2018 下半年真题**]青霉素的发现为人类抵抗细菌感染提供了有力武器，但抗生素的滥用也会造成危害。下列选项中，发现第一种抗生素——青霉素的科学家是(　　)

A. 朱既明　　B. 屠呦呦

C. 巴斯德　　D. 弗莱明

答案：D。

考点2　三次科技革命成果

考频分布　2022 上单选，2017 下单选

三次科技革命成果

项目	第一次科技革命	第二次科技革命	第三次科技革命
时间	18 世纪 60 年代到 19 世纪上半期	19 世纪 70 年代到 20 世纪初	20 世纪四五十年代以来
标志	蒸汽机的发明及应用	电力的应用和内燃机的发明	原子能、航天技术、计算机的应用

续表

项目	第一次科技革命	第二次科技革命	第三次科技革命
时代特征	“蒸汽时代”	“电气时代”	“信息时代”
重要发明	瓦特,“工业革命之父”,改良蒸汽机; 富尔顿,制造第一艘蒸汽轮船; 史蒂芬孙,发明蒸汽机车; 戴维,发明矿工安全灯	西门子,发明发电机; 爱迪生,发明电灯、留声机等; 贝尔,“电话之父”,发明第一部可用的电话; 马可尼,发明无线电报; 卡尔·本茨,发明汽车	美国成功爆炸世界第一颗原子弹; 苏联建成世界第一座核电站; 美国制造世界第一台电子计算机(ENIAC); 苏联发射世界第一颗人造卫星

真题面对面

[**2022上半年真题**]第一次工业革命中蒸汽机的出现带动了一系列的发明,人们利用蒸汽机在各领域改进生产,提高效率。(　　)设计并制造了世界上第一台蒸汽机车。

A. 瓦特　　　　B. 富尔顿

C. 惠特尼　　　　D. 史蒂芬孙

答案:D。

四、生活科学常识【9年31考】

考点1　物理常识

考频分布　2023下单选×2,2022下单选,2020下单选,2016上单选

1. 声现象常识

声音是由物体的振动产生的。声音的传播需要物质,传声的介质既可以是气体、固体,也可以是液体;真空不能传声。

共振在声学中亦称“共鸣”,指的是物体因共振而发声的现象,如两个频率相同的音叉靠近,其中一个振动发声时,另一个也会发声。

声作为一种波,既可以传递信息,又可以传递能量。人们把高于20000Hz的声叫作

超声波,把低于20Hz的声叫作次声波。次声波传播的距离很远。超声波产生的振动比可闻声更强烈。如蝙蝠在飞行时会发出超声波,这些声波碰到墙壁或昆虫时会反射回来,根据回声到来的方位和时间,蝙蝠可以确定目标的位置。蝙蝠采用的方法叫作回声定位。超声导盲仪、倒车雷达、声呐等都是运用了这个原理。

多普勒效应是指波源与观察者相互靠近或者相互远离时,接收到的波的频率都会发生变化。如在交通应用中,交通警察向行进中的车辆发射频率已知的超声波,同时测量反射波的频率,根据反射波的频率变化的多少就能知道车辆的速度。

2. 光现象常识

能够发光的物体叫作光源,光在同种均匀介质中沿直线传播。光在真空中的传播速度约为3×10^8m/s,与光在空气中的速度非常接近。光年等于光在真空中1年内传播的距离。

光遇到桌面、水面以及其他许多物体的表面都会发生反射。白色衣服能反射所有色光,冬天穿白色的衣服,无法吸收更多的热量;黑色衣服能吸收所有色光,夏天穿黑色的衣服,会吸收更多的热量,使身体的温度升高,容易中暑。所以,“冬不穿白,夏不穿黑”。

光从一种介质斜射入另一种介质时,会发生折射。如筷子在水中“折断”,海市蜃楼等。

白光可以分解为红、橙、黄、绿、蓝、靛、紫各种单色光,它们按照一定的顺序排列成为可见光谱。红、绿、蓝是光的三原色,它们按不同比例混合后,可以产生各种颜色的光。可见光谱的红光之外是不可见的红外线;紫光之外是不可见的紫外线。美国响尾蛇空空导弹是第一款以红外线作为导引设计的空空导弹。

3. 物态变化

(1)温度

物体的冷热程度叫作温度。测量温度的工具是温度计。温标是度量温度的标尺,即用数值表示温度高低的方法。温标主要有以下几种。

温标的种类

温标类型		制定者	确定时间	温度单位符号
经验温标	摄氏温标	瑞典天文学家摄尔修斯	1742年	°C
	华氏温标	德国物理学家华伦海特	1714年	°F
	列氏温标	法国科学家列奥米尔	1731年	°R
热力学温标		英国物理学家“开尔文勋爵”威廉·汤姆森	1848年	K

现行使用的ITS-90国际温标属于热力学温标,单位为开尔文,符号为K。

(2)物质变化

固态、液态和气态是物质常见的三种状态。在一定条件下,物质会在各种状态之间变化。

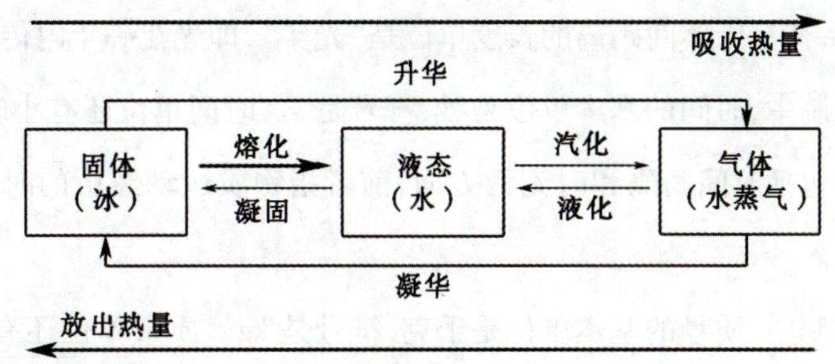

有些固体在熔化过程中尽管不断吸热,温度却保持不变,有固定的熔化温度,例如冰、食盐、各种金属,这类固体叫作晶体;有些固体在熔化过程中,只要不断地吸热,温度就不断地上升,没有固定的熔化温度,例如蜡、松香、玻璃,这类固体叫作非晶体。

4. 力学

重力:由于地球的吸引而使物体受到的力。如水总是由高处向低处流。物体所受的重力跟它的质量成正比。

浮力:物体在流体中受到的向上的力。浸在液体中的物体受到向上的浮力,浮力的大小等于它排开的液体所受的重力。这就是著名的阿基米德原理。

弹力:亦称"弹性力",是指物体由于发生弹性形变而产生的力。如拉长橡皮筋时产生的力。撑竿跳高运动运用的便是弹力。

滑动摩擦力:两个相互接触的物体,当它们相对滑动时,在接触面上产生一种阻碍相对运动的力。

真题面对面

[**2022 下半年真题**]空空导弹是从飞行器上发射攻击空中目标的导弹。"响尾蛇"导弹是全世界第一款实用化的空空导弹,也是第一款有击落目标记录的空空导弹。该导弹采用的制导方式是(　　)

A. 红外制导　　　　B. 雷达制导

C. 天文制导　　　　D. 激光制导

答案:A。

5. 物理单位

测量某个物理量时用来进行比较的标准量叫作单位。为统一标准,国际计量组织制定了一套国际统一的单位,叫国际单位制。

在国际单位制中,长度的基本单位是米,符号是 m。长度单位还有千米(km)、分米(dm)、厘米(cm)、毫米(mm)、微米(μm)、纳米(nm)。

在天文领域,衡量天体间距离的长度单位是"光年",即光在一年内传播的距离。

在国际单位制中,时间的基本单位是秒,符号是 s。时间单位还有小时(h)、分(min)等。时间的计量包括时间间隔和时刻两方面,前者指物质运动经历的时段,后者指物质运动的某一瞬间。

在国际单位制中,质量的基本单位是千克,符号是 kg。质量单位还有吨(t)、克(g)、毫克(mg)等。

在国际单位制中,体积的基本单位是立方米,符号是 m^3。体积单位还有立方分米(dm^3)、立方厘米(cm^3)等。

在国际单位制中,电流的基本单位是安培,符号是 A。

知识再拔高

半导体

导体导电性能好,绝缘体导电性能比较差。有一些材料,例如锗、硅,导电性能介于导体和绝缘体之间,常常称作半导体。温度、光照、杂质等外界因素对半导体的导电性能有很大影响。

利用半导体材料可以制作二极管、三极管。如果把很多二极管、三极管和电阻、电容等元件直接做在硅单晶片上(俗称芯片),就成了集成电路。集成电路是 20 世纪最重要的发明之一,现代的收音机、电视机、电话机、计算机,以及打电话用的 IC 卡、算账用的计算器,里面都有集成电路。

考点 2　化学常识

考频分布　2021 下单选,2016 下单选

1. 空气中的成分

空气是由多种成分组成的。通过实验测定,空气的成分包括氮气、氧气、稀有气体、二氧化碳、其他气体和杂质。由两种或两种以上的物质混合而成的物质叫作混合物,如空气;只由一种物质组成的是纯净物,如氮气。

空气的成分及其应用

空气成分	应用
氧气	医疗急救时要用到纯氧,燃料燃烧离不开氧气
氮气	灯泡中充氮气以延长使用寿命,食品包装中充氮气以防腐
稀有气体(氦、氖、氩、氪、氙和氡)	在通电时能发出不同颜色的光,可制成多种用途的电光源,如航标灯、强照明灯、闪光灯、霓虹灯等;氙可用于医疗麻醉
二氧化碳	灭火器、制冷剂等

2. 物质构成

物质是由分子、原子等微观粒子构成的,这些粒子处于不停的运动之中。

物质都是由元素组成的。如维持生命活动的氧气由氧元素组成。元素可以分为稀有气体元素、非金属元素和金属元素。如氦、氖、氩为稀有气体元素,氢、氧、氮、碳、硅、硫、磷、氯为非金属元素,钠、钾、钙、铁、铜为金属元素。由同种元素组成的纯净物属于单质,如氧气、氮气等。由两种或两种以上的元素组成的纯净物属于化合物,如水、二氧化碳等。

一种或几种物质分散到另一种物质里,形成均一的、稳定的混合物,叫作溶液。如花露水主要是由乙醇、香精、蒸馏水混合在一起制成的。

3. 日常生活中常见的材料

金属材料分为两大类:一类是包括铁、铬、锰及其合金的金属材料,被称为黑色金属;另一类是除此以外的所有其他金属材料,统称为有色金属。如自行车上就使用了锰钢和铬钢等铁的合金。合金是由一种金属和另一种或几种金属(或非金属)熔合形成的具有金属特性的物质。下表是一些常见合金的主要成分、特性和用途:

常见合金的主要成分、特性及用途

名称	主要成分	主要特性	主要用途
镁铝合金	铝、镁	强度及硬度比纯镁、纯铝大	制造火箭、飞机、轮船等
硬铝	铝、铜、镁、锰	质轻而坚硬	制造飞机、汽车,做建筑材料等
不锈钢	铁、铬、镍	抗腐蚀性好	制造医疗器械、炊具、容器、反应釜等
黄铜	铜、锌	坚硬、耐腐蚀	制造机器、电器零件等
钛合金	钛、铝、钒	质轻、耐高温、耐腐蚀、高强度	用于宇航、飞机、造船、化学工业等

无机非金属材料是人类使用较早、使用范围较广的一种材料。如水泥。

有机高分子材料是用有机高分子化合物制成的材料。如棉花、羊毛和天然橡胶等都属于天然有机高分子材料。而日常生活中用得最多的塑料、合成纤维和合成橡胶等则属于合成有机高分子材料,简称**合成材料**。

复合材料是由两种或两种以上不同性质的材料,通过特殊的工艺复合成一体形成的材料。如钢筋混凝土是由钢筋与混凝土复合而成,用于制造桌、椅、汽艇等的玻璃钢是由玻璃纤维和塑料复合而成。

真题面对面

[**2021下半年真题**]花露水有一定的消毒杀菌作用,对蚊叮虫咬之处有止痒消肿的功效,也能缓解皮肤起痱的不适。下列选项中,属于花露水主要成分的是(　　)

A. 甲烷　　B. 乙烯　　C. 甲苯　　D. 乙醇

答案:D。

考点3　生物医学常识

考频分布　2023下单选,2023上单选,2021上单选×2,2019上单选

1. 生物的特征

生物的共同特征包括:(1)生物的生活需要营养。动物从外界摄取的营养物质,一方面满足身体生长发育的需要,另一方面在细胞内分解释放出进行各种生命活动所需要的能量。(2)生物能进行呼吸,绝大多数生物需要吸入氧气,呼出二氧化碳,但细菌和真菌在某种特定的生活条件下可以进行无氧呼吸,例如酵母菌在有氧的条件下分解有机物产生二氧化碳和水,在无氧的条件下分解有机物产生酒精和二氧化碳。(3)生物能排出身体内产生的废物。(4)生物能对外界刺激作出反应。(5)生物能生长和繁殖。(6)生物都有遗传和变异的特性等。

2. 生物圈中的人

(1)人体的营养

营养物质可以分为有机物和无机物两大类,其中有机物能够燃烧,如蛋白质、糖类、脂肪等;无机物一般不能燃烧,如水、无机盐等。

食物中含有糖类、脂肪、蛋白质、水、无机盐和维生素等六类营养物质,糖类、脂肪、蛋白质是人体不可缺少的三大类营养物质。其中,糖类提供人体生命活动所需要的能量,又称碳水化合物。脂肪是人体内重要的备用能源物质。蛋白质是建造和修复身体的重要原料,人体的生长发育以及受损细胞的修复和更新,都离不开蛋白质。无机盐的作用

多种多样。例如,含钙的无机盐是构成骨骼的重要成分,儿童缺钙会患佝偻病(成年患骨软化症)。钙的来源主要是奶制品、深绿色蔬菜和豆类等食物。维生素是一类比较简单的有机物,种类很多,其中大多数是人体自身不能制造的,只能从食物中摄取。

维生素与维生素缺乏症

维生素种类	主要食物来源	主要功能	缺乏症
维生素A(脂溶性)	动物肝脏、蛋、奶、胡萝卜等	促进人体正常的生长发育,增强抵抗力,维持正常视觉	皮肤粗糙、夜盲症
维生素B_1(水溶性)	稻、麦等谷物的种皮,豆类,酵母,动物性食物和蛋类等	维持人体正常的新陈代谢和神经系统的正常功能	神经炎、脚气病
维生素C(水溶性)	新鲜的蔬菜和水果,如青菜、番茄、柑橘、山楂等	维持人体正常的新陈代谢,维持骨骼、肌肉和血管的正常生理作用,增强抵抗力	坏血病、骨骼脆弱、骨坏死
维生素D(脂溶性)	海洋鱼类的肝脏、禽畜的肝脏、蛋、奶等	促进钙、磷的吸收和骨骼的发育	佝偻病和骨质疏松
维生素E(脂溶性)	植物油、绿叶蔬菜等	抗氧化、延缓衰老以及与性器官的成熟和胚胎发育等有关	尚未发现典型的缺乏症
维生素K(脂溶性)	肝、绿叶蔬菜等	参与合成多种凝血因子	成人一般不易缺乏

(2)人体内的血液

血液是由血浆和血细胞(包括红细胞、白细胞、血小板)构成的。

血液的成分及其功能

血液成分		主要功能
血浆		运载血细胞,运输维持人体生命活动所需的物质和体内产生的废物
血细胞	红细胞	在血细胞中数量最多,具有运输氧的功能
	白细胞	体积比较大、数量比较少,当病菌侵入人体内时,白细胞能通过变形而穿过毛细血管壁,集中到病菌入侵部位,将病菌包围、吞噬
	血小板	最小的血细胞,形状不规则,血小板能释放与血液凝固有关的物质,形成凝血块堵塞伤口而止血

血液有不同的类型,分为A型、B型、AB型和O型。安全输血应以输同型血为原则。在没有同型血可输而且情况紧急时,任何血型的人都可以缓慢地输入少量的O型血;AB型血的人,除可输入少量O型血外,也可缓慢地输入少量的A型或B型血。大量输血时,

仍需实行同型输血。

3. 生物圈中的动物

根据动物在形态结构等方面的特征，可以将动物分为不同的类群，如腔肠动物（水母、海葵）、扁形动物（涡虫、血吸虫）、线形动物（蛔虫、线虫）、环节动物（蚯蚓、蛭）、软体动物（河蚌、乌贼）、节肢动物（蜘蛛、蝴蝶、虾）等无脊椎动物，以及鱼、两栖动物（青蛙、蟾蜍）、爬行动物（蜥蜴、龟）、鸟和哺乳动物（马、鲸鱼）等脊椎动物。

知识再拔高

青蛙

青蛙属于两栖动物。青蛙的眼睛后面有鼓膜，可感知声波；头部前端有一对鼻孔，是呼吸时气体的通道；青蛙的前肢短小，可支撑身体；后肢发达，趾间有蹼，既能跳跃也能划水。

青蛙身体的这些特点，使它既能在陆地上生活，也能在水中活动。青蛙能适应陆地生活，还与它能用肺呼吸密不可分。不过，青蛙的肺结构简单，不发达。青蛙的皮肤裸露且能分泌黏液，湿润的皮肤里密布毛细血管，也可进行气体交换，以辅助肺呼吸。

4. 传染病

传染病是指由致病的病原体引起的，能在人与人、动物与动物或人与动物之间传播的疾病。病原体可以是微生物或者是寄生虫，微生物包括病毒、细菌、真菌、立克次氏体、衣原体、支原体等，寄生虫包括原虫、蠕虫等。

新型冠状病毒肺炎简称“新冠肺炎”，是一种由新型冠状病毒感染引起的急性呼吸道传染病。

麻疹是由麻疹病毒引起的急性出疹性传染病，以发热、咳嗽、流涕、眼结膜充血、麻疹结膜斑及全身斑丘疹为特征，多见于儿童，主要借助飞沫直接传播，愈后可产生持久免疫力。

乙型肝炎是由乙型肝炎病毒引起的以肝脏病变为主的一种传染病，主要通过血液和血制品、性接触、母婴等途径传播。

鼠疫是由鼠疫耶尔森菌（鼠疫杆菌）借鼠蚤传播引起的烈性传染病。

结核病是由结核杆菌感染引起的慢性传染病。结核菌可能侵入人体全身各种器官，但主要侵犯肺脏，称为肺结核病。

百日咳是由百日咳杆菌引起的一种急性呼吸道传染病，临床特征为咳嗽逐渐加重，呈典型的阵发性、痉挛性咳嗽,咳嗽终末出现深长的鸡啼样吸气性吼声,病程长达 2~3 个月,故有百日咳之称,多见于儿童。

疟疾是严重危害人体健康的寄生虫病之一,疟疾的病原体是疟原虫。

真题面对面

[2023 上半年真题] 14 世纪,一场被称为“黑死病”的大瘟疫席卷整个欧洲,夺走了约 2500 万人的生命,死亡人数接近当时欧洲总人口的三分之一。导致这场瘟疫的传染病是(　　)

A. 鼠疫　　B. 天花　　C. 艾滋病　　D. 狂犬病

答案:A。

5. 生物的遗传

生命在生物圈中的延续,不是靠生物个体的长生不老,而是通过生殖不断地产生新个体。动物的个体发育一般都是从受精卵开始的,精卵中含有来自父母双方的遗传信息,这些遗传信息就是决定后代个体特征的一整套指令。遗传信息包含在基因之中。不同的基因含有控制不同性状的遗传信息。基因是具有遗传效应的 DNA 片段。DNA 和蛋白质组成染色体。染色体数目的稳定对生物的遗传具有重要意义。

知识再拔高

DNA 的结构

20 世纪 50 年代初,英国科学家威尔金斯等用 X 射线衍射技术对 DNA 结构进行研究,意识到 DNA 是一种螺旋结构。1953 年初,沃森和克里克根据自己的研究和分析,综合各方面对 DNA 研究的信息,达成共识:DNA 是一种双链螺旋结构,于是,他们在实验室中搭建了一个 DNA 双螺旋模型,这个模型被公认为是世界上第一个最正确地反映出 DNA 分子结构的模型。1962 年,威尔金斯、沃森和克里克共同获得诺贝尔生理学或医学奖。

6. 常见的医学检测技术

(1)B 超检查

和普通的声音一样,超声能向一定方向传播,而且可以穿透物体,如果碰到障碍,就会产生回声,不相同的障碍物就会产生不相同的回声。人们通过仪器将这种回声收集并显示在屏幕上,可以用来了解物体的内部结构。利用这种原理,人们将超声波用于诊断和治疗人体疾病。B 型超声波诊断仪简称 B 超,是利用超声波能回声的原理制造的一种医疗设备。

(2)CT 检查

CT 即电子计算机断层扫描摄影,它是通过高灵敏度的光子探测器和 X 射线断层检查技术,并辅以电子计算机处理数据,用矩阵方式表达,可在监视器上显示图像的一种技术。

(3)核磁共振检查

核磁共振是利用原子核在磁场中的能量变化来获取核信息的技术,其主要工作原理是利用原子核的磁矩,在恒定磁场和高频电磁波共同作用下,并且满足一定条件时,发生共振吸收某一定频率的射频辐射的物理过程。核磁共振成像作为一种影像检查方式,在现代医学中应用广泛。

(4)X 光检查

在任何物质中,射线的衰减是不可避免的,医学中的投射成像,如 X 光片、CT 等,正是利用 X 射线在不同的组织中衰减不同而成像。

真题面对面

[**2023 下半年真题**]下列关于常见医学检测技术的表达,不正确的是(　　)

A. B 超检查利用了超声波能产生回声的原理

B. CT 检查利用了 γ 射线所具有的超强穿透性

C. 核磁共振检查利用了原子核在一定条件下能产生共振的原理

D. X 光检查利用了 X 射线穿过不同组织后衰减程度不同的特性

答案:B。

考点 4　地理常识

考频分布　2015—2023 年,以单选题形式考查 11 次

1. 太阳系与地球

(1)太阳系

太阳系由太阳、行星及其卫星、小行星、彗星、行星际物质等构成,太阳是太阳系的中心天体。太阳系中已知有 8 颗行星,按照它们与太阳的距离,由近及远,依次为水星、金星、地球、火星、木星、土星、天王星、海王星。其中,体积最大的是木星。

(2)地球

地球是太阳系中一颗特殊的行星,根据人类目前所掌握的宇宙信息,地球是 8 颗行

星中唯一存在高级智慧生命的星球。

地球自转是指地球围绕地轴的运动,运动方向自西向东,运动周期是一日,运动线速度自赤道向两极递减,运动角速度除极点外各纬度一样。地球自转产生昼夜交替和时间差异。

地球公转是指地球围绕太阳的运动,运动方向自西向东,运动周期是一年,近日点运动速度较快,远日点运动速度较慢。季节的变化就是由地球公转造成的。

2. 地表形态

地表形态是内力和外力长期共同作用的结果。

(1)**内力作用**的能量主要是来自**地球内部的热能**。内力作用主要表现为地壳运动、岩浆活动和变质作用。典型地貌有褶皱山、断块山、火山等。

(2)**外力作用**的能量来自地球外部,主要是**太阳辐射能**。外力作用对地表形态的塑造主要有风化、侵蚀、搬运、堆积等方式。典型地貌有沟谷、瀑布、冲积平原、沙丘、喀斯特地貌等。

真题面对面

[**2022 下半年真题**]千姿百态的地貌都是地质作用的结果。地质作用按其能量来源,可分为内力作用和外力作用。下列地貌中,属于内力作用导致的是(　　)

A. 冰川　　B. 溶洞

C. 断层　　D. 沙漠

答案:C。

3. 大气分层

大气的垂直分层:地球大气从地面向上,可延伸到数千千米高空。根据温度、运动状况和密度,大气自下而上可以划分为对流层、平流层和高层大气。

大气层的分布

层序	高度范围	温度	特征
对流层	低纬度地区为 17—18 千米,高纬度地区为 8—9 千米	随高度的增加而递减	对流层的大气上部冷、下部热,有利于大气的对流运动。近地面的水汽和杂质通过对流运动向上输送,在上升过程中随着气温降低,容易成云致雨。云、雨、雾、雪等天气现象都发生在这一层

续表

<table>
<tr><th colspan="2">层序</th><th>高度范围</th><th>温度</th><th>特征</th></tr>
<tr><td colspan="2">平流层</td><td>自对流层顶部至 50—55 千米高空</td><td>随高度增加而升高</td><td>含臭氧层，平流层的大气上部热、下部冷，不易形成对流，以平流运动为主。无云雨现象，能见度好，适合航空飞行</td></tr>
<tr><td rowspan="2">高层大气</td><td>电离层</td><td>80—500 千米高空</td><td>随高度增加而升高</td><td>电离层大气在太阳紫外线和宇宙射线的作用下，处于高度电离状态，能反射无线电波，对无线电通信有重要作用。出现极光、流星等现象</td></tr>
<tr><td>散逸层</td><td>800—3000 千米</td><td>随高度增加而升高</td><td>在 2000—3000 千米的高空，大气的密度与星际空间的密度非常接近。这里的一些高速运动的空气质点经常散逸到宇宙空间</td></tr>
</table>

流星雨：在夜空中有许多的流星从天空中一个所谓的辐射点发射出来的天文现象。这些流星是宇宙中被称为流星体的碎片，在平行的轨道上运行时，以极高速度投射进入地球大气层的流束。

极光：其发生是由于太阳带电粒子流进入地球磁场，在地球南北两极附近地区的高空，与大气中的原子和分子发生碰撞，从而发出美丽的光辉。在南极被称为南极光，在北极被称为北极光。一般将极光按其形态特征分为五种——极光弧、极光带、极光片、极光芒、极光幔。

繁星闪烁：由于高空中的各层大气密度不均匀，以及气流运动极不稳定，再加上大气的温度、密度瞬息变化，造成高空各气流层时而厚，时而薄，时而密度变大，时而密度变稀，使得来自天体的光线不能沿恒定的方向折射到地球的表面，而发生不停的摇晃、抖动。所以当我们仰望浩瀚天空的繁星时，它们总是不停地闪烁，仿佛星星会眨眼睛似的。

真题面对面

[2019 下半年真题]地球被一层很厚的大气层包围着，空气密度随高度增加而减小，大气层通常可分为对流层、平流层、电离层和散逸层等。下列选项中，能够反射电磁短波，实现电磁波远距离通信的是(　　)

A. 对流层　　B. 平流层

C. 电离层　　D. 散逸层

答案：C。

4. 中国地理概况

(1)疆域

中国的疆域

陆地面积	约960多万平方千米,居俄罗斯和加拿大之后位列第三			
领土四端	最东	最南	最西	最北
	黑龙江和乌苏里江的主航道中心线的汇合处	南沙群岛中的曾母暗沙	新疆的帕米尔高原上	黑龙江省漠河市北端的黑龙江主航道中心线上
陆疆	中国陆上国界线长达2.2万多千米,共14个陆地邻国			
海疆	我国大陆海岸线约1.8万多千米,自北向南濒临的近海有:渤海、黄海、东海、南海。内海和边海的水域面积约470万平方千米			

记忆有妙招

为便于考生记忆,编者将中国的陆地邻国总结成以下口诀:**朝俄蒙哈吉塔阿,巴印尼泊和不丹,缅甸老挝接越南,陆上邻国依次连。**

朝:朝鲜。**俄**:俄罗斯。**蒙**:蒙古。**哈**:哈萨克斯坦。**吉**:吉尔吉斯斯坦。**塔**:塔吉克斯坦。**阿**:阿富汗。**巴**:巴基斯坦。**印**:印度。**尼泊**:尼泊尔。

(2)河流和湖泊

长江发源于青藏高原上的唐古拉山脉各拉丹东峰,奔流向东,注入东海,全长6300千米,是我国长度最长、流域面积最广、水量最大的河流。

黄河发源于青藏高原上的巴颜喀拉山脉,流入渤海,全长5464千米,流域面积约75万平方千米,是我国的第二长河。

我国五大淡水湖面积从大到小分别为:鄱阳湖、洞庭湖、太湖、洪泽湖、巢湖。

青海湖为我国面积最大的内陆咸水湖。青海察尔汗盐湖为我国最大盐湖。

(3)山峰、高原、平原、丘陵和盆地

珠穆朗玛峰,简称“珠峰”,位于我国和尼泊尔交界处,是喜马拉雅山脉的主峰,海拔8848.86米,为世界第一高峰。

我国四大高原——青藏高原、内蒙古高原、黄土高原、云贵高原。

我国三大平原——东北平原、华北平原、长江中下游平原。

我国三大丘陵——山东丘陵、辽东丘陵、东南丘陵。

我国四大盆地——塔里木盆地、准噶尔盆地、柴达木盆地、四川盆地。

(4)岛屿、群岛和半岛

我国面积超过1000平方千米的岛屿有三个:台湾岛、海南岛和崇明岛。台湾岛为我国第一大岛,崇明岛为我国第三大岛,也是最大的冲积岛。

我国主要群岛有长山群岛、舟山群岛、澎湖列岛、洞头群岛、庙岛群岛以及南海东沙、西沙、中沙、南沙四大群岛。其中,舟山群岛是我国第一大群岛,太平岛是南海最大的自然岛屿。

我国三大半岛——辽东半岛、山东半岛和雷州半岛。

(5)中国地理之最

中国地理之最

地位	名称	地位	名称
最大的淡水湖	鄱阳湖	最大的冲积岛	崇明岛
最高的湖泊	纳木错湖	最大的群岛	舟山群岛
最低的湖泊	艾丁湖	最大的岛屿	台湾岛
最长的河流	长江	最高的高原	青藏高原
最长的内流河	**塔里木河**	最大的平原	东北平原
最大的内陆湖、咸水湖	青海湖	最大的半岛	山东半岛
最低的内流河	雅鲁藏布江	最大的沙漠	塔克拉玛干沙漠

5. 世界地理概况

(1)七大洲和四大洋

全球陆地共分为七个大洲,即亚洲、欧洲、非洲、北美洲、南美洲、大洋洲和南极洲。其中亚洲的面积最大,大洋洲的面积最小。北美洲的格陵兰岛则是世界面积最大的岛屿。大洲的分界线如下:

大洲的分界线

洲名称	地理分界线
亚洲与欧洲	乌拉尔山、乌拉尔河、里海、黑海、大高加索山、土耳其海峡
亚洲与北美洲	白令海峡
亚洲与非洲	苏伊士运河、红海、曼德海峡
非洲与欧洲	直布罗陀海峡、地中海
北美洲与南美洲	巴拿马运河
南美洲与南极洲	德雷克海峡

地球上的海洋，被陆地分隔成彼此相连的四个大洋。按照它们的面积大小，依次为太平洋、大西洋、印度洋、北冰洋。

(2)河流和湖泊

世界上的五大河流：非洲的尼罗河、南美洲的亚马孙河、亚洲的长江、北美洲的密西西比河、亚洲的黄河。

世界著名湖泊

名称	位置	地位
里海	亚欧之间	世界上最大的咸水湖，世界第一大湖
苏必利尔湖	北美洲	世界第一大淡水湖
贝加尔湖	亚洲	世界第一深湖
死海	亚洲	世界上海拔最低的湖，世界最深的咸水湖

(3)岛屿和半岛

世界四大岛屿：格陵兰岛、新几内亚岛、加里曼丹岛、马达加斯加岛。

亚洲三大半岛：阿拉伯半岛、印度半岛、中南半岛。

欧洲四大半岛：斯堪的纳维亚半岛、伊比利亚半岛、巴尔干半岛、亚平宁半岛。

(4)平原

世界著名平原

平原	特征
亚马孙平原	位于南美洲北部亚马孙河中下游，面积约560万平方千米，是世界上最大的冲积平原。它地处赤道附近，属热带雨林气候，是世界最大的热带雨林地区，有丰富的森林资源
东欧平原	位于欧洲东部，因其大部分在俄罗斯境内，故又称“俄罗斯平原”，是世界最大平原之一。东欧平原上矿藏丰富
西西伯利亚平原	位于俄罗斯境内，是亚洲第一大平原，属亚寒带、寒带大陆性气候，大部分地区为亚寒带针叶林所覆盖。平原上石油、天然气资源极为丰富

真题面对面

[2021上半年真题]平原是绝对高度低于200米、相对高度小于50米的平缓陆地，是陆地地貌最基本的类型之一，世界大部分人口均居住在平原地区。世界上最大的平原是(　　)

A. 东欧平原　　B. 亚马孙平原

C. 西西伯利亚平原　　D. 长江中下游平原

答案：B。

(5)海峡

世界著名海峡

海峡	地理位置
马六甲海峡	位于马来半岛与苏门答腊岛之间,沟通南海与印度洋的安达曼海
白令海峡	位于亚洲东北端楚科奇半岛和北美洲西北端阿拉斯加州之间,沟通太平洋与北冰洋
麦哲伦海峡	位于南美大陆与火地岛之间,沟通南大西洋和南太平洋
直布罗陀海峡	位于欧洲和非洲之间,沟通地中海与大西洋

(6)世界著名山脉

世界著名山脉

山脉	特征
安第斯山脉	位于南美洲的西岸,范围从巴拿马一直到智利,纵贯南美大陆西部,素有"南美洲脊梁"之称。全长约8900余千米,是喜马拉雅山脉的三倍,是世界上最长的山脉
落基山脉	是美洲科迪勒拉山系在北美的主干,由许多小山脉组成,被称为"北美洲的脊骨",主要的山脉从加拿大不列颠哥伦比亚省到美国西南部的新墨西哥州,全长约4800千米
喜马拉雅山脉	是世界海拔最高、最雄伟的山脉,是东亚大陆与南亚次大陆的天然界山,也是中国与印度、尼泊尔、不丹、巴基斯坦等国的天然国界,西起克什米尔的南迦—帕尔巴特峰,东至雅鲁藏布江大拐弯处的南迦巴瓦峰,全长约2500千米,南北宽200~300千米
阿尔卑斯山脉	位于欧洲南部,是欧洲最高大宏伟的山脉,长约1200千米,宽130~260千米,西窄东宽。西起法国东南部的尼斯附近的地中海海岸,经意大利北部、瑞士南部、列支敦士登、德国南部,东至奥地利的维也纳盆地,呈弧形东西延伸

(7)火山

世界著名火山

地区	火山	具体内容
亚洲	坦博拉火山(印度尼西亚)	是一座复合型火山,1815年喷发,是世界上有历史记载的最大的一次火山爆发
	喀拉喀托火山(印度尼西亚)	是一座活火山,1883年的大爆发是人类历史上最大的火山喷发之一,该次喷发以及引发的海啸摧毁了数百个村庄和城市,超过36000人死于非命
	皮纳图博火山(菲律宾)	是一座活火山,1991年6月15日的爆炸式大喷发是20世纪世界上最大的火山喷发之一,喷出了大量火山灰和火山碎屑流
	阿苏山(日本)	是一座频繁爆发的活火山,阿苏火山群产生的火山灰超过全球其他任何火山,火山熔岩经过多年侵蚀冲刷形成全世界最大的火山洼地地形

续表

地区	火山	具体内容
非洲	尼拉贡戈火山(刚果)	是一座活火山,底部有熔岩平台和熔岩湖,1948 年、1972 年、1975 年、1977 年和 1986 年都发生过猛烈喷发。其中,1977 年 1 月的火山喷发在近半小时内共造成约 2000 人死亡
欧洲	埃特纳火山(意大利)	是欧洲海拔最高的活火山,其顶部火山口几乎连续不断的喷发活动,使其成为世界历史上记录最长的火山活动,近年来一直处于活动状态
	维苏威火山(意大利)	是一座位于欧洲大陆上的活火山,被誉为“欧洲最危险的火山”,最为著名的一次喷发是公元 79 年的大规模喷发,灼热的火山碎屑流毁灭了当时极为繁华的拥有 2 万人口的庞贝古城,其他几个有名的海滨城市如赫库兰尼姆、斯塔比亚等也遭到严重破坏
美洲	圣海伦斯火山(美国)	是一座活火山,因火山灰喷发和火山碎屑流而闻名
	基拉韦厄火山(美国)	是世界上最大的和最壮观的火山口之一,活动力旺盛的活火山,从 1983 年开始就没有停止过喷发
	鲁伊斯火山(哥伦比亚)	是一座活火山,1985 年爆发,超过 23000 人因火山泥流而丧生

真题面对面

[2022 上半年真题]公元 79 年,古罗马帝国的庞贝城毁于一场火山爆发,由于火山灰掩埋,古城中的街道房屋保存比较完整。对其遗址的考古挖掘为研究古罗马的社会生活和文化提供了重要资料。该火山是(　　)

A. 皮纳图博火山　　B. 圣海伦斯火山

C. 维苏威火山　　D. 埃特纳火山

答案:C。

考点 5　数学常识

考频分布　2015—2023 年,以单选题形式考查 7 次

中数:又称中位数、中值,是指按顺序排列在一起的一组数据,若该组数据为奇数个,位于中间位置的数是中位数;若该组数据为偶数个,位于中间两个数的平均数就是中位数。

众数:又称范数、密集数、通常数等,是指在次数分布中出现次数最多的那个数的数值。

算术平均数:简称平均数或均数、均值,指在一组数据中所有数据之和再除以这组数据的个数。

平均差:次数分布中所有原始数据与平均数离差的绝对值的平均值。平均差的计算公式为:$MD=\frac{|x_1-\bar{x}|+|x_2-\bar{x}|+\cdots+|x_n-\bar{x}|}{n}$。其中 x 为变量,$\bar{x}$ 为平均数,n 为变量值的个数。

方差:也称变异数、均方,是每个数据与该组数据平均数之差乘方后的均值,即离均差平方后的平均数。方差反映了各个数据以平均数为中心的离散程度。方差越大,数据的波动越大;方差越小,数据的波动越小。方差的计算公式为:

$$S^2=\frac{1}{n}[(x_1-\bar{x})^2+(x_2-\bar{x})^2+\cdots+(x_n-\bar{x})^2]。$$

其中,n 表示这组数据的个数,x_1、x_2、x_n表示各数据,$\bar{x}$ 表示平均数。

标准差:即方差的算术平方根。标准差反映一个数据集的离散程度。标准差越大,数据的离散程度越大;标准差越小,数据的离散程度越小。但平均数相同的一组数据,标准差未必相同。标准差的计算公式为:

$$S=\sqrt{\frac{1}{n}[(x_1-\bar{x})^2+(x_2-\bar{x})^2+\cdots+(x_n-\bar{x})^2]}。$$

其中,x_1、x_2、x_n表示各数据,$\bar{x}$表示平均数,n 表示这组数据的个数。

标准差系数:又称变异度系数,是标准差与平均数之比的相对值。它有两方面的作用:一是描述和衡量平均数的代表程度,标准差系数越小,平均数的代表性越好;二是对于同类社会经济现象在平均指标不相等的情况下,比较差异度或离散程度。

标准分数:指原始数据与平均数的离差除以标准差所得的一种量数,用符号 Z 表示。计算公式为:$Z=\frac{x-\bar{x}}{S}$。其中,Z 表示标准分数;x 表示原始数据;$\bar{x}$ 表示平均数;S 表示原始数据的标准差。

加权平均数:指将各数值乘以相应的权数,然后加总求和得到总体值,再除以总的单位数。一般地,若 n 个数 $x_1,x_2,\cdots,x_n$ 的权分别是 $w_1,w_2,\cdots,w_n$,则$\frac{x_1w_1+x_2w_2+\cdots+x_nw_n}{w_1+w_2+\cdots+w_n}$叫作这 n 个数的加权平均数。

百分等级:以 PR 符号表示,是表示某个量数在其所属的团体中所超过的单位数占总单位数的百分数。以考试成绩为例，如某生成绩的百分等级为80，即表示其成绩超过了参加考试80%的学生，如某生成绩的百分等级为30，则说明其成绩仅超过全体考生的30%。百分等级大的数字，表明其所占的地位高，百分等级小的数字，则表示其所占的地位低。

区分度：指测验对考生实际水平的区分程度，用符号D表示。区分度D值的范围可在1～-1之间，D值越大，即试题的区分度越大，质量就越好。具有良好区分度的测验，实际水平高的学生应该得高分，实际水平低的应得低分。用极端分组法计算区分度的公式是：$D=P_H-P_L$。其中，D为区分度符号，P_H为高分组通过该题的人数比例，P_L为低分组通过该题的人数比例。

真题面对面

1. [2023上半年真题] 在一次测试中，高分组全部通过甲试题，而低分组没有一人通过；高分组和低分组都有40%的人通过了乙试题，则甲试题和乙试题的区分度分别是（　　）

A. 0和1　　B. 0和0.4

C. 1和0.4　　D. 1和0

答案：D。甲试题高分组全部通过，低分组无人通过，计算公式为100% -0 =100%，即甲试题区分度为1。乙试题高分组和低分组均有40%的人通过，通过率相同，故计算公式为40% -40% =0，即乙试题区分度为0。

2. [2022下半年真题] 导出分数是在原始分数的基础上，按一定的规则推导出来的，最常用的是百分等级和标准分数。如果某学生在一次全区数学统考中卷面分数为70分。而全区有60%的学生卷面成绩低于70分，则该生在此次考试中的百分等级为（　　）

A. 60　　B. 65　　C. 70　　D. 75

答案：A。全区有60%的学生卷面成绩低于70分，所以该学生在此次考试中的百分等级为60。故正确答案为A。

考点6　气象灾害预警信号

考频分布　2017上单选

气象灾害预警信号是指各级气象主管机构所属的气象台站向社会公众发布的预警信息。预警信号由名称、图标、标准和防御指南组成，分为台风、暴雨、暴雪、**寒潮**、大风、沙尘暴、高温、干旱、雷电、冰雹、霜冻、大雾、霾、道路结冰等。

预警信号的级别依据气象灾害可能造成的危害程度、紧急程度和发展态势一般划分为四级：Ⅳ级（一般）、Ⅲ级（较重）、Ⅱ级（严重）、Ⅰ级（特别严重），依次用蓝色、黄色、橙色和红色表示，同时以中英文标识。

常见的气象灾害预警信号

第三节 传统文化常识

思维导图

- 传统文化常识
  - 传统思想
    - 春秋战国 —— 儒家、道家、墨家、法家等
    - 汉至明清 —— 汉代经学、魏晋玄学、宋明理学、清代朴学
  - 古代教育 —— 蒙学：《千字文》《三字经》《百家姓》《弟子规》等
  - 古代特殊称谓 —— 古今城市称谓，谥号、年号，尊称、谦称，年龄称谓等
  - 古代传统玩具与游戏
    - 玩具：七巧板、九连环、陀螺、鲁班锁
    - 游戏：藏钩、投壶、蹴鞠
  - 成语典故（重点）
    - 春秋战国 —— 退避三舍、立木为信、狡兔三窟
    - 秦汉 —— 破釜沉舟、鸿雁传书、马革裹尸
    - 三国 —— 三顾茅庐、刮骨疗伤、草船借箭
    - 魏晋南北朝 —— 入木三分、闻鸡起舞、风声鹤唳
    - 唐宋 —— 请君入瓮、黄袍加身、终南捷径
  - 天文历法
    - 二十四节气 —— 春雨惊春清谷天，夏满芒夏暑相连。秋处露秋寒霜降，冬雪雪冬小大寒
    - 干支纪年法
      - 干：甲、乙、丙、丁、戊、己、庚、辛、壬、癸
      - 支：子、丑、寅、卯、辰、巳、午、未、申、酉、戌、亥
    - 古代星宿，阴历、阳历、农历，纪时法
  - 传统节日 —— 春节、元宵节、清明节、端午节、七夕节、中秋节、重阳节
  - 民族风俗
    - 蒙古族、藏族（弦子舞）、傣族服饰、苗族芦笙舞
    - 门神：神荼、郁垒，秦叔宝、尉迟恭
  - 文化遗产
    - 种类
      - 物质文化遗产：文物、建筑群、遗址
      - 非物质文化遗产：表演艺术、传统手工艺等
    - 中国的世界遗产 —— 苏州古典园林、明清故宫、龙门石窟
    - 中国古代遗址
      - 文化遗址：河姆渡、半坡、仰韶、殷墟
      - 古代陵墓：马王堆汉墓、南越王墓

考向分析

本节主要介绍中国传统文化知识，需要记忆并理解。在考试中会以单选题的形式考查。通过汇总分析 2015 年至 2023 年的真题试卷，本节知识考查情况见下表：

知识	考点	考频	题型
传统思想	法家代表人物	1	单选
古代教育	私学	1	单选
古代特殊称谓	年龄称谓	1	单选
古代传统玩具与游戏	传统玩具	1	单选
成语典故及相关人物	成语典故及相关人物	6	单选
天文历法	二十四节气、干支纪年法、纪时法	4	单选
传统节日	元宵节、春节	2	单选
民族风俗	少数民族风俗文化、风俗习惯	4	单选
文化遗产	中国的世界遗产	1	单选

核心考点

一、传统思想【9 年 1 考】

考频分布 2023 下单选

中国古代传统思想

时期	流派	代表人物	著作	主要思想
春秋战国	儒家	孔子	《论语》	①核心思想："仁"，主张"仁者爱人" ②政治："为政以德"，主张以德治国，反对苛政 ③恢复周礼，主张"克己复礼" ④教育："有教无类"
		孟子	《孟子》	①政治：施行"仁政"，提出"民为贵，社稷次之，君为轻"的思想 ②伦理观："性善论"

续表

时期	流派	代表人物	著作	主要思想
春秋战国	儒家	荀子	《荀子》	①政治:实行“礼治”,明确尊卑等级,以维系社会秩序 ②伦理观:“性恶论”
	道家	老子	《道德经》	①政治:主张“无为而治”,凡事“顺天之时,随地之性,因人之心” ②哲学:“道”是天地万物本原 ③朴素的唯物论思想:“人法地,地法天,天法道,道法自然”,追求“天人合一” ④朴素的辩证法思想:事物存在着相互依存、相互转化、对立统一的矛盾;物极必反,柔能克刚
		庄子	《庄子》	①治国要顺应自然和民心 ②追求精神自由,保持独立人格
	墨家	墨子	《墨子》	“兼爱”“非攻”“尚贤”“尚同”“节用”“节葬”“天志”“明鬼”“非乐”“非命”
	法家	**韩非**	**《韩非子》**	强调以法治国,树立君主的权威,建立中央集权专制统治
汉代	经学	董仲舒	《春秋繁露》	汉代“尊崇儒术”,“经”成为儒家经典的专用名称,“经学”以解释、阐述儒家经典《诗》《书》《礼》《易》《乐》《春秋》为主
魏晋	玄学	何晏	《道德论》 《论语集解》	①用老庄的思想解释《周易》等儒家经典,主张虚无的“道”,宣扬“无”是产生万物的根本 ②政治上应当“无为”,生活作风上要任其“自然”,社会风气上崇尚“清谈”
		王弼	《周易注》 《老子注》	
宋明时期	理学(道学)	周敦颐(尊称“濂溪先生”)	《太极图说》	①“理”是自然界和社会的根本原则,也称“天理”。人生的目标,应当是“存天理,灭人欲”,即通过道德修养克服过度的欲望,最终实现对“天理”的充分体验,从而达到“圣人”的精神境界 ②提出“格物致知”,认为只有深刻探究万物,才能真正得到其中的“理”,达到对普遍天理的认识
		程颢、程颐	《二程集》	
		朱熹(理学的集大成者)	《四书章句集注》	

续表

时期	流派	代表人物	著作	主要思想
宋明时期	心学	陆九渊	《陆九渊全集》	认为"心"是宇宙万物的本原,提出"心"就是"理"的主张,强调"宇宙便是吾心,吾心即是宇宙"
		王守仁(世称"阳明先生")	《王阳明全集》	宣扬"心外无物""心外无理",提出"致良知""知行合一"的学说
清朝	朴学	顾炎武	《日知录》	批判理学,抨击封建专制,倡导经世致用
		黄宗羲	《明夷待访录》	
		王夫之	《宋论》	

真题面对面

[**2023 下半年真题**]法家是战国时期的重要学派之一,主张以法治国,强调"不别亲疏,不殊贵贱,一断于法"。下列历史人物,不属于法家的是(　　)

A. 韩非　　　　B. 李斯

C. 苏秦　　　　D. 李悝

答案:C。

二、古代教育【9 年 1 考】

考点 1　官学

官学指中国历代各级官府所办学校的总称,如西周的国学、乡学,汉代的太学、州郡县学,唐宋以后的国子学、府州县学,元明清各代的社学等。

考点 2　私学

考频分布　2020 下单选

私学指中国历代私人设立的学校,与官学相对。

1. 私学的发展

春秋战国时期,私学大兴,孔子为最杰出代表。他创办私学,打破了贵族和王室垄断教育的局面,主张"有教无类",招收不同出身的学生,先后培养了三千弟子,促进了教育在民间的发展。

汉代私学属于启蒙性质者有“书馆”，传授经学者有“精舍”，又有“世传家学”。隋唐以后，私学名称益繁，有家塾、经馆、义学、私塾、村塾、冬学等。唐末出现进行教学活动的书院，宋代开始得到发展。

2. 蒙学

蒙学是指中国古代对儿童进行启蒙教育的学校，古代社会各阶级的启蒙教育几乎都是由私学来承担的。蒙学的教育内容主要是识字、写字及伦理道德教育。

蒙学教材是蒙学教育的重要组成部分，秦汉蒙学教材主要是《仓颉》《急就篇》等字书及《孝经》《论语》，隋唐主要的蒙学教材有《急就篇》**《千字文》**《开蒙要训》《太公家教》，宋朝时所用蒙学教材主要有**《三字经》《百家姓》**《千字文》《弟子规》等。

真题面对面

[**2020 下半年真题**]蒙学是古时对儿童进行启蒙教育的私塾。下列选项中，不属于我国蒙学读本的是(　　)

A.《道德经》　　B.《千字文》

C.《百家姓》　　D.《三字经》

答案：A。

三、古代特殊称谓【9 年 1 考】

考点 1　古今城市称谓

北京：古称幽州、北平、燕京、大都、蓟城等。元、明、清三个王朝曾在此建都。

西安：古称长安、镐京、西京。先后有西周、秦、西汉、东汉(献帝)、新(王莽建立)、西晋(愍帝)、前赵、前秦、后秦、西魏、北周、隋、唐在此建都，因此，西安有“十三朝古都”之名。

洛阳：古称洛州、洛邑、洛京。洛阳有“十三朝古都，八代陪都”之称，东周、东汉、三国魏、西晋、北魏、隋、唐等都曾以洛阳为都城。

开封：古称汴州、汴梁、汴京、东京，五代的后梁、后晋、后汉、后周和北宋都将都城设立在开封。

安阳：古称相、殷、邺、邺城、邺都、邺郡、相州、彰德等。历史上，先后有商朝(商王盘庚)、曹魏、后赵、冉魏、前燕、东魏、北齐等在安阳建都，素有“七朝古都”之称。

郑州:古称荥州、管城,夏、商(商王仲丁)以及西周的管、郑、韩三个诸侯国曾建都于此。

南京:古称建业、金陵、建康、应天府(明朝)、江宁、石头城。历史上先后有东吴、东晋,南朝的宋、齐、梁、陈等王朝在南京建都,因此南京被称为"六朝古都"。

杭州:古称临安、钱塘,五代的吴越国和南宋在杭州建都。

考点2 谥号、庙号、年号

谥号:古代帝王、大臣死后,朝廷根据其生平事迹和地位,为他选择某个评价性的字词。帝王之谥,由礼官议上;臣下之谥,由朝廷赐予。如隋文帝杨坚、岳武穆,杨坚的"文"和岳飞的"武穆"都是谥号。

庙号:皇帝死后在太庙接受子孙祭祀时追尊的名号。皇帝的庙号多为某祖、某宗,如唐太宗李世民、宋太祖赵匡胤,"太祖""太宗"都是庙号。庙号始于殷代,汉承其制,其后历代封建帝王,均有庙号。

年号:皇帝用来纪年的称号。年号起源于汉代,为皇帝当政的时代标志。汉武帝是第一位开始有年号的皇帝。汉武帝即位的第一年,立年号为建元,所以这一年称为建元元年,第二年称为建元二年,其他依此类推。新皇帝登基,都要改变年号,叫作"改元"。同一皇帝在位时,也可改变年号。如李世民的年号为"贞观",李隆基的年号有"先天""开元""天宝",朱元璋的年号为"洪武",朱棣的年号是"永乐"。

文献中对于从汉到隋的皇帝,习惯上都用谥号相称。自唐朝开始,庙号成为皇帝在文献中最常用的代称。对于清朝入关后的皇帝,习惯上多用年号相称。

考点3 尊称、谦称

1. 尊称

尊称也叫"敬称",表示尊敬客气的态度。

(1)古代对皇室人员的尊称

"皇帝"一般称万岁、圣上、圣驾、天子、陛下、官家(宋朝使用)等。皇帝的子女一般称"殿下"。

(2)古人用于称呼对方或对方亲属的尊称

①令,用于称呼对方的亲属,如令尊(称对方父亲)、令堂(称对方母亲)、令正或令阃(称对方妻子)、令兄(称对方哥哥)、令郎(称对方儿子)、令爱或令媛(称对方女儿)。

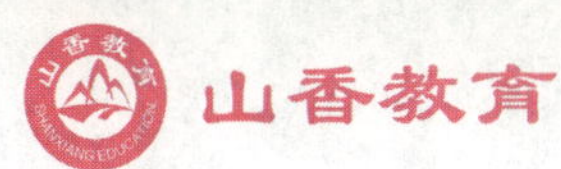

②尊,用来称与对方有关的人或物,如尊上(称对方父母),尊公、尊君、尊府(称对方父亲),尊堂(称对方母亲),尊亲(称对方亲戚),尊驾(称对方),尊命(对方的嘱咐),尊意(对方的意思)。

③贤,用于称平辈或晚辈,如贤家(称对方)、贤郎(称对方儿子)、贤弟(称对方弟弟)。

④仁,表示爱重,应用范围较广,如称同辈友人中长于自己的人为仁兄,称地位高的人为仁公等。

(3)对尊长者和朋辈的尊称

君、子、公、足下、夫子、先生、大人等。

(4)其他尊称

①对品格高尚、智慧超群的人用"圣"来表敬称,如称孔子为"圣人",孟子为"亚圣"。

②称谓前面加"先",表示已死,用于敬称地位高的人或年长的人,如先帝、先父或先考、先慈或先妣、先贤。

③称妻子的父亲为丈人、泰山,称妻子的母亲为丈母、泰水。

2. 谦称

谦称是表示谦逊的自称。

(1)古代帝王的自谦辞:孤、寡、不穀等。

(2)古代官吏的自谦辞:下官、末官、微臣、末将(武将使用)。

(3)读书人的自谦辞:①小生、晚生、晚学等,表示自己是新学后辈。②不才、不敏、不佞、不肖,表示自己没有才能或才能平庸。

(4)用于自称的谦辞:①愚,谦称自己不聪明。②鄙,谦称自己学识浅薄。③敝,谦称自己或自己的事物不好。④卑,谦称自己身份低微。⑤窃,有私下、私自之意,使用时常有冒失、唐突的含义在内。⑥臣,谦称自己不如对方的身份地位高。⑦仆,谦称自己是对方的仆人,使用时含有为对方效劳之意。

(5)古人称自己的亲属朋友的谦辞

①家,对别人称自己家中辈分高或年纪大的亲属时使用的谦辞,如家父(家严或家君或家尊)、家母(家慈)、家兄等。

②舍,一是谦称自己的家,如寒舍、敝舍;二是谦称比自己辈分低或年龄小的亲属,如舍弟、舍妹、舍侄等。

(6)其他自谦辞

①在下,古人坐席时尊长者在上,故晚辈或地位低的人谦称"在下"。

②小可,有一定身份的人的自谦,表示自己很平常、不足挂齿。

③小子，子弟晚辈对父兄尊长的自称。

④老朽、老夫、老汉等，老人的自谦辞。

⑤妾、奴家，女子的自称，老年妇女谦称"老身"。

⑥拙荆、内人、内子等，丈夫对自己妻子的谦称。

⑦小儿或小女、弱息、犬子等，对别人称自己的儿女时的谦称。

考点4 年龄称谓

考频分布 2016下单选

不同年龄的特殊称谓

称谓	年龄	称谓	年龄
襁褓	未满周岁	舞勺之年	男子十三岁至十五岁
孩提	两三岁	束发	男子十五岁
始龀	七八岁	舞象之年	男子十五岁至二十岁
垂髫	三四岁至八九岁。女孩七岁称"髫年"，男孩八岁称"龆年"	弱冠	男子二十岁
黄口	十岁以下	而立之年	三十岁
总角	八九岁至十三四岁	不惑之年、强壮之年	四十岁
金钗之年	女子十二岁	**知命之年、知非之年**	**五十岁**
豆蔻年华	女子十三四岁	花甲、耳顺之年	六十岁
及笄之年	女子十五岁	古稀之年	七十岁
碧玉年华、破瓜年华	女子十六岁	杖朝之年	八十岁
桃李年华	女子二十岁	耄耋之年	八九十岁
花信年华	女子二十四岁	鲐背之年	九十岁
半老徐娘	女子三十岁	期颐之年	一百岁

记忆有妙招

为便于考生记忆，编者将三十岁之后的古代年龄称谓编成以下口诀：

四十而不惑，五十而知天命，六十而耳顺，七十古来稀，八十九十曰耄耋，百岁之年曰期颐。

考点5 职业、行业称谓

冰人:旧时指媒人。

伶人:乐官、戏曲演员。

杏林:医学界别称。三国董奉隐居庐山,为人治病不收钱,但使重病愈者植杏五株,轻者一株,积年蔚然成林。

梨园:戏曲界别称。唐玄宗曾教乐工、宫女在"梨园"演习音乐舞蹈。

杏坛:教育界别称。相传为孔子聚徒授业讲学之处。

考点6 其他特殊称谓

百姓的称谓:布衣、黔首、黎民、生民、庶民、黎庶、苍生、黎元、氓等。

兄弟排行次序:伯(孟)、仲、叔、季。"伯(孟)"是老大,"仲"是老二,"叔"是老三,"季"是老四。

江东:又称江左,指长江以东的地区。古人以东为左,以西为右。

河南、河北:分别指黄河以南和黄河以北的地区。"河"在古时特指黄河。

关东:古指函谷关或潼关以东的地区,今指山海关以东的东北地区。

山水阴阳:古代以山南、水北为阳;以山北、水南为阴。

四、古代传统玩具与游戏【9年1考】

考点1 传统玩具

考频分布 2018下单选

鲁班锁:又称孔明锁,是一种立体拼插玩具,起源于中国古代房屋的榫卯结构。鲁班锁的种类各式各样,最常见的是六根鲁班锁。

华容道:一种移块玩具,名字取自典故"曹操败走华容道"。它是一个带有很多小方格的棋盘,棋盘上有多个棋子,仅有两个小方格空着,华容道的玩法就是通过这两个空格移动棋子,用最少的步数把棋子从棋盘下方的出口移出来。华容道游戏常见的还有数字华容道。

七巧板:又称唐图,是一种拼板玩具,由七块板组成,包括两个大等腰直角三角形、一个中等腰直角三角形、两个小等腰直角三角形、一个正方形、一个平行四边形。七巧板可通过不同的组合方式拼成不同的图形，如三角形、平行四边形、人物、动物、桥、房、中英文字母等。

九连环：一种解环玩具。九连环是在长方形的框架上排列着九个圆环和九根立柱，圆环之间环环相扣，其间还贯穿着一枚细长的叉套，并且叉套也被重重的立柱相隔。解连环就是通过一系列动作取下叉套。

陀螺：中国民间最早的娱乐工具之一，形状略像海螺，多用木头制成，玩时用鞭子抽打，使其直立旋转。有的用铁皮制成，利用发条的弹力旋转。

考点2　传统游戏

围棋：古称“弈”，相传为尧所作。南北朝时定型为纵横各十九道，共三百六十一个交叉点，与今制相同。双方用黑白子对弈，以围困对方吃子多少定胜负。为文人雅士的消遣工具，故有手谈、坐隐等别称。

藏钩：传统猜物游戏。玩时，众人分成两组，一组人背手传钩，一组人猜钩止于谁手，以猜中与否较胜负，负者应起座拜谢胜者。

射覆：传统猜物游戏。源于藏钩。射，猜测。于覆器（如瓯、盂等）之下置诸物，令人猜之，由此得名。在最后报出所射之物的名称之前，一般要以几句概括的话语来描述此物特征。

投壶：古代宴会礼制。亦用于游戏。以席间酒壶口为目标，宾主在离壶五尺开外，用矢投入。以多中者为胜，负者饮酒。

步打球：又称“步打”，是一种徒步以杖击球的球类运动，类似于今天的曲棍球。

蹴鞠：古人以脚蹴、蹋、踢皮球的活动，类似今日的足球。早在战国时期汉族民间就流行娱乐性的蹴鞠游戏，而从汉代开始又成为兵家练兵之法，宋代出现了蹴鞠组织与蹴鞠艺人。

跳丸：杂技艺人用手熟练而巧妙地抛接玩弄丸铃的一种游戏。

角抵：一种类似现在摔跤、相扑一类的两两较力的活动。

五、成语典故及相关人物【9年6考】

考频分布　2023下单选，2021下单选，2021上单选，2018下单选，2015下单

选,2015 上单选

中国古代著名成语典故及相关人物

时期	成语典故	人物	成语典故	人物	成语典故	人物	成语典故	人物
夏、商、西周	网开一面	商汤	一窍不通	比干、商纣王	助纣为虐	商纣王	烽火戏诸侯	周幽王、褒姒
春秋战国	一鸣惊人	楚庄王	尊王攘夷	齐桓公	问鼎中原	楚庄王	退避三舍	重耳（晋文公）
	卧薪尝胆	越王勾践	完璧归赵	蔺相如	负荆请罪	廉颇、蔺相如	围魏救赵	孙膑
	孙庞斗智	孙膑、庞涓	韦编三绝	孔子	纸上谈兵	赵括	惊弓之鸟	更羸
	立木为信	商鞅	讳疾忌医	蔡桓公、扁鹊	**狡兔三窟**	**冯谖**	合纵连横	苏秦、张仪
	毛遂自荐	毛遂、平原君	**远交近攻**	范雎	老马识途	齐桓公、管仲	三令五申	孙武
	一鼓作气	曹刿	**竭泽而渔**	晋文公、雍季	鸡鹜争食	屈原、楚怀王	图穷匕见	荆轲、嬴政
秦汉	焚书坑儒	嬴政	一字千金	吕不韦	指鹿为马	赵高	揭竿而起	陈胜、吴广
	约法三章	刘邦	暗度陈仓	韩信	**四面楚歌**	**项羽、韩信**	破釜沉舟	项羽
	孺子可教	张良	背水一战	韩信	一败涂地	刘邦	楚汉相争	刘邦、项羽
	霸王别姬	项羽、虞姬	**孔融让梨**	孔融	投笔从戎	班超	**马革裹尸**	马援
	金屋藏娇	刘彻	封狼居胥	霍去病	**鸿雁传书**	**苏武**	文姬归汉	蔡文姬
三国两晋南北朝	草船借箭	诸葛亮	三顾茅庐	刘备、诸葛亮	鞠躬尽瘁	诸葛亮	初出茅庐	诸葛亮
	宝刀未老	黄忠	刮骨疗伤	关羽、华佗	才高八斗	曹植	**相煎何急**	**曹丕、曹植**
	顾曲周郎	周瑜	折节下士	袁绍	乐不思蜀	刘禅	**洛阳纸贵**	**左思**
	入木三分	王羲之	闻鸡起舞	祖逖	东山再起	谢安	草木皆兵	苻坚
	狗尾续貂	司马伦	风声鹤唳	谢玄	穷途之哭	阮籍	画龙点睛	张僧繇
唐	力士脱靴	李白、高力士	请君入瓮	周兴	桃李满天下	狄仁杰	一字之师	郑谷
	终南捷径	卢藏用	走马观花	孟郊	口蜜腹剑	李林甫	力透纸背	颜真卿
宋	黄袍加身	赵匡胤	精忠报国	岳飞	东窗事发	秦桧	胸有成竹	文与可

真题面对面

1. [2021 下半年真题]成语"终南捷径"出自《新唐书·卢藏用传》。该书记载，卢藏用想入朝做官，走了较便捷的门路，最终达到了目的。卢藏用被人讥为"终南捷径"的门路是(　　)

A. 隐居　　B. 占卜　　C. 经商　　D. 出家

答案:A。

2. [2021 上半年真题]我国的成语很多来源于含有历史人物、历史事件和那个时代的社会生活的典故。下列选项中，来源于汉代的人物和事件的成语是(　　)

A. 竭泽而渔　　B. 完璧归赵　　C. 马革裹尸　　D. 洛阳纸贵

答案:C。

六、天文历法【9 年 4 考】

考点 1　古代星宿

四象:古人把东、南、西、北四方每一方位的"七宿"联系起来加以想象而成的四种动物的形象。其中，东方称为苍龙象;北方称为玄武象;西方称为白虎象;南方称为朱雀象。

七曜:中国古代对日月五星的合称，也叫"七政"，日月即太阳、月亮，五星即金星、木星、水星、火星、土星。金星在古代称为太白、启明、长庚、昏星、明星等;木星称岁星、纪星、应星、重华、摄提;水星称辰星;火星称荧惑;土星称填星或镇星。

二十八宿:古代将星座称为星宿，又称二十八舍或二十八星，是古人为观测日、月、五星运行而划分的二十八个星区，用来说明日、月、五星运行所到的位置。

考点 2　二十四节气

考频分布　2019 下单选，2018 上单选

"二十四节气"是中国人通过观察太阳周年运动而形成的时间知识体系及其实践。它形成于黄河流域，以观察该区域的天象、气温、降水和物候的时序变化为基准，是中国古代农耕社会的生产生活的时间指南。

二十四节气分列在一年的十二个月份中，每月有两个节气，每个节气十五天左右。它又被分为七十二候，五日为一候，三候为一气，每一候都有动物、植物、天气等随季节变化的周期性自然现象，这些现象称"物候"。

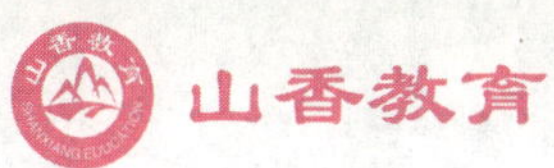

二十四节气及其物候特点

季节	节气	物候及特点
春季	立春	①一候东风解冻，二候蛰虫始振，三候鱼陟负冰 ②有迎春、打春、咬春(嚼萝卜)等民俗
	雨水	①一候獭祭鱼，二候鸿雁来，三候草木萌动 ②农人开始选种、春耕、施肥等春耕春播准备工作
	惊蛰	①一候桃始华，二候仓庚(黄鹂)鸣，三候鹰化为鸠 ②春雷萌动，万物复苏，是春耕开始的日子
	春分	①一候玄鸟(燕子)至，二候雷乃发生，三候始电 ②太阳直射赤道，南、北半球昼夜等长 ③有吃春菜、送春牛、竖蛋等民俗
	清明	①一候桐始华，二候田鼠化为鴽，三候虹始见 ②“清明前后，种瓜种豆”，此时春耕繁忙 ③有植树、戴柳、扫墓祭祖、踏青、吃青团等民俗
	谷雨	①一候萍始生，二候鸣鸠拂其羽，三候戴胜降于桑 ②春将尽，夏将至，降雨增多，各类作物茁壮成长
夏季	立夏	①一候蝼蝈鸣，二候蚯蚓出，三候王瓜生 ②炎暑将临，农作物进入旺季生长
	小满	①一候苦菜秀，二候靡草死，三候麦秋至 ②江南一带正是早稻追肥、中稻插秧的时节，故有“小满动三车”的说法，“三车”即水车、纺车、油车
	芒种	①一候螳螂生，二候鵙始鸣，三候反舌无声 ②有送花神、安苗、打泥巴仗、煮梅等民俗
	夏至	①一候鹿角解，二候蝉始鸣，三候半夏生 ②太阳几乎直射北回归线，是北半球一年中夜最短、昼最长的一天
	小暑	①一候温风至，二候蟋蟀伏，三候鹰始鸷 ②季夏时节正式开始，气温还未到最热的时候 ③有祭谷神、倒黄梅等民俗
	大暑	①一候腐草为萤，二候土润溽暑，三候大雨时行 ②正值“中伏”前后，是一年中最热的时期

季节	节气	物候及特点
秋季	立秋	①一候凉风至，二候白露生，三候寒蝉鸣 ②有摸秋、贴秋膘、悬秤称人等民俗
	处暑	①一候鹰乃祭鸟，二候天地始肃，三候禾乃登 ②暑气终结，开始秋收 ③有吃鸭子、开渔节、踏秋等民俗
	白露	①一候鸿雁来，二候玄鸟归，三候群鸟养羞 ②天气由热转凉，秋收繁忙 ③有吃龙眼、祭禹王等民俗
	秋分	①一候雷始收声，二候蛰虫坯户，三候水始涸 ②太阳直射赤道，南、北半球昼夜等长 ③有吃秋菜、吃螃蟹、送秋牛等民俗
	寒露	①一候鸿雁来宾，二候雀入大水为蛤，三候菊有黄华 ②天气由凉转寒 ③有饮菊花酒、登高的民俗
	霜降	①一候豺乃祭兽，二候草木黄落，三候蛰虫咸俯 ②温度骤降，农作物要防霜冻
冬季	立冬	①一候水始冰，二候地始冻，三候雉入大水为蜃 ②秋季作物收晒完毕，收藏入库，抓紧播种冬小麦 ③有吃饺子、迎冬等民俗
	小雪	①一候虹藏不见，二候天气上升地气下降，三候闭塞而成冬 ②气温逐步降到零下，逐渐进入严冬，做好越冬工作
	大雪	①一候鹖鴠不鸣，二候虎始交，三候荔挺出 ②有腌肉、赏冰雕等民俗
	冬至	①一候蚯蚓结，二候麋角解，三候水泉动 ②太阳几乎直射南回归线，是北半球一年中昼最短、夜最长的一天 ③有吃饺子汤圆、祭拜祖先等民俗
	小寒	①一候雁北乡，二候鹊始巢，三候雉始雊 ②梅花绽放，年味渐浓，人们开始为春节做准备
	大寒	①一候鸡乳，二候征鸟厉疾，三候水泽腹坚 ②除旧饰新，准备年货

『记忆有妙招』

为便于记忆,考生可通过以下口诀识记二十四节气的顺序:

春雨惊春清谷天,夏满芒夏暑相连。秋处露秋寒霜降,冬雪雪冬小大寒。

考点3 阴历、阳历、农历

阴历以月亮的一轮圆缺代表一个月,以朔日(月亮正好位于太阳和地球之间)为初一,大月30天,小月29天;其年份分为平年和闰年,平年为12个月,闰年为12个月另加1个闰月。

阳历又叫“太阳历”,以地球绕太阳一周的时间为1年,平年365天,闰年366天,年分12个月。

农历是中国传统历法的现代版本,属**阴阳合历**,其编算规则可以上溯到西汉制定的《太初历》。《太初历》同时采用了阴历的12个月份和阳历的24个节气,并规定以雨水所在的月份为一月(正月),每个月一定要有一个“中气”。由于两个节气的天数比一个月要多,所以每过几年,就会出现某个月的“中气”跑到下个月的情况。这时就要把这个月作为前一个月的闰月,以恢复月份与节气之间的正常对应关系。中国传统节日和许多民俗都同这种历法有关,所以在正式采用公历后,这种传统形式的历法还在流传,慢慢地就有了“农历”这个名称。

考点4 干支纪年法

考频分布 2021上单选

干支是天干地支的合称,我国古代用天干地支来记录年代。

干,即**天干**,共十位:甲、乙、丙、丁、戊、己、庚、辛、壬、癸。

支,即**地支**,共十二位:子、丑、寅、卯、辰、巳、午、未、申、酉、戌、亥。

十天干和十二地支依次两两相配,组成六十个基本单位,用以纪年,如2024年是农历甲辰年、2025年是农历乙巳年……十和十二的最小公倍数为六十,故十天干和十二地支共配成六十个干支,六十年是一个纪年的循环周期。因第一个纪年是甲子年,故六十年又称“**一甲子**”。

真题面对面

[2021 上半年真题]干支是天干和地支的合称，以十干同十二支循环相配，古代用来表示年、月、日和时的次序，周而复始，循环使用，现今夏历的年和日仍用干支计。下列干支名称中，属于地支的是（　　）

A. 甲　　B. 壬　　C. 癸　　D. 申

答案：D。

考点 5　纪时法

考频分布　2017 上单选

我国古代纪时法主要有天色纪时法和地支纪时法两种。天色纪时、地支纪时和现代纪时对应关系如下表：

古代纪时与现代纪时的对应

地支纪时	子	丑	寅	卯	辰	巳	午	未	申	酉	戌	亥
天色纪时	夜半（三更）	鸡鸣（四更）	平旦（五更）	日出	食时	隅中	日中	日昳	晡时	日入	黄昏（一更）	人定（二更）
现代纪时	23 点 ~ 1 点	1 点 ~ 3 点	3 点 ~ 5 点	5 点 ~ 7 点	7 点 ~ 9 点	9 点 ~ 11 点	11 点 ~ 13 点	13 点 ~ 15 点	15 点 ~ 17 点	17 点 ~ 19 点	19 点 ~ 21 点	21 点 ~ 23 点

七、传统节日【9 年 2 考】

考频分布　2020 下单选，2016 上单选

我国古代传统节日习俗及有关诗句

节日	别称	时间	习俗	有关诗句
春节	元日、正日、岁旦、年节、新岁、元首	农历正月初一	贴门神、贴春联、贴年画、守岁、拜年	王安石《元日》：爆竹声中一岁除，春风送暖入屠苏。 陆游《除夜雪》：半盏屠苏犹未举，灯前小草写桃符

续表

节日	别称	时间	习俗	有关诗句
元宵节	元夜、元夕、上元节、灯节	农历正月十五	赏花灯、吃元宵、猜灯谜、舞龙舞狮	张祜《正月十五夜灯》:千门开锁万灯明,正月中旬动帝京。 欧阳修《生查子·元夕》:去年元夜时,花市灯如昼。月上柳梢头,人约黄昏后
清明节	踏青节、三月节、行清节、祭祖节	公历四月五日前后	扫墓、祭祖、插柳、踏青、禁火寒食	杜牧《清明》:清明时节雨纷纷,路上行人欲断魂。 黄庭坚《清明》:佳节清明桃李笑,野田荒冢只生愁
端午节	端阳节、龙舟节、正阳节、重五节、天中节	农历五月初五	吃粽子、赛龙舟、编五彩绳、插艾草	欧阳修《渔家傲·五月榴花妖艳烘》:绿杨带雨垂垂重。五色新丝缠角粽。 张耒《和端午》:竞渡深悲千载冤,忠魂一去讵能还
七夕节	乞巧节、女儿节、七夕祭、巧夕	农历七月初七	乞巧、拜魁星、吃巧果	杜牧《秋夕》:天阶夜色凉如水,坐看牵牛织女星。 范成大《鹊桥仙·七夕》:双星良夜,耕慵织懒,应被群仙相妒
中秋节	祭月节、拜月节、仲秋节、团圆节、月夕	农历八月十五	赏月、观潮、饮桂花酒、吃月饼	张九龄《望月怀远》:海上生明月,天涯共此时。 苏轼《水调歌头·明月几时有》:但愿人长久,千里共婵娟
重阳节	重九节、登高节、双九节、晒秋节、敬老节	农历九月初九	登高、赏菊、插茱萸、吃重阳糕	王维《九月九日忆山东兄弟》:遥知兄弟登高处,遍插茱萸少一人。 杜牧《九日齐山登高》:尘世难逢开口笑,菊花须插满头归

真题面对面

[**2020下半年真题**]北宋文学家王安石在《元日》中写道:“爆竹声中一岁除,春风送暖入屠苏。千门万户曈曈日,总把新桃换旧符。”诗中所描写的“元日”,对应于今天的节日是(　　)

A. 清明　　B. 元宵　　C. 春节　　D. 元旦

答案:C。

八、民族风俗【9年4考】

考点1　少数民族风俗文化

考频分布　2022上单选,2017上单选×2

我国是一个统一的多民族国家,有56个民族,除汉族外,其他55个民族都是少数民族。民族总体呈现“大杂居、小聚居、相互交错居住”的分布特点。我国部分少数民族及其风俗如下表。

我国部分少数民族风俗文化

少数民族	传统节日	民族文学	民族乐器	民族舞蹈	特色民居
蒙古族	那达慕、白节、祭敖包节	《嘎达梅林》	马头琴	摔跤舞、筷子舞、安代舞、马刀舞、盅碗舞	蒙古包
藏族	雪顿节、望果节	《格萨尔王传》	扎年(即藏族六弦琴)	**弦子舞**	农区多垒石建屋,牧区则用帐篷
维吾尔族	古尔邦节、开斋节(肉孜节)	《乌古斯传》	独他尔、热瓦甫、达甫鼓	赛乃姆、多朗舞、夏地亚纳、顶碗舞、大鼓舞、普塔舞	庭院式住宅,大致分外间、餐室、后室,墙壁挂壁毯
彝族	火把节、赛装节	《阿诗玛》	月琴	花鼓舞、烟盒舞、披毡舞、左脚舞	凉山为瓦板房,云贵为土掌房、方型碉楼等

续表

少数民族	传统节日	民族文学	民族乐器	民族舞蹈	特色民居
壮族	三月三、牛魂节、中元节	《布洛陀》	天琴、铜鼓	扁担舞、铜鼓舞	“干栏”式建筑，分上下两层，上层住人，下层关养牲畜和存放杂物
苗族	芦笙节、赶秋节、跳花节、四月八	《亚鲁王》	芦笙	芦笙舞、踩鼓舞、铜鼓舞、木鼓舞、团圆鼓舞、猴儿鼓舞	多为木结构建筑，以瓦或杉木皮、茅草等盖屋顶；山区住房多为“吊脚楼”
傣族	泼水节、关门节、开门节	《兰嘎西贺》	嘎腊萨、玎、象脚鼓、葫芦丝	孔雀舞、象脚鼓舞、鱼舞	“干栏”式建筑，多为竹楼
朝鲜族	回婚节、回甲节、洗头节	《阿里郎》	伽倻琴、筒箫、奚琴	农乐舞、长鼓舞、假面舞、扇舞、拍打舞	多为土木结构的草房或瓦房，屋顶多为四面斜坡，间数多
柯尔克孜族	马奶节、喀尔戛托依节	《玛纳斯》	考姆兹(三弦琴)	单人舞、双人舞、集体舞	毡房、土房、木房、石房等

真题面对面

[**2022 上半年真题**]下图表现的是特色民族舞蹈,这一民族是(　　)

A. 苗族　　B. 黎族　　C. 傣族　　D. 彝族

答案:A。

考点2　风俗习惯

考频分布　2022 下单选

1. 原始社会时期的风俗习惯

狩猎是原始社会时期人们一种主要的生存劳作方式。由于狩猎极其危险,大多需要集体进行,人们分工合作,有负责搜山的,有负责传达信号的,有负责打伏击的。猎物的分配一般遵循“上山赶肉,见者有份”的规矩。原始社会时期的狩猎还举行极其隆重的仪式,祭拜山神的习俗在集体狩猎中是一项不可缺少的仪式。

2. 封建社会时期的风俗习惯

(1)节日风俗习惯

傩祭与傩戏:傩祭,是一种古老的驱鬼逐疫仪式,时间大都是除夕,形式既有帝王宫廷中举行的“国傩”,又有民间举行的“乡人傩”。唐代的傩祭队伍中已有了专门的唱师和鼓唱乐队,而民间傩仪中已有戏剧人物扮演出场。

门神:唐以前,是在门户上置桃板避邪,也有在桃木板上书写“左神荼,右郁垒”或画郁垒、神荼二神像以御凶鬼的。唐代,门神换成了唐太宗手下的两位大将**秦叔宝**和**尉迟恭**,画像中白脸儿的秦叔宝执锏,黑脸儿的尉迟恭执鞭。

(2)婚丧嫁娶

婚嫁:古人对婚礼是“敬慎重正”的,认为它是礼之本,所以规定了纳采、问名、纳吉、纳征、请期、亲迎六种礼节，以规范民众的婚姻行为。

丧葬：葬前习俗有送终、发丧、报丧、吊孝、戴孝；安葬时先入殓，再送葬（出殡），最后下葬；葬后有除丧、谢孝、做七、守孝等习俗。

3. 近现代倡导的风俗习惯

中华民国提倡“自由平等博爱为纲”的公民道德，废除“大人”“老爷”等称呼，禁止蓄辫、缠足和赌博等陋习，跪拜、作揖等礼节被握手、鼓掌、脱帽、鞠躬取代。

新中国成立后，政府倡导移风易俗，简办宴席、提倡厚养薄葬、推行火化、文明祭扫等新风俗。

九、文化遗产【9 年 1 考】

文化遗产泛指一个民族、国家或特定群体在历史发展过程中创造的一切物质财富和精神财富，这种财富代代相传，构成该民族、国家或群体区别于其他民族、国家或群体的重要文化特征。

考点 1　文化遗产的种类

文化遗产包括物质文化遗产和非物质文化遗产两大类。

1. 物质文化遗产

平常所说的文化遗产一般指“物质文化遗产”，即“有形”的文化遗产，以区别于“非物质文化遗产”。按照《保护世界文化和自然遗产公约》定义，文化遗产主要包括三个方面：

(1) **文物**。从历史、艺术或科学角度看具有突出的普遍价值的建筑物、碑雕和碑画，具有考古性质成分或结构，铭文、窟洞以及联合体。

(2) **建筑群**。从历史、艺术或科学角度看在建筑式样、分布均匀或与环境景色结合方面具有突出的普遍价值的单立或连接的建筑群。

(3) **遗址**。从历史、审美、人种学或人类学角度看具有突出的普遍价值的人类工程或自然与人联合工程以及考古地址等地方。

2. 非物质文化遗产

非物质文化遗产即非物质形态的文化遗产，主要体现为以下五大领域：(1) 口头传统和表现形式，包括作为非物质文化遗产媒介的语言；(2)表演艺术；(3)社会实践、仪式、节庆活动；(4)有关自然界和宇宙的知识和实践；(5)传统手工艺。

考点2 中国的世界遗产

考频分布 2018 下单选

1. 世界遗产

“世界自然遗产”“世界文化遗产”“世界记忆遗产”并称为联合国教科文组织“三大遗产旗舰项目”。我国1985年加入《世界遗产公约》以来，截至2023年9月，已成功申报世界遗产57项，其中，文化遗产39项、自然遗产14项、自然与文化双遗产4项；非物质文化遗产43项；世界记忆遗产15项。

(1)中国入选世界文化遗产的项目(39项)

周口店北京人遗址；明清故宫(北京故宫、沈阳故宫)；莫高窟；秦始皇陵及兵马俑；长城；拉萨布达拉宫历史建筑群(含罗布林卡和大昭寺)；承德避暑山庄及其周围寺庙；曲阜孔庙、孔林和孔府；武当山古建筑群；庐山国家公园；平遥古城；苏州古典园林；丽江古城；北京皇家园林——颐和园；北京皇家祭坛——天坛；大足石刻；青城山—都江堰；龙门石窟；明清皇家陵寝；皖南古村落——西递、宏村；云冈石窟；高句丽王城、王陵及贵族墓葬；澳门历史城区；殷墟；开平碉楼与村落；福建土楼；五台山；登封“天地之中”历史建筑群；杭州西湖文化景观；元上都遗址；红河哈尼梯田文化景观；丝绸之路“长安—天山廊道的路网”；大运河；土司遗址；左江花山岩画文化景观；鼓浪屿：历史国际社区；良渚古城遗址；泉州：宋元中国的世界海洋商贸中心；普洱景迈山古茶林文化景观。

(2)中国入选世界自然遗产的项目(14项)

九寨沟风景名胜区；黄龙风景名胜区；武陵源风景名胜区；云南三江并流保护区；四川大熊猫栖息地；中国南方喀斯特；三清山国家公园；中国丹霞；澄江化石遗址；新疆天山；湖北神农架；青海可可西里；梵净山；黄(渤)海候鸟栖息地(一期)。

(3)中国入选世界文化与自然双重遗产的项目(4项)

泰山；黄山；峨眉山—乐山大佛；武夷山。

2. 世界非物质文化遗产(43项)

(1)中国列入《人类非物质文化遗产代表作名录》的项目

2008年：古琴艺术；昆曲；蒙古族长调民歌；新疆维吾尔木卡姆艺术。

2009 年:中国篆刻;中国雕版印刷技艺;中国书法;中国剪纸;中国传统木结构建筑营造技艺;南京云锦织造技艺;端午节;中国朝鲜族农乐舞;格萨(斯)尔;侗族大歌;花儿;玛纳斯;妈祖信俗;蒙古族呼麦歌唱艺术;南音;热贡艺术;中国传统桑蚕丝织技艺;藏戏;龙泉青瓷传统烧制技艺;宣纸传统制作技艺;西安鼓乐;粤剧。

2010 年:中医针灸;京剧。

2011 年:中国皮影戏。

2013 年:中国珠算——运用算盘进行数学计算的知识与实践。

2016 年:二十四节气——中国人通过观察太阳周年运动而形成的时间知识体系及其实践。

2018 年:藏医药浴法——中国藏族有关生命健康和疾病防治的知识与实践。

2020 年:太极拳;送王船——有关人与海洋可持续联系的仪式及相关实践(与马来西亚联合申报)。

2022 年:中国传统制茶技艺及其相关习俗。

(2)中国列入《急需保护的非物质文化遗产名录》的项目

2009 年:羌年;黎族传统纺染织绣技艺;中国木拱桥传统营造技艺。

2010 年:麦西热甫;中国水密隔舱福船制造技艺;中国活字印刷术。

2011 年:赫哲族伊玛堪。

(3)中国列入优秀实践名册的项目

2012 年:福建木偶戏后继人才培养计划。

『知识再拔高』

细说中国各级文化遗产

1. 苏州古典园林

苏州古典园林亦称“苏州园林”,是位于江苏省苏州市的中国古典园林的总称。苏州古典园林中的拙政园、留园、网师园、环秀山庄、沧浪亭、狮子林、耦园、艺圃和退思园被列为世界文化遗产。

2. 南京云锦织造技艺

“织彩为文曰锦”,锦是用染好颜色的彩色经纬线,经提花、织造工艺织出图案的织物,对工艺要求高,织造难度大,代表着中国古代纺织最高水平。云锦因用料考究,锦文优美典雅,色彩绚丽宛如云霞而得名。南京云锦与四川蜀锦、苏州宋锦并称为我国的三大名锦。

3. 宣纸传统制作技艺

宣纸始于唐代、产于泾县,因唐代泾县隶属宣州府管辖,故因地得名。宣纸具有百折不损、吸水润墨、不腐不蛀等特点,其特有的晕染效果满足了中国书法、绘画的需要,是中国书法、绘画艺术的最佳载体,与中国书画艺术同气连枝,相互促进,共同发展。同时,宣纸因能保存数百上千年,不蛀不腐、经久不脆,从而赢得"千年寿纸""纸中之王"的美誉,被大量地运用为典籍珍藏载体。

3. 世界记忆遗产(15 项)

"世界记忆遗产"又称"世界记忆工程"或"世界文献遗产",是继"世界文化遗产"和"世界自然遗产"之后联合国教科文组织于 1992 年启动的一个文献档案保护项目。该名录主要收录具有世界意义的手稿、图书馆和档案馆保存的各种介质的珍贵档案、文件等。中国列入《世界记忆遗产名录》的有:

1997 年:中国传统音乐录音档案。

1999 年:清代内阁秘本档(有关十七世纪在华西洋传教士活动的档案)。

2003 年:纳西东巴古籍。

2005 年:清代科举大金榜。

2007 年:清朝"样式雷"建筑图档。

2011 年:《本草纲目》《黄帝内经》。

2013 年:侨批档案-海外华侨银信;中国元代西藏官方档案。

2015 年:南京大屠杀档案。

2017 年:甲骨文;近现代苏州丝绸样本档案;清代澳门地方衙门档案。

2023 年:《四部医典》《澳门功德林寺档案和手稿(1645—1980)》。

考点 3　中国古代遗址

1. 古代文化遗址

河姆渡文化遗址:位于长江流域,以距今约 7000 年的浙江余姚河姆渡遗址最具代表性。河姆渡人的房屋主要是干栏式建筑,以木桩插于地下,上面用木板等拼接成屋。这是中国最早的木构建筑。河姆渡遗址还出土了迄今发现年代最早的木结构水井。河姆渡人会制作陶器、玉器和简单的乐器骨哨。

半坡文化遗址:位于黄河流域,因被发现于陕西西安东部半坡村一带而得名。半坡人的房屋主要是半地穴式圆形房屋,多用木头作柱子,屋内有灶坑。半坡人的生活用具主要是陶器,最具特色的为彩陶,彩陶以红底黑色纹饰为主,出土的文物最具代表性的是人面鱼纹彩陶盆。

大汶口文化遗址:首次发现于山东省泰安市大汶口镇,是新石器时代晚期父系氏族社会遗址。大汶口人从事原始手工业,会制作黑陶和白陶,出土文物有白陶鬶。

龙山文化遗址:首次发现于山东省济南市龙山镇,它的代表器物是黑陶,胎壁薄如蛋壳,被称为“蛋壳陶”。人们已经能够制作厚度不到1毫米的“蛋壳陶”,达到了新石器时代制陶工艺的顶峰。

仰韶文化遗址:位于河南省三门峡市,是中国最早发掘的新石器时代文化遗址,它的发现为人们揭示了中国新石器时代中晚期黄河流域主流文化的面貌。它的典型器物是彩绘陶器,以粟等为主要栽培作物。

二里头遗址:因发现于河南偃师西南二里头村而得名。遗址中有宫殿建筑群、大型墓葬和手工业作坊,还有平民生活区和墓葬群,反映了夏王朝的阶级分化和等级界限。二里头遗址出土的铜鼎,是中国目前已发现的最早的青铜礼器。

殷墟文化遗址:位于河南省安阳市,是中国第一个有文献记载并经甲骨文和考古发掘所证实的商代晚期都城遗址。殷墟出土大量的铜器、玉器、石器,其中有武器、装饰品等,而最著名的当属大量刻有文字的甲骨。

金沙文化遗址:位于四川省成都市,主体文化遗存的时代约为商代晚期至西周时期。金沙遗址的发掘是21世纪中国第一个重大的考古发现,对研究古蜀国历史和成都城市发展史具有极为重要的意义。金沙遗址出土的“太阳神鸟”金饰(也称“四鸟绕日”)于2005年被国家文物局定为中国文化遗产标志。

三星堆遗址:位于四川省广汉市,是迄今为止在西南地区发现的范围最大、延续时间最长、文化内涵最丰富的古城、古国、古蜀文化遗址。三星堆遗址被称为20世纪人类最伟大的考古发现之一,昭示了长江流域与黄河流域一样,同属中华文明的母体,被誉为“长江文明之源”。三星堆遗址出土的文物有青铜大立人、青铜面具、青铜神树等。

2. 古代陵墓

曾侯乙墓:战国时期曾国国君曾侯乙的墓葬,位于湖北省随州市。

茂陵:汉武帝刘彻的陵墓,位于陕西省咸阳市,是汉代帝王陵墓中规模最大、修造时间最长、陪葬品最丰富的一座,被称为“中国的金字塔”。

马王堆汉墓:西汉初期长沙国丞相、轪侯利苍的家族墓地,位于湖南省长沙市。马王堆一号墓中发掘的辛追夫人尸体历经千年仍未腐烂,保存完好,世所罕见。

满城汉墓:西汉中山靖王刘胜及其妻窦绾之墓,位于河北省保定市。墓中出土的文物有金缕玉衣、长信宫灯、错金博山炉等,充分反映了西汉盛世时期高度发达的物质文明。

狮子山楚王陵:西汉早期分封在彭城的某位楚王的陵墓,位于江苏省徐州市。墓中出土的文物,如雕龙玉璜、弦纹玉环、螭虎纹玉饰、镶玉漆棺、铜扁壶等,均是国内考古的首次发现。

南越王墓:西汉南越国第二代国王赵眜的陵墓,位于广东省广州市。出土文物中以“文帝行玺”金印和“丝缕玉衣”最具价值。

第四节　文学常识

思维导图

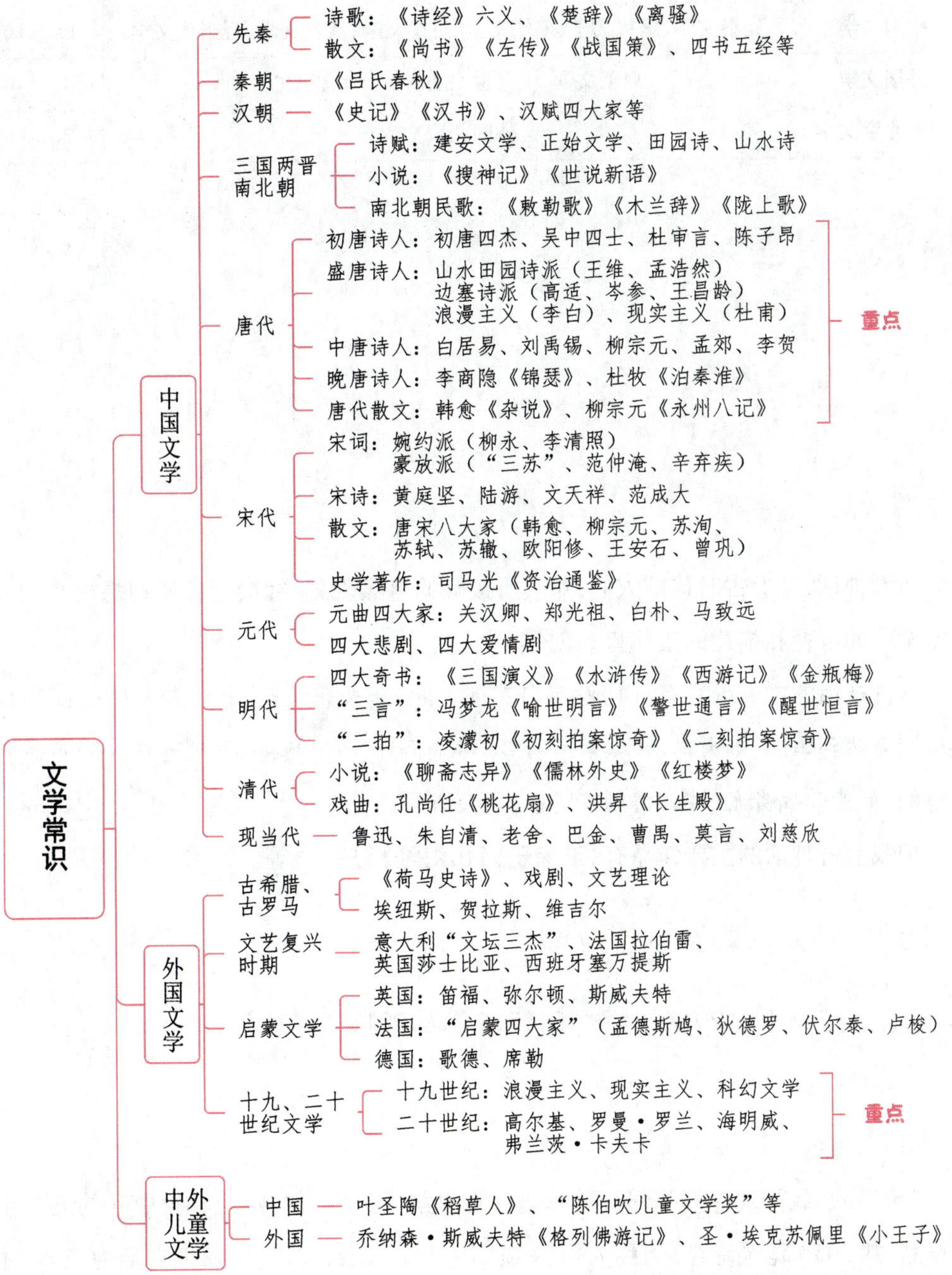

- 文学常识
  - 中国文学
    - 先秦
      - 诗歌：《诗经》六义、《楚辞》《离骚》
      - 散文：《尚书》《左传》《战国策》、四书五经等
    - 秦朝 — 《吕氏春秋》
    - 汉朝 — 《史记》《汉书》、汉赋四大家等
    - 三国两晋南北朝
      - 诗赋：建安文学、正始文学、田园诗、山水诗
      - 小说：《搜神记》《世说新语》
      - 南北朝民歌：《敕勒歌》《木兰辞》《陇上歌》
    - 唐代（重点）
      - 初唐诗人：初唐四杰、吴中四士、杜审言、陈子昂
      - 盛唐诗人：山水田园诗派（王维、孟浩然）
边塞诗派（高适、岑参、王昌龄）
浪漫主义（李白）、现实主义（杜甫）
      - 中唐诗人：白居易、刘禹锡、柳宗元、孟郊、李贺
      - 晚唐诗人：李商隐《锦瑟》、杜牧《泊秦淮》
      - 唐代散文：韩愈《杂说》、柳宗元《永州八记》
    - 宋代
      - 宋词：婉约派（柳永、李清照）
豪放派（“三苏”、范仲淹、辛弃疾）
      - 宋诗：黄庭坚、陆游、文天祥、范成大
      - 散文：唐宋八大家（韩愈、柳宗元、苏洵、苏轼、苏辙、欧阳修、王安石、曾巩）
      - 史学著作：司马光《资治通鉴》
    - 元代
      - 元曲四大家：关汉卿、郑光祖、白朴、马致远
      - 四大悲剧、四大爱情剧
    - 明代
      - 四大奇书：《三国演义》《水浒传》《西游记》《金瓶梅》
      - “三言”：冯梦龙《喻世明言》《警世通言》《醒世恒言》
      - “二拍”：凌濛初《初刻拍案惊奇》《二刻拍案惊奇》
    - 清代
      - 小说：《聊斋志异》《儒林外史》《红楼梦》
      - 戏曲：孔尚任《桃花扇》、洪昇《长生殿》
    - 现当代 — 鲁迅、朱自清、老舍、巴金、曹禺、莫言、刘慈欣
  - 外国文学
    - 古希腊、古罗马
      - 《荷马史诗》、戏剧、文艺理论
      - 埃纽斯、贺拉斯、维吉尔
    - 文艺复兴时期 — 意大利“文坛三杰”、法国拉伯雷、英国莎士比亚、西班牙塞万提斯
    - 启蒙文学
      - 英国：笛福、弥尔顿、斯威夫特
      - 法国：“启蒙四大家”（孟德斯鸠、狄德罗、伏尔泰、卢梭）
      - 德国：歌德、席勒
    - 十九、二十世纪文学（重点）
      - 十九世纪：浪漫主义、现实主义、科幻文学
      - 二十世纪：高尔基、罗曼·罗兰、海明威、弗兰茨·卡夫卡
  - 中外儿童文学
    - 中国 — 叶圣陶《稻草人》、“陈伯吹儿童文学奖”等
    - 外国 — 乔纳森·斯威夫特《格列佛游记》、圣·埃克苏佩里《小王子》

本节主要介绍古今中外文学的重要人物与作品，记忆性知识较多。在考试中会以单选题的形式考查。通过汇总分析2015年至2023年的真题试卷，本节知识考查情况见下表：

知识	考点	考频	题型
中国文学	先秦文学、唐代文学、宋代文学、明代文学、清代文学、现当代文学	17	单选
外国文学	启蒙文学、十九世纪文学、二十世纪文学	9	单选
中外儿童文学	外国儿童文学	2	单选

一、中国文学【9年17考】

考点1　上古神话

所谓神话，是上古时代的人们，对其所接触的自然现象、社会现象所幻想出来的具有艺术意味的解释和描述的集体口头创作。

上古神话的主要内容有：(1)解释自然现象的，如女娲补天、盘古开天辟地；(2)反映人类同自然斗争的，如大禹治水、后羿射日、嫦娥奔月、精卫填海、夸父逐日；(3)反映社会斗争的，如黄帝战蚩尤、共工怒触不周山、刑天断首。

记载上古神话的主要作品有**《淮南子》《山海经》《庄子》**等。

考点2　先秦文学

考频分布　2017下单选，2015下单选，2015上单选

1. 先秦诗歌

(1)《诗经》

《诗经》是我国现存第一部诗歌总集。它收集了自西周初年至春秋中叶约五百年间的作品，共305篇。《诗经》通称为《诗》或“诗三百”。到汉代，儒家把它奉为经典，才称

为《诗经》。《诗经》结构上采用重章叠唱的写法。形式多以四言为主,隔句入韵。《诗经》开创了我国现实主义创作的先河。

《诗经》六义:风、雅、颂、赋、比、兴。

“风”也叫国风,是带有诸侯各国地方特色的乐歌,是《诗经》中的精华。分十五国风,共160篇。“雅”是周王朝京都地区的乐歌,分为大雅和小雅,多系西周王室贵族文人的作品,也有少数民谣,内容大都是记叙周贵族历史、歌功颂德的,共105篇。“颂”是王室宗庙祭祀或举行重大典礼时的乐歌,内容多为歌颂祖先功业,共40篇,分为周颂、鲁颂和商颂。其中周颂是周王室的宗庙祭祀诗。

赋、比、兴是《诗经》中的三种艺术表现手法。“赋”是指铺陈直叙事物的方法;“比”即比喻或比拟;“兴”即托物起兴,先言他物,以引起所咏之词。

(2)《楚辞》

《楚辞》是中国文学史上第一部浪漫主义诗歌总集。西汉刘向将屈原、宋玉等人的作品辑录成集,定名为《楚辞》。楚辞遂又成为诗歌总集的名称。

屈原,战国末期楚国人,我国浪漫主义诗歌的奠基人。他创立了“楚辞”这种文体,开创了“香草美人”的传统。代表作有《离骚》《天问》《九歌》《九章》等。《九歌》共十一篇,其中《湘夫人》和《湘君》是姊妹篇。

《离骚》是一首浪漫主义政治抒情诗。作为我国第一部浪漫主义诗歌总集《楚辞》的代表和巅峰之作,在文学史上与《诗经》中的《国风》并称“风骚”。《离骚》中有名句“路漫漫其修远兮,吾将上下而求索”。

2. 先秦散文

先秦散文分为历史散文与诸子散文两个部分。

(1)历史散文的发展,大致可分为三个阶段:

第一阶段,从夏到春秋时期,此时史官分司,言、事不混,**《尚书》**记言,**《春秋》**记事,文字古朴简洁。以《尚书》和《春秋》为代表。

《尚书》是我国最早的一部历史文献汇编,在中国古代散文史上具有奠基的意义。**《吕刑》**是西周时期的法典,是我国现存文献中第一部系统性的刑法典。作为法典的《吕刑》,其原件已失传,《尚书》中现存《吕刑》一篇,其有关内容由于《尚书·吕刑》篇得以保存下来。

《春秋》是我国第一部编年体断代史,是编年体史书之祖。

第二阶段,从春秋末到战国初期,此时的创作,既记言又记事,言事相融,篇幅加长,记事曲折,内容详细。以《左传》和《国语》为代表。

《左传》是我国第一部记事详备的编年体史书，也是先秦历史散文中思想性和艺术性最为突出的著作。

《国语》是我国最早的一部国别体史书，是由各国的史料汇集而成。

第三阶段，战国中期到战国后期，历史散文发展到新的高峰。以**《战国策》**为代表。

《战国策》是一部国别体史书，主要记叙的是战国时期谋臣策士们的言行。

(2)诸子散文的发展，大致也可分为三个阶段：

先秦诸子散文的发展

阶段	体裁	人物	作品	名言和成语
第一阶段(春秋末期到战国初期)	语录体	孔子	《论语》	博学而笃志，切问而近思；敏而好学，不耻下问；学而不厌，诲人不倦； 有教无类
		老子	《道德经》	上善若水，水利万物而不争；千里之行，始于足下
		墨子	《墨子》	“兼爱非攻”“天志明鬼”
第二阶段(战国中期)	对话体	孟子	《孟子》	富贵不能淫，贫贱不能移，威武不能屈；老吾老以及人之老，幼吾幼以及人之幼；天时不如地利，地利不如人和； 揠苗助长、一曝十寒、事半功倍、出尔反尔
		庄子	**《庄子》(《南华经》或《南华真经》)**	相濡以沫、**庖丁解牛**、邯郸学步、井底之蛙、东施效颦、贻笑大方
第三阶段(战国末期)	论说文	荀子	《荀子》	君子博学而日三省乎己，则知明而行无过矣；锲而不舍，金石可镂；不积跬步无以至千里，不积小流无以成江海
		韩非子	《韩非子》	守株待兔、滥竽充数、郑人买履、老马识途、买椟还珠

儒家经典：**“四书五经”**。**“四书”**指《论语》《孟子》《大学》《中庸》；**“五经”**指《诗经》《尚书》《礼记》《周易》《春秋》。**春秋三传**：解释《春秋》的《左传》《穀梁传》《公羊传》三部书的合称。

考点3　秦汉文学

1. 秦代文学

秦代历时短暂，文学上少有建树，较有代表性的作品仅是**“一书两歌”**(李斯的《谏逐客书》、刘邦的《大风歌》、项羽的《垓下歌》)。

《吕氏春秋》又称《吕览》,是秦国丞相吕不韦组织属下门客集体编纂的杂家著作,全书共 160 篇,成书于秦始皇统一中国前夕。此书以“道家学说”为主,兼儒、墨、法、兵、农、纵横、阴阳家等各家思想。此书记载了不少古史旧闻、古人遗语、古籍佚文及一些古代科学知识。

2. 汉代史书

《史记》,又名《太史公书》,由西汉司马迁所著,记载了自黄帝到汉武帝时期 3000 多年的历史。《史记》是我国第一部纪传体通史,被称为我国第一部“正史”。它既开创了中国纪传体史学,又开创了中国传记文学,鲁迅赞之为“史家之绝唱,无韵之离骚”。

《汉书》,又称《前汉书》,是中国第一部纪传体断代史,由东汉班固所著,全书记载了自汉高祖元年到王莽地皇四年,共 230 年的政治、经济、文化的发展情况。与《史记》《后汉书》《三国志》并称为“前四史”。

3. 汉代辞赋

(1)骚体赋

汉初骚体赋最为流行,代表作家是贾谊。贾谊著作主要有辞赋和散文两类,辞赋代表作有《吊屈原赋》等。另外,贾谊的政论文,评论时政,风格朴实峻拔,议论酣畅,代表作有《过秦论》《论积贮疏》《陈政事疏》等。

(2)汉赋四大家

汉赋四大家指汉代以创作大赋出名的司马相如、扬雄、班固、张衡四人。

司马相如,汉代大赋的奠基者和成就最高的代表作家,代表作品有《子虚赋》《上林赋》《大人赋》《长门赋》等。

扬雄,西汉著名辞赋家,代表作有《羽猎赋》《河东赋》《甘泉赋》《长杨赋》。

班固,东汉史学家、文学家,代表作有《两都赋》。

张衡,东汉著名天文学家、文学家,代表作有《二京赋》《归田赋》《思玄赋》。

知识再拔高

赋

赋是我国古代的一种文体,它讲求文采、韵律,兼具诗歌和散文的性质。其特点是“铺采摛文,体物写志”。赋最早出现于诸子散文中,叫“短赋”;以屈原为代表的“骚体”是诗向赋的过渡,叫“骚赋”;汉代正式确立了赋的体例,称为“辞赋”;魏晋以后,日益向骈文方向发展,叫“骈赋”;唐代又由骈体转入律体,叫“律赋”;宋代以散文形式写赋，称为“文赋”，著名的赋有杜牧的《阿房宫赋》、欧阳修的《秋声赋》、苏轼的《赤壁赋》等。

4. 汉代诗歌

(1)汉乐府诗

乐府诗是指汉朝的音乐管理部门——乐府搜集整理的汉朝诗歌，最大的特色是可以配乐演唱。汉武帝时，乐府除了组织文人创作朝廷所用的诗歌外，还广泛搜集各地的民歌。以《孔雀东南飞》《长歌行》为代表。

《孔雀东南飞》取材于东汉末年，是我国文学史上第一部长篇叙事诗，也是古代汉民族最长的叙事诗。最早见于《玉台新咏》，题为《古诗为焦仲卿妻作》。

《孔雀东南飞》和《木兰辞》并称为“**乐府双璧**”。

(2)《古诗十九首》

《古诗十九首》是我国古代最早的文人五言抒情诗，是汉代文人创作的并由南朝萧统从无名氏《古诗》中选录十九首编入《文选》而成，这十九首诗是乐府古诗文人化的显著标志。以《迢迢牵牛星》《青青河畔草》为代表。刘勰在**《文心雕龙》**中称其为“五言之冠冕”。

考点4　三国两晋南北朝文学

1. 诗赋

(1)建安文学

建安文学指东汉末期建安年间及其前后撰写的各种文学作品。以“三曹”“建安七子”为代表。

①**“三曹”**指曹操、曹丕和曹植。曹操，“建安文学”的开创者，代表作有《蒿里行》《苦寒行》**《龟虽寿》**《观沧海》等。

曹丕，曹操次子，魏文帝，三国时期文学家，代表作《典论 · 论文》；《燕歌行二首》是现存最早的完整的文人七言诗。

曹植，曹操第三子，对五言诗的发展起到了巨大的推动作用，被誉为“建安之杰”。代表作品有**《洛神赋》**《白马篇》《七哀诗》。

②**“建安七子”**指东汉建安年间孔融、陈琳、王粲、徐干、阮瑀、应玚、刘桢七位文学家的并称。其中以王粲、刘桢成就最高。代表作品有王粲的《七哀诗三首》、刘桢的《赠

从弟》。

(2)正始文学

正始是魏厉公曹芳的年号,但一般所说的"正始文学"还包括正始以后直到西晋建国这一时期的文学。正始时期著名的文人有**"竹林七贤"**,即嵇康、阮籍、山涛、向秀、阮咸、王戎、刘伶。其中,阮籍、嵇康二人的成就较大。代表作品有嵇康的《幽愤诗》、阮籍的《咏怀诗》。

(3)田园诗

陶渊明,东晋大诗人,自称**"五柳先生"**,是中国第一位田园诗人,代表作有散文**《桃花源记》**《五柳先生传》《归去来兮辞》,诗歌《归园田居》**《饮酒》**等。《归园田居》中有名句"羁鸟恋旧林,池鱼思故渊";《饮酒》中有名句"采菊东篱下,悠然见南山"。

(4)山水诗

谢灵运,南朝诗人、文学家,诗歌史上自觉以山水入诗的第一人。其代表作品有《登池上楼》《登江中孤屿》。

2. 小说

魏晋南北朝小说可以分为志怪小说和志人小说两类。

志怪小说记述神仙方术、鬼魅妖怪、佛法灵异,如干宝的《搜神记》、王嘉的《拾遗记》等。**《搜神记》**是古代志怪小说的最高成就,包括《董永》《吴王小女》《李寄斩蛇》《干将莫邪》等。

志人小说记述人物的逸闻轶事、言谈举止,从中可以窥见当时社会生活面貌,如葛洪的《西京杂记》、裴启的《语林》等,其中南朝宋刘义庆的《世说新语》是成就和影响最大的一部。**《世说新语》**主要记录了魏晋名士的轶事和清谈,也可以说是一部魏晋风流的故事集。它注重表现人物的特点,通过言谈举止的描写表现人物的独特性格,使之活灵活现、跃然纸上。

3. 南北朝民歌

南朝民歌细腻委婉、优美精致,主要有吴歌和西曲两类。以《子夜歌》《读曲歌》《西洲曲》为代表。

北朝民歌粗犷豪放、质朴刚健,广泛地反映了北方社会生活的各个方面。以**《敕勒歌》**《木兰辞》《陇上歌》为代表。

《木兰辞》又称**《木兰诗》**,是我国北朝的一首长篇叙事诗。这首诗叙述了木兰女扮男装,替父从军,荣立赫赫战功后重返故乡的故事。

知识再拔高

诸葛亮

诸葛亮，字孔明，时人称“卧龙”，三国时期蜀汉丞相。三国时期杰出的政治家、军事家和文学家。代表作有**《出师表》**《诫子书》等。在武侯祠过厅悬挂有一副郭沫若题写的对联“志见《出师表》，好为《梁父吟》”用来称赞诸葛亮。

考点5 唐代文学

考频分布 2020下单选，2016上单选，2015下单选，2015上单选

1. 初唐诗人

“初唐四杰”：王勃、杨炯、卢照邻、骆宾王。王勃代表作有**《送杜少府之任蜀州》**《滕王阁序》等，《送杜少府之任蜀州》中有名句“海内存知己，天涯若比邻”；《滕王阁序》中有名句“落霞与孤鹜齐飞，秋水共长天一色。”杨炯代表作有**《从军行》**；卢照邻代表作有《长安古意》；骆宾王代表作有《在狱咏蝉》。

“吴中四士”：贺知章、张旭、张若虚、包融。其中，贺知章的代表作有**《回乡偶书》**《咏柳》，《回乡偶书》中有名句“儿童相见不相识，笑问客从何处来”；《咏柳》中有名句“不知细叶谁裁出，二月春风似剪刀”。张若虚的诗现存仅两首，其中**《春江花月夜》**有“以孤篇压倒全唐”之誉，被闻一多誉为“诗中的诗，顶峰上的顶峰”。诗中有名句“江畔何人初见月？江月何年初照人”。

杜审言，诗人杜甫的祖父、唐代“近体诗”奠基人之一，与李峤、崔融、苏味道被称为**“文章四友”**。作品多朴素自然，后人辑有《杜审言诗集》。

陈子昂，初唐诗文革新先驱之一，被后人称为**“诗骨”**，代表作有《感遇》诗三十八首和**《登幽州台歌》**。《登幽州台歌》中有名句“前不见古人，后不见来者”。

王绩，唐初诗人，字无功，号东皋子。其诗多写田园山水，淳朴自然。代表作有《王无功文集》五卷存世，诗作有《野望》《春晚园林》《秋夜喜遇王处士》等。

2. 盛唐诗人

(1)以王维、孟浩然为代表的“山水田园诗派”

王维，字摩诘，世称**“诗佛”**，代表作有**《相思》**《山居秋暝》《送梓州李使君》等。苏轼赞曰：“味摩诘之诗，诗中有画，观摩诘之画，画中有诗。”王维的诗歌《山居秋暝》中有名句“明月松间照，清泉石上流”；《使至塞上》中有名句“大漠孤烟直，长河落日圆”。

孟浩然，唐代著名山水田园诗人，代表作有**《春晓》**《宿建德江》《过故人庄》《岁暮归南山》。《春晓》中有名句“夜来风雨声，花落知多少”。

(2)以高适、岑参、王昌龄为代表的“边塞诗派”

高适的代表作有《燕歌行》《别董大二首》；**岑参**的代表作有《白雪歌送武判官归京》。《白雪歌送武判官归京》中有名句“忽如一夜春风来，千树万树梨花开”。

王昌龄，擅长七绝，多写当时边塞军旅生活，气势雄浑，格调高昂，被后人称为**“七绝圣手”**，代表作有《从军行》七首、《芙蓉楼送辛渐》和**《出塞》**。《出塞》中有名句“但使龙城飞将在，不教胡马度阴山”。

(3)浪漫主义诗人李白

李白，字太白，号“青莲居士”，我国伟大的浪漫主义诗人，有**“诗仙”**之称。杜甫在《春日忆李白》中写道：“白也诗无敌，飘然思不群。清新庾开府，俊逸鲍参军”。李白代表作有**《蜀道难》《将进酒》《梦游天姥吟留别》**等，有《李太白集》传世。《蜀道难》中有名句“蜀道之难，难于上青天”；《将进酒》中有名句“君不见，黄河之水天上来，奔流到海不复回”；《梦游天姥吟留别》中有名句“安能摧眉折腰事权贵，使我不得开心颜”！

真题面对面

[**2020 下半年真题**]杜甫“白也诗无敌，飘然思不群。清新庾开府，俊逸鲍参军”一诗称赞的诗人是(　　)

A. 李白　　B. 白居易　　C. 庾信　　D. 鲍照

答案：A。

(4)现实主义诗人杜甫

杜甫，字子美，自号“少陵野老”，我国伟大的现实主义诗人，有**“诗圣”**之称，与李白合称“**李杜**”。他的诗歌被后人评价为“诗史”。代表作有**《茅屋为秋风所破歌》《春望》《望岳》《闻官军收河南河北》**以及“三吏”“三别”，并有《杜工部集》传世。其中**“三吏”**为《石壕吏》《新安吏》《潼关吏》，**“三别”**为《新婚别》《无家别》《垂老别》。诗作《茅屋为秋风所破歌》中有名句“安得广厦千万间，大庇天下寒士俱欢颜”；《春望》中有名句“感时花溅泪，恨别鸟惊心”；《望岳》中有名句“会当凌绝顶，一览众山小”；《闻官军收河南河北》中有名句“白日放歌须纵酒，青春作伴好还乡”。

3. 中唐诗人

白居易，字乐天，号“香山居士”，现实主义诗人，与元稹共同发起“新乐府运动”，有**“诗魔”**和**“诗王”**之称。他主张“文章合为时而著，歌诗合为事而作”，代表作有长篇叙事诗**《长恨歌》《琵琶行》**，七言古诗**《卖炭翁》**，诗歌集《白氏长庆集》。《琵琶行》中有名句“千呼万唤始出来，犹抱琵琶半遮面”“同是天涯沦落人，相逢何必曾相识”等。《卖炭翁》中有名句：“可怜身上衣正单，心忧炭贱愿天寒”。

刘禹锡，字梦得，有**“诗豪”**之称，代表作有《西塞山怀古》**《乌衣巷》**等。《酬乐天扬州初逢席上见赠》中有名句“沉舟侧畔千帆过，病树前头万木春”；《西塞山怀古》中有名句“人世几回伤往事，山形依旧枕寒流”；《乌衣巷》中有名句“旧时王谢堂前燕，飞入寻常百姓家”。

柳宗元，字子厚，与韩愈并称**“韩柳”**，代表作有《溪居》**《江雪》**《渔翁》等。其诗歌内容主要是抒写谪贬的抑郁悲伤之情和思乡之情。《江雪》中有名句“孤舟蓑笠翁，独钓寒江雪”。

孟郊，有**“诗囚”**之称，代表作有**《游子吟》**《秋怀》；**贾岛**，代表作有**《寻隐者不遇》**。孟郊与贾岛并称为“郊岛”，后人以孟郊、贾岛为苦吟诗人的代表，苏轼称之为“郊寒岛瘦”。孟郊《游子吟》中有名句“慈母手中线，游子身上衣”。贾岛《寻隐者不遇》中有名句“只在此山中，云深不知处”。

李贺，字长吉，有**“诗鬼”**之称。他长于歌行体，善于驰骋奇特的想象，运用绮丽的词语，营造新颖的意境。代表作有**《雁门太守行》**《李凭箜篌引》等。其与李白、李商隐并称唐代“诗中三李”。《雁门太守行》中有名句“报君黄金台上意，提携玉龙为君死”。

4. 晚唐诗人

李商隐和杜牧合称**“小李杜”**。

李商隐，字义山，独创“无题诗”，代表作有《隋宫》《贾生》《夜雨寄北》**《锦瑟》**等。《锦瑟》中有名句“此情可待成追忆，只是当时已惘然”。

杜牧，字牧之，代表作有《清明》《江南春》《泊秦淮》《过华清宫》《山行》等。

5. 唐代散文

唐代散文以韩愈和柳宗元成就最高。韩愈的散文，雄奇恣肆，有浩大奔放的气势和充沛的逻辑力量，代表作有《杂说》《祭十二郎文》。柳宗元的散文代表作有《天说》《封建论》等，其中山水游记成就最高，奠定了我国游记文学的基础，代表作有**《永州八记》**。

考点 6　宋代文学

考频分布　2023 上单选，2019 下单选

1. 宋词

词是隋唐时兴起的一种文学体裁，又称为诗余、长短句、曲子词、乐府等。其特点是：

调有定格、句有定数、字有定声。词发展到宋代，达到顶峰，分婉约派和豪放派两大派别，唐诗和宋词是中国古代文学史上的两颗明珠。

(1)婉约派

柳永，北宋第一位专业词人，婉约派代表，是两宋词坛上创用词调最多的词人，代表作有**《雨霖铃·寒蝉凄切》**《望海潮·东南形胜》等。《雨霖铃》中有名句“多情自古伤离别，更那堪，冷落清秋节”；《望海潮》中有名句“市列珠玑，户盈罗绮，竞豪奢”。

李清照，婉约派代表，号“易安居士”，有**“千古第一才女”**之称。前期词作多写悠闲的生活，后期多感叹身世，有时也流露出对中原的怀念。其词善用白描手法，独辟蹊径，语言清丽，被称为“**易安体**”。代表作有《一剪梅·红藕香残玉簟秋》《声声慢·寻寻觅觅》等。

秦观，代表作有《鹊桥仙·纤云弄巧》，诗中有名句“两情若是久长时，又岂在朝朝暮暮”。

晏殊，代表作有《浣溪沙·一曲新词酒一杯》，诗中有名句“无可奈何花落去，似曾相识燕归来”。

(2)豪放派

“三苏”：苏轼、苏洵、苏辙。苏轼，字子瞻，号东坡居士，宋代文学最高成就的代表，词开豪放一派，代表作有**《念奴娇·赤壁怀古》**《水调歌头·明月几时有》等。林语堂曾称赞道：“他是一个无可救药的乐天派、一个伟大的人道主义者、一个百姓的朋友、一个大文豪、大书法家、创新的画家、造酒试验家……”。《念奴娇·赤壁怀古》中有名句“人生如梦，一尊还酹江月”；《水调歌头》中有名句“人有悲欢离合，月有阴晴圆缺”“但愿人长久，千里共婵娟”。其父苏洵，代表作有《六国论》；其弟苏辙，人称“小苏”，代表作有《栾城集》。

范仲淹，北宋词人，谥号文正，世称**“范文正公”**。其词境界壮阔，风格苍凉，突破了唐五代词的绮靡风气，代表作有《渔家傲·秋思》等。《渔家傲·秋思》中有名句“浊酒一杯家万里，燕然未勒归无计”。

辛弃疾，字幼安，号稼轩，南宋爱国词人，其词多倾诉壮志难酬的悲愤，代表作有《永遇乐·京口北固亭怀古》《水龙吟·登建康赏心亭》，有词集《稼轩长短句》。《永遇乐·京口北固亭怀古》中有名句“想当年，金戈铁马，气吞万里如虎”；《水龙吟·登建康赏心亭》中有名句“把吴钩看了，栏杆拍遍，无人会，登临意”。

2. 宋诗

黄庭坚，字鲁直，号山谷道人，又号涪翁。北宋文学家、书法家、江西诗派开山之祖，与秦观、晁补之、张耒并称“**苏门四学士**”。“苏门四学士”表示这四人都出自苏轼门下。代表作有《山谷词》，与苏轼齐名，世称“苏黄”。

陆游，字务观，号放翁，南宋爱国诗人，诗坛领袖。陆游现存诗9000多首，是我国现有存诗最多的诗人。其与范成大、尤袤和杨万里并称为“南宋四大诗人”。代表作有《游山西村》**《示儿》**《临安春雨初霁》等。《游山西村》中有名句“山重水复疑无路，柳暗花明又一村”；《示儿》中有名句“王师北定中原日，家祭无忘告乃翁”；《临安春雨初霁》中有名句“小楼一夜听春雨，深巷明朝卖杏花”。

文天祥，字履善，号文山，南宋抗元名将，著名爱国诗人，代表作有**《过零丁洋》**《正气歌》等。《过零丁洋》中的“人生自古谁无死，留取丹心照汗青”是千古流传的名句；《正气歌》中有名句“天地有正气，杂然赋流形”。

范成大，南宋诗人，字致能，号石湖居士，代表作有《石湖集》《揽辔录》等。《石湖集》中的《四时田园杂兴》共六十首，分别描绘了春、夏、秋、冬四季不同的田园景色和当时农民的真实生活，超越了以往同类题材的诗作，对南宋以后的田园诗产生很大影响。《四时田园杂兴》中有名句“梅子金黄杏子肥，麦花雪白菜花稀”。

真题面对面

[**2023上半年真题**]《四时田园杂兴》由60首七言绝句组成，描绘了四季不同的田园景色，展现了当时江南农村的环境、风土、民俗和农家的生活情景。这首诗的作者是(　　)

A. 陶渊明　　B. 王绩　　C. 王维　　D. 范成大

答案：D。

3. 宋代散文

欧阳修，字永叔，号醉翁，晚年又号“六一居士”。北宋史学家、文学家，“唐宋八大家”之一。提倡“文”“道”并重，反对浮靡文风，所作散文说理畅达，抒情委婉。他的《六一诗话》开创了“诗话”这一新体裁，对后世影响甚大。其代表作有**《醉翁亭记》**《五代史伶官传序》等。《醉翁亭记》中有名句“醉翁之意不在酒，在乎山水之间也”。

王安石，字介甫，号半山，北宋政治家，“唐宋八大家”之一，被列宁誉为“11世纪中国最伟大的改革家”，其散文雄健峭拔，代表作有《答司马谏议书》《伤仲永》《游褒禅山记》等。

“唐宋八大家”：唐宋时期八位散文作家的合称，即唐代的韩愈、柳宗元，宋代的苏洵、苏轼、苏辙、欧阳修、王安石、曾巩。

4. 史学著作

司马光，号迂叟，政治家、文学家，编写了我国第一部编年体通史——**《资治通鉴》**，记录了从周威烈王二十三年（公元前403年）到五代后周世宗显德六年（公元959年），共一千三百多年的历史。《资治通鉴》与《史记》一起被誉为**“史学双璧”**。

考点7　元代文学

关汉卿、郑光祖、白朴、马致远被后世称为**“元曲四大家”**。

关汉卿，戏曲作家、元杂剧奠基人。其代表作有《窦娥冤》《救风尘》《望江亭》《拜月亭》《单刀会》等。

郑光祖，著名杂剧家和散曲家，所作杂剧在当时“名闻天下，声振闺阁”，代表作有《倩女离魂》《王粲登楼》等。

白朴，杂剧家，代表作有《梧桐雨》《墙头马上》等。《梧桐雨》主要取材于白居易的《长恨歌》，描写的是唐明皇与杨贵妃之间的爱情故事。

马致远，有“曲状元”之称。其代表作为《汉宫秋》。他的小令《天净沙·秋思》脍炙人口，独具匠心，被誉为“秋思之祖”。

元曲四大悲剧：《窦娥冤》（关汉卿）、《梧桐雨》（白朴）、《汉宫秋》（马致远）、《赵氏孤儿》（纪君祥）。

元曲四大爱情剧：《拜月亭》（关汉卿）、《西厢记》（王实甫）、《墙头马上》（白朴）、《倩女离魂》（郑光祖）。

考点8　明代文学

考频分布　2022下单选，2018上单选，2015上单选

1. 小说

（1）“四大奇书”

明代在文学艺术方面成就卓著，特别是小说，已达到很高的艺术水准。《三国演义》《水浒传》《西游记》和《金瓶梅》被称为明代“四大奇书”。

《三国演义》，作者**罗贯中**，它是我国古代长篇章回体历史演义小说的开山之作，具有“七分事实，三分虚构”的构思特点。该书以东汉末年到西晋建立期间的社会历史为背景，着重叙述魏、蜀、吴三国的兴衰过程，反映了东汉末年及三国时期政治腐败、生灵涂炭、农民起义、诸侯割据的社会现实。

《水浒传》，作者**施耐庵**，它是我国第一部歌颂农民起义的长篇白话章回体小说。全书围绕“官逼民反”这一中心思想展开情节，表现了一群不堪暴政欺压的绿林好汉揭竿而起，聚义水泊梁山对抗朝廷，最后在封建思想的指引下接受招安，导致起义失败的全过程。

《西游记》，作者**吴承恩**，它是我国古代第一部浪漫主义章回体长篇神魔小说。小说主要讲述了唐僧、孙悟空、猪八戒、沙僧师徒四人前往西天取经，经历八十一难的故事。

《金瓶梅》，作者署名兰陵笑笑生，它是中国文学史上第一部由文人独立创作的章回体长篇小说。这部小说通过西门庆一家荣辱盛衰的始末，实际反映了一个新旧交替的历史转折时期，它的核心是钱、权、色。

(2)“三言二拍”

“三言”：明代冯梦龙的《喻世明言》《警世通言》《醒世恒言》三部短篇小说集。

《喻世明言》中有《金玉奴棒打薄情郎》《沈小霞相会出师表》《滕大尹鬼断家私》等作品。

《警世通言》中有《杜十娘怒沉百宝箱》《白娘子永镇雷峰塔》《乐小舍拚生觅偶》等作品。

《醒世恒言》中有《白玉娘忍苦成夫》《闹樊楼多情周胜仙》《乔太守乱点鸳鸯谱》等作品。

“二拍”：即《初刻拍案惊奇》《二刻拍案惊奇》，作者凌濛初，作品多是取材于古往今来的一些新鲜有趣的逸事，以迎合市民的需要，同时也寓有劝惩之意。

《初刻拍案惊奇》中有《宣徽院仕女秋千会，清安寺夫妇笑啼缘》《程元玉店肆代偿钱，十一娘云冈纵谭侠》《李公佐巧解梦中言，谢小娥智擒船上盗》等作品。

《二刻拍案惊奇》中有《伪汉裔夺妾山中，假将军还姝江上》《同窗友认假作真，女秀才移花接木》《吕使君情媾宦家妻，吴太守义配儒门女》等作品。

2. 戏曲

《牡丹亭》，全名《牡丹亭还魂记》，也称《还魂记》或《牡丹亭梦》，是明代戏曲家、文学家汤显祖的作品。它深刻揭露了封建礼教对青年的摧残，热情歌颂了青年们对自由的执着追求和对个性解放的热烈向往。

“临川四梦”是指汤显祖的四部戏曲作品，即《紫钗记》《牡丹亭》《邯郸记》《南柯记》。

3. 其他文学家

归有光，明代散文家，人称“震川先生”。所作散文善抓住日常生活中富有典型意义的细节，表现自己的感受，具有浓厚的抒情色彩，文笔朴素自然，亲切感人，代表作有**《项脊轩志》**。

袁宏道，明代文学家，与兄袁宗道、弟袁中道合称为“公安三袁”，为公安派创始人之一，其作品真率自然，内容多写闲情逸致，有《袁中郎全集》。

夏完淳，明末抗清将领，少年诗人。夏完淳自幼束发从军，14岁随父亲夏允彝、老师陈子龙起兵抗清。被捕后不屈被杀，年仅17岁。代表作有《别云间》《一剪梅·咏柳》《精卫·北风荡天地》《烛影摇红·辜负天工》等。

陈子龙，明末官员、文学家。清兵入关，他坚持抗清，被俘后，不屈投水而死。陈子龙为婉约词名家、云间词派盟主，被誉为“明代第一词人”，其诗被誉为“明诗殿军”。代表作有《秋日杂感》《清平乐·绣帘花散》《望江南·思往事》《千秋岁·章台西弄》等。

考点9　清代文学

考频分布　2020下单选，2019上单选

1. 清代小说

蒲松龄，清代文学家，他用数十年时间写成我国第一部文言短篇小说集**《聊斋志异》**，简称《聊斋》，堪称中国古典文言短篇小说之巅峰。小说题材多样，或叙述狐鬼花妖与书生交往的故事，或指斥不公，刺贪刺虐，或揭露科举腐败，或讥讽社会失德，大都运用浪漫主义手法，描绘奇幻的世界，表达美好的希望，表现出对社会的关注和批判意识。

吴敬梓，清代小说家，所作**《儒林外史》**是我国文学史上一部杰出的现实主义的章回体长篇讽刺小说，主要描写明清时期科举制度下读书人及官绅的活动和精神面貌，是我国古代讽刺文学的典范。

曹雪芹，清代小说家。他在贫困潦倒的生活中，呕心沥血，“批阅十载，增删五次”，写下了“字字看来皆是血，十年辛苦不寻常”的**《红楼梦》**。《红楼梦》是一部长篇章回体小说，代表了清代小说的最高成就，是中国古典小说的最高峰。小说以贾宝玉、林黛玉的爱情悲剧为线索，讲述了以贾家为代表的四大家族的兴衰史，反映了封建社会晚期广阔的社会现实。《红楼梦》开篇词“都云作者痴，谁解其中味”言简意赅，意味深长。

晚清四大谴责小说：李宝嘉《官场现形记》、吴沃尧《二十年目睹之怪现状》、刘鹗《老残游记》、曾朴《孽海花》。

真题面对面

[2020 下半年真题]晚清的谴责小说题材广泛,涉及社会生活的各个领域,是近代中国社会的一面镜子。下列选项中,不属于晚清谴责小说的是(　　)

A.《老残游记》　　B.《孽海花》

C.《官场现形记》　　D.《聊斋志异》

答案:D。

知识再拔高

四大名著经典情节

《三国演义》:刘备三顾茅庐、桃园结义、诸葛亮草船借箭、三英战吕布、关羽败走麦城、关羽温酒斩华雄等。

《水浒传》:怒杀阎婆惜(宋江)、智取生辰纲(吴用)、风雪山神庙(林冲)、武松打虎、倒拔垂杨柳(鲁智深)、拳打镇关西(鲁智深)、醉打蒋门神(武松)等。

《西游记》:三打白骨精、大闹天宫、真假美猴王、火焰山三借芭蕉扇等。

《红楼梦》:黛玉葬花、王熙凤弄权铁槛寺、贾宝玉怒摔通灵宝、毒设相思局、元春省亲、刘姥姥进大观园、宝钗戏蝶、史湘云醉眠芍药裀等。

2. 清代戏曲

孔尚任,清初戏曲作家、诗人。代表作**《桃花扇》**,是一部通过男女主人公侯方域(朝宗)和李香君的爱情故事反映明末南明灭亡的历史戏曲。世人将他与《长生殿》作者洪昇并论,称"南洪北孔"。

洪昇,清代戏曲作家、诗人。代表作**《长生殿》**,主要以唐玄宗李隆基和杨贵妃的爱情故事为主线,从多方面反映社会矛盾,将百姓的困苦和宫廷的奢华生活作了对比,爱憎分明。后人将孔尚任的《桃花扇》和洪昇的《长生殿》称为清代戏曲的"双璧"。

3. 清代及近代其他文学家

方苞,清代散文家,桐城派创始人。论文提倡"义法",即言之有物有序;散文多为经说及书序碑传等应酬之作,代表作有《狱中杂记》等。

龚自珍,清末诗人、文学家,今文经学派代表人物,代表作有**《己亥杂诗》**315 首。

梁启超,中国近代维新派领袖、学者,代表作**《少年中国说》**《谭嗣同传》等收录于《饮冰室合集》。

王国维,中国近现代之交的著名学者,学贯中西的国学大师,代表作有**《人间词话》**

《宋元戏曲史》。

严复，近代著名的启蒙思想家、翻译家、教育家。严复翻译了《天演论》、创办了《国闻报》，提出的"信、达、雅"的翻译标准，对后世的翻译工作产生了深远影响，是中国近代史上向西方国家寻找真理的"先进的中国人"之一。其著作有《论世变之亟》《原强》《救亡决论》等；译著主要有**《天演论》**《原富》《群学肄言》《群己权界论》《法意》《名学浅说》等。

考点 10　现当代文学

考频分布　2023 下单选，2016 下单选，2016 上单选

1. 鲁迅

鲁迅，著名文学家、思想家、民主战士，中国现代文学的奠基人，1918 年发表了中国现代文学史上第一篇白话小说《狂人日记》。

鲁迅的著作以小说、杂文为主，代表作有小说集《呐喊》《彷徨》**《故事新编》**，散文集**《朝花夕拾》**，散文诗集《野草》，杂文集《南腔北调集》《坟》《华盖集》《准风月谈》《花边文学》等。

1936 年 10 月，鲁迅先生逝世后，正在担任《晨报》副刊编辑的孙伏园将鲁迅所著书名和所主编之刊名连缀起来撰写了一副挽联，"踏《莽原》，刈《野草》《热风》《奔流》，一生《呐喊》；痛《毁灭》，叹《而已》《十月》《噩耗》，万众《彷徨》"。

2. 郭沫若

郭沫若，中国新诗的奠基人。1921 年，郭沫若出版第一本诗集**《女神》**，堪称中国现代新诗的奠基之作。他的代表作有诗集《女神》《恢复》，历史剧《屈原》《蔡文姬》《武则天》等。

3. 茅盾

茅盾，现代杰出作家，开创中国式"三部曲"的写作方式。代表作有长篇小说**《子夜》**，中篇小说"**《蚀》三部曲**"（《幻灭》《动摇》《追求》），短篇小说"**农村三部曲**"（《春蚕》《秋收》《残冬》）、《林家铺子》等。

以其名字命名的"茅盾文学奖"是我国具有最高荣誉的文学奖项之一，也是中国第一次设立的以个人名字命名的文学奖。

4. 朱自清

朱自清，中国现代散文家、诗人、学者、民主战士。代表作有长诗《毁灭》，诗集《踪迹》，散文集**《背影》**《荷塘月色》等。

5. 老舍

老舍，著名作家，杰出的语言大师、人民艺术家。1951 年因话剧**《龙须沟》**的巨大影响力被授予“人民艺术家”的称号。主要作品有长篇小说**《骆驼祥子》**《四世同堂》，中篇小说《月牙儿》，剧本《龙须沟》《茶馆》等。

6. 沈从文

沈从文，京派代表作家之一，其大部分文学作品都以湘西为背景，在中国文坛被誉为**“乡土文学之父”**。他的主要作品有中篇小说**《边城》**、小说集《老实人》《蜜柑》、散文集《湘行散记》《湘西》等。

7. 巴金

巴金，现代文学家、翻译家，主要作品有“**激流三部曲**”（《家》《春》《秋》）、“**爱情三部曲**”（《雾》《雨》《电》）、长篇小说《寒夜》和散文集《随想录》。

8. 曹禺

曹禺，中国现代杰出的戏剧家。1934 年曹禺的处女作四幕话剧**《雷雨》**问世，被公认为是中国现代话剧真正成熟的标志。曹禺的主要作品有《雷雨》《日出》《原野》《北京人》等。

9. 莫言

莫言，中国当代著名作家，属于“**寻根文学**”作家。2012 年获得诺贝尔文学奖。他的主要作品有长篇小说《红高粱家族》《丰乳肥臀》《蛙》《酒国》，中篇小说《透明的红萝卜》《变》等。

10. 刘慈欣

刘慈欣，当代作家。其作品**《三体》**获得第 73 届世界科幻大会颁发的雨果奖最佳长篇小说奖。他的主要作品有长篇小说《超新星纪元》《球状闪电》《三体》、中短篇小说《流浪地球》《乡村教师》《朝闻道》。

二、外国文学【9 年 9 考】

考点 1　古希腊、古罗马文学

1. 古希腊文学

《荷马史诗》：古希腊文学的最高成就，包括《伊利亚特》和《奥德赛》两部分。《荷马史诗》相传为一位叫荷马的诗人所作。

(1)戏剧：

埃斯库罗斯、索福克勒斯、欧里庇得斯并称为“**古希腊三大悲剧作家**”。

埃斯库罗斯，被称为“悲剧之父”，代表作有《被缚的普罗米修斯》《波斯人》等。

索福克勒斯，被誉为“戏剧艺术的荷马”，代表作有《安提戈涅》《俄狄浦斯王》等。

欧里庇得斯，被称为“舞台上的哲学家”，代表作有《美狄亚》《海伦》等。

阿里斯托芬，被称为“喜剧之父”，代表作有《阿卡奈人》《蛙》《鸟》《和平》等。

(2)文艺理论：

柏拉图，提出了“理念论”和“模仿说”，否认了文艺的真实性，代表作有《理想国》等。

亚里士多德，继承和发展了柏拉图的学说，肯定了文艺的认识作用和教育作用，代表作有《诗学》等。

2. 古罗马文学

埃纽斯，被尊为“**罗马文学之父**”，代表作有《编年纪》。

贺拉斯，著名的抒情诗人、讽刺诗人和文艺评论家，代表作有《歌集》《诗艺》等。他提出了“寓教于乐”的原则。

维吉尔，古罗马最伟大的诗人，代表作有史诗《埃涅阿斯纪》《牧歌》等，《埃涅阿斯纪》是欧洲文学史上第一部文人史诗。

考点2　文艺复兴时期文学

1. 意大利“文坛三杰”

(1)**但丁**，人文主义的先驱者，被誉为“意大利最伟大的诗人”，被恩格斯称为“中世纪的最后一位诗人，同时又是新时代的最初一位诗人”。代表作有**《神曲》**，分为《地狱》《炼狱》《天堂》三部。诗人采用中世纪流行的梦幻文学的形式，描写了一个幻游地狱、炼狱、天堂三界的故事。

(2)**彼特拉克**，被誉为“**人文主义之父**”，第一个指出“人学”和“神学”是两个对立概念的人，代表作有抒情诗集《歌集》(以十四行诗为主)。

(3)**薄伽丘**，意大利民主文学奠基者，代表作为**《十日谈》**。《十日谈》是欧洲文学史上第一部现实主义作品。

2. 法国文学

文艺复兴时期的法国文学以拉伯雷为代表。**拉伯雷**被称为人文主义的“巨人”，代表作是**《巨人传》**，这部讽刺小说借巨人伽刚丘的成长教育过程，揭露了经院主义教育的落后性，赞颂了人文主义教育的进步性。

3. 英国文学

莎士比亚，被马克思誉为“人类最伟大的戏剧天才”。代表作有历史剧《亨利四世》《亨利五世》《理查二世》等；**四大悲剧**：《哈姆莱特》《奥赛罗》《麦克白》《李尔王》；**四大喜剧**：《仲夏夜之梦》《威尼斯商人》《第十二夜》《皆大欢喜》。

4. 西班牙文学

塞万提斯，西班牙文学史上最伟大的作家，被称为“现代小说之父”，他的代表作**《堂吉诃德》**被评论家们称为欧洲文学史上的第一部现代小说，同时也是世界文学的瑰宝之一。

维加，被称为“西班牙民族戏剧之父”，代表作有戏剧《羊泉村》。

考点3　十七世纪文学

古典主义文学是17世纪欧洲的主要文学思潮，它形成和繁荣于法国。其中，**莫里哀**是法国古典主义最杰出的代表，代表作有《太太学堂》《伪君子》《恨世者》**《吝啬鬼》**等。《吝啬鬼》塑造了著名的吝啬鬼形象阿巴贡。

莫里哀《吝啬鬼》中的阿巴贡、巴尔扎克《欧也妮·葛朗台》中的葛朗台、果戈理《死魂灵》中的泼留希金、莎士比亚《威尼斯商人》中的夏洛克并称为**“四大吝啬鬼”**。

考点4　启蒙文学

考频分布　2018上单选

1. 英国启蒙文学

笛福，英国现实主义小说的奠基人，代表作为**《鲁滨逊漂流记》**。鲁滨逊是欧洲文学史上第一个资产阶级的正面形象。

弥尔顿，英国诗人，是文艺复兴运动和十八世纪启蒙思想运动的桥梁，代表作有《失乐园》《复乐园》等。

斯威夫特，开创英国文学的讽刺传统，代表作有**《格列佛游记》**。

2. 法国启蒙文学

“启蒙四大家”：孟德斯鸠、狄德罗、伏尔泰和卢梭。

孟德斯鸠，法国启蒙思想家，代表作有书信体小说《波斯人信札》。

狄德罗，法国启蒙思想家，代表作有《拉摩的侄儿》《修女》等。

伏尔泰，法国启蒙思想家、文学家，代表作有《路易十四时代》《老实人》《天真汉》等。

卢梭，法国启蒙思想家、文学家，代表作有**《爱弥儿》**《忏悔录》等。

3. 德国启蒙文学

歌德，德国伟大诗人，恩格斯称其为"天才少年"，代表作有**《少年维特之烦恼》**《浮士德》等，其中《浮士德》被文学史家认为是史诗性的巨著。

席勒，德国诗人、剧作家，被公认为德国文学史上地位仅次于歌德的伟大作家，代表作有《阴谋与爱情》《强盗》等。

考点 5　十九世纪文学

考频分布　2019 下单选，2019 上单选，2017 上单选，2016 下单选

1. 浪漫主义文学

十九世纪浪漫主义文学代表人物及其作品

国家	代表人物	代表作品
英国	**拜伦**	**《唐璜》**《恰尔德·哈洛尔德游记》
	雪莱	《解放了的普罗米修斯》《西风颂》
法国	雨果	《海上劳工》《巴黎圣母院》《悲惨世界》
	大仲马	《基督山伯爵》《三个火枪手》
	小仲马	《茶花女》《福朗西雍》
俄国	普希金（俄国文学之父）	《上尉的女儿》《叶甫盖尼·奥涅金》

2. 现实主义文学

十九世纪现实主义文学代表人物及其作品

国家	代表人物	代表作品
法国	司汤达	《红与黑》《阿尔芒斯》
	巴尔扎克（现代法国小说之父）	《人间喜剧》（《高老头》《欧也妮·葛朗台》等）
	福楼拜	《包法利夫人》《圣安东尼的诱惑》《情感教育》
	莫泊桑（世界短篇小说之王）	《羊脂球》《项链》《我的叔叔于勒》《漂亮朋友》
	都德	《小东西》《最后一课》《柏林之围》
	梅里美	《卡门》《高龙巴》《塔曼果》《伊尔的美神》

续表

国家	代表人物		代表作品
英国	狄更斯		《雾都孤儿》《艰难时世》《大卫·科波菲尔》《双城记》
	勃朗特三姐妹	**夏洛蒂·勃朗特**	**《简·爱》**《维莱特》
		艾米莉·勃朗特	《呼啸山庄》
		安妮·勃朗特	《艾格尼丝·格雷》《怀尔德菲尔府上的房客》
	哈代		《德伯家的苔丝》《还乡》
俄国	契诃夫		《变色龙》《套中人》
	列夫·托尔斯泰		《战争与和平》《安娜·卡列尼娜》《复活》(卡秋莎·玛丝洛娃)
	果戈理		《死魂灵》《钦差大臣》
	陀思妥耶夫斯基		《白痴》《卡拉马佐夫兄弟》《罪与罚》《死屋手记》
美国	马克·吐温		《百万英镑》《汤姆·索亚历险记》《哈克贝里·费恩历险记》《竞选州长》
	欧·亨利		《麦琪的礼物》《警察与赞美诗》
挪威	**易卜生**		《群鬼》《人民公敌》**《玩偶之家》**(娜拉)
	比昂松		《破产》《挑战的手套》

注:莫泊桑、契诃夫和欧·亨利并称为“世界三大短篇小说家”。

3. 科幻文学

儒勒·凡尔纳,法国著名的科学幻想小说和冒险小说作家,被誉为“科幻小说之父”,著名的三部曲《格兰特船长的儿女》**《海底两万里》**和《神秘岛》是凡尔纳的代表作。《八十天环游地球》是凡尔纳最受欢迎的作品之一。其他作品还有《气球上的五星期》《地心游记》《从地球到月亮》《环绕月球》《机器岛》等。

考点6　二十世纪文学

考频分布　2023 上单选,2022 上单选,2021 下单选,2015 下单选

高尔基,苏联文学创始人,被列宁称为“无产阶级艺术的最杰出代表”。其代表作有**“自传体三部曲”**,分别是《童年》《在人间》《我的大学》。

罗曼·罗兰,法国小说家、戏剧家和散文家,代表作有长篇小说《约翰·克利斯朵夫》。

弗兰茨·卡夫卡,奥地利著名小说家,西方现代文学主义的奠基人和重要代表人物,

主要作品有小说《审判》《城堡》《变形记》《乡村医生》《判决》等。

海明威,美国小说家,主要作品有《太阳照常升起》**《丧钟为谁而鸣》**《老人与海》等。

泰戈尔,印度诗人、文学家。1913 年,他以《吉檀迦利》成为第一位获得诺贝尔文学奖的亚洲人,代表作有《吉檀迦利》《飞鸟集》《新月集》等。

J. K. 罗琳,英国作家,代表作有**《哈利波特》**系列、《神奇动物在哪里》等。

阿尔贝·加缪,法国存在主义代表作家之一,主要作品有小说《局外人》《鼠疫》。

瓦西里耶夫,俄罗斯当代作家,代表作《这里的黎明静悄悄》是一部反法西斯题材的小说。

真题面对面

[**2023 上半年真题**]弗兰茨·卡夫卡是现代主义、表现主义文学的重要代表,创作了一些影响很大的小说,在当代西方文学中占有重要地位。下列选项中,不属于卡夫卡作品的是( )

A.《判决》 B.《审判》 C.《局外人》 D.《变形记》

答案:C。

三、中外儿童文学【9 年 2 考】

考点 1 中国儿童文学

1. 叶圣陶

叶圣陶,原名叶绍钧,现代作家、教育家、文学出版家和社会活动家,有“优秀的语言艺术家之称”。他创作了中国第一部为儿童而写的童话集《稻草人》,是中国现代童话创作的拓荒者。代表作有《小白船》《一粒种子》《玫瑰和金鱼》等。

《稻草人》童话集里有一篇同名童话作品《稻草人》,这篇童话通过对一个富有同情心而又无能为力的稻草人的所见所思的描写,真实地描绘了 20 世纪 20 年代中国农村风雨飘摇的人间百态。鲁迅说:“叶圣陶的《稻草人》是给中国的童话开了一条自己创作的路。”

2. 冰心

冰心,原名谢婉莹,我国现代女作家、诗人、儿童文学家、翻译家。主要作品有诗集《繁星》《春水》,散文集《寄小读者》《樱花赞》等。她擅长用格言式诗句咏唱母爱、童真、自然。散文也表现“爱的哲学”,被誉为“美文”的代表。

《寄小读者》共29篇，是冰心于1923年至1926年间写给小读者的通讯，其中有21篇是作者赴美留学期间写的。通讯内容是叙写她赴美留学旅途中及在美国的生活，贯穿的是对母爱、童真、大自然的礼赞。

3. 陈伯吹

陈伯吹，原名陈汝埙，中国著名的儿童文学作家、翻译家、出版家、教育家，被誉为"东方安徒生"。1981年成立了"**陈伯吹儿童文学奖**"，在2014年正式更名为"陈伯吹国际儿童文学奖"。著有童话集《一只想飞的猫》，评论集《儿童文学简论》等。

《一只想飞的猫》叙述了一只喜欢自吹自擂的猫，厌恶劳动、顽皮无礼，不切实际地一心想飞，最终摔了跟头的故事，充满了轻松幽默的喜剧色彩。

4. 张天翼

张天翼，我国现代著名小说家、儿童文学作家，曾任《人民文学》主编一职。他的作品多用嘲讽笔调，文笔活泼新鲜，风格辛辣。其代表作有《宝葫芦的秘密》《大林和小林》《秃秃大王》《金鸭帝国》等。

《宝葫芦的秘密》讲述了一个叫王葆的小朋友听奶奶讲宝葫芦的故事后着了迷，总想得到一个宝葫芦。一天他在梦中得到了一个"宝葫芦"，从此就能够想要什么就有什么。但王葆发现，要什么就有什么给自己带来的不是幸福和快乐，而是无聊和苦恼。最后他下定决心，和宝葫芦一刀两断。

5. 严文井

严文井，现代作家、散文家、著名儿童文学家。他的作品以童话和寓言的影响力为最大，被誉为"**一种献给儿童的特殊的诗体**"。代表作有《南南和胡子伯伯》《丁丁的一次奇怪旅行》《小溪流的歌》等。

6. 任溶溶

任溶溶，著名儿童文学翻译家、作家，译著有《安徒生童话全集》《彼得・潘》《小飞人》等；著有童话集《"没头脑"和"不高兴"》、儿童诗集《小孩子懂大事情》、儿童散文《我也有过小时候——任溶溶寄小读者》等。

《"没头脑"和"不高兴"》讲述了丢三落四的"没头脑"和爱闹别扭的"不高兴"在一番奇遇后决心改正缺点的故事。

7. 鲁兵

鲁兵，当代儿童文学作家，曾担任《小朋友》、《儿童文学研究》及文学读物、幼儿读物的编辑工作，主编了《365夜》系列。主要作品有《桥的故事》《唱的是山歌》《老虎外婆》《小猪奴尼》《小刺猬去理发》等。

《小刺猬去理发》这首儿歌，抓住了幼儿的心理特点，作品一开始就借用幼儿熟悉的小刺猬的形象，给孩子造成一个错觉：这是在写小刺猬。小刺猬的形象一下子吸引了孩子，直到最后一句才点明：原来，小刺猬是个不爱理发的小娃娃。作品选择小刺猬的形象来比喻头发又长又乱的小朋友，不仅十分贴切，而且富有情趣。

8. 孙幼军

孙幼军，当代著名童话作家。代表作有长篇童话《小布头奇遇记》、中篇童话《云里国历险》、系列童话《怪老头儿》《小猪唏哩呼噜》、短篇童话《小狗的小房子》等。

1961 年底，孙幼军的第一本长篇童话**《小布头奇遇记》**出版，本书根据小布头的奇遇引发了一系列生动有趣的故事，这些故事构思巧妙，语言风趣幽默。童话《小布头奇遇记》获第二次全国少年儿童文艺创作评奖一等奖，同时也是我国获国际安徒生奖提名的第一部作品。

9. 曹文轩

曹文轩是中国作家协会全国委员会委员、北京作家协会副主席、北京大学教授。他的主要作品有文学作品集《忧郁的田园》《红葫芦》等，以及长篇小说《古老的围墙》《山羊不吃天堂草》《草房子》《天瓢》《红瓦》等。他曾获宋庆龄儿童文学奖、冰心文学奖、国家图书奖等，2016 年获得国际安徒生奖。

《草房子》描写了男孩桑桑刻骨铭心、终生难忘的六年小学生活。该小说通篇叙述，既明白晓畅，又有一定的深度，是既受孩子喜爱也可供成人阅读的儿童文学作品。

10. 袁鹰

袁鹰，原名田钟洛，当代著名诗人、儿童文学家、散文家。代表作有《唱一唱北京》《小站》《渡口》《白杨》等。

考点 2　外国儿童文学

考频分布　2018 下单选，2017 下单选

1.《伊索寓言》

《伊索寓言》是古希腊民间流传的具有讽刺性的故事集，经后人加工整理后，形成现在的篇幅。此书假托在伊索名下，所以得名《伊索寓言》。

《伊索寓言》中收录有三十多则寓言，内容大多与动物有关。书中讲述的故事简短精练，刻画出来的形象鲜明生动，每则故事都蕴涵哲理，或揭露和批判社会矛盾，或抒发对人生的领悟，或总结日常生活经验。其中比较著名的寓言有《农夫和蛇》《狐狸和葡萄》《狼和小羊》《龟兔赛跑》《牧童和狼》《蚊子和狮子》《农夫和他的孩子们》等。

2.《一千零一夜》

《一千零一夜》是阿拉伯著名的民间故事集，在西方被称为《阿拉伯之夜》，在中国被译为《天方夜谭》。高尔基在俄译本序言中把《一千零一夜》称为“**最壮丽的纪念碑**”。

《一千零一夜》以宰相的女儿山鲁佐德给国王讲故事作为结构线索，作品包括《阿拉丁和神灯》《阿里巴巴和四十大盗》《航海家辛巴达》《渔夫的故事》等。

3. 雅各布·格林和威廉·格林的《格林童话》

从1806年开始，德国格林兄弟就致力于民间童话和传说的搜集、整理和研究。《格林童话》于1857年出了最后一版，共收童话216篇，为世界文学之瑰宝。

《格林童话》大致可分三类：神魔故事，有《灰姑娘》《白雪公主》等，这些故事中既有仙人、精灵，也有神奇的宝物和变幻莫测的魔法，情节曲折；动物拟人童话，有《猫和老鼠做朋友》等，动物能说会道，富有人情又具有动物特点；生活题材故事，有《牧童》《老祖父和孙子》等。

4. 乔纳森·斯威夫特的《格列佛游记》

乔纳森·斯威夫特是爱尔兰作家，政论家，讽刺文学大师，以著名的《格列佛游记》和《一只桶的故事》等作品闻名于世，他曾被高尔基称为“世界文学创造者之一”。

《格列佛游记》是乔纳森·斯威夫特享誉世界的讽刺名著。作品假托主人公格列佛医生自述他数次航海遇险，漂流到小人国、大人国和智马国等几个童话式国家的遭遇和见闻，全面讽刺了英国的社会现实。

5. 安徒生的《安徒生童话》

安徒生，丹麦著名的童话天才，被称为“世界儿童文学的太阳”，一生共创作了168篇童话。

《安徒生童话》是从民间童话土壤中生长出来的，包括《小克劳斯和大克劳斯》《豌豆上的公主》《海的女儿》《皇帝的新装》《野天鹅》《打火匣》等。《安徒生童话》是儿童文学史上的一座丰碑，它以独特的魅力征服了丹麦以及全世界读者的心。安徒生在童话中所塑造的形象，给人们带来了美的陶冶，情的升华。童话，作为一种文学样式，在安徒生那里达到了高峰。

6. 马克·吐温的《汤姆·索亚历险记》

《汤姆·索亚历险记》是美国杰出的小说家马克·吐温写的四大著名长篇小说之一，主人公汤姆·索亚天真活泼、敢于探险、追求自由，不堪忍受束缚个性、枯燥乏味的生活，幻想干一番英雄事业。小说通过描写主人公的冒险经历，对美国虚伪庸俗的社会习俗、伪善的宗教仪式和刻板陈腐的学校教育进行了讽刺和批判，以欢快的笔调描写了少年儿童自由活泼的心灵。

7. 笛福的《鲁滨逊漂流记》

笛福,18 世纪英国现实主义小说的奠基人。1719 年,发表了《鲁滨逊漂流记》,标志着英国现实主义小说的诞生,也奠定了这种新型文学形式的基础。

《鲁滨逊漂流记》是一曲原始积累时期资产者的颂歌。主人公鲁滨逊是笛福生活的时代英国商业资产者的典型。

8. 亚米契斯的《爱的教育》

埃·德·亚米契斯,意大利 19 世纪最著名的作家。他曾经游历过许多国家,发表过一系列游记,其中最著名的有《西班牙》《摩洛哥》《君士坦丁堡》等。但亚米契斯还是以描写家庭生活、学校生活最为见长,《朋友们》《大家的马车》等作品在意大利脍炙人口。

《爱的教育》使他成为世界级的大作家,小说通过塑造一个个看似渺小,实则不凡的人物形象,在读者心中荡起一阵阵情感的波澜,使爱的美德永驻读者心中。

9. 金斯利的《水孩子》

查尔斯·金斯利,19 世纪英国著名的小说家和诗人,代表作有《奥尔顿·洛克》《酵母》《希帕蒂亚》《向西去啊!》《仙女座》《英雄们》和《水孩子》等。

《水孩子》是金斯利的童话代表作。在这部童话中,作者以亲切而风趣的语调,优美而简洁的文笔,生动地讲述了一个扫烟囱的孩子在仙女的引导下,经历各种奇遇,最后长大成人的故事。

10. 罗伯特·路易斯·史蒂文森的《金银岛》

罗伯特·路易斯·史蒂文森,是英国小说家,新浪漫主义的代表人物。主要作品有《金银岛》《化身博士》《诱拐》等。

《金银岛》是罗伯特·路易斯·史蒂文森创作的一部冒险小说。本书讲述的是 18 世纪中期英国少年吉姆从垂危水手彭斯手中得到传说中的藏宝图,在当地乡绅支援下组织探险队前往金银岛,最终平息了叛变并成功取得宝藏的故事。本书是史蒂文森所有作品中流传最广的代表作,其故事情节起源于史蒂文森所画的一幅地图。

11. 塞尔玛·拉格洛夫的《尼尔斯骑鹅旅行记》

塞尔玛·拉格洛夫,瑞典女作家,1909 年获诺贝尔文学奖。她是世界上第一位获得这一文学奖的女性,代表作有《尼尔斯骑鹅旅行记》《古斯泰·贝林的故事》等。

《尼尔斯骑鹅旅行记》是塞尔玛·拉格洛夫的童话作品,是世界文学史上第一部,也是至今唯一一部获得诺贝尔文学奖的童话作品,更是一部著名的集文艺性、知识性、科学性于一体的教育性优秀儿童文学作品。《尼尔斯骑鹅旅行记》讲述了调皮的小男孩尼尔斯的奇遇，因得罪小狐仙而变成了一个能听懂动物语言的小人，骑着家鹅跟随大雁一路远行。在旅程中懂得了爱和感恩。

12. 莱姆·弗兰克·鲍姆的《绿野仙踪》

莱姆·弗兰克·鲍姆，美国儿童文学作家，代表作有《绿野仙踪》《简婶婶的侄女》等。

《绿野仙踪》以虚构的奥芝国为背景，讲述美国堪萨斯州的小姑娘多萝西被龙卷风卷到了一个叫孟奇金的地方，经女巫指点到翡翠城去找奥芝国大术士帮忙送她回家。路上，她先后遇到了稻草人、铁皮樵夫与小胆狮。他们结伴而行，克服了一个个困难，最后回到家人身边的故事。

13. 圣·埃克苏佩里的《小王子》

圣·埃克苏佩里，法国作家、飞行家，凭借童话《小王子》而闻名于世。

《小王子》是法国作家圣埃克苏佩里著名的中篇童话。作品通过“我”对小王子秘密身世的一步步探寻，知道了这个世界上隐藏的种种丑恶，也悟到了追求真挚友谊、博大情怀的理想境界。作者借小王子之口，阐述了对社会上不同类型的大人的看法和批评，提出了一些发人深思的问题，赞颂了友爱。

14. 爱尔温·布里克斯·怀特的《夏洛的网》

爱尔温·布里克斯·怀特，美国著名散文家和儿童文学家，代表作品有《精灵鼠小弟》《夏洛的网》与《吹小号的天鹅》等。

《夏洛的网》主要讲述了在朱克曼家的仓库里一起生活的动物小猪威尔伯和蜘蛛夏洛，蜘蛛夏洛用智慧帮助小猪威尔伯脱离死亡的危险，小猪威尔伯又保护蜘蛛夏洛的孩子顺利出生，双方建立友谊的故事。

15. 黑柳彻子的《窗边的小豆豆》

黑柳彻子，日本儿童文学作家，以《窗边的小豆豆》等享誉国际。

《窗边的小豆豆》讲述了小豆豆上小学时的一段故事。小豆豆因淘气被原学校退学后，来到巴学园。在小林校长的爱护和引导下，一般人眼里“怪怪”的小豆豆逐渐变成了一个大家都能接受的孩子。巴学园里亲切、随和的教学方式使这里的孩子们度过了人生最美好的时光。

第五节 艺术常识

思维导图

- 艺术常识
  - 字体和书法
    - 商周——甲骨文、金文
    - 秦汉——秦：小篆；汉：隶书、张芝“草书之祖”
    - 三国魏晋唐
      - 楷书、行书、草书、钟繇、王羲之“书圣”
      - 初唐四大家、“颜筋柳骨”、张旭、怀素
    - 宋元明清——宋四家、宋徽宗“瘦金体”、楷书四大家、馆阁体
  - 绘画
    - 中国
      - 表现手法：以线为主的笔墨
      - 顾恺之、阎立本、吴道子、张择端、赵孟頫、齐白石
徐悲鸿、“元四家”、“明四家”、王冕
    - 外国
      - “文艺复兴三杰”：达·芬奇、米开朗琪罗、拉斐尔
      - 17至18 世纪：鲁本斯、伦勃朗
      - 19 世纪：新古典主义、现实主义、浪漫主义
印象派、后印象派
      - 现代艺术：毕加索《亚威农少女》《格尔尼卡》
  - 雕塑
    - 中国
      - 秦汉：秦始皇陵兵马俑、马踏匈奴、铜奔马
      - 魏晋南北朝、唐宋：四大石窟、唐三彩、大足石刻
      - 近现代：刘开渠《胜利渡长江》、潘鹤《艰苦岁月》
    - 外国
      - 古希腊时期：米隆《掷铁饼者》、“卢浮宫三宝”
      - 文艺复兴时期：米开朗琪罗《哀悼基督》《大卫》《摩西像》
      - 19世纪：吕德《马赛曲》、罗丹《巴尔扎克》《思想者》
  - 建筑（重点）
    - 中国
      - 古典园林（楼阁、榭、亭、廊）
传统民居（北京四合院、傣族竹楼）
      - 建筑师：李春（赵州桥）、梁思成
吕彦直、贝聿铭（北京香山饭店）
    - 外国
      - 风格：哥特式、巴洛克、洛可可、概念式
      - 著名建筑：比萨斜塔、圣彼得大教堂
卢浮宫博物馆、巴黎圣母院
  - 音乐
    - 中国（重点）——古典乐器、“八音”
伯牙、嵇康、聂耳、冼星海、贺绿汀、萧华
    - 外国——西洋乐器、音乐形式
巴赫、海顿、莫扎特、贝多芬、舒伯特、肖邦
  - 戏曲
    - 中国——京剧《霸王别姬》、昆曲《牡丹亭》
评剧《杨三姐告状》、豫剧《穆桂英挂帅》
越剧《梁山伯与祝英台》、黄梅戏《天仙配》
    - 外国——歌剧、舞剧、音乐剧
  - 电影与动画
    - 中国
      - 电影奖项：百花奖、金鸡奖、华表奖
      - 《定军山》《英雄儿女》《神笔》《哪吒闹海》
    - 外国
      - 电影奖项：金狮奖、金棕榈奖、金熊奖、奥斯卡金像奖
      - 《爵士歌王》《浮华世界》《威利号汽船》

考向分析

本节主要介绍古今中外各艺术领域的重大成就，重点介绍具有代表性的艺术家及其作品，记忆性知识较多。在考试中会以单选题的形式考查。通过汇总分析 2015 年至 2023 年的真题试卷，本节知识考查情况见下表：

知识	考点	考频	题型
字体和书法	代表人物或作品	3	单选
绘画	中、外绘画	3	单选
雕塑	中、外雕塑	3	单选
建筑	中、外建筑	7	单选
音乐	中、外音乐	8	单选
戏剧	中国戏曲与外国戏剧	4	单选

核心考点

一、字体和书法【9 年 3 考】

考频分布 2020 下单选，2017 上单选，2015 上单选

我国汉字的演变，在字体上由繁到简，在书法艺术上由简到繁。文字各显特色，书法风采多姿。

汉字的演变

时期	文字	代表人物或作品
商周	甲骨文是商周时期刻写在龟甲和牛、羊等兽骨上的文字，使用象形、指事、会意、形声、假借等多种造字方法，已具备汉字的基本结构	《祭祀狩猎涂朱牛骨刻辞》
	金文起于商代，盛于周代，是铸刻在青铜器上的文字，故又称钟鼎文、铭文。金文字形较甲骨文更加粗壮、象形，浑圆质朴	毛公鼎铭文（目前已发现的铭文最多的青铜器）
秦朝	官方字体为小篆，小篆由大篆稍加整理简化而成，笔画规整，字形修长，转角处较圆滑；后来出现更加简易的隶书	《泰山刻石》《会稽刻石》

续表

时期	文字	代表人物或作品
汉朝	隶书成为主要字体，字形趋扁，用笔变圆转为方折，笔画轻重顿挫富有变化，撇、捺舒展 汉初出现草书，在隶书基础上连笔简省，后逐渐发展为章草，至汉末已演变为今草	《西岳华山庙碑》(汉代隶书石刻作品) 张芝，汉代草书大家，被誉为“**草书之祖**”
三国、魏晋	楷书萌芽于东汉中后期，在三国、魏晋时期广泛流行。楷书的点画结构均已成型，产生了横、竖、撇、捺、钩、折、点、挑的基本笔画形态，严谨、端庄、正大 行书萌发于西汉，盛行于魏晋，至东晋产生了以“二王”(王羲之、王献之)为代表的行书风格	钟繇，推动了楷书的发展，被后世尊为“**楷书之祖**” 王羲之，擅长楷书、草书、行书，被誉为“**书圣**”，代表作《兰亭序》被称为“天下第一行书”
唐朝	书学鼎盛，楷书发展到巅峰，草书发展出大草(即狂草)，颜体行书以其雄强的体势独立于“二王”行书之外	**初唐四大家**：欧阳询、虞世南、褚遂良、薛稷 **“颜筋柳骨”**：颜真卿自创“颜体”，代表作《多宝塔碑》《祭侄文稿》(天下第二行书)；**柳公权**自创“柳体”，代表作《玄秘塔碑》《神策军碑》 **张旭**，世称“草圣”，作品有《古诗四帖》《肚痛帖》等 **怀素**，与张旭齐名，世称“颠张狂素”，传世作品《自叙帖》被称为“天下第一草书”
宋朝	帖学大行，书法发展较为缓慢	**宋四家**：苏轼、黄庭坚、米芾、蔡襄。其中，**苏轼**的代表作《黄州寒食诗帖》被誉为“天下第三行书” 宋徽宗赵佶创“**瘦金体**”
元朝	兴起复古书潮，追求魏晋书风，遵循古法、崇尚“二王”	赵孟頫，代表作《兰亭帖十三跋》，其与唐代欧阳询、颜真卿、柳公权并称为“**楷书四大家**”

续表

时期	文字	代表人物或作品
明清	出现**馆阁体**(也称台阁体),是官方推崇使用的一种书体,字体端庄典雅、笔画细腻统一、严谨、整齐	沈度(明)《敬斋箴册》、黄自元(清)《九成宫》

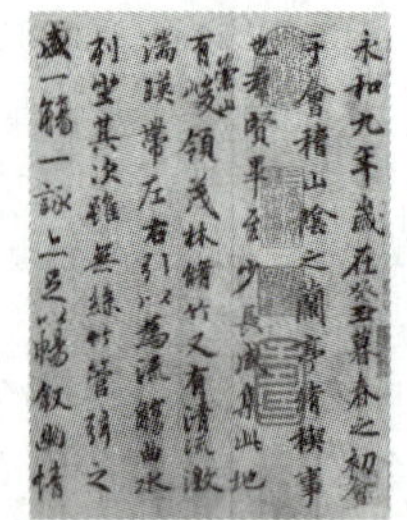
王羲之《兰亭序》(局部)

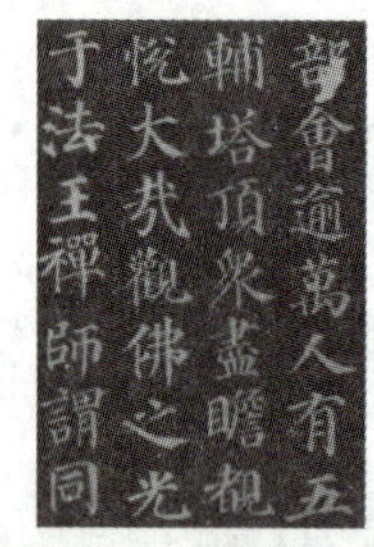
颜真卿《多宝塔碑》(局部)

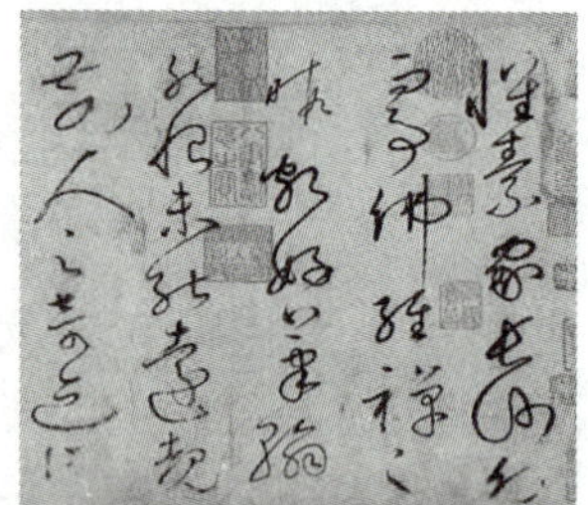
怀素《自叙帖》(局部)

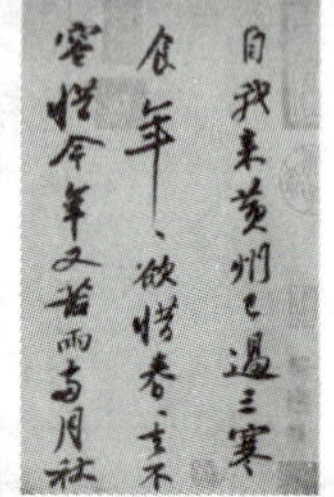
苏轼《黄州寒食诗帖》(局部)

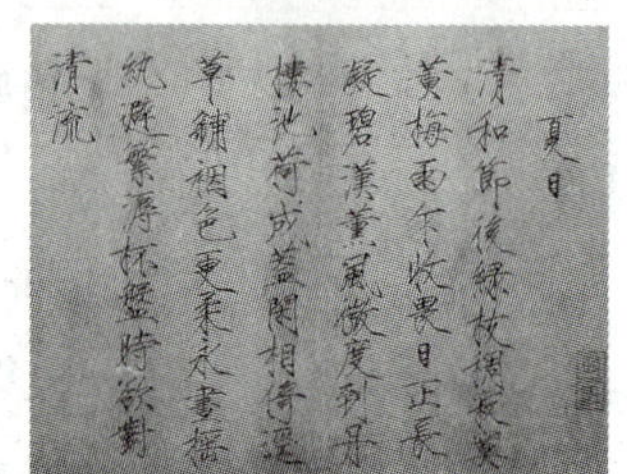
宋徽宗《夏日诗帖》

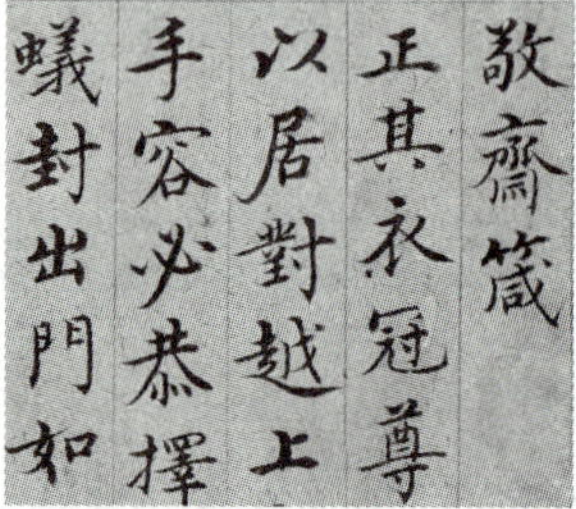
沈度《敬斋箴册》(局部)

真题面对面

[2020 下半年真题]书法是中国传统艺术之一,已有三千多年历史,讲究用笔、结构、章法和墨法等艺术表现手段,形成了风格多样的书体。下图是宋徽宗的书法作品,该作品的书体被称为(　　)

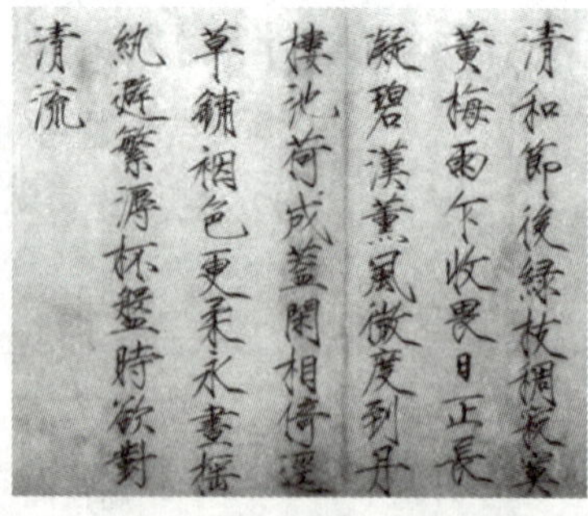

A. 柳体　　B. 馆阁体

C. 颜体　　D. 瘦金体

答案:D。

二、绘画【9年3考】

考点1　中国绘画

考频分布　2023下单选，2021下单选

中国画的表现手法是以线为主的笔墨，“以线造型—书法入画—讲究笔墨”是中国画发展的一条主线。从绘画题材分，中国画可分为人物画、山水画、花鸟画；从绘画技法分，中国画可分为工笔、写意、兼工带写等。

中国画以“**写意**”为艺术特点，遵循“**以形写神，形神兼备**”的原则，巧妙运用比兴、拟人等手法，表现自然和人类感情的推移。

顾恺之，东晋画家，擅长画人物、佛像、山水等，有“才绝、画绝、痴绝”之称，其绘画的传世摹本有《女史箴图》《洛神赋图》《列女仁智图》等。顾恺之与陆探微、张僧繇并称“六朝三杰”。

阎立本，唐代画家，以道释人物画著称，代表作有《步辇图》《历代帝王图》《职贡图》等。

吴道子，唐代画家，被称为“**画圣**”，民间画工尊其为祖师爷，代表作有《送子天王图》《明皇受箓图》等。

张萱，唐代画家，代表作有《捣练图》《虢国夫人游春图》等。

周昉，唐代画家，代表作有《挥扇仕女图》《簪花仕女图》等。

顾闳中，五代南唐画家，存世作品为《韩熙载夜宴图》。

张择端，北宋画家，北京故宫博物院所藏《清明上河图》是其传世名作。另外，天津博物馆藏有署名“张择端”的小幅作品《金明池争标图》。

李公麟，北宋文人画家，人物、山水、鞍马、花鸟皆精，工写兼长，创白描人物画，作品有纸本白描《五马图》。

“**元四家**”：黄公望、王蒙、倪瓒、吴镇。黄公望的《富春山居图》是中国十大传世名画之一，前半段《剩山图》，现藏于浙江省博物馆；后半段世称《无用师卷》，现藏于台北故宫博物院。

赵孟頫，元朝画家，代表作有《秋郊饮马图》《鹊华秋色图》。

王冕，元代画家、诗人，号煮石山农、会稽外史、梅花屋主等，工诗善画，尤以墨梅知名。所作梅花疏密得当，尤以繁密见长。用笔遒劲有力，或用胭脂作没骨梅。借对梅花神韵的刻画，抒写自身的情怀和抱负。作品有《墨梅图》《南枝春早图》等。

“**明四家**”：沈周、唐寅、文徵明、仇英。沈周的代表作有《庐山高图》《夜坐图》；唐寅，

字伯虎,晚号六如居士,代表作有《王蜀宫妓图》《秋风纨扇图》等。

文徵明,明代画家、书法家,与沈周、唐寅、仇英合称为"明四家"。绘画擅长山水、人物、兰竹、花卉等,作品有《溪亭客话图》《兰竹图》《真赏斋图》等。

"清初四僧":石涛、朱耷、髡残和弘仁。他们借画抒写身世之感和抑郁之气,寄托对故国山川的炽热之情。艺术上主张"借古开今",创造出奇肆豪放、磊落昂扬、不守陈墨、独具风采的画风。

石涛,擅画山水,亦工花果、兰竹、人物,多为水墨写意法,用笔爽利峻拔,墨色淋漓简练。作品有《山水清音图》《细雨虬松图》《淮扬洁秋之图》等。

朱耷,号八大山人,代表作有《荷鸭图》《松谷山村图》《荷石水禽图》等。

郑燮(郑板桥),"扬州八怪"之一,以画兰竹最负盛名,代表作《兰竹图》《竹石图》等。

齐白石,善于画花鸟虫鱼,代表作有《群虾图》《蛙声十里出山泉》《牡丹图》《墨蟹图》等。

张大千,近现代画坛罕见的多面手,其绘画造诣高深,人、山水、花鸟、走兽等题材均有涉及,工笔、写意无不擅长。代表作《爱痕湖》《振衣千仞岗》《鱼石图》《梅清山水》等。

徐悲鸿,以画马著称。代表作有《奔马图》《愚公移山》等。

丰子恺,中国现代漫画的开路先锋。代表画作有《人散后,一弯新月天如水》《阿宝两只脚,凳子四只脚》《儿童散学归来早,忙趁东风放纸鸢》等。

傅抱石,现代画家,代表作有《江山如此多娇》《潇潇暮雨》《万竿烟雨》等。

知识再拔高

中国十大传世名画

年代	画家	作品名称	馆藏地
东晋	顾恺之	《洛神赋图》	辽宁省博物馆、北京故宫博物院、美国弗利尔美术馆
唐	阎立本	《步辇图》	北京故宫博物院
	——	组画《唐宫仕女图》(五幅)	张萱《捣练图》,美国波士顿美术博物馆
			张萱《虢国夫人游春图》,辽宁省博物馆
			周昉《簪花仕女图》,辽宁省博物馆
			周昉《挥扇仕女图》,北京故宫博物院

续表

年代	画家	作品名称	馆藏地
唐	——	组画《唐宫仕女图》(五幅)	晚唐时期画作《宫乐图》,台北故宫博物院
	韩滉	《五牛图》	北京故宫博物院
五代	顾闳中	《韩熙载夜宴图》	北京故宫博物院
北宋	王希孟	《千里江山图》	北京故宫博物院
	张择端	《清明上河图》	北京故宫博物院
元	黄公望	《富春山居图》	前段《剩山图》,浙江省博物馆 后段《无用师卷》,台北故宫博物院
明	仇英	《汉宫春晓图》	台北故宫博物院
清	郎世宁	《百骏图》	台北故宫博物院

赵孟頫《秋郊饮马图》(局部)

阎立本《步辇图》(局部)

张择端《清明上河图》(局部)

黄公望《富春山居图》(局部)

丰子恺《儿童散学归来早,忙趁东风放纸鸢》

顾恺之《洛神赋图》(局部)

周昉《簪花仕女图》局部

韩滉《五牛图》(局部)

顾闳中《韩熙载夜宴图》(局部)

王希孟《千里江山图》(局部)

仇英《汉宫春晓图》(局部)

郎世宁《百骏图》(局部)

真题面对面

[2023 下半年真题]下面这幅画的作者自称“梅花屋主”,以画墨梅闻名,这位画家是(　　)

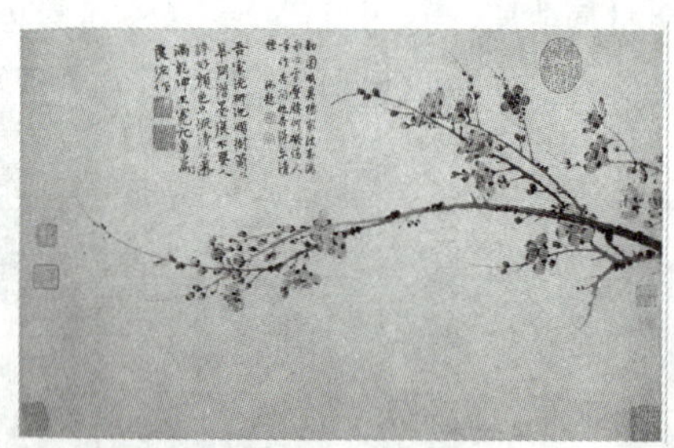

A. 阎立本　　B. 王冕

C. 文徵明　　D. 石涛

答案:B。

考点2　外国绘画

考频分布　2016 上单选

1.“文艺复兴三杰”

文艺复兴时期的艺术“三杰”

人物	作品风格及地位	代表作
达·芬奇	文艺复兴时期最卓越的代表人物之一，将科学知识与艺术想象结合起来，把解剖、透视、明暗和构图等零碎知识整理成系统的理论	《最后的晚餐》《蒙娜丽莎》《岩间圣母》
米开朗琪罗	意大利画家、雕刻家、建筑师和诗人，文艺复兴时期雕塑艺术最高峰的代表	《创世纪》《最后的审判》《大卫》
拉斐尔	古典主义的典范，笔下人物具有温和高贵的气质，尤其以描绘圣母形象著称	《西斯廷圣母》《雅典学院》《大公爵的圣母》《圣母子》

达·芬奇《最后的晚餐》

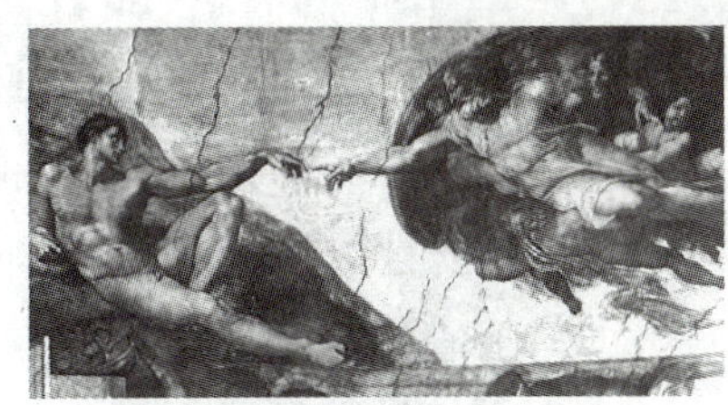

米开朗琪罗《创世纪》(局部)

拉斐尔《圣母子》

拉斐尔《西斯廷圣母》

2. 17～18 世纪欧洲艺术

鲁本斯：巴洛克绘画的代表人物，其作品场面宏大、富于想象力和戏剧性，代表作有《强劫留西帕斯的女儿》《阿玛戎之战》《美惠三女神》。

伦勃朗：荷兰画家，在肖像画、风俗画、历史画等方面成就惊人，代表作有《杜普教授的解剖学课》《夜巡》《木匠家庭》《三棵树》《浪子回头》等。

鲁本斯《阿玛戎之战》

伦勃朗《浪子回头》(局部)

3.19 世纪欧洲艺术

19 世纪欧洲的美术流派及代表人物、作品

美术风格	人物	作品风格及地位	代表作
新古典主义	达维特	擅长历史题材和人物肖像画，侧重英雄伦理内容的描绘	《荷拉斯兄弟的誓言》《马拉之死》
	安格尔	具有东方华丽的唯美风格	《泉》《土耳其浴室》《大宫女》
现实主义	米勒	题材多为平民的生活写照	《拾穗者》《晚钟》《牧羊女》
浪漫主义	德拉克洛瓦	色彩艳丽，被誉为“法国浪漫主义的狮子”	《自由引导人民》《萨达纳巴尔之死》
印象派	马奈	法国印象派奠基人之一，是最早打破传统的棕褐色调，使画面明亮、有外光新鲜感的画家	《草地上的午餐》
	莫奈	印象主义画派代表。作品注重颜色与光的融合，重颜色轻线条	**《日出·印象》**《睡莲》《鲁昂大教堂》
后印象派	凡·高	以极富情绪化的颜色著称	《星月夜》《向日葵》《有乌鸦的麦田》
	塞尚	善画静物	《圣维克多山》《有一筐苹果的静物》
	高更	画风原始，颜色细腻厚实	《手捧果物的女人》《我们从哪里来？我们是谁？我们到哪里去？》

达维特《荷拉斯兄弟的誓言》

米勒《拾穗者》

德拉克洛瓦《自由引导人民》

马奈《草地上的午餐》

莫奈《日出·印象》

凡·高《星月夜》

塞尚《有一筐苹果的静物》

高更《我们从哪里来？我们是谁？我们到哪里去？》

4. 现代艺术

毕加索，西班牙画家，立体主义代表人物。他的画法和风格分为“蓝色时期”“玫瑰色时期”“黑人时期”以及后来的立体主义时期。其代表作有《亚威农少女》《格尔尼卡》《卡恩韦勒肖像》。

毕加索《亚威农少女》

毕加索《格尔尼卡》

三、雕塑【9 年 3 考】

考点 1　中国雕塑

考频分布　2021 下单选

1. 秦汉时期

秦始皇陵兵马俑：陕西临潼出土，是迄今为止世界上出土的最大的艺术宝库，被誉为“世界第八大奇迹”。

马踏匈奴：马踏匈奴石刻是西汉霍去病墓纪念碑群雕的主体，是思想性与艺术性完美统一的典范。

铜奔马（又名马超龙雀、马踏飞燕等）：出土于甘肃武威市雷台汉墓，其形象为中国旅游标志。

秦始皇陵兵马俑

马踏匈奴

铜奔马

2. 魏晋南北朝时期

魏晋南北朝石窟艺术：四大石窟。

莫高窟（甘肃敦煌）——“佛教艺术宝库”；云冈石窟（山西大同）——“中国古代雕刻

艺术的宝库”;龙门石窟(河南洛阳)——“中国石刻艺术的最高峰”;麦积山石窟(甘肃天水)——“东方雕塑馆”。

3. 唐宋时期

昭陵六骏指位于陕西唐太宗李世民陵墓昭陵北面祭坛东西两侧的六块骏马青石浮雕石刻。

唐三彩的塑造达到了中国雕塑艺术的高峰。唐三彩是低温釉陶器,釉色有黄、绿、褐、蓝、紫等,以黄、绿和器胎上的白色为主调,故称“**唐三彩**”。

唐代是敦煌莫高窟彩塑发展的顶峰,这一时期的莫高窟彩塑不仅能表现大型佛像,更善于表现与真人等大的群像,代表作品为第45窟彩塑。

罗汉像:位于山东济南灵岩寺,塑像大都完成于宋代,少量是明代塑的,被近代学者梁启超誉为“海内第一名塑”。

大足石刻:大足石刻位于重庆市大足区境内,雕刻手法简练朴实,粗犷豪放,艺术夸张,具有鲜明的民族艺术风格和地方色彩。

罗汉像

大足石刻

4. 近现代

中国近现代雕塑家的代表作品

人物	作品
刘开渠	人民英雄纪念碑之《胜利渡长江》,通过人民解放军乘船抵达长江南岸、部队发起冲锋的一瞬间,来表现人民解放军解放南京、彻底打败国民党反动政府的一个重大历史事件
潘鹤	**《艰苦岁月》**,通过一老一小两个游击战士对革命充满必胜信念的形象,歌颂了游击战士的革命英雄主义和乐观主义精神

续表

人物	作品
四川美术学院雕塑系教师	《收租院》,以旧社会四川大邑县地主刘文彩残酷剥削、压迫农民的某些事实为原型,塑造了具有情节连续性的114个人物形象,表现了旧中国农民所遭受的种种苦难
邢永川	《杨虎城将军》,借鉴了中国古代雕塑中"将军肚"的处理手法,强调人物形象的饱满有力和浓厚古朴。在雕刻手法上,整体用剁斧的手法,形成一种粗犷而整体浑然的艺术效果
张得蒂	《日日夜夜》,取材于护士日常工作中的一个平凡的细节,表现一位美丽善良的女护士对病人关爱备至的崇高精神,作品以粗粝向光润过渡的方式塑造,虚化身体其他部位,重点刻画少女的头、手两处,形体简括,无任何矫饰,恰到好处地传递了主人公圣洁、含蓄的精神气质,令作品具有东方审美的独特风范
田金铎	《走向世界》,是全国首届体育美术作品展荣获特等奖的作品,作者以坚实的造型功力,运用简洁概括的塑造手法,准确地把握住竞走者出脚的一刹那和竞走运动特有的体态节奏
曾成钢	《鉴湖三杰》,它塑造了辛亥革命前,浙江地区的三位民主革命先烈秋瑾、徐锡麟、陶成章的英雄形象
李象群	《永恒的运转》,它突破了以古希腊雕塑家米隆创作的《掷铁饼者》的经典雕塑的图式,开创了一种新的表现形式,即以"十"字形结构来表现铁饼运动员运转身体即将把铁饼掷出去的一刹那
江碧波、叶毓山	《歌乐山烈士群雕》,采用中国古代石窟艺术中"中心塔柱式"的结构,集圆雕、浮雕之所长,以连环组合的形式,通过向四周展开的九个人物,依序表现"宁死不屈""前仆后继""坐穿牢底""迎接曙光"四个主题,以此歌颂革命烈士的崇高精神

《胜利渡长江》

《艰苦岁月》

《日日夜夜》

《永恒的运转》

真题面对面

[2021 下半年真题]许多以现实生活为题材创作的美术作品,富有感人的艺术魅力。下图这座著名雕塑是老一辈革命者不屈不挠的奋斗精神和革命乐观主义精神的真实写照,其名称是(　　)

A. 天伦之乐　　B. 艰苦岁月

C. 畅想未来　　D. 音乐之魂

答案:B。

考点2　外国雕塑

考频分布　2017 下单选,2016 下单选

外国不同时期的雕塑代表作

时期	代表作品
古希腊时期	米隆的《**掷铁饼者**》、菲狄亚斯的《命运三女神》、《**自杀的高卢人**》、阿格桑德罗斯及其两个儿子创作的《**拉奥孔**》 传世之作《萨莫色雷斯的胜利女神》《米洛斯的维纳斯》与文艺复兴时期的油画《蒙娜丽莎》并称为“卢浮宫三宝”。其中,《米洛斯的维纳斯》被法国雕塑家罗丹称为“古代的神品”

续表

时期	代表作品
文艺复兴时期	米开朗琪罗的《哀悼基督》《大卫像》《摩西像》
19 世纪	法国雕塑家吕德的《马赛曲》、罗丹的《巴尔扎克》《思想者》

米隆《掷铁饼者》

《自杀的高卢人》

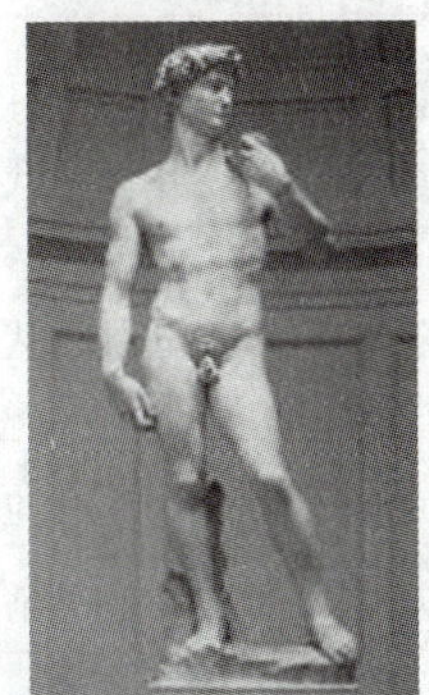
米开朗琪罗《大卫像》

罗丹《思想者》

阿格桑德罗斯及其儿子《拉奥孔》

吕德《马赛曲》

亚历山德罗斯《米洛斯的维纳斯》

四、建筑【9 年 7 考】

考点 1　中国建筑

考频分布　2019 下单选，2019 上单选，2018 上单选，2016 上单选

1. 中国建筑风格

以木架构为主的结构方式;中轴对称、方正严整的庭院式组群布局;在造型上,人字屋顶和飞檐斗拱体现了最典型的东方风格。

中国建筑类型及其特点

建筑类型	特点	代表建筑
宫殿	中国古代宫殿的四大特点是"高、大、深、庄"	故宫
陵墓	我国古代陵墓一般都是利用地形,靠山建坟	秦始皇陵、乾陵、清东陵、明十三陵
寺庙	形制和布局都十分讲究,仿造皇家建筑风格	少林寺、寒山寺、白马寺
园林	核心是情趣,且以自然情趣为主,主要供人游玩	颐和园、拙政园、豫园等

中国仅存的唐代木结构建筑是五台山佛光寺和南禅寺,仅存的千年木塔是山西应县木塔(原名"佛宫寺释迦塔")。

2. 中国古典园林

园林中的建筑样式多变、个体各异,几乎集中国古典建筑之大成,有厅、堂、馆、轩、斋、室、亭、楼、榭、廊等。

(1)**厅堂**:厅和堂相似,常合称为厅堂。它是园林中的主体建筑,是园主人进行会客、治事、礼仪等活动的主要场所,位置一般居于园林中最重要的地位,既与生活起居部分之间有便捷的联系,又有良好的观景条件和朝向。

(2)**馆、轩、斋、室**:园林中数量最多的建筑物,比厅堂更具有灵活性。

馆,休憩会客的场所,建筑尺度一般不大,布置方式多种多样。这类建筑代表有苏州拙政园内的玲珑馆、网师园内的蹈和馆等。

轩,一般指地处高旷而环境幽静的建筑物,这类建筑代表是苏州留园的闻木樨香轩。

斋,在宗教上指和尚、道士、居士的斋室,但园林中的"斋"通常是一种书屋性质的建筑物,一般处于静谧、较封闭的小庭院中,如网师园中的"集虚斋"、留园的"还我读书处"、常熟燕园的书斋等。

室、房:多为辅助性用房,配置于厅堂的边沿。

(3)**楼阁**:园林中供人登高远望、游息赏景的高层建筑,体量较大且造型丰富,有广泛的使用功能。我国历史上著名的楼阁很多,如武昌的黄鹤楼、湖南的岳阳楼、南昌的滕王阁，曾并称江南的三大名楼。

(4)**榭**：一般指有平台挑出水面观览风景的园林建筑，是一种凭借周围景色而构成的建筑物，现今以临水而建的水榭居多。

(5)**亭**：通常是人们休憩、凭眺的地方。亭是开敞的小型建筑，不设门窗，下半部砌半墙或设半栏。在造型上，亭子一般小而集中、向上，从各个角度看过去，它都显得独立而完整，玲珑而轻巧。我国著名的四大名亭是：安徽滁县的醉翁亭、杭州西湖的湖心亭、湖南长沙的爱晚亭、北京的陶然亭。我国最大的亭子是颐和园十七孔桥东头的廓如亭。

(6)**廊**：连接两个建筑物之间的通道，也有遮阳避雨的功能。

亭

廊

真题面对面

[2019 上半年真题]亭是中国传统建筑中一种周围开敞的小型建筑，常设在园林中或风景名胜处，供人们观览和休息。下列中国名亭中，得名于杜牧《山行》诗句的是(　　)

A. 醉翁亭　　B. 陶然亭

C. 爱晚亭　　D. 沧浪亭

答案：C。杜牧的《山行》中有诗句“停车坐爱枫林晚”，爱晚亭正是得名于此。

3. 中国传统民居

北京四合院。四合院是北方院落民居的典型形式。名称由来是这种民居有正房(北房)、倒座(南座)、东厢房和西厢房在四面围合，形成一个“口”字形，里面是一个中心庭院。四合院是封闭式的住宅，对外只有一个大门。院内，四面房子都向院落中心开门。四合院在形制上有一进，二进、三进、四进和套院等，大门多开在东南角。

陕西窑洞。窑洞是中国北方黄土高原上特有的传统民居形式，分土窑洞、石窑洞、砖窑洞等多种样式。黄土高原上的下沉式窑洞是中国窑洞民居中最珍贵的形式。它的特点是节省建筑材料，隔音性能好，冬暖夏凉。

皖南民居。外部造型像一个个方盒子，房屋上部用水平马头墙围合，白墙黑瓦，外墙上开窗很小也很少，因此，形成强烈的疏密对比。有些村落的规划将池塘、古树、青山和穿过村中的小溪等组合在一起，犹如山水画一般，集中体现了中国民居所特有的素雅清淡之美。安徽省黟县的西递、宏村两处古民居以其保存良好的传统风貌于2000年被列入《世界文化遗产名录》。

福建土楼。大型夯土民居建筑，是兼有聚族而居和防御作用的多层高楼住宅。形状有圆形、方形、椭圆形等，其中圆形土楼是福建客家民居的代表形式之一。土楼外墙用夯土，内部用木屋架。中心为内庭院，安置有厅堂、水井、厨房等公用设施，楼上是统一规格的卧房，并以走廊相连。

山西民居。山西民居有窑洞、大院、四合院等多种类型。其中，山西大院以深邃富丽著称，多为明清时期晋商所建，代表建筑有乔家大院（祁县）、王家大院（灵石县）、李家大院（万荣县）、马家大院（平遥县）等。山西民居与其他地区传统民居的共同特点都是聚族而居，坐北朝南，注重内采光；以木梁承重，以砖、石、土砌护墙；以堂屋为中心，以雕梁画栋和装饰屋顶、檐口见长。

傣族竹楼。干栏式民居是傣族最富特色的传统住宅形式。以竹或木为主要材料，底层架空搭成小楼。上层住人，下层圈养牲畜和储存杂物等，也可防野兽。

土家族吊脚楼。吊脚楼属于干栏式建筑，依山傍水而建，多为三层建筑，第一层常用来饲养家禽、放置农具和重物；第二层是饮食起居的地方，内设堂屋、火堂和卧室，常用来接待客人、做手工活和休息；第三层通风透气，十分宽敞，用来做居室、储存粮食和杂物。

蒙古族蒙古包。北方游牧民族的一种住所，又称“穹庐”。蒙古包呈圆形尖顶，由骨架和毛毡组成，看起来外形虽小，但使用面积却很大。室内空气流通，采光条件好，冬暖夏凉，不怕风吹雨打。其最大优点是拆装容易、搬迁简便，非常适合于经常转场的牧民居住和使用。

藏族碉房。见于西藏、青海、甘肃南部及四川西部。外观为方形，整体呈下大上小的形式，上为平顶，可供瞭望和晒粮食。碉房的墙体由土和石块混合砌筑而成，非常坚固。此宅带有鲜明的藏式民居特点，五层平顶式结构的底层为堆放饲草粮食的辅助用房，上层为居室和经堂。

北京四合院

平遥古城

福建土楼

傣族竹楼

土家族吊脚楼

蒙古族蒙古包

藏族碉房

4. 中国建筑师及其成就

中国著名建筑师及其成就

建筑师	主要成就
李春(隋)	建造赵州桥
蒯祥(明)	负责建造北京宫殿和长陵
梁思成	主持人民英雄纪念碑、扬州鉴真和尚纪念堂的建筑设计
吕彦直	设计建造了南京中山陵、广州中山纪念堂
刘敦桢	主持南京瞻园的修复工程

知识再拔高

贝聿铭

贝聿铭,美籍华裔建筑师,中国工程院外籍院士,土木专家。贝聿铭的作品以公共建筑、文教建筑为主,被归类为现代主义建筑,善用钢材、混凝土、玻璃与石材,代表作品有巴黎卢浮宫扩建工程、香港中银大厦、苏州博物馆新馆、**北京香山饭店**、美国德州达拉斯市政厅等。贝聿铭曾获得1979年美国建筑学会金奖、1981年法国建筑学金奖、1994年中国建筑学会杰出成就金奖、1983年第五届普利兹克奖等,被誉为“现代建筑的最后大师”。

考点2　外国建筑

考频分布　2023 下单选，2023 上单选，2022 下单选

1. 西方主要建筑风格

西方主要建筑风格及其特点

建筑风格	盛行时间	特点	代表建筑
哥特式	12～15 世纪	以交叉肋拱、高扶壁、飞扶壁、尖拱结构和新装饰体系的广泛应用为其特征，建筑造型轻盈灵巧、高耸挺拔，外形表现出一种垂直上升的运动感；采用巨大的花格窗和彩色玻璃镶嵌画代替墙壁	巴黎圣母院 米兰大教堂
巴洛克	17～18 世纪	外形自由，追求动态，喜好富丽的装饰和雕刻以及强烈的色彩，常用穿插的曲面和椭圆形空间	罗马的圣卡罗教堂 罗马耶稣会教堂
洛可可	18 世纪	纤弱娇媚、华丽精巧、甜腻温柔、纷繁琐细	巴黎苏俾士府邸 公主沙龙
概念式	20 世纪 90 年代	力求摆脱对建筑本身的限制和约束，个性化色彩很强	——

另外，在美洲还盛行一种木条式建筑风格，其特点是水平式、木架骨的结构。

哥特式建筑

巴洛克建筑

洛可可建筑

真题面对面

[2023 下半年真题] 哥特式是一种盛行于欧洲中世纪的建筑风格。下列对其特点的描述，不正确的是(　　)

A. 有交叉肋拱、高扶壁和飞扶壁

B. 有花格窗以及彩绘玻璃隔屏

C. 整体造型高耸、削瘦且带尖

D. 外形厚重、敦实、色彩强烈

答案：D。

2. 外国著名建筑

外国的著名建筑

国家	著名建筑及特点
柬埔寨	**吴哥窟**:为供奉毗湿奴而建,以建筑宏伟与浮雕细致闻名于世
泰国	**曼谷大皇宫**:汇聚了泰国的建筑、绘画、雕刻和装潢艺术的精粹,被称为"泰国艺术大全" **玉佛寺**:位于曼谷大皇宫的东北角,是泰国最著名的佛寺,也是泰国三大国宝之一
土耳其	**圣索菲亚大教堂**:有近一千五百年的历史,因巨大的圆顶而闻名于世 **蓝色清真寺**:又名苏丹艾哈迈德清真寺,属拜占庭风格的圆顶建筑,周围有六座宣礼塔,象征伊斯兰教六大信仰
印度	**泰姬陵**:被誉为"完美建筑"和"印度明珠"
埃及	**金字塔**:是古埃及的帝王(法老)陵墓,世界七大奇迹之一 **阿布辛贝神庙**:位于埃及南方城市阿斯旺,由古埃及法老拉美西斯二世修建
俄罗斯	**克里姆林宫**:历代沙皇的皇宫,世界闻名的古代宫殿建筑群之一 **莫斯科红场**:是俄罗斯重大历史事件的见证场所,是莫斯科最古老的广场 **冬宫**:即艾尔米塔什博物馆,最早曾是叶卡捷琳娜二世的私人博物馆 **瓦西里升天教堂**:位于莫斯科红场南端,教堂中央的塔高 65 米,共有九个彩色洋葱头状的教堂顶
德国	**科隆大教堂**:被誉为哥特式教堂建筑中最完美的典范 **勃兰登堡门**:位于德国首都柏林市中心,为纪念普鲁士国王在七年战争取得的胜利 **新天鹅城堡**:迪士尼城堡的灵感来源
法国	**巴黎圣母院**:欧洲最著名的哥特式大教堂之一 **凡尔赛宫**:与中国故宫、英国白金汉宫、美国白宫、俄罗斯克里姆林宫并称为世界五大宫殿 **埃菲尔铁塔**:巴黎最高的建筑物,为迎接 1889 年世界博览会及纪念法国大革命 100 周年而建造 **卢浮宫**:法国古典主义时期最珍贵的建筑物之一,以收藏丰富的古典绘画和雕刻而闻名于世 **凯旋门**:法国著名的历史纪念碑,由法兰西第一帝国皇帝拿破仑主持修建 **巴黎歌剧院**:全世界最大的表演正歌剧的剧院 **圣心大教堂**:教堂有三扇拱形门,门顶两侧有两座骑马的雕像,一座是国王圣·路易,另一座是民族女英雄贞德 **蓬皮杜文化艺术中心**:以馆藏世界现代艺术作品而闻名,卢浮宫博物馆、奥赛美术馆、蓬皮杜国家艺术文化中心是巴黎三大艺术博物馆

国家	著名建筑及特点
梵蒂冈	**圣彼得大教堂**:圣彼得大教堂位于罗马城内,是文艺复兴时期最伟大的建筑,被誉为"最伟大的人工纪念碑"
希腊	**雅典卫城**:希腊最杰出的古建筑群之一 **帕提农神庙**:建于公元前5世纪,是为了向智慧女神雅典娜致敬
意大利	**比萨斜塔**:是比萨大教堂的钟塔,因其塔身倾斜而广为人知 **罗马斗兽场**:位于意大利首都罗马市内台伯河东岸,为古罗马的象征 **米兰大教堂**:世界第二大教堂,也是世界上最大的哥特式建筑 **斯卡拉歌剧院**:1778年8月3日正式启用,首日上演安东尼奥·萨列里的歌剧《重建欧洲》
英国	**伦敦塔桥**:是一座上开悬索桥,横跨泰晤士河 **大本钟**:是威斯敏斯特宫的附属钟塔,每隔一小时报时一次,哥特式建筑风格 **白金汉宫**:英国王室的主要居住地,宫殿前面有维多利亚女王像
美国	**帝国大厦**:是一座多功能写字楼,"现代世界七大奇迹"之一 **自由女神像**:是美国和法国之间友谊的象征,也是美国自由精神的象征 **金门大桥**:又称"金门海峡大桥",是美国境内连接旧金山市区和北部的马林郡的跨海通道 **白宫**:是美国总统的官邸,为白色新古典风格砂岩建筑 **五角大楼**:美国国防部办公大楼,因建筑物为五角形而得名,是世界最大单体行政建筑
澳大利亚	**悉尼歌剧院**:由丹麦建筑师约恩·乌松设计,是一座贝壳形屋顶,下方是结合剧院和厅室的水上综合建筑

真题面对面

[**2023上半年真题**]联合国教科文组织总部所在地巴黎,拥有众多图书馆、博物馆、画廊等。下列文化艺术场所,不在巴黎的是(　　)

A. 卢浮宫博物馆　　B. 奥赛美术馆

C. 斯卡拉歌剧院　　D. 蓬皮杜文化艺术中心

答案:C。

五、音乐【9年8考】

考点1 基本乐理知识

节奏:用强弱组织起来的音的长短关系。

节拍:有强有弱的相同时间片段,按照一定的次序循环重复。

音程:乐音体系中两个音之间音高的距离。音程分为旋律音程与和声音程。音程中的两个音先后发声,叫作“旋律音程”;音程中的两个音同时发声,叫作“和声音程”。

和弦:三个或三个以上不同音高的乐音,按照一定的原则组合在一起。

调:由基本音级所构成音列的音高位置。

旋律:也称曲调,是一系列乐音按照音高和节奏的组织,形成各种形态的连续进行。旋律是音乐的基础和灵魂,是音乐的内容、风格、形象等的载体和主要表现形式。

考点2 中国音乐

考频分布 2021下单选,2021上单选,2018下单选,2018上单选,2015下单选

1. 中国民族调式音阶体系及乐器分类

五声音阶体系:宫、商、角、徵、羽,相当于现代音乐的do、re、mi、sol、la。

七声音阶体系:在五声音阶体系的角和徵、羽和宫之间各增加一个偏音,构成七声音阶。

按照演奏方式分为吹管乐器、弹拨乐器、打击乐器和拉弦乐器四类。

中国古典乐器类型

种类	典型乐器
吹管乐器	笙、芦笙(苗族、侗族、水族、瑶族、仡佬族等)、葫芦丝(傣族、阿昌族、德昂族等)、笛、管子、巴乌(彝族、苗族、哈尼族等)、埙、唢呐、箫
弹拨乐器	琵琶、筝、七弦琴(古琴)、热瓦普和弹布尔(维吾尔族、乌孜别克族)、冬不拉(哈萨克族)、阮、柳琴、三弦、月琴
打击乐器	堂鼓(大鼓)、碰铃、缸鼓、定音缸鼓、铜鼓、朝鲜族长鼓、大锣、小锣、小鼓、排鼓、手鼓(维吾尔族、乌孜别克族)、大钹、编钟、磬
拉弦乐器	二胡、板胡、马头琴(蒙古族)、艾捷克(维吾尔族、乌孜别克族和塔吉克族)、京胡、中胡、高胡

按照制作材料分为金、石、土、革、丝、木、匏、竹八种，史称“八音”，最早见于《周礼·春官》。

八音及对应乐器

金	石	土	革	丝	木	匏	竹
钟、镈、铙	磬	埙、缶	鼓	琴、瑟	敔、柷	笙、竽	箫、笛、篪

注：中国古代十大乐器一般是指琵琶、二胡、编钟、箫、笛、瑟、琴、埙、笙和鼓。

真题面对面

[**2021上半年真题**]乐器是指能发出乐音，供演奏音乐使用的器具，古今中外乐器多达四万余种。按照乐器不同的演奏方法，可分为不同的种类。我国民族乐器中，古琴属于（ ）

A. 打击乐器　B. 弹拨乐器　C. 拉弦乐器　D. 吹管乐器

答案：B。

2. 中国著名音乐家

（1）俞伯牙，古代传说人物，生于春秋战国时代，相传琴曲《水仙操》《高山》《流水》是他的作品。

（2）师旷，春秋时代晋国音乐家，相传《阳春》《白雪》《玄默》是他的作品。

（3）嵇康，三国时期魏国著名文学家、哲学家、音乐家，以善弹《广陵散》而知名。

（4）华彦钧，现代民间音乐家，人称“瞎子阿炳”，以所作二胡曲《听松》《二泉映月》《寒春风曲》最为著名。

（5）聂耳，我国无产阶级革命音乐奠基者，1933年加入中国共产党，作品有《义勇军进行曲》（田汉作词）、《开路先锋》、《卖报歌》。

（6）冼星海，现代作曲家、人民音乐家。合唱声乐套曲有《黄河大合唱》等，歌曲有《在太行山上》等，交响曲《民族解放》、交响组曲《满江红》等。

（7）贺绿汀，著名音乐家和教育家，主要音乐作品有《游击队歌》《嘉陵江上》《牧童短笛》等。

（8）**萧华**，中国人民解放军开国上将。1965年，为纪念红军长征胜利30周年，他回顾在长征中的真实经历，历时半年，完成了12首形象鲜明、感情真挚的史诗。随后，作曲家晨耕、生茂、唐诃、遇秋选择其中的10首谱成了组歌，分别描绘了10个环环相扣的战斗生活场面，并巧妙地把各地区的民间曲调与红军传统歌曲的曲调融合在一起，最终汇成了一部主题鲜明、内容丰富、形式新颖、风格独特的大型声乐套曲——《长征组歌》。

(9)王立平，国家一级作曲家，代表作有《少林寺》《驼铃》《牧羊曲》《枉凝眉》等。

(10)苏聪，现代作曲家，因参加《末代皇帝》影片配乐获奥斯卡金像奖最佳作曲奖，代表作品有《交响序曲》《李斯特钢琴幻想曲》等。

(11)秦咏诚，作曲家，作品有管弦乐曲《欢乐的草原》、小提琴曲《海滨音诗》、歌曲《我为祖国献石油》《我和我的祖国》《毛主席走遍祖国大地》、电影音乐《创业》、声乐协奏曲《海燕》等。

知识再拔高

中国传统乐器的经典曲目

乐器	经典曲目		
古琴曲	**《高山流水》**	《梅花三弄》	《阳春白雪》
	《渔樵问答》	《胡笳十八拍》	《广陵散》
	《平沙落雁》	**《阳关三叠》**	**《潇湘水云》**
琵琶曲	《汉宫秋月》	《夕阳箫鼓》	《十面埋伏》
二胡曲	**《二泉映月》**	《赛马》	《听松》

真题面对面

[2021下半年真题]《长征组歌》讴歌了中国工农红军历经艰辛、英勇作战、无私无畏的革命精神，词作者是一位亲历长征的中国人民解放军开国将军，这位将军是(　　)

A. 谭政　　B. 陈赓　　C. 邓华　　D. 萧华

答案：D。

考点3　外国音乐

考频分布　2022上单选，2019上单选，2017下单选

1. 西洋乐器

常用的西洋乐器有：琴类乐器、拨弦乐器、木管乐器、铜管乐器、弓弦乐器、打击乐器等。

(1)**琴类乐器**：钢琴、风琴、管风琴、古钢琴、羽管键琴、电钢琴、手风琴。

(2)**拨弦乐器**:吉他、电吉他、竖琴、贝斯。

(3)**木管乐器**:单簧管、双簧管、英国管、大管、萨克斯管、长笛、短笛、口琴、竖笛、风笛。

(4)**铜管乐器**:小号、短号、长号、大号、圆号、冲锋号。

(5)**弓弦乐器**:小提琴、中提琴、大提琴、低音提琴。

(6)**打击乐器**:定音鼓、木琴、钟琴、锣、钹、小军鼓、大鼓。

2. 音乐形式

古典音乐:亦称"古典主义音乐"或"古典乐派",是现代派音乐或爵士音乐的对称。古典音乐泛指过去时代具有典范意义或代表性的音乐。古典主义音乐作品以简洁、明快的主调音乐为主,结构严谨、手法洗练,具有强烈的感染力,并形成了一系列音乐体裁和曲式的规范,如歌剧、清唱剧、协奏曲、交响曲、奏鸣曲、室内乐等,对后世音乐艺术的发展产生了深远的影响。

浪漫主义音乐:亦称"浪漫乐派"或"浪漫派音乐"。浪漫主义音乐承袭古典乐派的传统,在此基础上进行了新的探索。它强调音乐与诗歌、戏剧、绘画等其他艺术的结合,提倡音乐的标题性。其作品多富于色彩和感情,或寄情于远离现实的神话传说,或沉醉于个人的情感体验,深刻而细腻地表现了知识阶层的心态。

民族乐派:是19世纪东欧、北欧各国音乐家为改变西欧音乐在本国的统治地位、发展本民族音乐而产生的。他们致力于民族音乐的复兴,以民族民间音乐为素材,创作反映本国历史和人民生活的音乐作品,表现了强烈的爱国主义精神和民族情怀,音乐具有鲜明的民族风格。

印象主义音乐:是19世纪末20世纪初,以法国作曲家德彪西为代表的音乐流派。作品多以自然景物或诗歌绘画为题材,突出瞬间的主观印象或感受;在音乐语言上突破大小调体系,重视和声、织体和配器的色彩;擅长表现幽静朦胧、飘忽空幻的意境。

新古典主义音乐:现代主义音乐的一种。20世纪初开始盛行的针对后期浪漫主义在音乐上的标题性、主观性而产生的一种创作思潮。

标题音乐:指采用标题或说明文字提示作品文学性、绘画性或戏剧性内容的器乐曲。常用造型性表现手法,题材鲜明具体,如柏辽兹的《幻想交响曲》等。

复调音乐:多声部音乐的一种。同时进行的若干旋律具有相对独立性,同时又组成相互关联的有机整体。

主调音乐:多声部音乐的一种。整部作品的进行以其中某一个声部的旋律为主,其他的声部以和声或节奏等手法进行陪衬和伴奏。

爵士音乐:是19世纪末20世纪初产生于美国新奥尔良的一种舞曲性质的音乐,主要来源于黑人劳动歌曲及在婚丧仪式或社交场合所唱或奏的散拍乐、灵歌和怨曲等。

3. 外国著名音乐家

外国著名音乐家及其代表作品

人物	国籍	地位	代表作品
巴赫	德国	**“西方近代音乐之父”**	《勃兰登堡协奏曲》《b小调弥撒曲》《马太受难曲》
海顿	奥地利	**“交响曲之父”**	《伦敦交响曲》《惊愕交响曲》《告别交响曲》《时钟交响曲》
莫扎特	奥地利	**“音乐神童”**	《费加罗的婚礼》《唐璜》
贝多芬	德国	**“乐圣”**	《第三(英雄)交响曲》《第五(命运)交响曲》《第六(田园)交响曲》《第九(合唱)交响曲》
舒伯特	奥地利	**“艺术歌曲之王”**	《魔王》《野玫瑰》
(小)约翰·施特劳斯	奥地利	**“圆舞曲之王”**	《蓝色多瑙河》《维也纳森林的故事》
约翰·施特劳斯	奥地利	**“圆舞曲之父”**	《拉德茨基进行曲》
柴可夫斯基	俄国	俄国伟大的作曲家	《罗密欧与朱丽叶》《天鹅湖》《胡桃夹子》
李斯特	匈牙利	**“钢琴之王”**	《匈牙利狂想曲》《但丁神曲》《浮士德》
肖邦	波兰	**“钢琴诗人”**	《革命练习曲》《小狗圆舞曲》
狄盖特	法国	国际无产阶级革命音乐家	《国际歌》《共产党之歌》

真题面对面

[**2022上半年真题**]下列人物,属于奥地利作曲家的是(　　)

A. 舒曼　　B. 海顿

C. 贝多芬　　D. 李斯特

答案:B。

六、戏曲【9年4考】

考点1 中国戏曲

考频分布 2022上单选,2021上单选,2015下单选

戏曲是以演员表演为中心,以唱、念、做、打等手段为基础,融文学、音乐、舞蹈、武术、杂技等为一体的综合性舞台艺术。清末学者王国维的一句“戏曲者,谓以歌舞演故事也”说清了戏曲艺术的基本特征。戏曲主要包括宋元南戏、元杂剧、明清传奇,以及近代、现代的京剧和各种地方戏。

中国戏曲主要剧种

剧种	概述	代表人物	代表作品
京剧	国粹。唱腔以“西皮”“二黄”为主,简称“皮黄”。角色分为生、旦、净、丑四大行当。列入“人类非物质文化遗产代表作名录”	谭鑫培、周信芳、盖叫天及“四大名旦”	《霸王别姬》《白蛇传》《贵妃醉酒》《失空斩》《定军山》《长坂坡》
昆曲	现存最早的戏曲形式。列入“人类非物质文化遗产代表作名录”	周传瑛、张娴	《牡丹亭》《桃花扇》《长生殿》
评剧	原名蹦蹦戏、落子戏,1935年正式定名“评剧”,后又吸收东北二人转的音乐和剧目,融合京剧、皮影等音乐和表演艺术	新凤霞、小白玉霜	《刘巧儿》《花为媒》《杨三姐告状》
豫剧	由河南梆子发展而来,中国第一大地方剧种	马金凤、常香玉、牛得草	《穆桂英挂帅》《花木兰》《拷红》《七品芝麻官》《朝阳沟》
越剧	由浙江嵊州“落地唱书”发展而来,主要曲调有“四工腔”“尺调腔”和“弦下腔”三种。列入“国家级非物质文化遗产名录”	袁雪芬、尹桂芳	《梁山伯与祝英台》《红楼梦》《西厢记》

续表

剧种	概述	代表人物	代表作品
黄梅戏	安徽地方剧种，原名“黄梅调”“采茶戏”。列入“国家级非物质文化遗产名录”	严凤英、王少舫、马兰、张云风	《天仙配》《女驸马》《牛郎织女》

真题面对面

[2022 上半年真题]下列京剧折子戏不是出自《三国演义》的是(　　)

A.《失空斩》　　B.《定军山》

C.《宇宙锋》　　D.《长坂坡》

答案：C。

考点 2　外国戏剧

考频分布　2021 上单选

西方戏剧起源于古希腊悲喜剧，在文艺复兴时期空前繁荣并走向高峰以戏剧所依靠的文化生态环境为依据，戏剧的样式大致可以分为歌剧、舞剧、音乐剧等形式。

歌剧：歌剧是将音乐、戏剧、文学、舞蹈、舞台美术等融为一体的综合性艺术，通常由咏叹调(抒情调)、宣叙调、重唱、合唱、序曲、间奏曲、舞蹈场面等组成。经典剧目有威尔第的《茶花女》、普契尼的《蝴蝶夫人》《图兰朵》、柴可夫斯基的《叶甫盖尼·奥涅金》、比才的《卡门》、莫扎特的《费加罗的婚礼》等。

舞剧：舞剧是结合舞蹈、戏剧、音乐等进行叙事、抒情的表演形式，以舞蹈为主要表现手段。舞剧历史悠久，西方一般称为“芭蕾”或“芭蕾舞剧”，中国统称为“舞剧”。芭蕾舞源于文艺复兴时期皇室贵族的宴会舞蹈，后走出宫廷，面向大众，进入教堂、剧场演出，经典芭蕾舞剧有《天鹅湖》《睡美人》《胡桃夹子》《吉赛尔》《堂·吉诃德》等。

音乐剧：19 世纪末起源于英国的一种歌剧体裁，融合了传统歌剧、轻歌剧和近代流行音乐。在创作上，注重观众的审美需求和生活经验。在题材选择、音乐风格、舞蹈风格上较为自由。著名的音乐剧有《俄克拉荷马》《音乐之声》《猫》《西区故事》《悲惨世界》《歌剧魅影》等。

知识再拔高

百老汇

百老汇是美国纽约曼哈顿区一条街道的名称,因其两侧分布着众多的音乐剧剧场,演出十分频繁、密集,而成为世界音乐剧演出中心之一。百老汇以上演经典剧目为主,商业化运作系统十分成熟。百老汇是现当代流行文化中不可替代的地标,也是商业文化的著名符号之一。

真题面对面

[2021上半年真题]百老汇是美国的一条大街,由于集中了著名的影院、音乐厅、夜总会等娱乐场所,因此百老汇成为美国戏院业和娱乐业的代称,其所在的城市是(　　)

A. 华盛顿　　B. 洛杉矶　　C. 纽约　　D. 费城

答案:C。

七、电影与动画

考点1　电影常识

电影分为艺术片(故事片)、纪录片、美术片、科教片四大类。

(1)艺术片(故事片)是取材于生活,具有完整的故事情节,由演员扮演角色的影片,包括政治片、战争片、社会片、伦理片、历史片、传记片、侦探片、武打片、惊险片、歌舞片、科幻片、儿童片等。

(2)纪录片是对某一政治、经济、军事、文化生活或历史性事件做完整的记录报道的影片。

(3)美术片是不用真人实景而以各种美术手段塑造形象,表现情节和主题的影片。如动画片、木偶片、剪纸片等。

(4)科教片指运用电影的想象化手段解释自然现象和社会现象,向人们普及各种知识的影片。

考点2　中国电影与动画

1. 中国电影奖项

(1)大众电影百花奖是由中国电影家协会和中国文学艺术界联合会联合主办的电影

奖项。创办于1962年，是中国大陆电影界的观众奖。

(2)中国电影金鸡奖是由中国电影家协会和中国文学艺术界联合会联合主办的电影奖项，创办于1981年，是中国大陆电影界权威、专业的电影奖。

(3)中国电影华表奖，是由国家电影局主办的电影奖项，"前身为"文化部优秀影片奖，1995年，经中宣部批准同意，正式定名为"中国电影华表奖"，是中国电影界的政府奖。与中国电影金鸡奖、大众电影百花奖并称"中国电影三大奖"。

2. 中国经典影片

中国电影诞生于1905年，北京丰泰照相馆创办人任庆泰拍摄了由著名京剧演员**谭鑫培**主演的**《定军山》**片段，这是中国人自己摄制的第一部影片，标志着中国电影的诞生。

1934年，**《渔光曲》**在上海首映。该影片被推介参加莫斯科国际电影节，获得第九名，成为中国首部获得国际荣誉的影片。

新中国电影从1949年制作第一部以工人阶级作为主人翁的影片**《桥》**开始，在很短的时间，拍摄了《白毛女》《钢铁战士》《上饶集中营》《新儿女英雄传》等优秀故事片，以及新闻纪录片《百万雄师下江南》《红旗漫卷西风》等。

1957年文化部举办了中华人民共和国建立以后第一次优秀影片评奖，奖励了1949~1955年摄制的《南征北战》、《渡江侦察记》、《鸡毛信》、《董存瑞》、《祝福》、《李时珍》、《神笔》(美术片)、《淡水养鱼》(科教片)等69部优秀影片。

1964年由长春电影制片厂制作并出品了一部战争片**《英雄儿女》**，影片改编自巴金的小说《团圆》。该片讲述了抗美援朝时期，志愿军战士王成阵亡后，他的妹妹王芳在政委王文清的帮助下坚持战斗，最终和养父王复标、亲生父亲王文清在朝鲜战场上团圆的故事。

1988年，张艺谋导演的《红高粱》获得第38届柏林国际电影节最佳影片金熊奖，成为中国影史上第一部在世界三大国际电影节中获得最高奖的作品。

1993年，陈凯歌执导的《霸王别姬》获得戛纳国际电影节金棕榈奖，这是中国第一部荣获戛纳国际电影节金棕榈奖的电影。

2001年，李安执导的《卧虎藏龙》获得奥斯卡4项大奖，也是华语电影历史上第一部获得奥斯卡金像奖最佳外语片奖的电影。

3. 中国动画

中国动画起源于20世纪20年代。1922年万氏兄弟摄制了中国第一部动画广告片《舒振东华文打字机》，揭开了中国动画史的一页。1926年，万氏兄弟制作了中国第一部独创动画片《大闹画室》,1935 年制作了中国第一部有声动画《骆驼献舞》,1941 年创作了中国第一部长篇动画《铁扇公主》。

1953 年,上海电影制片厂拍摄出了中国第一部彩色木偶片《小小英雄》。1956 年的木偶片《神笔》,在国际上获得了儿童娱乐片一等奖,这是中国美术片第一次在国际上获奖。

1960 年,令全世界惊叹的水墨动画横空出世,代表作品是《小蝌蚪找妈妈》《牧笛》。这时期著名的动画有《大闹天宫》《小鲤鱼跳龙门》《骄傲的将军》《渔童》《孔雀公主》等。

1979 年上映的《哪吒闹海》,是中国第一部宽银幕长篇动画,根据古典神话小说《封神演义》改编。

1999 年上映的《西游记》是中央电视台出品的第一部动画剧作。

考点 3　外国电影与动画

1. 外国电影奖项

(1)威尼斯国际电影节创办于 1932 年,是世界上第一个国际电影节,故被称为“国际电影节之父”。最高奖是“金狮奖”。

(2)戛纳国际电影节创立于 1946 年,最高奖是“金棕榈奖”。

(3)柏林国际电影节创立于 20 世纪 50 年代初,最高奖是“金熊奖”。

(4)奥斯卡金像奖是全世界最具影响力的电影类奖项,与欧洲三大国际电影节并称为世界影坛最重要的四大电影奖。

2. 外国电影

1888 年,由路易斯·李·普林斯执导的黑白无声纪录短片《朗德海花园场景》,片长仅 2 秒钟,是 IMDb 认证的人类历史上第一部电影。

1895 年,法国的卢米埃尔兄弟在一家咖啡馆第一次用自己发明的摄影、放映兼用机放映了《火车进站》影片,标志着电影的正式诞生。

1914 年,卓别林的第一部电影《谋生》上映。卓别林一生创作了近八十部喜剧电影,其中《移民》《淘金记》《摩登时代》《大独裁者》等代表作具有永久的魅力。

1927 年,华纳兄弟电影公司上映了一部音乐片《爵士歌王》,在里面使用了一段声音,标志着电影从此进入了有声时代。

1928 年,华纳兄弟电影公司又推出了“百分之百的有声片”《纽约之光》。自此,有声电影全面推开。

1935 年,世界上第一部彩色电影《浮华世界》上映。

1952 年,讲述非洲探险的《非洲历险记》被认定为电影史上第一部真正的 3D 长片。

2008 年上映的《钢铁侠》是“漫威电影宇宙”系列的首部电影,随后又推出了基于漫威漫画角色制作的一系列电影,如《绿巨人》《雷神》《美国队长》《蜘蛛侠》《黑豹》等。

3. 外国动画

1892 年,埃米尔·雷诺首次在巴黎著名的葛莱凡蜡像馆向观众放映光学影戏,标志着动画的正式诞生,同时埃米尔·雷诺也被誉为“动画之父”。

1906 年,美国人詹姆斯·斯图尔特·布莱克顿制作出一部接近现代动画概念的影片《滑稽脸的幽默相》,该片被誉为是世界上第一部动画片。

1928 年,华特·迪士尼创作出了第一部有声动画《威利号汽船》;1937 年,又创作出第一部彩色长篇动画《白雪公主和七个小矮人》。

1940 年,米高梅公司在美国首播首部《猫和老鼠》动画片。

1989 年,皮克斯工作室创作的动画短片《Tin Toy》赢得了奥斯卡最佳动画短片奖,这是第一部获得奥斯卡奖的动画短片,也是《玩具总动员》的创意来源。

2008 年,一部以中国功夫为主题的美国动作喜剧电影《功夫熊猫》上映,影片以中国古代为背景,其布景、服装乃至食物均充满中国元素。

达标测评

建议用时	实际用时	测评总分	实际得分
10 分钟	______分钟	20 分	______分

单项选择题(每小题 2 分,共 20 分)

1.《汉谟拉比法典》是世界迄今完整保存下来的最早的法典,其中包括了诉讼、财产、家庭以及买卖奴隶等内容。这部法典的呈现形式是(　　)

A. 刻在岩石上　　B. 刻在甲骨上

C. 写在羊皮上　　D. 写在绢绸上

2. 19 世纪 60 年代,洋务运动兴起。下列不属于洋务运动代表人物的是(　　)

A. 曾国藩　　B. 李鸿章

C. 张之洞　　D. 黄兴

3. 电影可分为纪录片、科教片、故事片、美术片四大类,下列选项中,主要运用绘画或

其他造型艺术来表现生活的是( )

A. 纪录片　　B. 科教片

C. 故事片　　D. 美术片

4. “这是最好的时代,也是最坏的时代”,英国文学家狄更斯曾这样描述工业革命发生后的世界。下列不属于第二次工业革命成果的是( )

A. 无线电报　　B. 汽车

C. 手机　　D. 电话

5. 外国历史学家要研究我国历史上手工业生产的基本情况,下列选项中,最应该推荐的书是( )

A.《齐民要术》　　B.《梦溪笔谈》

C.《天工开物》　　D.《农政全书》

6. 人们常常遵循科学原理进行发明创造,热气球作为人类发明的最早载人升空的航空器,应用的主要科学原理是( )

A. 重力的原理　　B. 浮力的原理

C. 弹力的原理　　D. 磁力的原理

7. 农历中的二十四节气,反映气候、物候的变化,用以指导农事。下列节气中,北半球各地白昼最长的是( )

A. 春分　　B. 夏至

C. 秋分　　D. 冬至

8. “都云作者痴,谁解其中味”言简意赅,意味深长。它出自中国四大古典文学名著之一,这部著作是( )

A.《红楼梦》　　B.《水浒传》

C.《西游记》　　D.《三国演义》

9. 威廉·莎士比亚是英国文学史上最杰出的戏剧家,也是欧洲文艺复兴时期最伟大的作家之一。下列不属于莎士比亚的著作的是( )

A.《仲夏夜之梦》　　B.《奥赛罗》

C.《堂·吉诃德》　　D.《李尔王》

10. 欧洲 19 世纪浪漫主义音乐的代表人物,有“钢琴诗人”之称的作曲家是( )

A. 李斯特　　B. 贝多芬

C. 莫扎特　　D. 肖邦

参考答案及解析

单项选择题

1. A [解析]《汉谟拉比法典》全文用楔形文字刻在黑色的玄武岩上,是世界上现存的第一部比较完备的成文法典。故本题选A。

2. D [解析]曾国藩、李鸿章和张之洞均为洋务运动的地方代表人物。黄兴,中国近代民主革命家,辛亥革命时期的先驱和领袖。故本题选D。

3. D [解析]美术片是以各种美术手段塑造形象,表现情节和主题的影片,主要运用绘画或其他造型艺术的形象(人、动物或其他物体)来表现艺术家的创作意图。

4. C [解析]从生产力角度来看,三次科技革命分别使人类进入"蒸汽时代"、"电气时代"和"信息时代"。其中,第二次科技革命以电力和内燃机的发明为主要标志。这一时期有很多重要发明,汽车、飞机、电话、有线电报、无线电报等都诞生于此时期。故选C。

5. C [解析]《天工开物》是世界上第一部关于农业和手工业生产的综合性著作,由明末清初的科学家宋应星所著。它更多地着眼于手工业,反映了中国明代末年出现资本主义萌芽时期的生产力状况,被欧洲学者称为"中国17世纪的工艺百科全书"。

6. B [解析]浮力指物体在流体(包括液体和气体)中受到的向上的力。热气球内部充满热空气,因为热空气的密度比空气的小,所以充满热空气的热气球受到了空气的浮力从而飘浮在空中。故本题选B。重力是指由于地球的吸引而使物体受到的力。弹力是指物体由于发生弹性形变而产生的力。磁力是磁场对放入其中的磁体和电流的作用力。

7. B [解析]夏至,是二十四节气之一。夏至这天,太阳直射地面的位置到达一年的最北端,几乎直射北回归线,此时,北半球各地的白昼时间达到全年最长。

8. A [解析]"满纸荒唐言,一把辛酸泪。都云作者痴,谁解其中味"出自我国古典文学名著《红楼梦》的开卷。意指全书都是由血泪交融而成;人们只会说作者太痴情了,又有谁能了解作者在写作时内心的千愁万苦呢?题干中的两句诗常被写文章的人用来抒发自己不为人知的满腹悲愤。故本题选A。

9. C [解析]莎士比亚的代表作有四大悲剧《哈姆雷特》《奥赛罗》《麦克白》《李尔王》和四大喜剧《仲夏夜之梦》《威尼斯商人》《第十二夜》《皆大欢喜》。A、B、D三项均是莎士比亚的作品,《堂·吉诃德》的作者是塞万提斯,故本题选C。

10. D [解析]肖邦是历史上最具影响力和最受欢迎的钢琴作曲家之一,是欧洲19

世纪浪漫主义音乐的代表人物,被誉为“钢琴诗人”。李斯特被誉为“钢琴之王”,贝多芬被誉为“乐圣”,莫扎特被誉为“音乐神童”。

即时反思与复盘总结

我于________年____月____日完成了对本章的学习。

复盘一下,我对自己较肯定的地方是____________________

(足够努力/心态积极/方法得当……)

我觉得自己需要改进的地方是____________________

(懒惰懈怠/心情浮躁/方法不当……)

休息片刻,开启下一站征程!

第五章　基本能力

内容概要

本章包括信息处理能力、逻辑思维能力、阅读理解能力、写作能力四节。本章内容在真题试卷中所占分值为72分，主要以单选题、材料分析题和写作题的形式考查。本章各节2015—2023年考频汇总如下：

信息处理能力　总考频34次

逻辑思维能力　总考频34次

阅读理解能力　总考频17次

写作能力　总考频17次

第一节　信息处理能力

思维导图

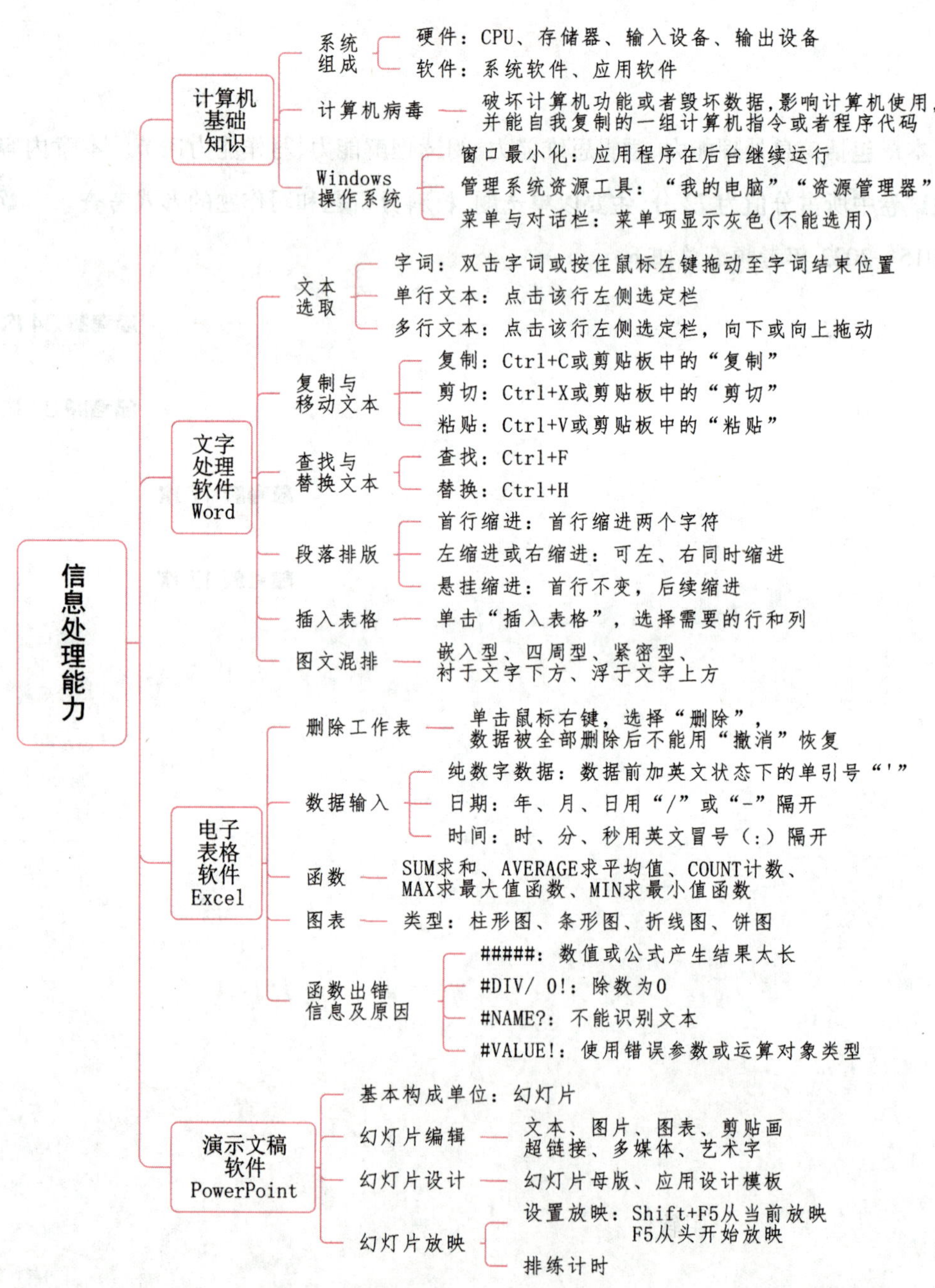

考向分析

本节主要介绍计算机基础知识与办公软件 Office 的基础知识和操作，内容琐碎繁杂，需要记忆并理解。在考试中会以单选题的形式考查。通过汇总分析 2015 年至 2023 年的真题试卷，本节知识考查情况见下表：

知识	考点	考频	题型
计算机基础知识	计算机病毒	2	单选
	Windows 操作系统	3	单选
文字处理软件 Word	基础知识与基本操作	9	单选
电子表格软件 Excel	基础知识与基本操作	10	单选
演示文稿软件 PowerPoint	基础知识与基本操作	10	单选

核心考点

一、计算机基础知识【9 年 5 考】

考点 1　计算机系统的组成

计算机系统由硬件系统和软件系统组成。计算机系统的基本组成如下图。

- 计算机系统
  - 硬件系统
    - 中央处理器（CPU）：运算器、控制器
    - 存储器
      - 内存储器
        - 随机存储器（RAM）
        - 只读存储器（ROM）
      - 外存储器：软盘、硬盘、光盘、U 盘等
    - 输入设备：鼠标、键盘、摄像头、语音输入装置、游戏杆、手写输入板、扫描仪等
    - 输出设备：显示器、音响、打印机、投影仪、绘图仪等
  - 软件系统
    - 系统软件：操作系统（如 Windows、iOS、Linux）、语言处理程序、数据库管理系统
    - 应用软件：办公软件（如 Microsoft Office、WPS Office）、图像处理软件、学习软件、游戏软件、驱动程序等

考点 2　计算机病毒

考频分布　2018 下单选,2017 下单选

计算机病毒,是指编制或者在计算机程序中插入的破坏计算机功能或者毁坏数据,影响计算机使用,并能自我复制的一组计算机指令或者程序代码。

1. 计算机病毒的特点

计算机病毒的特点:(1)可触发性;(2)破坏性;(3)传染性;(4)潜伏性;(5)针对性;(6)寄生性;(7)抗反病毒软件性。

2. 计算机病毒的预防

计算机病毒的传染是通过一定途径来实现的,为此必须重视制定措施、法规,加强职业道德教育,不得传播更不能制造病毒。另外,还应采取一些有效方法来预防和抑制病毒的传染。

(1)谨慎地使用公用软件或硬件。

(2)任何新使用的软件或硬件(如磁盘)必须先检查。

(3)定期检测计算机上的磁盘和文件并及时消除病毒。

(4)对系统中的数据和文件要定期进行备份。

(5)对所有系统盘和文件等关键数据要进行写保护。

真题面对面

[**2018 下半年真题**]计算机病毒能利用系统信息资源进行繁殖并生存,影响计算机系统正常运行。下列关于计算机病毒的表述正确的是(　　)

A. 编制未完成的计算机程序

B. 文件内容已经被破坏了的计算机程序

C. 编译不正确的计算机程序

D. 被蓄意设计具有破坏性的计算机程序

答案:D。根据计算机病毒的概念可知,计算机病毒是由人制造出来的一种恶意程序或代码,目的是攻击、破坏计算机的功能或数据信息。

考点 3　Windows 操作系统

考频分布　2019 下单选,2018 上单选,2017 上单选

1. Windows 系统的窗口及操作

Windows 系统及其应用程序采用图形化界面，只要运行某个应用程序或打开某个文档，就会对应出现一个矩形区域，这个矩形区域称为窗口。窗口包括标题栏、地址栏、搜索栏、菜单栏、导航窗口、工作区、状态栏等几部分。如下图：

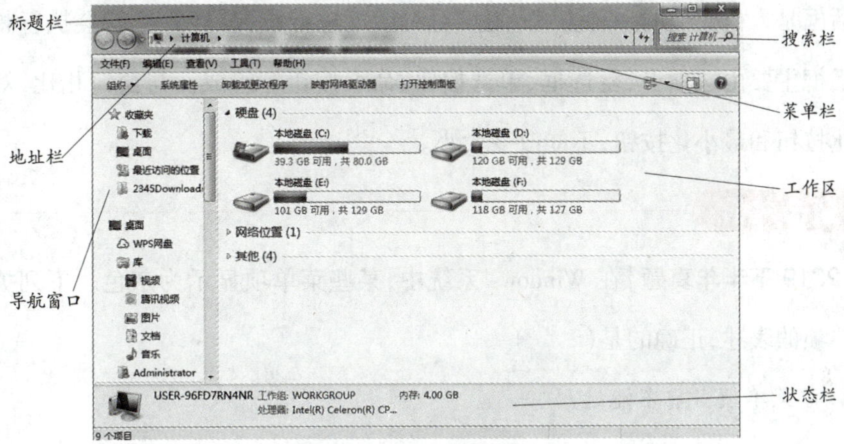

Windows 系统窗口

（1）改变窗口大小。最小化和最大化是改变窗口大小最常用的方法，单击窗口标题栏右侧的“最大化”按钮可以将窗口最大化显示；单击窗口标题栏右侧的“最小化”按钮可以最小化窗口，当一个窗口被最小化之后，应用程序会在后台继续运行。除了可以使用按钮来控制窗口大小外，还可以通过鼠标拖动窗口边框或者窗口角改变窗口大小。

（2）移动窗口。当窗口不是处于最大化或最小化状态时，可以对窗口进行移动。将鼠标指针移至窗口标题栏的空白处，按住鼠标左键并拖动至合适位置后释放鼠标即可。

（3）切换窗口。当桌面上有多个窗口时，可直接单击任务栏的程序按钮实现，也可以用【Alt + Tab】或【Alt + Esc】组合键进行切换。

（4）窗口的排列。右击桌面任务栏上的空白处，弹出快捷菜单，如右图所示。用户从中选择对应的命令选项即可设置窗口的排列方式。其中，堆叠显示窗口为多个窗口由上到下排列，并排显示窗口为多个窗口从左到右排列。

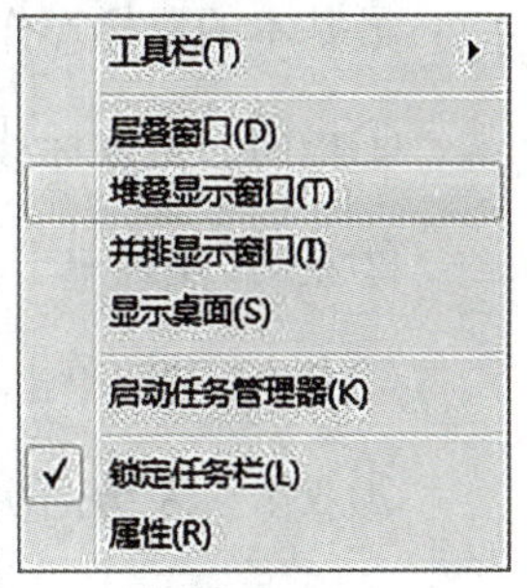

快捷菜单

2. 资源管理器

资源管理器是 Windows 中进行各种文件操作的场合。在 Windows 系统中，“资源管理器”和“我的电脑”是管理系统资源的两个工具。

3. 菜单与对话框

菜单是计算机操作系统的操作名条，指展示操作系统的命令的目录，如开始菜单、右键菜单、应用菜单等。在 Windows 系统中，某些菜单项显示为灰色，表示该菜单项当前不能选用。

对话框是人机交流的一种方式，用户对对话框进行设置，计算机就会执行相应的命令。对话框主要由选项卡、复选框、单选按钮、命令按钮等组成。与窗口相比，对话框没有最大化按钮和最小化按钮，不能改变大小。

真题面对面

[**2019 下半年真题**]在 Windows 系统中，某些菜单项显示为灰色。下列关于这些菜单项的表述，正确的是(　　)

A. 该菜单项当前不能选用

B. 该菜单项当前正被使用

C. 该菜单项已从注册表删除

D. 该菜单项含有下一级菜单

答案：A。

4. 鼠标和键盘的基本操作

(1)鼠标

最基本的鼠标操作方法有以下几种：

①指向。把鼠标移动到某一对象上，一般可以用于激活对象或显示提示信息。

②左击(左键单击)。鼠标左键按下、释放，用于选定某个对象或某个选项、按钮等。

③右击(右键单击)。鼠标右键按下、释放，会弹出对象的快捷菜单或帮助提示。

④双击。左键两次连续单击，用于启动程序或打开窗口。

⑤拖动。左键单击某对象并按住按钮，移动鼠标，在另一地方松开按钮。常用于滚动条操作、复制、移动对象等。

(2)键盘

利用键盘可以实现 Windows 提供的一切操作功能，利用其快捷键，还可以大大提高工作效率。下表列出了 Windows 提供的常用快捷键。

Windows 常用快捷键

快捷键	说明	快捷键	说明
【Ctrl + C】	复制	【Ctrl + X】	剪切
【Ctrl + V】	粘贴	【Ctrl + Z】	撤消
【Ctrl + A】	选定全部内容	【Ctrl + S】	保存
【Ctrl + F】	查找	【Ctrl + W】	关闭当前窗口
【Ctrl + Alt + Delete】	打开“Windows 任务管理器”	【Ctrl + Esc】	打开“开始”菜单
【Alt + Tab】	在打开的项目之间选择切换	【Alt + Esc】	以项目打开的顺序循环切换
【Shift + Delete】	永久删除所选项,不放入“回收站”	【Alt + F4】	关闭当前项目或者退出当前程序
【Windows + P】	打开“外接显示”的设置窗口(投影)	【Windows + D】	最小化所有窗口

5. 文件的命名

文件名一般由“主文件名”和“扩展名”两部分组成,中间用小圆点“.”隔开。扩展名表示文件的类型和创建此文件的程序,常见的文件类型及其扩展名有文本文档(.txt)、电子表格(.xlsx)、应用程序(.exe)、音频(.wav)、图像(.jpg 或.png 或.gif)等。文件和文件夹的命名遵循以下规则:

(1)文件名是文件的名称,通过它可以大概知道文件的作用或内容,组成文件名字的字符可以是英文字母、数字、下划线、空格、汉字等,但不能包含“\、/、:、*、<、>、|”等符号。文件夹的命名规则与文件命名规则相同。

(2)文件和文件夹的命名长不超过 255 个字符,其中包含空格。

(3)命名字母不区分大小写,例如,TOOL 和 tool 为同一文件名。所以不能利用大小写来区分文件名。在同一个文件夹内不允许有名字相同(文件名和扩展名都相同)的文件或子文件夹。

二、文字处理软件 Word【9 年 9 考】

考频分布 2015—2023 年,以单选题形式考查 9 次

考点1　Word 的工作界面

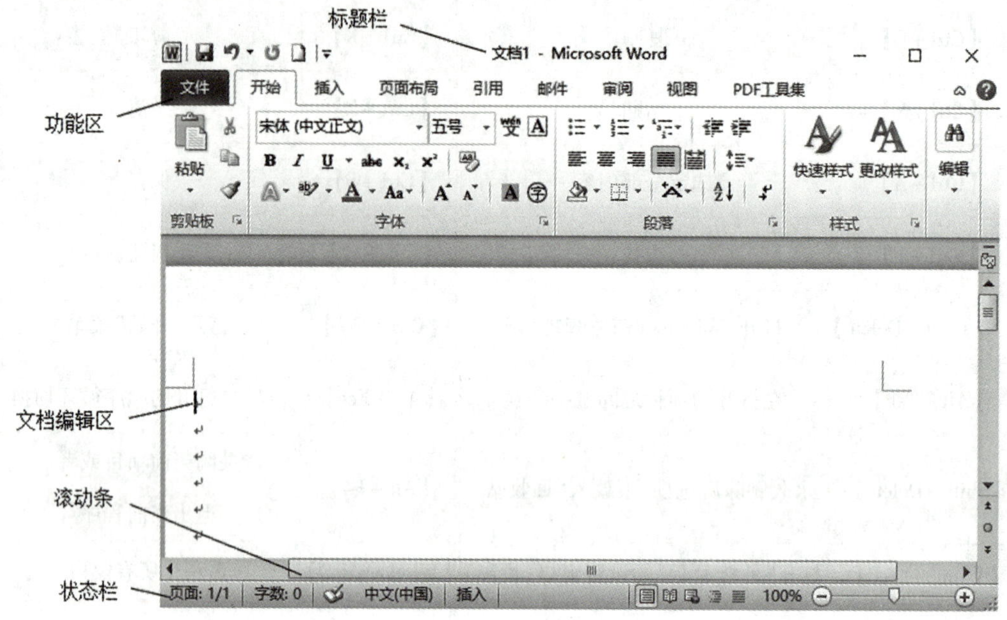

Word 的工作界面

1. 标题栏

标题栏位于 Word 窗口的最上方，中间显示当前正在编辑的文档名（文档 1）；左边是“快速访问工具栏”，包括保存、撤消、恢复/重复等按钮；右边是窗口控制按钮，包括最小化、最大化（还原）和关闭按钮。

快速访问工具栏　　**窗口控制按钮**

2. 功能区

功能区位于标题栏下方，几乎包括了 Word 所有的编辑功能，单击功能区上方的选项卡，下方显示与之对应的编辑工具。

(1)“开始”选项卡

“开始”选项卡中包括“剪贴板”“字体”“段落”“样式”和“编辑”等几个组。该选项卡主要用于对 Word 文档进行文字编辑和格式设置，是最常用的选项卡。

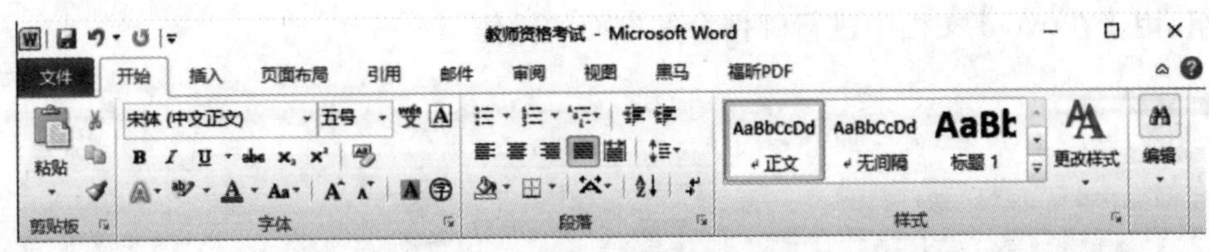

“开始”选项卡

(2)“插入”选项卡

“插入”选项卡包括“页”“表格”“插图”“链接”“页眉和页脚”“文本”“符号”等几个组。主要用于在 Word 文档中插入各种元素。

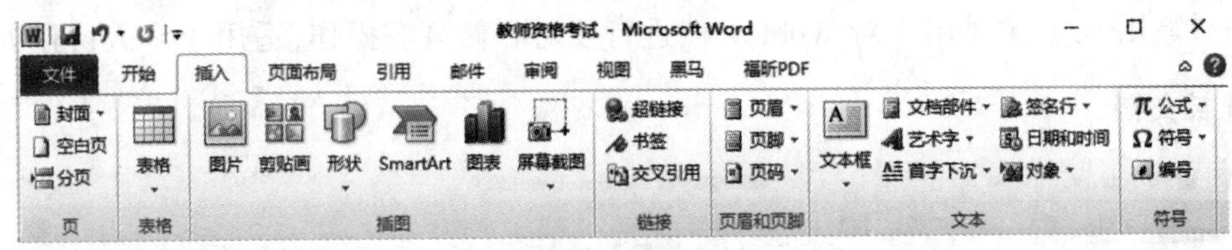

“插入”选项卡

(3)“页面布局”选项卡

“页面布局”选项卡包括“主题”“页面设置”“稿纸”“页面背景”“段落”“排列”等几个组,用于设置 Word 文档页面样式。

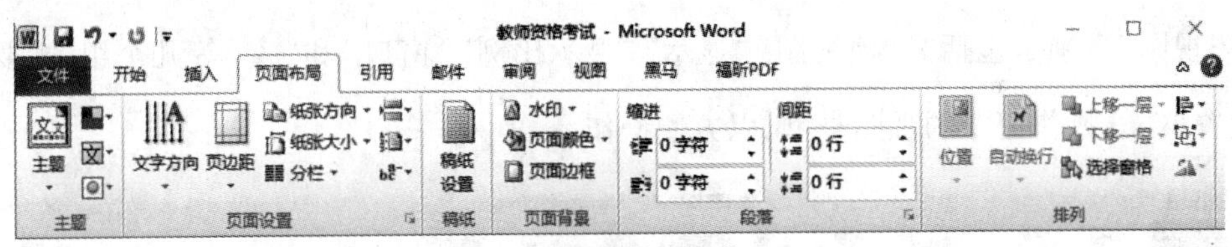

“页面布局”选项卡

(4)“引用”选项卡

“引用”选项卡包括“目录”“脚注”“引文与书目”“题注”“索引”和“引文目录”等几个组,用于实现在 Word 文档中插入目录等比较高级的功能。

“引用”选项卡

(5)“邮件”选项卡

“邮件”选项卡包括“创建”“开始邮件合并”“编写和插入域”“预览结果”“完成”等

几个组,用于在 Word 文档中进行邮件合并方面的操作。

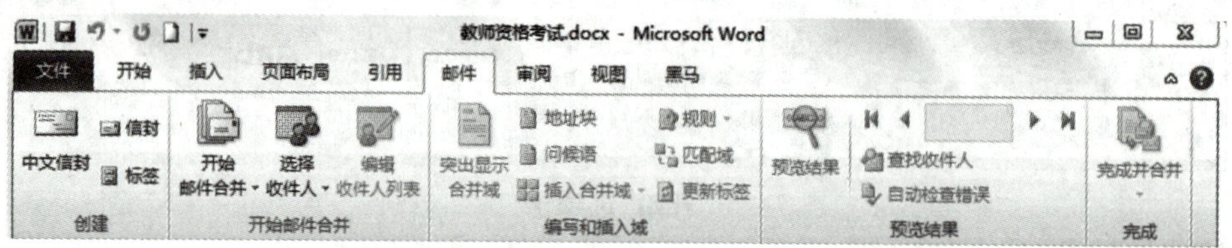

“邮件”选项卡

(6)“审阅”选项卡

“审阅”选项卡包括“校对”“语言”“中文简繁转换”“批注”“修订”“更改”“比较”和“保护”等几个组,主要用于对 Word 文档进行校对和修订等操作,适用于多人协作处理 Word 长文档。

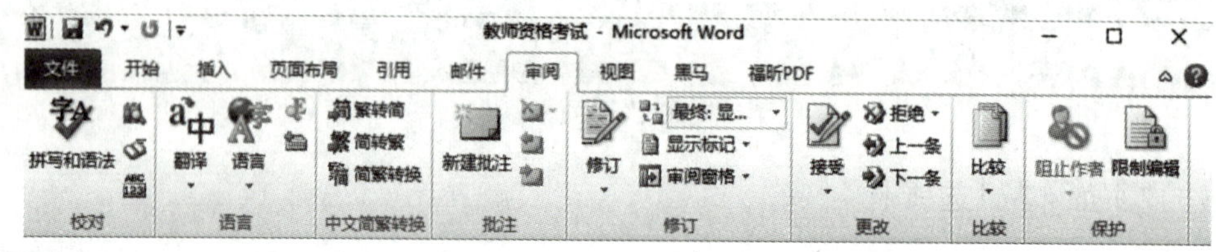

“审阅”选项卡

(7)“视图”选项卡

“视图”选项卡包括“文档视图”“显示”“显示比例”“窗口”和“宏”等几个组,主要用于设置 Word 操作窗口的视图类型,以方便操作。

“视图”选项卡

“文档视图”包括“页面视图”“阅读版式视图”“Web 版式视图”“大纲视图”“草稿”。切换视图的方法有:

①选择“视图”选项卡,在“文档视图”组中单击需要的视图模式按钮;

②分别单击视图栏视图快捷方式图标,即可选择相应的视图模式。

3. 文档编辑区

文档编辑区是用来输入和编辑文档内容的区域,在 Word 界面中,不断闪烁的插入点光标“|”表示用户当前的插入位置。要修改某个文本,就必须先移动插入点光标。

文档编辑的操作

按键	移动插入点	按键	移动插入点
【←】	左移一个字符	【Home】	移到行首
【→】	右移一个字符	【End】	移到行尾
【↑】	上移一行	【Page UP】	上移一屏
【↓】	下移一行	【Page Down】	下移一屏
【Ctrl+←】	左移一个字或词	【Ctrl+Page UP】	上移一页
【Ctrl+→】	右移一个字或词	【Ctrl+Page Down】	下移一页
【Ctrl+↑】	移到当前段的开始	【Ctrl+Home】	移到文档的开始
【Ctrl+↓】	移到下一段的开始	【Ctrl+End】	移到文档的末尾

4. 滚动条

滚动条分垂直滚动条和水平滚动条,用来移动文本区以方便浏览文本的内容。

5. 状态栏

状态栏位于 Word 工作界面的底部,用来显示当前文档的页面、字数、语言等信息。通过状态栏可以实现插入与改写两种输入方式的切换,以及切换文档视图,调整显示比例等。

考点 2　Word 的基本操作

1. 文档操作

(1)创建文档

有三种方法新建空白文档:①单击快速访问工具栏中的“新建”按钮;②单击“文件”,在弹出的下拉菜单中选择“新建”菜单项,根据提示进行操作;③按【Ctrl+N】组合键新建一个空白文档。

(2)打开文档

打开最近使用过的文档的具体操作是单击“文件”,选择“最近所用文件”,单击要打开的文档选项,即可将所选文档打开。

打开已有文档的具体操作是单击“文件”,选择“打开”按钮,根据提示操作即可。

(3)保存文档

保存新建文档的具体方法如下:①单击“文件”,选择“保存”按钮。②单击“文件”,选择“另存为”按钮,根据提示操作即可。

用户对已经保存过的文档进行了编辑之后再保存,共有三种方法:①单击“文件”,选择“保存”按钮。②单击快速访问工具栏中的“保存”按钮。③按【Ctrl + S】组合键。

(4)打印文档

打印文档有两种方式:快速打印、使用“打印”命令进行打印。

快速打印:点击“快速访问工具栏”上的“快速打印”按钮,可以快速打印整篇文档,这种方式按照当前打印机的属性设置进行打印,只能打印一份。

使用“打印”命令进行打印:点击“文件”选项卡中的“打印”命令可以打开“打印”对话框,右侧即打印预览界面,在“打印”对话框中,可以设置打印机属性,设置打印文档的页码范围、份数,打印文档属性等。

2. Word 文本编辑

(1)文本输入与删除

①文本输入

输入文本时,用户只需将光标定位在要输入文本的位置,然后在光标闪烁处输入需要的内容即可。在输入的文本满一行后,插入点会自动转入下一行。在没有输满一行文字的情况下,若需要开始新的段落,可按【Enter】键换行。

若用户要输入的是当前的日期或时间,则可使用 Word 自带的插入日期和时间功能。具体操作为:定位光标→“插入”选项卡→“文本”组→日期和时间→选择可用格式→“确定”按钮。

若用户要插入一些特殊符号,具体操作为:定位光标→“插入”选项卡→“符号”组的“符号”按钮→其他符号→选择“符号”对话框的相应项→“插入”按钮。

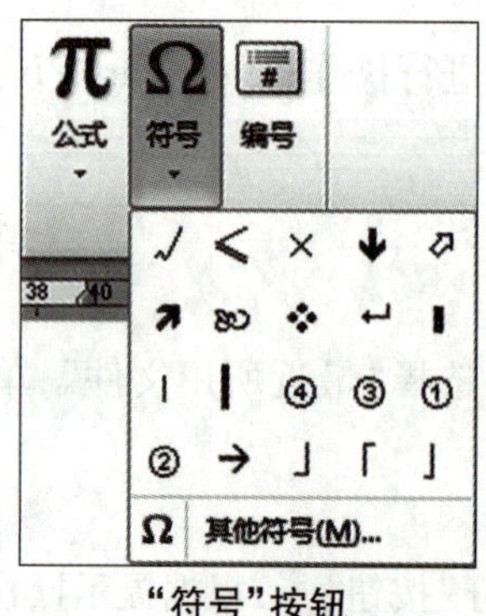

“符号”按钮

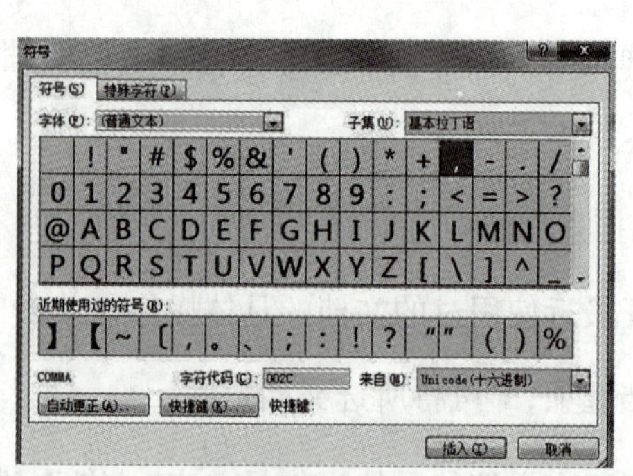

“符号”对话框

②删除文本

删除文本时，选定文本或文本块后，按【Delete】键可删除插入点后面的字符，按【Backspace】键可删除插入点前面的字符。

(2)文本选取

①使用鼠标选取文本

鼠标是选取文本时最常用的工具，用户可以使用它选取单个字词、连续文本、分散文本、矩形文本、段落文本以及整个文档等。

使用鼠标选取文本的操作

功能	具体操作
选取任意文本	定位光标，按住鼠标左键拖动鼠标至要选取文本的结尾部分
选取单个字词	双击该字词或按住鼠标左键拖动至字词结束位置
选取连续文本	拖动鼠标或先定位光标到文本的开始位置，按住【Shift】键，然后在要选定文本的结束位置单击鼠标左键
选取分散文本	先拖动鼠标选中部分文本，然后按住【Ctrl】键，再继续选择其他文本
选取矩形文本	按住【Alt】键，然后拖动鼠标即可
选取一行文本	将鼠标指针移动到段落左侧选定栏，当指针变为指向右边的空心箭头时单击
选取多行文本	在某一行的左侧选定栏按住鼠标左键，向下或向上拖动即可
选取一个句子	按下【Ctrl】键，然后单击该句中任意位置
选取段落文本	拖动鼠标；或将鼠标指针移动到段落左侧选定栏，当指针变为指向右边的空心箭头时双击；或将鼠标定位到段落中任意位置，三击鼠标左键
选取整个文档	将鼠标指针移动到文档中任意正文的左侧，当指针变为指向右边的空心箭头时三击

②使用键盘选取文本

使用键盘选取文本时，将光标定位在适当的位置，再按下相应的组合键即可选取文本。

使用键盘选取文本的操作

组合键	功能
【Shift + ↑】	选中光标所在处至上一行对应位置处的文本
【Shift + ↓】	选中光标所在处至下一行对应位置处的文本

续表

组合键	功能
【Shift + ←】	选中光标左侧文本
【Shift + →】	选中光标右侧文本
【Ctrl + Shift + ←】	选中光标所在处左侧的词语
【Ctrl + Shift + →】	选中光标所在处右侧的词语
【Shift + Home】	选中光标所在处至行首的文本
【Shift + End】	选中光标所在处至行尾的文本
【Ctrl + Shift + Home】	选中光标所在页的文本延伸至文档的开头
【Ctrl + Shift + End】	选中光标所在页的文本延伸至文档的末尾
【Ctrl + A】	选中整个文档

(3)复制与移动文本

复制文本的具体操作如下:选中文本,按剪贴板中的“复制”按钮或者组合键【Ctrl + C】将文本拷贝到剪贴板中,再按剪贴板中的“粘贴”按钮或者组合键【Ctrl + V】将剪贴板中的内容粘贴到当前光标所在位置。在 Word 中,如果进行了多次剪切或复制,粘贴时所粘贴的是最后一次剪切或复制的内容。当常用工具栏上的“剪切”和“复制”按钮呈浅灰色而不能被选择时,说明在文档中没有选定任何信息。

文本移动的方法有两种,分别为:①选中文本,按剪贴板中的“剪切”按钮或者组合键【Ctrl + X】将文本剪切到剪贴板中,再按“粘贴”按钮或者组合键【Ctrl + V】将剪贴板中的内容粘贴到当前光标所在位置。②选中文本,直接利用鼠标将所选中文本拖至相应位置即可。

真题面对面

[**2023 上半年真题**]Word 中,如下图所示菜单栏中的“剪切”和“复制”呈浅灰色,功能处于禁用状态,造成此现象的原因是(　　)

A. 剪贴板上已有信息存放　　B. 在文档中没有选中内容

C. 选定的内容是本地图片　　D. 选定的文档太长,剪贴板放不下

答案:B。

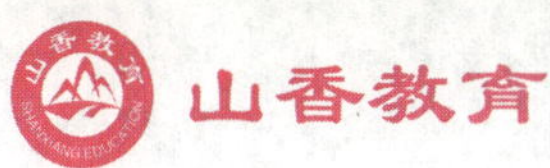

(4)插入与改写文本

Word 默认的是插入方式,输入的字符插入到插入点所在的位置,原位置的字符向后移动。单击状态栏的“插入”按钮或按【Insert】键可更改状态为改写,当处于改写状态时新输入的字符会覆盖插入点后边的字符。

(5)查找与替换文本

查找和替换操作可以通过“开始”→“编辑”组中的“查找”“替换”命令实现,也可以通过组合键【Ctrl + F】(查找)和【Ctrl + H】(替换)实现。查找功能可以用来统计一篇文档中某词出现的次数。替换功能可一次性修改文档中重复性的错误,从而提高工作的效率。对话框如下图所示。

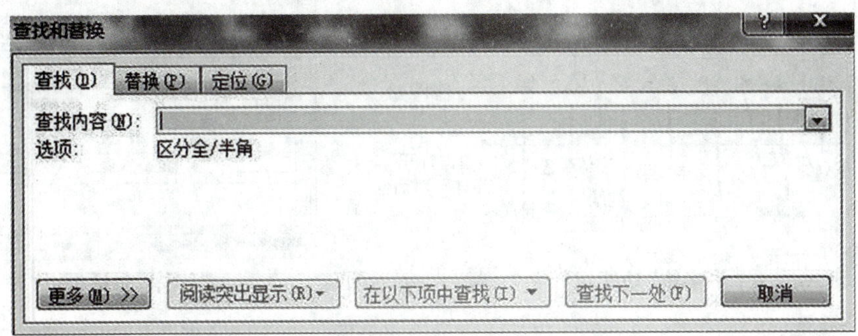

“查找和替换”对话框

真题面对面

[2022 下半年真题]在 Word 文档中,如果出现了多处相同的错误,下列操作中,可一次性修改这些错误的是(　　)

A. 逐字查找更正

B. 使用“撤消”命令与“恢复”命令

C. 使用“定位”命令

D. 使用“编辑”菜单的“替换”命令

答案:D。

(6)撤消和恢复文本

当用户在编辑文本时,如果对之前所进行的操作不满意,可以单击快速访问工具栏上的“撤消”按钮或者组合键【Ctrl + Z】恢复到操作前的状态。

在经过撤消操作后,“撤消”按钮右侧的“恢复”按钮将变亮,表明已经进行过撤消操作,如果用户想要恢复被撤消的操作,只需要单击工具栏上的“恢复”按钮即可。

3. Word 文档排版

(1)字符排版

字符是指字母、空格、标点符号、数字、符号和汉字等。字符排版是对字符的字体、字号、字形、颜色、字间距、动态效果等进行设置。

设置字体,可使用“开始”选项卡中的“字体”功能组进行设置,也可以在右键快捷菜单中选择“字体”,在弹出的“字体”对话框中设置。

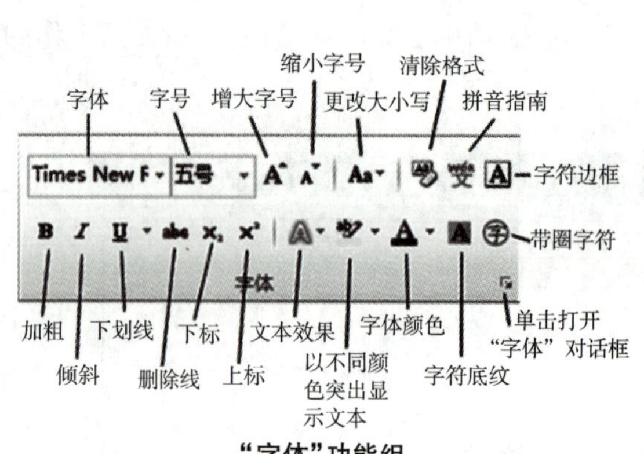

“字体”功能组

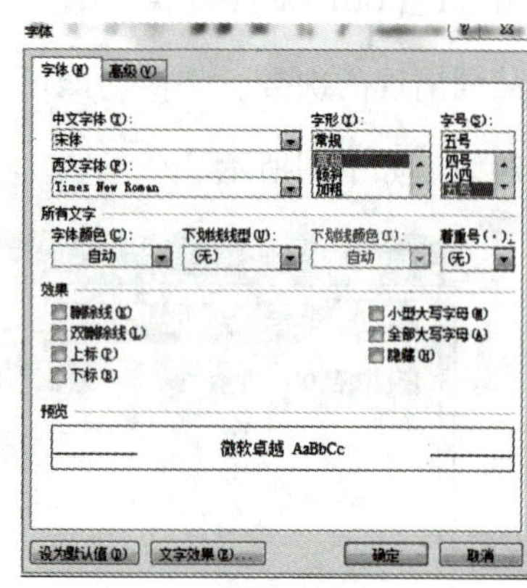

“字体”对话框

(2)段落排版

段落格式是文档段落的属性,包括对齐方式、缩进方式、行间距与段间距等。可以使用“开始”选项卡中的段落功能组进行设置;也可以在右键快捷菜单中选择“段落”按钮 ,在弹出的“段落”对话框中设置。

缩进可以把一个段落与其他文本分开。Word 可以设置正文段落的首行缩进、左缩进、右缩进和悬挂缩进。

首行缩进:只缩进一个段落的首行,这是一般文档的使用格式,中文习惯首行缩进两个字符。

左缩进或右缩进:从左(右)边缩进文档,也可以从左、右两边同时缩进文档,使文档与页边距之间留有空白。

悬挂缩进:悬挂缩进常用于项目符号和编号列表。是一种相对于首行缩进而言的段落格式,在这种段落格式中,段落的首行文本不变,后续行缩进一定距离。

在 Word 中,使用标尺可以直接设置缩进方式,水平标尺下方的正三角形滑块代表悬挂缩进;倒三角形滑块代表首行缩进;矩形滑块代表左缩进。

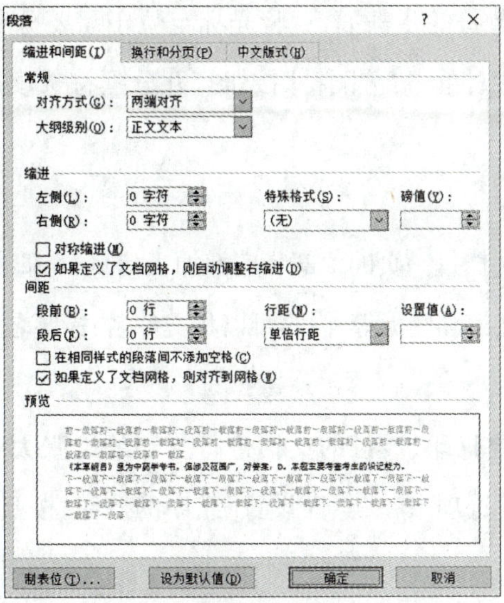

"段落"对话框

真题面对面

[2021 下半年真题] 在 Word 中,不缩进段落的第一行,而缩进其余的行,可实现这一功能的操作是(　　)

A. 首行缩进　　B. 悬挂缩进

C. 左缩进　　D. 右缩进

答案: B。

4. 页面排版

页面排版包括分页与分节、页眉与页脚、页面设置、脚注和尾注等操作。

(1)分页与分节

Word 的"分隔符"包括分节符和分页符。

①分页

一般情况下,当文档内容到页尾时 Word 会自动分页,在下一页继续文档内容的排布。当然,根据文档排版的需要,也可手动插入分页符进行分页,操作步骤如下:单击要开始新页的位置;在"插入"选项卡的"页"组中,单击"分页"。手动插入的分页符也可根据需要删除。

②分节

Word 的节是一个排版单位。文档的每节可以设置不同的格式,如不同的页边距、页面的方向、页眉和页脚、页码等。在建立新文档时,Word 将整篇文档视为一节。为了便于对文档进行格式设置,可以将文档分割成多个节,然后就可以根据需要分别为每节设置不同的格式。插入分节符的步骤如下:将光标定位于需要分节的位置;在"页面布局"选项卡的"页面设置"组中,单击"分隔符"按钮打开分隔符选项列表,然后单击选择所需要的分节符类型。

(2)页眉和页脚

页眉和页脚是指在文档每一页的顶部和底部加入信息,奇偶页的页眉或页脚信息可以不同。这些信息可以是文字和图形等,内容可以是文件名、标题名、日期、页码、剪贴画等。

(3)页面设置

页面设置是指对需要打印、装订的文档进行打印的纸张大小、页边距等设置。操作方法是:单击"页面布局"选项卡→"页面设置"组中的按钮,按照需要进行设置即可。

5. Word 表格处理

(1)创建表格

创建表格的方法有多种,单击"插入"选项卡中的表格按钮,可以鼠标拖动方块格,选择需要插入表格的行和列;单击"插入表格"命令,输入行和列的数量;使用"绘制表格"命令绘制表格。

(2)删除表格的行、列和单元格

将光标移到表格中要删除的单元格位置,右击鼠标,选择"删除单元格"菜单项,根据具体需要可删除表格中单元格、单元格所在的行或列。

删除整个表格:选中整个表格,按【Backspace】键,完成操作。

真题面对面

[**2021 上半年真题**]在 Word 中,需要完成如图所示"插入表格"功能,下列选项中,表述正确的是(　　)

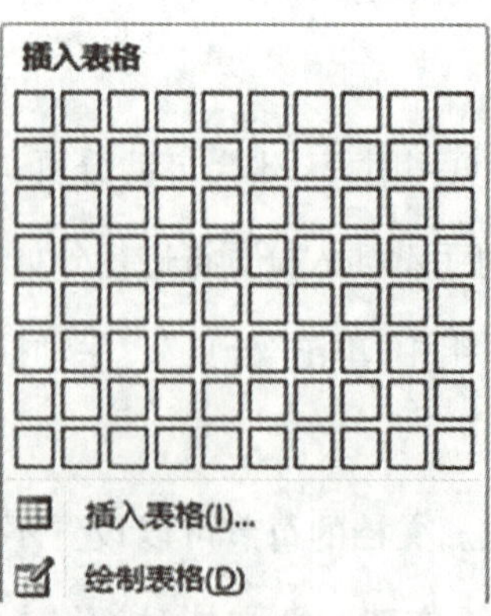

A. 可以选择需要的行数和列数

B. 只能使用表格设定的默认值

C. 只能选择行数

D. 只能选择列数

答案：A。

6. 图文混排

(1)图形图像的插入

在 Word 中可插入的图片主要有剪贴画、图片、形状、图表、屏幕截图等。另外，通过复制(剪切)粘贴的方式也可以直接将已选中的图片粘贴于 Word 文档中。

(2)文字环绕方式

在文字中插入图片，常用的文字环绕方式有嵌入型、四周型、紧密型、衬于文字下方、浮于文字上方。其对应特点如下。

①**嵌入型**：将图片当作文档中的一个普通字符看待，图片跟随文档的变动而变动。

②**四周型**：文字在图片方形边界框四周环绕，图片具有浮动性，可以在文档中自由移动。

③**紧密型**：文字紧密环绕在实际图片的边缘，而不是环绕于图片边界。

④**衬于文字下方**：图片就像文字的背景图案，文字在图片的上方。

⑤**浮于文字上方**：文字位于图片的下方，图片会挡住下方的文字。

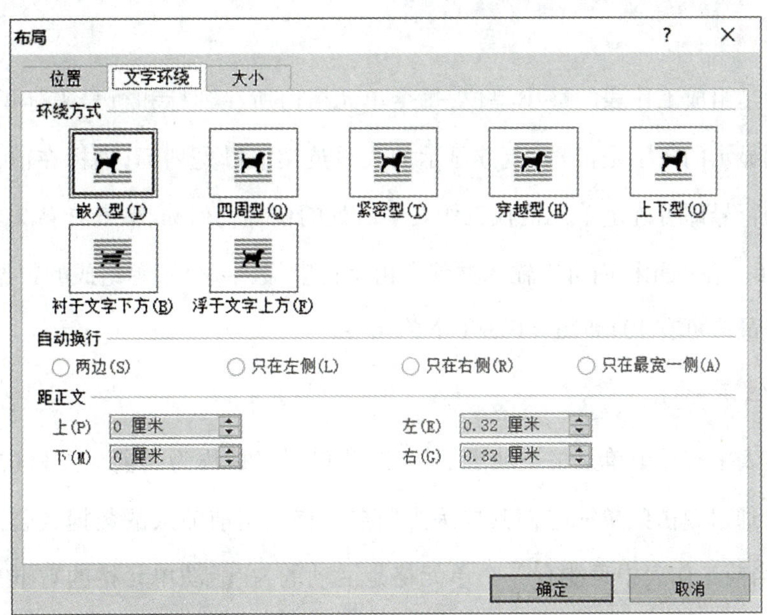

文字环绕方式

三、电子表格软件 Excel【9 年 10 考】

考频分布 2015—2023 年,以单选题形式考查 10 次

考点 1 Excel 中的基础术语

Excel 是 Office 办公软件中专门进行数据处理的软件,可以进行各种数据的处理与统计分析。Excel 的主要功能包括建立工作簿、管理数据、数据共享、制作图表等。

1. 工作簿

工作簿是用来存储并处理数据的文件,工作簿名就是文件名。启动 Excel 后,系统会自动打开一个新的、空白的工作簿,Excel 自动为其命名为"工作簿 1",其扩展名为. xlsx。工作簿是由工作表组成的,每个工作簿都可以包含一个或多个工作表。通常所说的Excel文件指的就是工作簿文件。

2. 工作表

工作表(Sheet)是一个由行和列交叉排列的二维表格,也称作电子表格。它是 Excel 管理数据的基本单位,是 Excel 进行组织和管理数据的地方,用户可以在工作表上输入数据、编辑数据、设置数据格式等。Excel 默认提供 3 个工作表,分别是 Sheet1、Sheet2 和 Sheet3,可以根据需要添加新的工作表。一个工作簿最多可以有 255 个工作表。

3. 单元格

单元格是组成工作表的最小单位,每个单元格由所在列标和行号来标识,在工作表编辑区左侧显示的数字是行号,上方显示的大写英文字母是列标,列标在前,行号在后,通过列标和行号即可确定单元格在工作表中所处的位置。例如,第 6 行第 2 列的单元格的名称是 B6。在单元格内可以输入并保存由字符串、数字、公式等组成的数据。Excel 的一个工作表最多可有 1048576 × 16384 个单元格。

4. 活动单元格

在工作表中有一个单元格被加黑框标注,此单元格被称为当前单元格(或活动单元格),我们可通过单击某单元格使其成为当前单元格。当前输入的数据或公式保存在该单元格内,当前工作表中只能有一个单元格是活动的,在活动单元格的右下角有一个小黑方块,被称为填充柄。

5. 单元格区域

由连续的单元格组成的矩形区域，称为单元格区域，简称“区域”。区域可以是工作表中的一行、一列或是多行和多列的组合。表示方法为“左上角单元格:右下角单元格”。例如由左上角单元格为 A1 和右下角单元格为 F6 组成的一个区域表示为“A1:F6”。

考点 2 Excel 的工作界面

Excel 窗口由五部分组成，包括标题栏、功能区、名称框与编辑栏、工作簿窗口以及状态显示栏。其工作界面如下图所示。

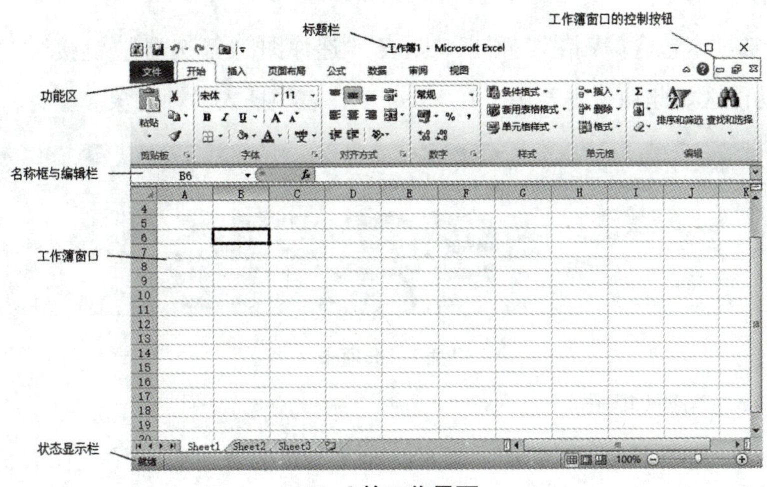

Excel 的工作界面

1. 标题栏

标题栏位于 Excel 窗口的顶端，用来显示正在运行的应用程序“Microsoft Excel”和文件名称（工作簿 1）。标题栏的左边是“快速访问工具栏”，包括保存、撤消、恢复等常用操作按钮。“快速访问工具栏”中的操作按钮可以自行设置。标题栏的右边是最小化、最大化（还原）和关闭按钮。

2. 功能区

功能区是 Excel 最重要的组成部分。为了便于浏览，功能区按特定方案或对象进行分组，每一组组成一个选项卡，包括有“文件”“开始”“插入”“页面布局”“公式”“数据”“审阅”“视图”等。当单击某个选项卡时，功能区的下方就将显示该选项卡中包含的控件。但在对工作表进行编辑的过程中，随着新的操作需要，有时会再增加新的选项卡，操作结束后，该选项卡也会从功能区中消失。

(1)“开始”选项卡

“开始”选项卡包含“剪贴板”“字体”“对齐方式”“数字”“样式”“单元格”和“编辑”等分组功能区。开始选项卡中的功能主要用于帮助我们对 Excel 工作表进行文字编辑和单元格的格式设置,也是我们最常用的功能区。

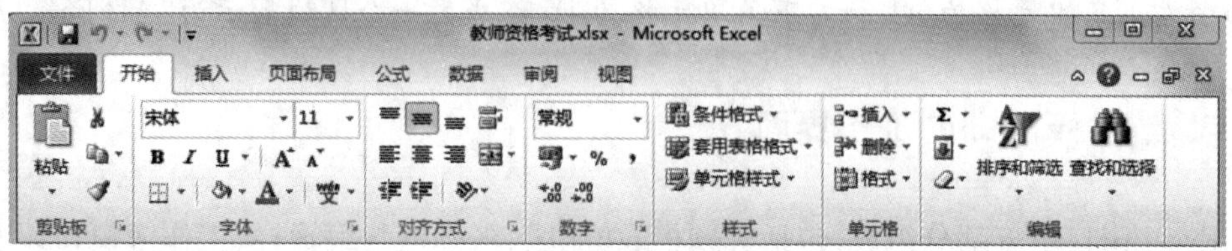

“开始”选项卡

(2)“插入”选项卡

“插入”选项卡包含“表格”“插图”“图表”“迷你图”“筛选器”“链接”“文本”和“符号”等分组功能区。此功能主要用于在 Excel 工作表中插入各种对象。

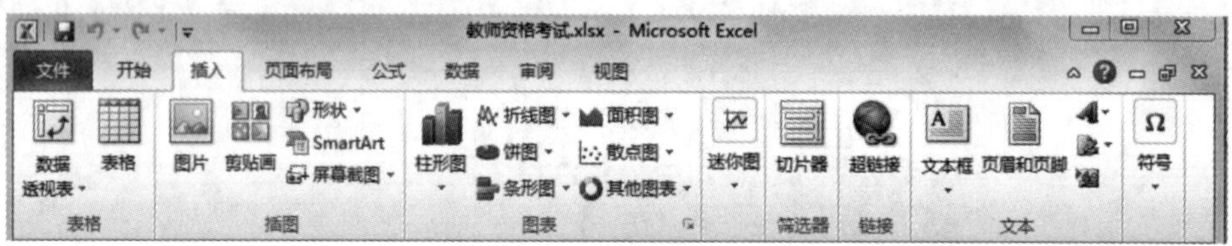

“插入”选项卡

(3)“页面布局”选项卡

“页面布局”选项卡包含“主题”“页面设置”“调整为合适大小”“工作表选项”和“排列”等分组功能区。此功能主要用于帮助我们设置 Excel 工作表页面样式。

“页面布局”选项卡

(4)“公式”选项卡

“公式”选项卡包含“函数库”“定义的名称”“公式审核”和“计算”等分组功能区。此功能主要用于在 Excel 工作表中进行各种数据计算。

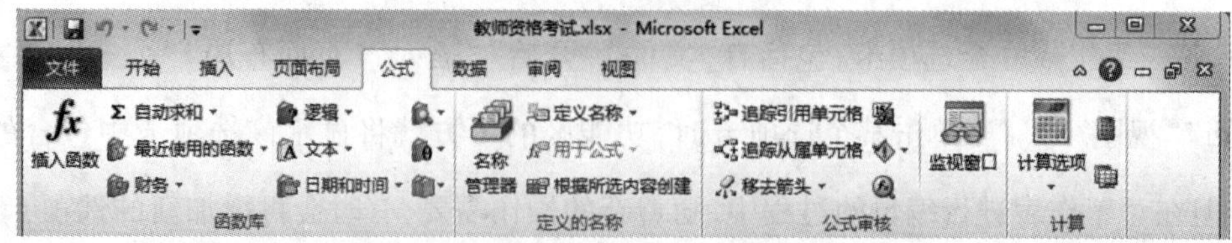

“公式”选项卡

(5)“数据”选项卡

“数据”选项卡包含“获取外部数据”“连接”“排序和筛选”“数据工具”和“分级显示”等分组功能区。此功能主要用于在 Excel 工作表中进行数据处理相关方面的操作。

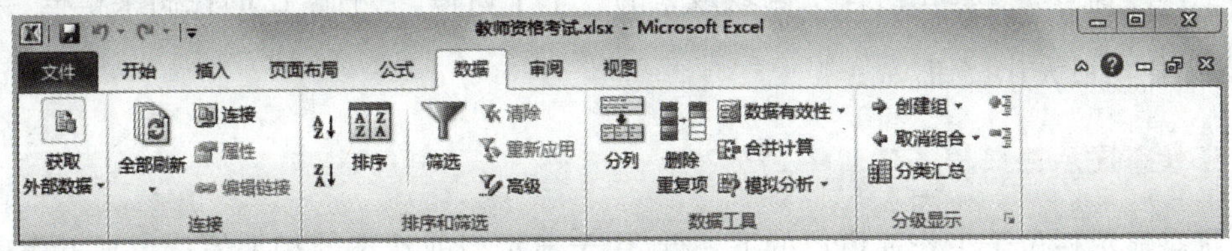

“数据”选项卡

(6)“审阅”选项卡

“审阅”选项卡包含“校对”“中文简繁转换”“语言”“批注”和“更改”等分组功能区。此功能主要用于对 Excel 工作表进行校对和修订等操作。

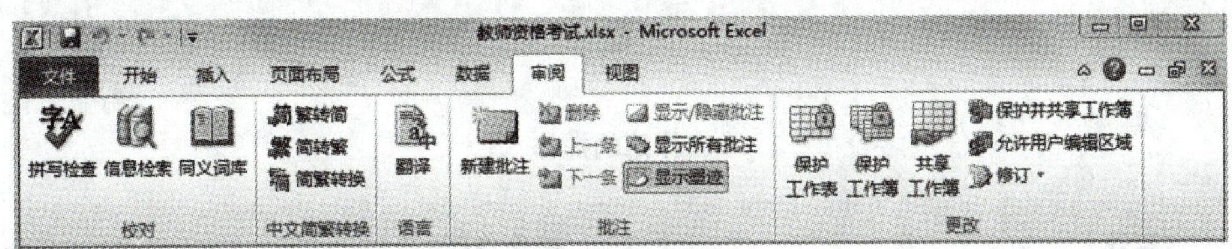

“审阅”选项卡

(7)“视图”选项卡

“视图”选项卡包含“工作簿视图”“显示”“显示比例”“窗口”和“宏”等分组功能区。此功能主要用于帮助我们设置 Excel 工作表窗口的视图类型。

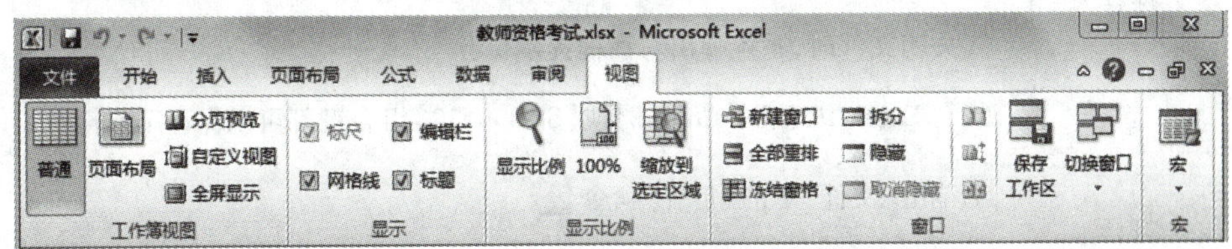

“视图”选项卡

3. 名称框与编辑栏

名称框与编辑栏在同一行上。名称框在左边,其中总是显示当前活动单元格的坐标,所以也称为单元格名字框或地址栏。

编辑栏在右边,其中总是显示当前活动单元格中的内容,它用于对活动单元格输入数据或进行编辑。

名称框与编辑栏之间是公式栏,如果单击编辑栏一次,则在公式栏显示“取消”按钮

✕、“输入”按钮✓与“插入函数”按钮fx。

4. 工作簿窗口

工作簿窗口是 Excel 窗口中区域最大的一个子窗口，它有自己的控制菜单框、标题栏、最小化与最大化按钮。

5. 状态显示栏

状态显示栏位于工作簿窗口的下一行，用于显示当前状态的相关信息。当工作表准备接收信息时，状态栏中将显示“就绪”；在输入数据时，状态栏中将显示“输入”；当选取菜单命令或工具图标时，状态栏将显示该命令的用途说明。

考点 3　Excel 的基本操作

1. 工作簿的操作

工作簿的操作

操作	操作说明
创建	①单击“文件”下的“新建”命令 ②利用组合键【Ctrl + N】创建工作簿
保存	①单击“文件”下的“保存”命令 ②单击快速访问工具栏中的“保存”按钮 ③关闭文件时，系统弹出对话框提示保存 ④在 Excel 中，按下【Ctrl + S】或【Shift + F12】组合键都可以保存工作簿
打开	①单击“文件”下的“打开”命令 ②利用组合键【Ctrl + O】打开

2. 工作表的操作

(1) 插入工作表

插入工作表的方法包括：①单击要插入的工作表的位置，按【Shift + F11】键，则插入后的工作表在当前工作表之前。②右击任何一个工作表标签，选择“插入”命令，即可在当前工作表之前插入新的工作表。③单击最后一个工作表右边的“插入工作表”按钮，即可在最后插入一张新的工作表。

(2)删除工作表

删除工作表的具体操作为:鼠标右键单击一个工作表标签,在弹出的快捷菜单中选择“删除”命令。Excel 工作表被删除后,工作表中数据全部被删除,且不能用“撤消”来恢复。

(3)冻结窗格

当工作表中的数据较多时,可以使用冻结窗格的操作,将窗口左侧的若干列或者窗口上端的若干行固定显示在窗口中,也可同时固定若干行和若干列在窗口上方和左侧,方便地查看数据。具体操作为:选定单元格,被选定的单元格所在位置将成为冻结的分割点,选择“视图”→“窗口”中的“冻结窗格”命令。可根据实际需要选择冻结拆分窗格、首行或首列。同样,单击“取消冻结窗格”可取消冻结。

真题面对面

[2023 上半年真题] Excel 中,工作表被删除后,下列说法正确的是(　　)

A. 表中数据也被删除,但可用“撤消”来恢复

B. 数据仍然保存在内存里,只不过是不再显示

C. 数据被全部删除,而且不可用“撤消”来恢复

D. 数据进入了回收站,可以去回收站将数据恢复

答案:C。

3. 单元格的操作

(1)单元格与单元格区域的选定

单元格与单元格区域的选定

选择项目	操作说明
一个单元格	单击要选中的单元格
	在名称框输入单元格地址,按【Enter】键
	在“开始”选项卡“编辑”组中选择“查找和选择”→“转到”命令,打开“定位”对话框,在“引用位置”文本框中输入要选定的单元格;也可以通过组合键【Ctrl + G】(定位)实现
	使用键盘上的光标移动键

选择项目	操作说明
矩形区域	对区域角上的起始单元格按下鼠标左键,然后沿对角线方向拖动鼠标
	单击区域角上的单元格,然后按住【Shift】键,再单击对角线方向的末尾单元格
多个不相邻单元格或矩形区域	先选第一个单元格(或矩形区域),再按住【Ctrl】键并单击其他单元格(或选择其他区域)
一行/一列	鼠标单击行号/列标
相邻行/列	在行号/列标上拖动鼠标从第一行/列到最后一行/列
	单击第一个行号/列标,再按住【Shift】键,单击最后一行/列的行号/列标
	单击第一个行号/列标,再按住【Shift】键和光标移动键
不相邻的行/列	用鼠标单击某一行号/列标,按住【Ctrl】键再分别单击其他的行号/列标
全部单元格	【Ctrl + A】快捷键
	单击工作簿左上角的"全选"按钮

(2)插入行、列、单元格

①在要插入单元格的位置选定单元格或单元格区域,然后右击,在快捷菜单中选择"插入"命令,会弹出一个"插入"对话框,在对话框中有活动单元格右移、活动单元格下移、整行、整列 4 个选项可供选择,根据需要单击相应选项即可。

②选定插入位置,然后选择"开始"→"单元格"工具组,单击"插入"下拉按钮。在下拉列表中有插入单元格、插入工作表行、插入工作表列和插入工作表 4 个选项可供选择,根据需要单击相应选项即可。

注意:如要插入多行、多列或多个单元格,则需要同时选中多行、多列或多个单元格。插入单元格时,会弹出"插入"对话框。

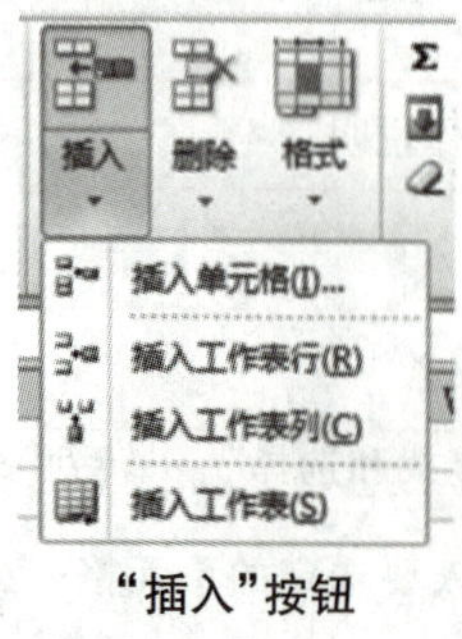

"插入"按钮

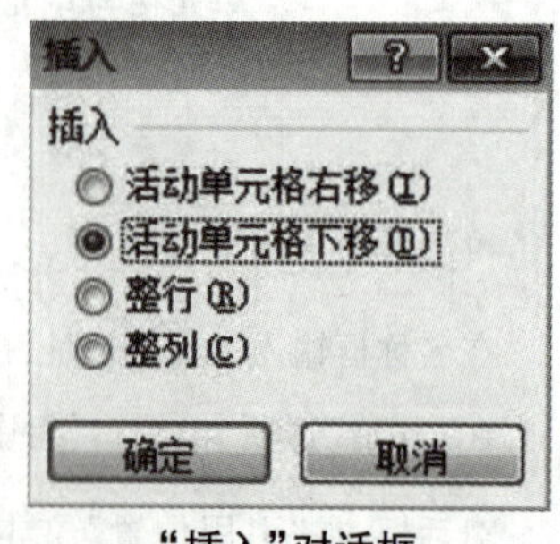

"插入"对话框

(3)删除行、列、单元格

①选择要删除的单元格或区域,然后右击,在快捷菜单中选择"删除"命令,会弹出一

个“删除”对话框,在对话框中有4个选项可供选择,根据需要单击相应选项即可。

②选择要删除的单元格或区域,选择“开始”选项卡→“单元格”工具组→“删除”命令,打开“删除”下拉列表,有4个选项可供选择,根据需要单击相应选项即可。要删除多行、多列或多个单元格,则需要同时选中多行、多列和多个单元格。注意:要删除多行、多列或多个单元格,则需要同时选中多行、多列或多个单元格。

删除单元格时,会弹出“删除”对话框。

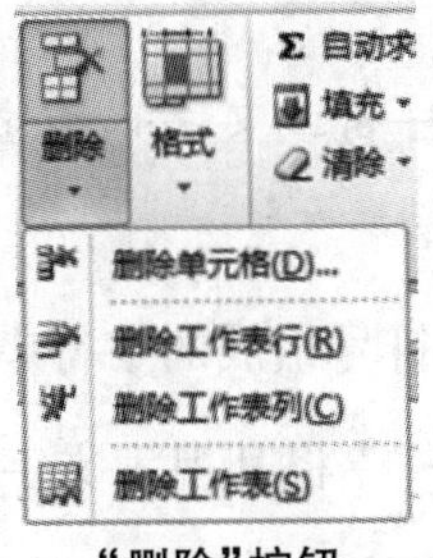

“删除”按钮

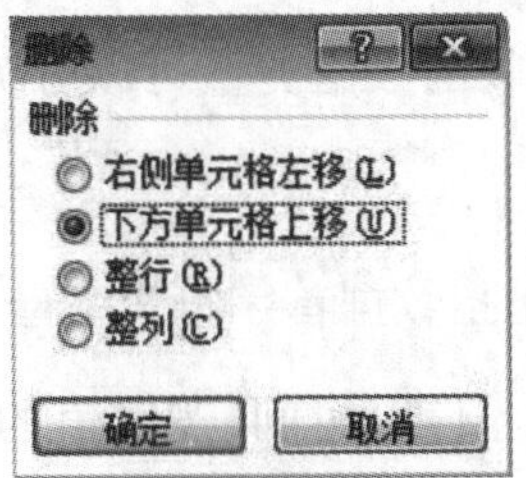

“删除”对话框

(4)合并单元格与取消合并

合并单元格就是将一个连续的单元格区域合并为一个单元格,以满足各种表格制作的需求。合并后的单元格的名称是合并前所选单元格区域中左上角的单元格的名称。如果所选的单元格区域有数据,合并后只能保留参与合并单元格的最左上角单元格中的数据。

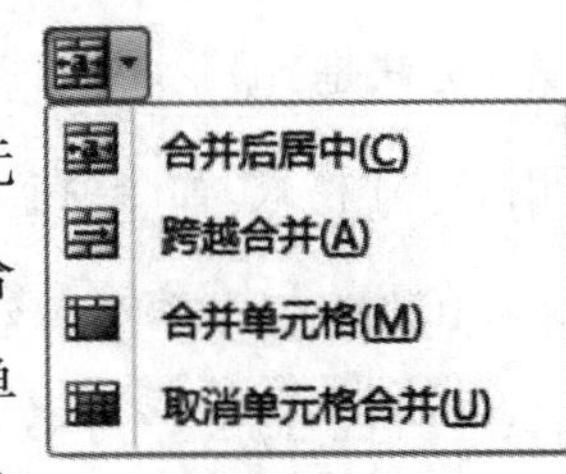

合并及取消合并

①**合并单元格**:选定要合并的单元格,选择“开始”→“对齐方式”工具组的“合并后居中”按钮。

②**取消合并**:使用“开始”→“对齐方式”工具组→“合并后居中”下拉列表→“取消单元格合并”命令。

(5)设置单元格的行高和列宽

①直接使用鼠标操作,设置自己想要的行高和列宽。要设置行高,可以先将鼠标指向某行行号下框线,这时鼠标指针变为双向箭头,拖动双向箭头上下移动,直到合适的高度为止。要调整列宽,可先将鼠标指向某列列标的右框线,这时鼠标指针变为双向箭头,拖动鼠标指针左右移动,直到合适的宽度为止。

②如果需要设置精确的行高和列宽,选定单元格或单元格区域,选择“开始”选项卡→“单元格”工具组→“格式”按钮,在弹出的下拉列表中单击“列宽”或“行高”选项,会弹出“列宽”或“行高”对话框,输入想要设置的值,单击“确定”即可。

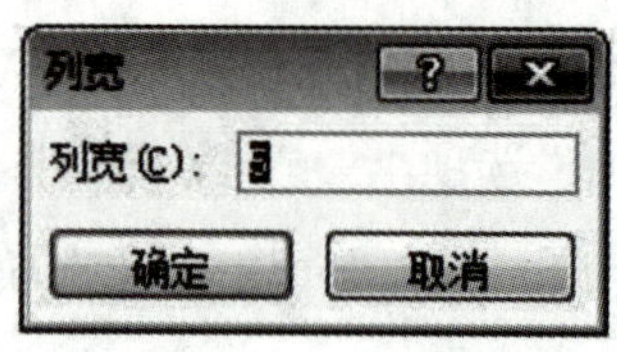

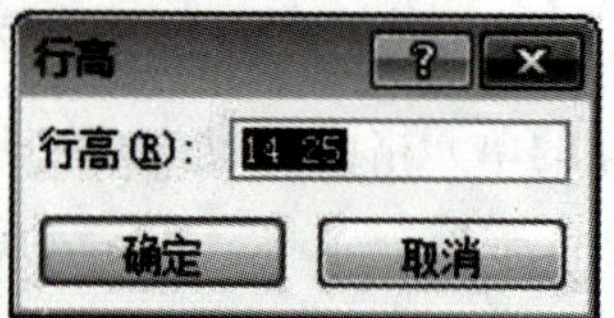

"列宽"及"行高"对话框

4. Excel 数据操作

(1)数据的输入

Excel 能够接收的数据类型可以分为文本(或称字符或文字)、数字(值)、日期和时间等。

字符型数据是指数据首字符为字母、汉字或其他符号组成的字符串。只要不被系统解释成数字、公式、日期、时间、逻辑值的数据,Excel 一律将其视为文字。对于一个纯数字数据,例如电话号码、身份证号,为了避免被 Excel 误认为是数字型数据,输入时的具体操作方法是:①在每一个数据前加一个英文状态下的单引号"'"。②单击"开始"→"单元格"→"格式"命令,在"设置单元格格式"对话框的"数字"选项卡中选择"文本"。

在 Excel 中,数字型数据除了数字 0~9 外,还包括"+(正号)""-(负号)"")""(""‚(千分位号)"".(小数点)""/""$""E""e""%"等特殊字符。

对于日期/时间型数据的输入,具体操作方法是:①输入日期的年、月、日之间需用"/"或"-"隔开。②输入时间时,时、分、秒用英文冒号(:)隔开。

真题面对面

[**2022 上半年真题**]在 Excel 中,在单元格输入的数据前加"'",则该单元格的格式(　　)

A. 时间类型　　B. 数值类型

C. 日期类型　　D. 字符类型

答案:D。

(2)数据的编辑

正在输入的数据完全错误时,可按【Esc】键取消输入,然后重新输入。

若只是部分错误,先选定该单元格,在编辑栏中修改,或双击单元格在单元格内修改。

若要复制或移动数据,可以用复制或剪切工具栏实现,也可以用鼠标拖放操作。

(3)数据填充

填充柄指的是鼠标移动到活动单元格的右下角,鼠标呈现小黑十字形的光标。选定初始值所在的单元格,拖动填充柄时经过的区域就被自动填充了。

在默认状态下,如果选定的初始单元格内容是字符或者数字,在填充时相当于复制;若是文字和数据的混合时,文字不变,数字发生变化。此外,填充可以实现等差、等比等多种填充形式。

(4)数据的清除

单元格内不仅含有数据,还包含格式、备注、超链接等相关属性,如果只需要清除其中部分属性,可以使用 Excel 清除功能。具体操作为:选定相应的单元格,在“开始”选项卡的“编辑”组中单击“清除”下拉按钮,在下拉菜单中有以下选项,如右图所示。

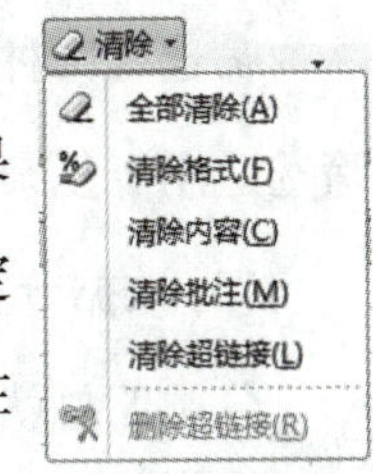

“清除”对话框

(5)数据的格式与样式

在 Excel 中,利用“开始”菜单“单元格”工具组中的“格式”命令,可以对工作表中的单元格数据进行格式化操作。在 Excel 内部共设置了 11 种数据格式,分别是常规、数值、货币、会计专用、日期、时间、百分比、分数、科学记数、文本和特殊。用户还可以自己定义数据格式。

Excel 的“样式”功能区包括条件格式、套用表格格式和单元格样式,为快速设置表格格式、表格的可视化提供了便利。

(6)数据的查找与替换

利用 Excel 的“查找”和“替换”功能,可快速定位满足查找条件的单元格,并能方便地将单元格中的数据替换为其他需要的数据,从而提高编辑效率。Excel 既可以在一个工作表中进行查找和替换,也可以在多个工作表中进行查找和替换。在“开始”选项卡的“编辑”组中单击“查找和选择”按钮,在弹出的下拉列表中单击“查找”或“替换”选项。Excel 的“查找”和“替换”功能的使用方法同 Word 类似。

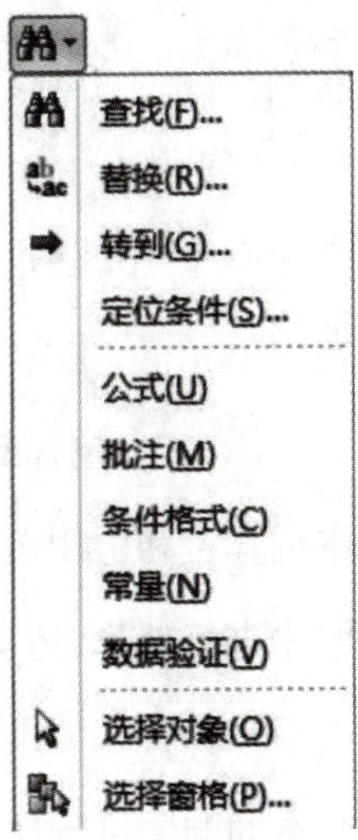

“查找和选择”菜单

5. Excel 数据管理

(1)数据排序

Excel 可以根据需要按行或列、按升序或降序或自定义序列来排序。英文字母可按字母次序(默认不区分大小写)排序,汉字可按笔画或拼音排序。

简单数据排序是指对单一字段按升序或降序排列，一般直接利用“开始”选项卡的“编辑”功能区内的“排序和筛选”按钮，下拉选择排序方式；或单击“数据”菜单，选择“排序”命令，进行排序。

(2)数据筛选

数据筛选只显示工作表中满足条件的数据，不满足条件的数据暂时隐藏起来（没有被删除）。当筛选条件被删除时，隐藏的数据便又恢复显示。

筛选有两种方式：自动筛选和高级筛选。自动筛选适用于简单条件的筛选，而高级筛选适用于复杂条件的筛选。

(3)数据分类汇总

分类汇总就是对数据按某字段进行分类，将字段值相同的记录作为一类，进行求和、平均、计数等汇总运算。针对同一个分类字段，可进行多种汇总。分类汇总前，需要先按分类字段对数据清单进行排序。

(4)数据合并计算

Excel 的“合并计算”功能可以汇总或者合并多个数据源区域中的数据，方法有两种：一是按类别合并计算，二是按位置合并计算。

6. Excel 公式与函数

(1)公式

Excel 中，公式是以“ = ”开头，由常量、单元格地址、函数、运算符等组成的表达式。选中单元格，在编辑栏中可以修改公式，或双击单元格在单元格内修改。

Excel 中包含四类运算符：算术运算符（如加减乘除）、关系运算符（如大于、小于）、文本运算符和引用运算符。如果公式中同时使用多个运算符，则系统会按运算符优先级的顺序进行计算，运算符的优先级从高到低依次为：引用运算符、算术运算符、文本运算符、关系运算符。如果在公式中同时包含了多个相同优先级的运算符，则 Excel 将按照从左到右的顺序进行计算，若要更改运算的次序，就要使用“( )”将需要优先运算的部分括起来。若要在公式中直接输入文本，必须用英文双引号把输入的文本括起来。

(2)函数

函数一般由函数名和参数组成，函数语法为：函数名（参数 1，参数 2，参数 3，…）。函数名一般代表了函数的用途，如 SUM 代表求和、AVERAGE 代表求平均、MAX 代表求最大值等。参数根据函数计算功能的不同，可以是数字、文本、逻辑值、数组、错误值或单元格引用。指定的参数都必须为有效参数值。参数也可以是常量、公式或其他函数。下表是 Excel 中常用的函数。

Excel 中常用的函数

函数	函数语法格式	功能	示例
求和函数 SUM	SUM(number1,number2,…)	计算参数表中的参数总和	输入公式“=SUM(D2:D6)”,确认后即可求出总和
求平均值函数 AVERAGE	AVERAGE(number1,number2,…)	求出所有参数的平均值	输入公式“=AVERAGE(B2:D7)”,确认后即可求出 B2 ~ D7 区域的平均值
求最大值函数 MAX	MAX(number1,number2,…)	求出一组数值中的最大值	输入公式“=MAX(B2:D7)”,确认后即可求出 B2 ~ D7 区域内的最大值
求最小值函数 MIN	MIN(number1,number2,…)	求出一组数值中的最小值	输入公式“=MIN(B2:D7)”,确认后即可求出 B2 ~ D7 区域内的最小值
统计函数 COUNT	COUNT(value1,value2,…)	计算区域中包含数值的单元格个数。参数的类型不限	如果 A1=90、A2=人数、A3="" 、A4=45、A5=56,则输入公式“=COUNT(A1:A5)”返回“3”

真题面对面

[2022 上半年真题]在 Excel 中,C3: C8 区域内每个单元格都保存着一个数值,则 C9 单元格中的函数“COUNT(C3: C8)”的数值为(　　)

A. 33　　B. 32　　C. 8　　D. 6

答案:D。

7. Excel 图表

图表是依据 Excel 工作表中的数据创建的二维或三维图表。Excel 提供了数十种图表类型,用户可以选择恰当的方式表达数据信息,并且可以自定义图表、设置图表各部分的格式。

(1)常用图表类型

Excel 中常用的图表类型有柱形图、条形图、折线图、饼图等,特点如下:

①柱形图是一种以长方形的长度为变量的表达图形的统计报告图,用于数据的统计和分析。

②条形图可以显示各个项目之间的比较情况。

③折线图可以显示随时间而变化的连续数据,非常适用于显示在相等时间间隔下数据的趋势。

④饼图显示一个数据序列中各项的大小与各项占总和的比例。

(2)图表中数据和文字的编辑

当创建图表后,图表和创建图表的工作表中的数据区域之间建立了联系,当工作表中的数据发生变化时,图表中的对应数据也自动更新。

文字的编辑是指对图表增加、修改或删除等说明性文字的编辑,以便用户更好地理解图表内容。若要对文字进行修改,只需在要修改的文字处单击,直接输入修改后的内容即可。

真题面对面

[**2018 下半年真题**]在 Excel 中,要通过扇形面积反映每个对象的一个属性值在总值当中所占比例大小,应该选择的图表类型是(　　)

A. 柱形图　　B. 折线图　　C. 饼图　　D. XY 散点图

答案:C。

8. Excel 常见的出错信息及解决方法

如果公式或函数不能正确计算出结果,Excel 将显示一个错误值。下表列出了常见的出错信息及解决方法:

Excel 中公式或函数的常见错误及解决方法

错误值	可能原因	解决方法
#####	输入到单元格中的数值太长或公式产生的结果太长,单元格容纳不下	适当增加列宽度
#DIV/0!	除数为 0、在公式中除数使用了空单元格或是包含零值单元格的单元格引用	修改单元格引用,或者在用作除数的单元格中输入不为零的值

续表

错误值	可能原因	解决方法
#N/A	在函数或公式中没有可用的数值	在等待数据的单元格内填充上数据
#NAME?	在公式中使用了不能识别的文本	如果是因为使用了不存在的名称而产生这类错误,应确认使用的名称确实存在;如果是名称、函数名拼写错误应该改正过来;将文字串括在双引号中;确认公式中使用的所有区域引用都使用了冒号(:)
#NULL!	试图为两个并不相交的区域指定交叉点	如果要引用两个不相交的区域,使用联合运算符(逗号)
#NUM!	公式或函数中某些数字有问题	检查数字是否超出限定区域,确认函数中使用的参数类型是否正确
#REF!	单元格引用无效	恢复被引用的单元格范围,或者重新设定引用范围
#VALUE!	使用错误的参数或运算对象类型,或执行自动更改公式功能时不能更改公式	确认公式或函数所需的参数或运算符是正确的,并且确认公式引用的单元格所包含的均为有效的数值

四、演示文稿软件 PowerPoint【9 年 10 考】

考频分布 2015—2023 年,以单选题形式考查 10 次

考点 1 PowerPoint 中的基础术语

幻灯片: PowerPoint 的基本构成单位,每张幻灯片除了可以包括文字和图片,还可以有声音、视频、图表等。

演示文稿:由幻灯片组成,扩展名为. pptx。演示文稿除了可包括幻灯片外,还可以包括讲义、备注、大纲、格式信息。

幻灯片版式:一些对象标识符的集合,在不同的标识符中可以插入不同的内容,如文字、剪贴画、图表等。每种版式有不同的对象标识和排列位置。

模板:是一种特殊的文件,扩展名为. pot,包含一套预先定义好的颜色和文字特征的信息,可以支持用户快速制作幻灯片。

母版:是模板的一部分,主要用来定义演示文稿中所有幻灯片的格式,其内容主要包括文本与对象在幻灯片中的位置、文本与对象占位符的大小、文本样式、效果、主题颜色、背景等信息。

真题面对面

[**2022 下半年真题**]在 PowerPoint 中,演示文稿的基本组成单元是(　　)

A. 文本　　B. 图形　　C. 幻灯片　　D. 工作表

答案:C。

考点 2　PowerPoint 的工作界面

启动 PowerPoint 后,显示的窗口被称为演示文稿的工作窗口,该窗口主要由标题栏、功能区、工作区、状态栏四部分组成。如下图所示。

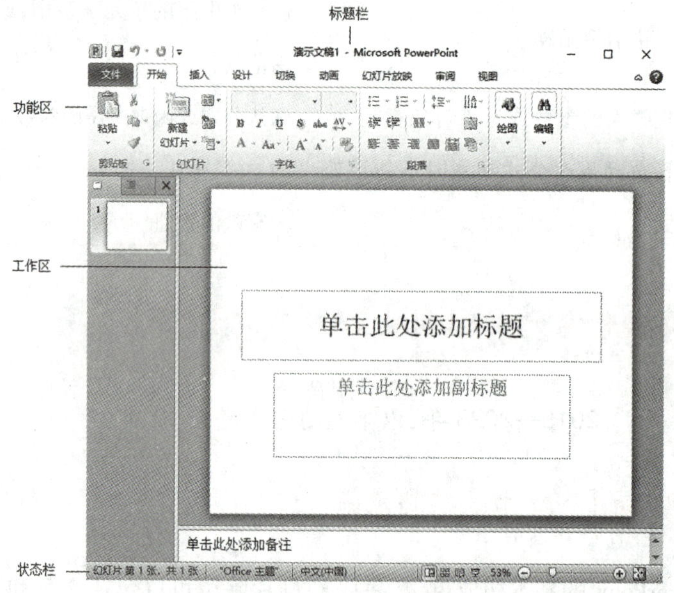

PowerPoint 的工作界面

1. 标题栏

标题栏的中间显示当前正在编辑的文稿名;左边是"快速访问工具栏",包括保存、撤消、恢复/重复等按钮;右边是最小化、最大化(还原)和关闭按钮。

2. 功能区

功能区包括"开始""插入""设计""切换""动画""幻灯片放映""审阅""视图"等选项卡。

(1)“开始”选项卡

“开始”选项卡包含“剪贴板”“幻灯片”“字体”“段落”“绘图”“编辑”等功能区。通过“开始”选项卡可以进行如下所示操作。

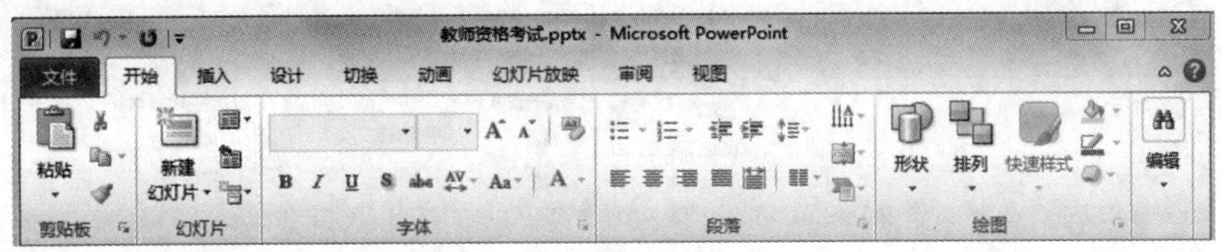

“开始”选项卡

(2)“插入”选项卡

“插入”选项卡包括“表格”“图像”“插图”“链接”“文本”“符号”“媒体”等功能区。通过“插入”选项卡可以进行如下所示操作。

“插入”选项卡

(3)“设计”选项卡

“设计”选项卡包含“页面设置”“主题”和“背景”等功能区。通过“设计”选项卡可以对演示文稿进行页面设置，以及设置演示文稿的主题和背景等。

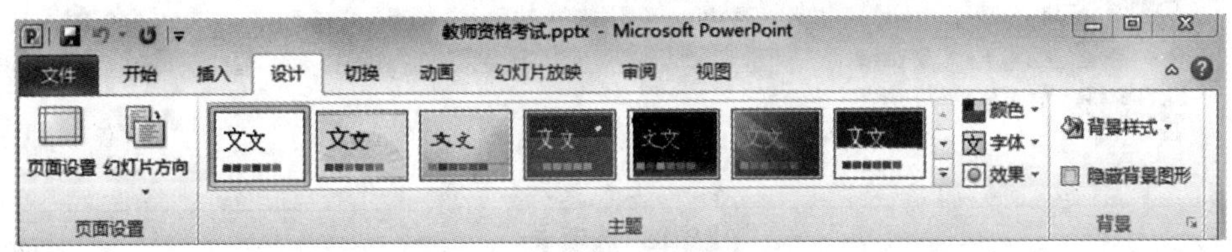

“设计”选项卡

(4)“切换”选项卡

“切换”选项卡包括“预览”“切换到此幻灯片”和“计时”等功能区。通过“切换”选项卡可以为幻灯片的切换方式设置不同的效果。

“切换”选项卡

(5)“动画”选项卡

“动画”选项卡包括“预览”“动画”“高级动画”“计时”等功能区。通过“动画”选项卡可以为幻灯片中的文字、图片、形状等各种对象设置动画效果。

“动画”选项卡

(6)“幻灯片放映”选项卡

“幻灯片放映”选项卡包括“开始放映幻灯片”“设置”和“监视器”等功能区。通过“幻灯片放映”选项卡可以设置幻灯片的放映方式、进行排练计时等。

“幻灯片放映”选项卡

(7)“审阅”选项卡

“审阅”选项卡包括“校对”“语言”“中文简繁转换”“批注”和“比较”等功能区。PowerPoint 中的“审阅”选项卡的功能与 Word、Excel 类似。

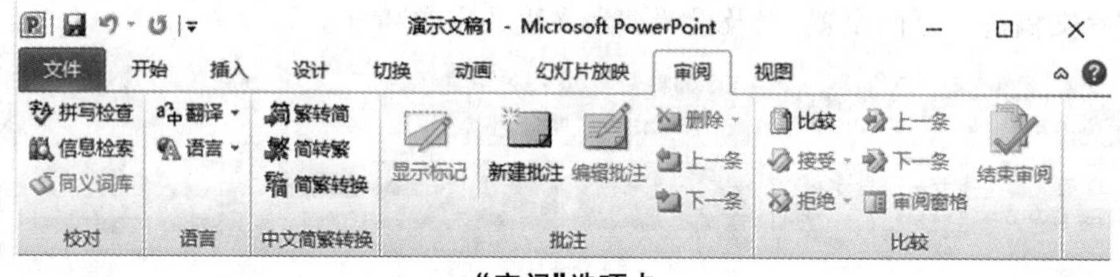

“审阅”选项卡

(8)“视图”选项卡

“视图”选项卡包括“演示文稿视图”“母版视图”“显示”“显示比例”“颜色/灰度”“窗口”“宏”等功能区。“视图”选项卡可以设置演示文稿的视图,也可以重新设置演示文稿的母版等内容。

“视图”选项卡

①**普通视图**:是 PowerPoint 的常用视图方式,它将幻灯片、大纲和备注页集成到一个视图中,既可以输入、编辑和排版文本,也可以输入备注信息。

②**幻灯片浏览视图**:在该视图中,幻灯片是以缩略图方式整齐地显示在同一窗口中的,可以在屏幕上同时看到演示文稿中的所有幻灯片。在幻灯片浏览视图下不能对幻灯片的内容进行编辑,只能对其进行调整。

③**备注页视图**:备注页视图用于演示者为幻灯片添加备注。备注是演示者对每张幻灯片的注释或提示,仅供演示者使用,不能在普通视图模式下显示。

考点 3　PowerPoint 的基本操作

1. PowerPoint 编辑

(1)幻灯片的操作

④**阅读视图**:在该视图中,幻灯片按顺序在全屏幕上显示,单击鼠标左键或按回车键可显示下一张幻灯片,按【Esc】键或放映完所有幻灯片后,则返回原视图。

演示文稿是由幻灯片组成的,新建的 PowerPoint 演示文稿中,第一张幻灯片的版式默认为“标题幻灯片”。

若要插入幻灯片,其操作是:在幻灯片浏览视图或普通视图的幻灯片窗格下,单击两个幻灯片的中间位置,此时出现一条“插入线”,选择“开始”选项卡下的“新建幻灯片”命令,在任务窗格中选择需要的幻灯片版式即可插入。

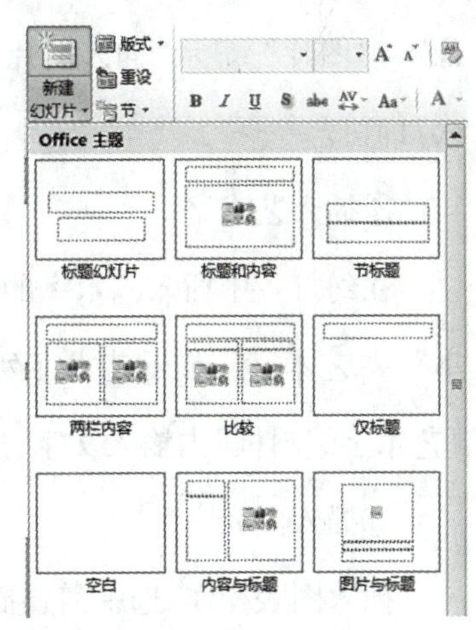

新建幻灯片任务窗格

删除幻灯片的操作是:鼠标右键单击要删除的幻灯片,在右键菜单中选择“删除幻灯片”命令,或者选中幻灯片,点击【Delete】键或【Backspace】键。

(2)幻灯片的编辑

①文本编辑

标题框:一般情况下,每张幻灯片内预设有一个矩形框,主要用于输入幻灯片的标题,编辑后单击矩形外任意位置即表示输入完成。

正文项目框:该区域内一般用于输入幻灯片所要表达的正文信息,在每一条文本信息的前面都有个项目符号。

文本框:文本框通常是在需要输入除标题和正文以外的文本信息或者表格、图表、图片等非文本信息时由用户根据需要自行添加。在"空白"幻灯片中,不可以直接插入文本,必须先插入文本框才能输入文字。

②插入剪贴画

在普通视图模式下,选择需要插入剪贴画的幻灯片,单击"插入"→"图像"→"剪贴画",窗口弹出"剪贴画"任务窗格,在该任务窗格的"搜索文字"输入框中输入一个剪贴画类别的关键字,单击"搜索"按钮后,在中间的列表框中列出与该关键字有关的所有剪贴画,选中一个剪贴画后,将该剪贴画插入到当前幻灯片中。

③插入图片

图片插入与剪贴画插入有所不同,所插入的图片是用户保存在个人电脑上的自定义图片,图片插入操作:在普通视图模式选中需要插入图片的幻灯片,单击"插入"→"图像"→"图片",显示"插入图片"对话框。通过这个对话框查找需要插入的图片,单击"插入"即可。

④插入艺术字

在幻灯片中插入艺术字的操作:选中需要插入艺术字的幻灯片。单击"插入"→"文本"→"艺术字",显示艺术字列表框,在列表框中选择需要的样式,并在幻灯片中生成的"艺术字编辑框"内输入文字,选择"编辑框",在绘图工具中按需要进行设置即可。

⑤插入图表

插入图表操作:选中需要插入图表的幻灯片,单击"插入"→"插图"→"图表",在"插入图表"对话框中选择图表的类型,单击"确定"按钮。此时就在当前幻灯片中插入了选定类型的图表。

⑥添加超链接

在 PowerPoint 中,可以为幻灯片中的任一对象添加超链接或者动作,超链接的对象有:现有文本或网页、本文档中的位置、新建文档和电子邮件地址。必须要说明的是,对同一个对象只能是一个"超链接"起作用,不可能对一个对象插入两个超链接。

为幻灯片中的对象插入超链接的操作是:选中幻灯片中需要设置超链接的对象。单击"插入"→"链接"→"动作"命令,弹出"动作设置"对话框。单击"单击鼠标"选项卡,设置"单击鼠标时的动作"。选中"超链接"单选按钮,并且在弹出的"插入超链接"对话框中选择链接到的位置,单击"确定"即可。

⑦插入多媒体

插入音频文件的操作:执行“插入”→“媒体”→“音频”→“文件中的音频”命令,弹出“插入音频”对话框。在该对话框中,选择已经录制好的声音文件,然后单击“确定”按钮。音频文件的格式有“.wav”“.mp3”“.wma”等。

插入视频文件的操作:执行“插入”→“媒体”→“视频”→“文件中的视频”命令,弹出“插入视频文件”对话框中选择要添加的视频文件,单击“确定”按钮。然后弹出提示信息框,单击“自动”按钮即可将该影片添加到幻灯片中。常见的视频文件的格式有“.avi”“.mp4”“.wmv”等。

⑧添加表格

插入表格操作:选中需要插入表格的幻灯片,单击“插入”→“表格”,在下拉列表中选择“插入表格”命令,弹出“插入表格”对话框,设置表格的行数与列数,单击“确定”按钮即可。

真题面对面

[**2020下半年真题**]在PowerPoint编辑状态下,下列功能不能实现的是(   )

A. 插入图片 B. 插入版式

C. 插入表格 D. 插入图表

答案:B。在幻灯片编辑状态下,可以插入图片、图表、表格、文本框、剪贴画等,但不能插入版式。在幻灯片母版的编辑状态下,可以实现插入幻灯片母版、插入版式等功能。

2. PowerPoint设计

PowerPoint能够使演示文稿中所有的幻灯片具有一致的外观,控制外观的方法有幻灯片母版、应用设计模板等。

(1)幻灯片母版

幻灯片母版是指具有特殊用途的幻灯片,用来设置演示文稿中所有幻灯片的格式。通过修改幻灯片母版,可以统一修改文稿中幻灯片的文本外观,若要统一修改多张幻灯片的外观,则只需在幻灯片母版上做一次修改即可。在幻灯片母版中修改的字体或添加的图片(如某单位的徽标等)会作用到每张基于该母版的幻灯片上。

(2)应用设计模板

模板是控制演示文稿统一外观最好、最快捷的一种手段,它可以为被编辑的演示文稿中的所有幻灯片制作统一的颜色设置、总体布局等。PowerPoint 提供了多种已有模板,用户也可根据自己的需要创建新模板,模板文件的扩展名为“. pot”。用户若要在新建演示文稿中使用某特定的应用设计模板,须先选中所使用的模板,之后在该文稿中插入一个新幻灯片时,新幻灯片的模板将采用已选定设计模板。此外,用户也可在编辑过程中或文稿编辑完成后使用模板。

真题面对面

[2018 上半年真题]在 PowerPoint 中,新建演示文稿已选定某特定的应用设计模板,在该文稿中插入一个新幻灯片时,新幻灯片的模板将(　　)

A. 采用默认型设计模板　　B. 随机选择任意设计模板

C. 采用已选定设计模板　　D. 需要指定其他设计模板

答案:C。

3. PowerPoint 播放和打印

(1)设置幻灯片放映方式

在幻灯片放映前,用户可以设置放映方式,以根据具体的情况满足相应的需求。具体操作是:单击“幻灯片放映”选项卡的“设置”组中的“设置幻灯片放映”命令,在弹出“设置放映方式”对话框中设置想要的放映方式即可。

在 PowerPoint 中,从当前幻灯片开始放映的快捷键为【Shift + F5】,从头开始放映的快捷键为【F5】。

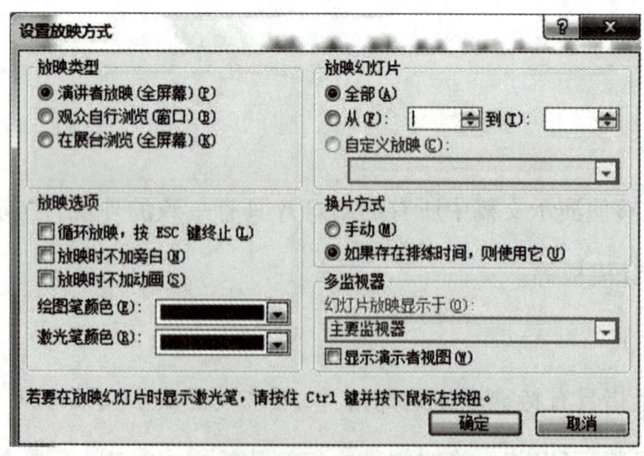

“设置放映方式”对话框

(2)放映演示文稿

①直接放映。在任何一种视图下,单击 PowerPoint 主窗口下的视图切换按钮中的

“幻灯片放映”按钮,都可以进入幻灯片放映视图,并根据设置的放映方式从当前幻灯片开始播放演示文稿。

②控制放映过程的快捷菜单。在幻灯片放映视图中单击鼠标右键,可弹出控制放映过程的快捷菜单,有下一张、上一张、定位至幻灯片、指针选项、屏幕、结束放映等命令。

(3)排练计时

操作方法:执行“幻灯片放映”选项卡中“设置”组的“排练计时”命令,在幻灯片放映视图中,系统会弹出“录制”对话框并自动记录幻灯片的切换时间。结束放映时或单击“录制”工具栏中的“关闭”按钮时,系统将弹出提示框,单击“是”按钮即可保存排练计时。

“录制”对话框

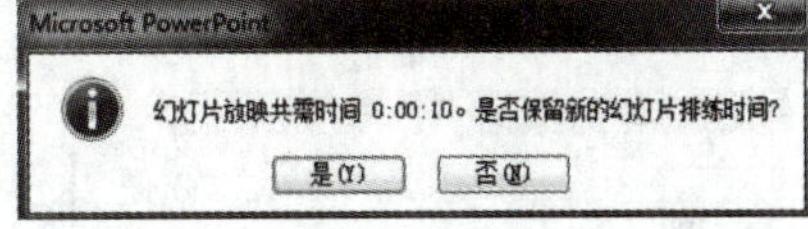

提示框

真题面对面

[2023 下半年真题]在 PowerPoint 中,要使幻灯片按规定时间连续自动播放,应选择的设置是(　　)

A. 排练计时　　B. 打包操作

C. 切换效果选项　　D. 设置放映方式

答案:A。

(4)打印演示文稿

打印演示文稿指将制作完成的演示文稿按照要求通过打印设备输出并呈现在纸上。切换到“文件”选项卡,单击“打印”选项卡即可对打印选项进行设置。

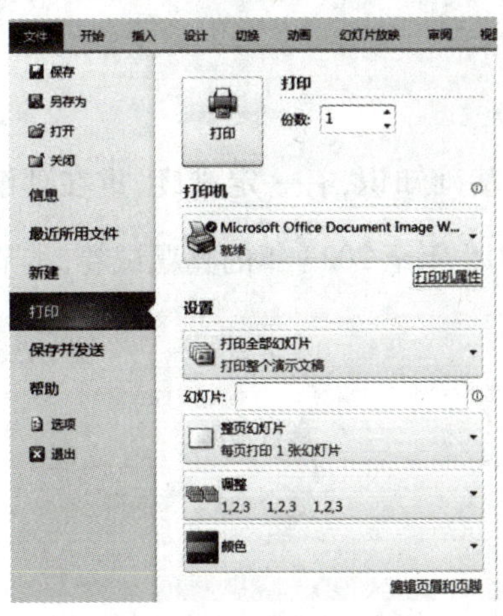

“打印”选项卡

第二节　逻辑思维能力

思维导图

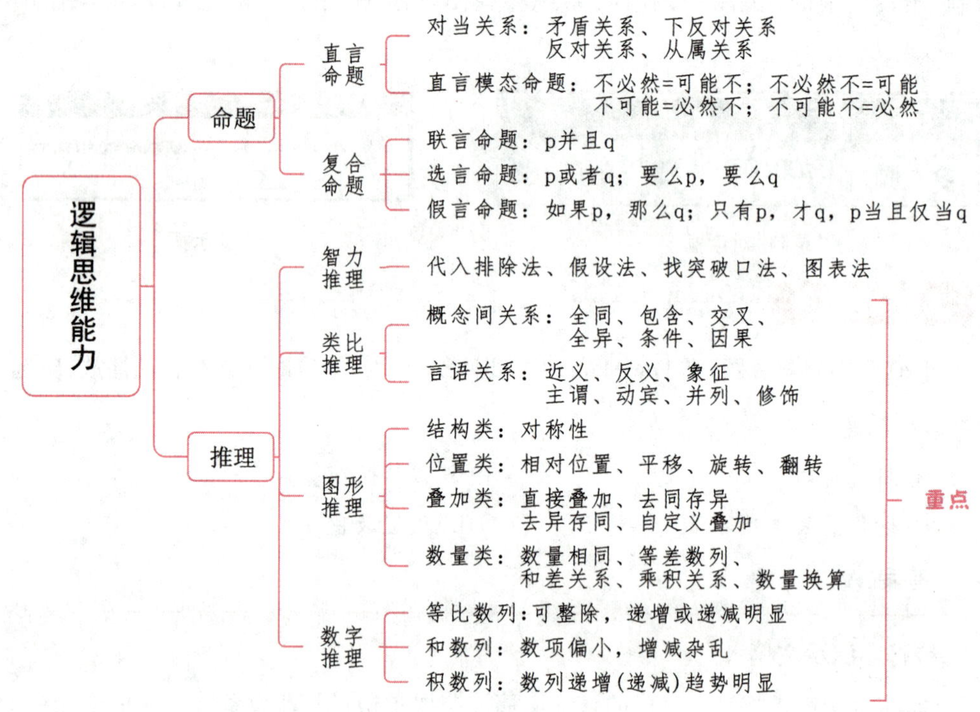

考向分析

本节主要介绍逻辑学的基础知识，有一定难度，重在理解。在考试中会以单选题的形式考查。通过汇总分析2015年至2023年的真题试卷，本节知识考查情况见下表：

知识	考点	考频	题型
命题	直言命题	2	单选
	复合命题	4	单选

续表

知识	考点	考频	题型
推理	智力推理	1	单选
	类比推理	12	单选
	图形推理	5	单选
	数字推理	10	单选

核心考点

一、命题【9年6考】

考点1　直言命题

考频分布　2016上单选,2015下单选

1. 直言命题的概念

直言命题又称为性质命题,是判断事物具有或不具有某种属性的简单命题。直言命题是句子结构最为简单的命题,其各部分是不可分割的。

【示例】"地球是圆的"就是直言命题,但是"你认真学习这本书,你就能通过考试"就不是直言命题,因为这个命题可拆分为"你认真学习这本书"和"你能通过考试"两个命题,这种命题叫作"复合命题"。

直言命题的类型

量项	类型	定义	逻辑形式	举例
全称	全称肯定命题	断定所有对象都具有某种性质的句子	所有A都是B	所有人都会哭
	全称否定命题	断定所有对象都不具有某种性质的句子	所有A都不是B	所有人都不会哭
特称	特称肯定命题	断定有的对象具有某种性质的句子	有的A是B	有的人会哭
	特称否定命题	断定有的对象不具有某种性质的句子	有的A不是B	有的人不会哭

2. 直言命题的对当关系

直言命题的对当关系即直言命题之间的真假制约关系，四种常见的直言命题之间的对当关系如下图所示：

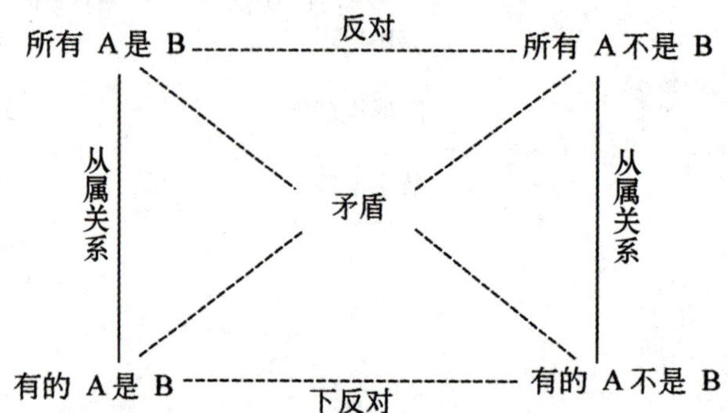

【示例】“所有明星是东北人”和“有的明星不是东北人”是矛盾关系。当“所有明星是东北人”为真时，“有的明星不是东北人”必然为假；当“所有明星是东北人”为假时，“有的明星不是东北人”必然为真。即两者之间必有一真一假。

具有对当关系的直言命题的真假特点

关系类型	真假特点	相关命题
矛盾关系	必有一真一假	“所有 A 是 B”与“有的 A 不是 B” “所有 A 不是 B”与“有的 A 是 B”
下反对关系	必有一真，可以同真	“有的 A 是 B”与“有的 A 不是 B”
反对关系	必有一假，可以同假	“所有 A 是 B”与“所有 A 不是 B”
从属关系	全称真则特称真， 特称假则全称假	“所有 A 是 B”→“有的 A 是 B” “所有 A 不是 B”→“有的 A 不是 B”

3. 直言模态命题

直言模态命题即在直言命题上加上“必然”“可能”“未必”等模态词的命题。考试中主要考查的是模态命题间的相互转化。

直言模态命题必须熟记的四点转换关系：

(1)并非“必然 B” =“可能非 B”，即：不必然 = 可能不；

(2)并非“必然非 B” =“可能 B”，即：不必然不 = 可能；

(3)并非“可能 B” =“必然非 B”，即：不可能 = 必然不；

(4)并非“可能非 B” =“必然 B”，即：不可能不 = 必然。

这一转化关系可以简单记为：把必然与可能交换，肯定与否定互换。

考点2　复合命题

考频分布　2017 下单选，2017 上单选，2015 上单选 ×2

复合命题是由两个或多个单句通过联结词联结而成的命题。

【示例】一滴水只有放进大海里才永远不会干涸。其中“只有……才……”为联结词，“放进大海里”和“永远不会干涸”是构成复合命题的肢命题。

根据逻辑联结词的不同可对复合命题进行划分，主要有联言命题、选言命题和假言命题，其中假言命题是考试的重点。

1. 联言命题及其推理

联言命题就是将若干个命题联合起来，表示这些情况同时存在的命题。可表示为：p **并且** q（p、q 是联言肢，“并且”是联结词）。联言命题的推理规则有两条：

（1）全部肢命题为真，才能推出联言命题为真；

（2）联言命题为真，可推出其中任一肢命题为真。

【示例】“你很高”和“你很帅”可以推出“你又高又帅”这个联言命题；“你又高又帅”又可以推出“你很高”和“你很帅”。

2. 选言命题及其推理

选言命题就是给出若干个命题，可以选择出一种或者多种情况存在的命题。根据所能选择的情况不同，可以分为两种：

（1）相容选言命题：多种情况可以同时存在。可表示为：p 或者 q（p、q 是选言肢，“或者”是联结词）。

（2）不相容选言命题：只允许一种情况存在。可表示为：要么 p，要么 q（p、q 是选言肢，“要么……要么……”是联结词）。

相容和不相容选言命题推理规则

	相容选言命题（p 或 q）	不相容选言命题（要么 p，要么 q）
推理规则	肯定一部分选言肢，不能否定另一部分选言肢；否定一部分选言肢，可以肯定另一部分选言肢	肯定一个选言肢，就能否定其余的选言肢；否定一个选言肢以外的所有选言肢，就能肯定被否定的那个选言肢

	相容选言命题(p或q)	不相容选言命题(要么p,要么q)	
推理有效式	p或者q 非p ———— 所以,q 否定肯定式	要么p,要么q 非p ———— 所以q 否定肯定式	要么p,要么q p ———— 所以非q 肯定否定式
示例	"去德国馆或者去意大利馆" 不去德国馆⇒去意大利馆 去意大利馆⇏不去德国馆	"要么顽强抵抗,要么屈膝投降" 顽强抵抗⇒不屈膝投降 不顽强抵抗⇒屈膝投降	

3. 假言命题及其推理

假言命题就是带有假设条件的命题。假言命题通常包含两个肢命题:反映条件的肢命题在前,称为前件;反映结果的肢命题在后,称为后件。根据前后件间条件关系的不同,又可分为三种。

(1)充分条件假言命题:当条件p存在时,结论q一定成立,而无需考虑其他条件,则p是q的充分条件,即"有它就行"。

可表示为:**如果p,那么q或p→q**(p是前件,q是后件,"如果……那么……"是联结词)。

(2)必要条件假言命题:当条件p不存在时,结论q一定不成立,则p是q的必要条件。即"没它不行"。

可表示为:**只有p,才q或p←q**(p是前件,q是后件,"只有……才……"是联结词)。

充分条件假言命题和必要条件假言命题的推理规则

	充分条件假言命题(如果p,那么q或者p→q)	必要条件假言命题(只有p,才q或p←q)
推理规则	肯定前件就能肯定后件,否定后件就能否定前件; 否定前件不能否定后件,肯定后件不能肯定前件	否定前件就能否定后件,肯定后件就能肯定前件; 肯定前件不能肯定后件,否定后件不能否定前件

续表

	充分条件假言命题(如果 p,那么 q 或者 p→q)		必要条件假言命题(只有 p,才 q 或 p←q)	
推理有效式	如果 p,那么 q p 所以,q (肯定前件式)	如果 p,那么 q 非 q 所以,非 p (否定后件式)	只有 p,才 q 非 p 所以,非 q (否定前件式)	只有 p,才 q q 所以,p (肯定后件式)
示例	"如果下雨,那么地就湿" 下雨⇒地湿;地没湿⇒没下雨		"不到长城非好汉"="只有到长城才是好汉" 不到长城⇒不是好汉;是好汉⇒到长城	

(3)充分必要条件假言命题:表示 p 是 q 的充分条件和必要条件的命题,即表示 p 与 q 等值的命题。

可表示为:p **当且仅当** q **或** p↔q(p 是前件,q 是后件,"当且仅当"是联结词)。

二、推理【9 年 28 考】

考点 1　智力推理

考频分布　2015 下单选

智力推理,是根据题干所给条件进行灵活推理的一类题目。智力推理在教师资格考试中考查频率较低,解答智力推理题不需要专业逻辑知识,只需要根据题目所给的条件进行适当的推理即可。因此,智力推理类题目其实并不难,关键是要掌握解答这类题目的常用方法和一些固定题型的快速解题思路。

1. 代入排除法

代入排除法是指结合题干条件,将选项代入进行验证,如果不产生矛盾或者符合题干要求,即为正确答案;反之,则该选项错误。

适用情况:当题干给出的确定条件较多且能够快速排除选项或者利用题干条件易于验证选项时,可优先采用代入排除法进行解题。注意:当选项中存在"不能确定"的选项时,该方法慎用。

2. 假设法

假设法即假设某一条件正确,根据假设来进行推导的方法。如果假设没有推导出矛盾,则假设正确;反之,则假设错误。

适用情况:多用于当题干条件存在多种不确定情况,不能直接推理的题目。

3. 找突破口法

找突破口法就是快速找到解题切入点的方法。

找突破口的方法:通常当题干存在某个比较特殊的条件或者某个对象(条件)被反复提及的时候,这个(些)条件往往就是解题的突破口。

4. 图表法

图表法就是通过表格或图将元素之间的关系表示出来的方法。

适用情况:排序匹配类题目即要求对题干元素进行排序或匹配,找出其对应关系的一类题目。当主要元素只有两类时,通常可以用表格表示;当主要元素超过两类或者需要表现出位置关系时,通常可以画图表示。

考点 2　类比推理

考频分布　2015—2023 年,以单选题形式考查 12 次

解答类比推理题,找准词项之间的相似性是关键。快速准确地找到关系的切入点对于正确高效地解答类比推理题目有着重要的意义。

1. 概念间关系

类比推理涉及的逻辑关系有两类:第一类词项代表概念间的集合关系,这是考试的重点;第二类词项代表事件间的逻辑联系。

(1)集合关系

概念间关系即集合关系,主要有全同关系、包含关系、交叉关系和全异关系四种。

集合关系的类型及特征

类型	特征	举例
全同关系	同一事物的全称、简称、别称、美称、谦称、敬称等	麦克风—话筒
包含关系	种与属 整体与部分	人—哺乳动物 书包—背带
交叉关系	有些 A 是 B 且有些 A 不是 B	体育明星—江苏人
全异关系	所有 A 都不是 B	西瓜—木耳

(2)逻辑关系

逻辑关系主要包括条件关系和因果关系。

逻辑关系的类型及特征

类型	特征	举例
条件关系	A是B的充分或必要条件	投资—回报;旅行—交通
因果关系	A的发生导致或引起B的发生	酒驾—车祸;海啸—地震

2. 言语关系

对言语关系的考查也分两类:第一类是词义关系,主要从词语的含义入手;第二类是语法关系,主要从词语的语法结构入手。

(1)词义关系

词义关系主要有近义关系、反义关系和象征关系三种。

词义关系的类型及特征

类型	特征	举例
近义关系	所给词语含义相近,词语表达意思相近	美好—美妙;照料—照顾
反义关系	所给词语含义相反,词性相同	尊重—侮辱;危险—安全
象征关系	A是B的象征意义;动物所具有的独特象征意义	鸽子—和平;鸳鸯—爱情

(2)语法关系

主要有主谓结构、动宾结构、并列结构、修饰关系四种。

语法关系的类型及特征

类型	特征	举例
主谓结构	两个词语可以构成主谓结构;词语本身的构成是主谓结构	宇航员—探月;清洁工—保洁
动宾结构	两个词语可以构成动宾结构;词语本身的构成是动宾结构	消除—障碍;解决—问题
并列结构	两个词语可以构成并列结构;词语本身的构成是并列结构	三心—二意;惊世—骇俗
修饰关系	一个词语对另一个词语起修饰作用	苹果—红色;湖水—荡漾

真题面对面

[**2023上半年真题**]下列选项中,与“科学家—画家”的逻辑关系相同的是(　　)

A.“蜜蜂”和“昆虫”　　B.“戏迷”和“美食家”

C.“面粉”和“大米”　　D.“汽车”和“润滑油”

答案:B。题干中科学家和画家属于交叉关系。B项,戏迷和美食家属于交叉关系,与题干相符。

考点3　图形推理

考频分布　2022上单选,2021上单选,2018下单选,2017下单选,2016下单选

1. 结构类

结构类考点是从“图形整体特征”来考查的,包括图形的对称性、直曲性和封闭性。当题干图形间差异很大,无明显共同特征时,可考虑图形整体特征,分析结构类考点。结构类考点中最重要的是对称性。

2. 位置类

位置变化的类型分为相对位置、平移、旋转、翻转。考查相对位置时给出的图形一般含有多个构成部分,且构成部分之间具有一定的相似性;考查图形的移动、旋转和翻转时给出的图形的显著特点是所有图形的构成元素完全相同,只是所处的位置不同。

3. 叠加类

图形叠加是将两个图形的中心重合,叠放在一起,它是将两个图形转化为第三个图形的重要方式。给出图形的显著特点是图形之间的结构部分相同,但不完全相同,根据这个特点,很容易确定考查的是叠加规律。

(1)直接叠加

将已知的两个图形叠放在一起,形成一个新的图形,新图形中保留已知两个图形的所有构成元素。

(2)去同存异

将两个图形叠加后去掉相同的部分,保留不同的部分,形成第三个图形。

(3)去异存同

将两个图形叠加后去掉不同的部分,保留相同的部分,得到第三个图形。

(4)自定义叠加

图形叠加后,按照一定的规律发生变化,常出现的是叠加后阴影的变化。

4. 数量类

当题干图形之间差异较大时,可考虑数量类考点。数量类考点包括点、线、角、面、素五类,每一类中又有众多细分考点。其中,线条数、封闭区域数、图形种类数、笔画数是常考点。

图形推理之数量类考点分析

	定义及说明	常见题型
数量相同	图形中的某种构成元素的数量相同,如一组图形中,各个图形含有的直线数均为 3	类比型、顺推型、九宫格
构成等差数列	图形中的某种构成元素的数量构成等差数列,如一组图形中,各个图形含有的直线数分别为 1、2、3、4、5、6	类比型、顺推型、九宫格
存在和差关系	有两种考查方式:(1)两个图形的某种构成元素的数量之和等于另一个图形的这种构成元素的数量;(2)三个图形的某种构成元素的数量之和相等	类比型、九宫格
存在乘积关系	两个图形的某种构成元素的数量之积等于另一个图形的这种构成元素的数量	类比型、九宫格
数量换算	图形的构成元素在数量上进行一定的换算后,可转化为“数量相同”或“构成等差数列”形式	顺推型

真题面对面

[2022 上半年真题]按图形逻辑,填入最恰当的是(　　)

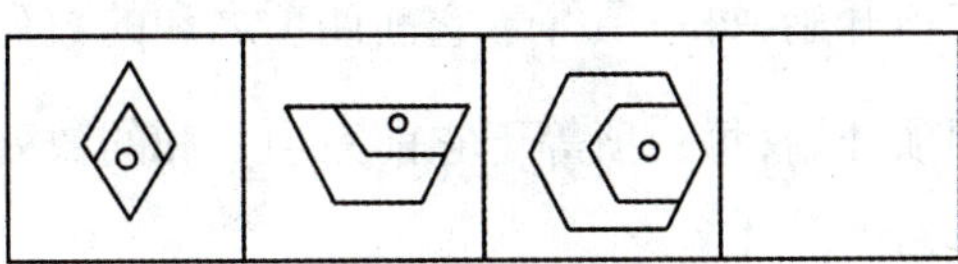

A. 　B. 　C. 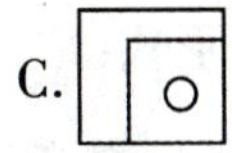　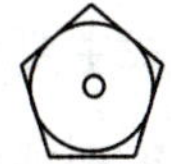

答案:C。

考点4　数字推理

考频分布　2015—2023年，以单选题形式考查10次

1. 等比数列及其变式

等比数列及其变式常通过相邻两项作商，寻求解题规律。

(1)等比数列基本形式

基本等比数列：从第二项起，每一项与前一项的比值等于同一个非零常数的数列。

二级等比数列：通过一次作商得到的数列是等比数列的数列。

三级等比数列：通过两次作商得到的数列是等比数列的数列。

(2)等比数列变式

等比数列变式的核心是相邻项之间的变化存在一个有规律的比例关系。等比数列变式有两种形式：

①通过一次作商得到其他基本数列。

②前一项的倍数 + 常数(基本数列) = 后一项。

(3)等比数列及其变式特征归纳

①数列具有良好的整除性。

②递增(递减)趋势明显，会出现先增后减的情况。

③具有递推规律的等比数列可通过估算相邻项间的大致倍数反推规律。

2. 和数列及其变式

和数列及其变式常通过作和寻求规律。

(1)和数列基本形式

基本和数列：以递推规律为主的数列。

两项和数列：从第三项开始，每一项等于它前两项之和的数列。

三项和数列：从第四项开始，每一项等于它前三项之和的数列。

(2)和数列变式

和数列变式主要有两种基本形式：

①作和后得到基本数列，这类题在考试中经常出现。和数列通常涉及递推数列，解题时需要跳出思维定势，大胆考虑作和得到基本数列。

②存在加法运算的递推规律数列，算是比较常见的数列变式，如：

(第一项＋第二项)×常数(基本数列)＝第三项

第一项＋第二项＋常数(基本数列)＝第三项

第一项×常数＋第二项×常数＝第三项

(3)和数列及其变式特征归纳

①数项偏小。涉及和数列的数字往往较小，根据第三项(或第四项)很容易辨别出来，接下来对其加以验证即可。

②数列整体趋势不明朗。和数列或其变式往往在数列整体趋势上并非单调递增或递减，会出现增减杂乱的情况。

③递推规律宜从大数入手构造。小数字之间的运算关系多，通过发散思维，易得到很多种，逐个验证规律的效率不高。大数字之间存在的运算关系少，验证规律次数少效率高。因此递推规律宜从大数字入手构造。

3. 积数列及其变式

积数列及其变式常通过项与项之间作积寻找解题规律。

(1)积数列基本形式

基本积数列：通过对数列数字作积得到后项的数列。

二项积数列：从第三项起，每一项等于它前两项乘积的数列。

三项积数列：从第四项起，每一项等于它前三项乘积的数列。

(2)积数列变式

积数列变式是原数列相邻项作积之后经过简单变化得到后一项的数列。积数列变式的形式主要包括：①两项积＋常数(基本数列)＝第三项；②两项积构成基本数列。

(3)积数列及其变式特征归纳

①两项积数列通常表现为1，A，A……

②数列递增(递减)趋势明显。

在历年考试中，主要通过概念间关系的推理、命题推理、图形推理和数字推理等形式考查考生的逻辑思维能力。

考查概念间关系的试题一般是给出两个具有某种逻辑关系的词语,考生做题时可从全同关系、全异关系、包含关系等方面考虑。

关于命题推理的试题,直言命题考查次数较少,考生记住直言模态命题的四点转换关系即可。复合命题考查频率相对较高,考生注意了解假言命题的推理规则。

考查图形推理的试题较为简单,考生可从不同图形之间的叠加,图形之间的形状差异,图形的位置、边数或公共边、旋转角度、数量等考虑。

关于数字推理的试题难度较高,找到前后数字间的运算规律是答题的要点。考试中,和数列和积数列是常考点,后一项数字通常是前两项之和加上常数或者是前两项之积加上常数。

真题面对面

[2023上半年真题]按规律填数字是一个很有趣的活动,特别锻炼观察和思考能力。下列选项中,填入数列"6、9、20、34、________、98"空缺处的数字,正确的是(　　)

A. 59　　B. 69　　C. 79　　D. 89

答案:A。观察数列可知,第一项+第二项+5=第三项(即6+9+5=20),第二项+第三项+5=第四项(即9+20+5=34)。以此类推,第五项为20+34+5=59,即空缺处数字是59。

第三节　阅读理解能力

思维导图

- 阅读理解能力
  - 考情点拨
    - 考查形式 — 根据一篇文章回答两个问题
    - 材料类型 — 人文社科类
    - 考查内容 — 能够理解、分析综合、鉴赏评析材料
    - 作答步骤
      - 纵观全文，把握主旨
      - 认真审题，定向扫描
      - 组织语言，文字工整
  - 理解重要概念的含义
    - 重要概念 — 指那些与文段的整体内容或要传达的主要信息密切相关的概念
    - 解题技巧
      - 理解重要概念的语境
      - 词语的指代意图
      - 借助主旨做推测
  - 理解重要句子的含义
    - 重要句子 — 指对表达文意起重要作用的关键性语句
    - 解题技巧 — 精读，逐字逐句推敲、尊重原文、“踩点”给分
  - 分析结构，把握文章思路
    - 结构 — 记叙文、议论文、说明文
    - 思路 — 厘清结构、厘清语脉
    - 解题技巧 — 分析文章结构、把握文章思路
  - 归纳要点，概括中心意思
    - 解题技巧
      - 直接提取要点
      - 用自己的语言概括要点
      - 概括性语句的选用一般是判断句
    - 解题注意事项 — 准确理解文段内容、清晰判断文章写作思路
  - 分析概括作者的观点态度
    - 观点态度 — 文章的中心思想和作者的创作意图
    - 分析命题角度
      - 辨析作者在文中体现的观点态度
      - 概括作者对文中某一内容的观点态度
      - 比较在文中转述的多种观点
    - 解题步骤注意事项
      - 理解题干要求，通读全文，把握大意
      - 找到答题区间，筛选出相关的语言材料
      - 快速浏览全文，验证答案
      - 使用摘录法、解释含蓄句、理解观点句

考向分析

本节主要介绍阅读材料题的命题类型、分析方法和答题技巧，重在理解。在教师资格笔试综合素质科目中，第32题固定考查考生的阅读理解能力，2015—2023年以材料分析题的形式考查17次。题目设置两小问，第一问4分，主要考查考生对文中重要词语或句子的含义的理解，或者归纳、概括文中要点，难度较小；第二问10分，主要考查考生对阅读材料的概括与分析，难度较大。

核心考点

一、考情点拨

对阅读理解能力的考查一般通过文章阅读来实现，文章阅读这种考查形式，大家并不陌生，在高中阶段我们已经熟知，但是教师资格考试的文章阅读又和高考的文章阅读有所不同，接下来我们重点了解一下这类题目。

要点1　考查形式

文章阅读一般是给出一篇600～800字的文章，然后给出两个问答题，要求考生根据对文章的理解来回答问题。主要从对文中重要概念或句子含义的理解和对文中观点、态度的理解等来设置题目。

要点2　材料类型

在教师资格考试中，文章阅读的材料类型主要是人文社科类，人文社科类文章是研究人类社会的各种文化现象与社会科学的文章，此类文章涉及知识面广，主要是从教育类期刊（如《中国校外教育》《课外阅读》等）、文学批评类期刊（如《当代作家评论》）以及名家作品中摘选。

要点3 考查内容

能阅读一般社会科学类、自然科学类文章和文学作品
- 理解
  - 理解文中重要概念的含义
  - 理解文中重要句子的含义
- 综合分析
  - 筛选并整合文中的信息
  - 分析文章结构,把握文章思路
  - 归纳内容要点,概括中心意思
  - 分析概括作者在文中的观点态度
  - 根据文章内容进行推断和想象
- 鉴赏评析
  - 鉴赏文学作品的形象、语言和表达技巧
  - 评价文章的思想内容和作者的观点态度

要点4 作答步骤

1. 纵观全文,把握主旨

在拿到题目时,先不要盲目做题,应先对文章进行速读,快速浏览,对文章整体有一个基本的了解,对文章的主旨观点有一定把握。

2. 认真审题,定向扫描

在对文章进行速览后,要从问题着手分析解题。题干是答题的重点,它提示了答题范围,规定了答题角度,提供了作答思路,隐含了答题信息,因此答题时要认真审题,仔细分析题干。把握题目要求,然后根据题干内容找出每道题目的出题点,锁定答题区域,找准原文中的相关表述,认真揣摩上下文的文意,准确抓住关键词句,把握答案的相关信息,从而确定正确答案。若是主旨类的题目,考生需要对文章整体进行分析把握才可得出正确答案,而其他类型的题目,可借鉴对应题型的解题方法来解答。

3. 组织语言,文字工整

在初步确定答案后,需要组织语言并将答案工整规范地书写在答题卷上。

二、理解阅读材料中重要概念的含义

要点1　重要概念的含义

所谓“重要概念”，是指那些与文段的整体内容或要传达的主要信息密切相关的概念。文中重要概念包括：

(1)体现作者立场、观点的词语；

(2)表现文章主题思想及深层含义的词语；

(3)对文章结构起照应连接作用的词语；

(4)比喻、借代、反语等特殊的词语；

(5)根据语境而隐含其他意义的词语。

【示例】李陵在匈奴生活了约二十年，最后死在那里。他的躯体上一直覆盖着厚厚的冰雪，一个蒙羞的灵魂，一个堆积着厚厚冰雪的灵魂，一个插着无数把刀的灵魂，在两千多年前安息了。隔着两千多年的岁月，李陵在冰雪中远去，远去。人们一直遥望着的，是那一个背影。人们感受到李陵灵魂里的冰雪。

“冰雪”一词在文中的含义是什么？

【点评】分析文段可知，“冰雪”一词与文段的主旨密切相关，且临时被赋予了更深层的含义。“冰雪”在文段中有两种含义：一是“冰雪”暗示了李陵远离故乡，最后客死北方；二是李陵一直生活在叛国的阴影中，这是“一个蒙羞的灵魂”，“冰雪”象征着他所受的冷眼、指责和他所背负的叛变罪名。

要点2　理解重要概念含义的考查方式及解题技巧

在阅读理解型题目中，重要概念的考查方式灵活多样，相对应的解题方法也有所区别。

1. 考查方式之一：理解重要概念的语境

解题技巧：

(1)直接提炼要点。有些题目以解释概念的形式出现，即以诠释的形式出现。在文段中，一般概念的基本含义交代得非常清楚，通过详细阅读材料即可找到答案。因此，在做题时需要仔细阅读材料，提炼相关要点。

(2)确定阅读区间,联系文段背景。在一般情况下,要理解的概念在材料中会用一定的篇幅来进行说明或者阐释,有的概念在文中比较集中,词语或概念的含义在文中非常明显,可以在上下文中找到具体的文字表述;而有的则分散在文章的段落中,词语或概念则相对隐晦,没有具体的文字与之相对应,需要考生结合文段背景,调动自己的知识经验进行分析归纳,找出概念含义。

(3)树立语境意识,结合上下文语境。一般情况下,作为概念的词语在文章中不是孤立存在的,总是与其他词语组成句子,表达某种意思,上下文中总是或多或少、或隐或现地包含这个概念的意思,或制约这个概念的含义;而在词句理解型题目中,所考查词语的含义常常是对其本身的含义进行引申,或是临时被赋予更为深刻的含义。这时必须通过将词语放至整个文段中,联系上下文语境,推敲词语的含义或指代内容。所以,阅读时要有整体观念,认真理解语境,把握上下文的意思,切不可断章取义,或以偏概全。

【示例1】动物福利指的是尊重动物的权利,保护生态环境,促进人与动物协调发展。动物福利主要包括:生理福利,即无饥渴之忧虑;环境福利,即让动物有适当的居所;卫生福利,即尽量减少动物的伤病;行为福利,即保证动物表达天性的自由;心理福利,即减少动物恐惧和焦虑的心情。

"动物福利"的概念是什么?

【点评】对于"动物福利"的概念,文段中明确清晰地给出了说明和解释,即尊重动物的权利,保护生态环境,促进人与动物协调发展。

【示例2】一个作家如果在语言的运用上从来没有苦闷,从来不曾对语言进行过斗争,我敢断言:他不会是一个好作家。

"斗争"在此处的含义是什么?

【点评】"斗争"本义是指矛盾的双方互相冲突,一方力求战胜另一方。但结合语境可知,"斗争"在此处引申为摒弃苍白贫乏的语言而为追求鲜明生动的语言做出努力。

2. 考查方式之二:词语的指代意图

解题技巧:

(1)遵循"就近原则",分析指代意图。对文段中代词的理解,要依据上文,由近及远来进行分析。一般来说,代词一般出现在指代的对象或内容的前面或后面,所以,在做题时,可以采用顺推法或逆推法,由近及远地查找代词指代的内容。

(2)结合文体特点、修辞方法来理解词语。在词句理解型题目中,有些词语或句子会运用修辞手法。这时在理解词句含义时可结合修辞手法的特点来分析,要注意对概念进行修饰、判断的词语。对重要概念的理解要以准确判断其本质属性为基础,筛选与文章有关的信息,并对其进行简单概括,然后把握概念的本质属性。

【示例】当下有些报刊文化品格极低。其一,过于看重时尚,娱乐要摩登,明星要刺激,迎合大众的猎奇心理来找话题。其二,炒作公众人物,让平凡的公众人物神秘化和庸俗化。细看近几年一些媒体(包括文学批评界)的热门话题,有许多走时尚的路子,唯独与民众的生活远了。我在《媒体炒作下的文艺批评》一文中谈到这一点。有时想想,作为报人,我们多少有些责任。

文段中的"这一点"是指哪一点?

【点评】"这"属于代词,分析文段可知,"这一点"所指代的内容在前句中,即"细看近几年一些媒体(包括文学批评界)的热门话题,有许多走时尚的路子,唯独与民众的生活远了"。

3. 考查方式之三:借助主旨做推测

解题技巧:

针对此类考查方式,作答时一定要整体关照,先通读全文,把握大意(内容、情感、主题等),然后根据中心(文章的中心就是文章选材、立意、谋篇布局的魂)具体阐述。

三、理解阅读材料中重要句子的含义

要点1　重要句子的含义

所谓"重要句子",是指对表达文意起重要作用的关键性语句。阅读材料中的重要句子是指:

从内容上看,能点明主旨、直接表达作者观点或写作意图的关键性语句。

从结构上看,在各层次的中心句、总领句、总结句、过渡句或对文脉的推进与转接有关键作用的语句。

具有特殊表达方式的句子:

(1)内涵较为丰富而且具有提示性或引导性的语句;

(2)比较含蓄的有深层含义的语句;

(3)结构比较复杂,对理解文意有直接影响的语句。

理解文中重要句子含义的实质:一是将使用修辞手法形象化了的语句转化为概括性的直白语言,二是将抽象含蓄的句子转化为具体化的阐释。

【示例】理想是由真实的素材构成的。缺乏这种认识,人类就不能切合实际地运用它的理想能力。真正的友谊,这一美好的理想,会激励我们竞争;但认识到它只是一个理想,实际上常含有一点虚幻的成分,这种认识乃是一种不可忽视的对幻想的解毒剂。友谊是如此,一切真理也都如此。

如何理解画横线部分的句子?

【点评】"真正的友谊,这一美好的理想,……"说明友谊是理想,它能激励人们努力拼搏。

要点2　理解重要句子含义的考查方式及解题技巧

1. 考查方式之一:考查语句所蕴含的深层意义

解题技巧:

阅读大段材料主要用精读的方法,需逐字逐句推敲揣摩。可以先看问题涉及文中哪些段落或区域,和哪些语句有关。确定某一答题区域后,再仔细阅读每一句的意思,进而厘清段落之间的关系,了解行文思路。阅读时反复琢磨、圈画与之相关的内容。这样,答题时就不需要再从头至尾搜寻,可节省时间。

【示例】中国学术历来轻"术"。经济学、金融学都是太低级的"术",所以,他们往往被忽略。遗憾的是,时下的儒学研究学者还是不能走出用文化来谈文化的圈圈,特别是以儒家文化来评价儒家文化,其结论当然不会是别的,用"四书五经"来看"四书五经",只能越看越美。如果脱离传统儒家社会的实践现实,不去研究特定文化背景后面的成因(特别是经济成因),那么得出"以中华文化整合世界"这样的认识就不奇怪了。

如何理解画线部分的句子?

【点评】题目出现在最后一句,这就需要从前文找信息,联系上下语境。之所以得出"以中华文化整合世界"这样的认识,是因为中国历来轻视"术",脱离了社会的实践现实,没有研究文化背后的成因,特别是经济成因。

2. 考查方式之二:表达文章主旨或作者观点的关键性语句

解题技巧:

(1)尊重原文,不可过度夸大或缩小。句子理解型题目的答案通常就在原文中,不需要凭空想象。离开了原材料,会出现答案不准、答案不全的情况。在原文中找答案是准确解答问题最重要、最有效的方法,大多数问题的答案是可以从文中概括提炼的。同时,找出的语句不一定能够直接使用,必须根据题目要求进行加工,或摘取语句或压缩主干或抽取要点或重新组织。

(2)“踩点”给分,条理清晰,不可堆砌答案。作答句子理解型问题有两个基本要求:一是“踩点”给分,二是文通字顺。根据阅卷规则,多写一般不扣分,在限定字数的情况下可在答题时尽可能地陈述自己的见解。同时要保证字迹清晰、条理清楚。阅读理解题与作文一样,十分注重语言表达的基本功,为确保答题质量、提高得分率,作答时应该先拟草稿再反复修改。

【示例】无论什么文章,一旦选入语文教材,就不再是原来意义上的、独立存在的作品,而是整个教材系统中的一个有机组成部分,是“基本功训练的凭借”。

“基本功训练的凭借”指什么?

【点评】题干是一个复句,抓住句子的谓语,句子的层次为“……不再是……而是……是……”。三个谓语动词为并列关系。也就是说,作为最后一个“是”的宾语,“基本功训练的凭借”与“不再是”“而是”的宾语是并列关系。由此可以很快得知“基本功训练的凭借”指的是收入语文教材中的文章。

四、分析文章结构,把握文章思路

文章结构是指作者对材料的组织和安排的方法,包括叙述顺序、层次梳理、过渡照应、开头结尾、文章线索等因素。文章思路就是按照一定的条理,由此及彼表达思想的路径、脉络。

文章的结构和作者的思路关系密切:结构是外显的思路,思路是内化的结构。思路是谋篇,结构是布局;思路是内隐的,结构是外显的。因此,在阅读时要厘清思路脉络,辨明行文结构。

要点1 文章结构

对文章结构与思路的把握有赖于对文章的细致阅读,尤其是解题前的通读全文。不同文体的文章结构特点如下:

1. 记叙文的结构特点

(1)抓住时空变化划分。时间、地点是记叙文的主要因素,许多记叙文都是按时空的变化组织材料的。

(2)抓住作者思想情感的变化划分。

(3)按照记叙文内容的变化来划分。

(4)按逻辑关系划分。

(5)还可按描述角度的变化方式、事情发展的阶段来划分。

2. 议论文的结构特点

(1)按逻辑思维划分,包括引论、本论、结论三部分。

(2)按篇章结构划分,常见的结构有并列式、对照式、层进式和总分式。

3. 说明文的结构特点

说明文要按一定的顺序对事物、事理进行说明,故说明文的结构受说明的内容、说明的顺序限定。

(1)以时空变化为顺序的说明文,一般按层进式的结构来行文。

(2)说明事理和事物结构的说明文,一般按人们的认识规律和观察顺序安排结构。

(3)揭示事物发展过程的说明文,一般按照事物发展的进程来安排结构。

(4)有的说明文采用分类说明的方式,故其结构层次往往是并列式的。

【示例1】高等教育无论从政府、个人还是各种资源的综合配置来说,都是一项非常昂贵的投资。因此在美国和其他地方,目前有一种日渐增加的压力,即要求大学的教育和研究必须证明直接的、实质的经济效益。

【点评】因果关系。“因此”后点明重点,即由于高等教育是一项非常昂贵的投资,所以大学教育和研究需具备经济效益。

【示例2】这已是二十多年前的事了。我最近还见到这位朋友,那一盏灯光居然鼓舞一个出门求死的人多活了这许多年,而且使他到现在还活得很健壮,我没有跟他重谈起灯光的话。

【点评】递进关系。“多活了这许多年”与“使他到现在还活得很健壮”之间用关联词“而且”,构成了递进关系,进一步说明“那一盏灯光”对“他”的鼓舞作用之大。

要点2 文章思路

思路是作者为了实现表达目的而确定的文章内容和先后顺序。把握文章思路,就是把握文章各部分的内容,发现各层意思之间的内在联系,揣摩作者的构思过程。

厘清文章思路大致包括两个方面：

(1)**厘清结构**。阅读文章，应当把握住它的框架，看出作者“编织”文章的基本路数，弄清文章的来龙去脉。厘清结构，可以着眼于局部，也可以着眼于全篇。着眼于局部时，对某一段落或段中的某一部分，要厘清层次，分析层次间的关系。着眼于全篇，即弄清文章的开头、结尾以及文章是怎样渐次展开和步步推进，以实现对文章主旨的表达的。

(2)**厘清语脉**。语脉，即行文的脉络。厘清语脉，即分析语句间的意义关系，梳理行文的语意走向，把握语句顺序的安排及其根据。厘清语脉，可以借助对线索、过渡、照应等的分析，借助对关联词语所表达的语意关系的辨识，借助对指示代词和其他指代、借代、喻代类词语的说明内容的确认，也可以借助对表示肯定、否定、强调、揣测和有所保留、有所暗示等词语含义的理解。

【示例】去年夏天，我在杭州一所疗养院里休养。那儿的景色真美！六和塔静静地矗立在钱塘江边，江面上帆影点点、碧波粼粼，江岸后面是起伏的山峦和绵延不断的树林。

【点评】从句子结构上讲，文段是并列关系。前两句指出，“那儿的景色真美”。后面一句“六和塔静静地矗立在钱塘江边，江面上帆影点点，碧波粼粼，江岸后面是起伏的山峦和绵延不断的树林”具体描写优美景色，三个分句之间是并列关系。从思路上看是空间型：先写远处的六和塔，然后到江面上的景色，接着转到江岸后面的景色。

要点3 解题技巧及解题步骤

1. 分析文章结构

(1)抓住文体特征进行分析。分析记叙文的结构层次有以下方法：①按时间先后顺序划分；②按地点的转换划分；③按事情发生发展的过程或思想感情的变化划分；④按描述内容的不同角度划分；⑤按“总—分—总”的结构特点划分。

议论文的特点是“以理服人”，不仅要求语言严密、逻辑性强，而且文章的结构也是灵活多样的。它最基本的形式是：提出问题(引论)—分析问题(本论)—解决问题(结论)。它的结构方式大致有两种：逐层深入的纵式结构和并列展开的横式结构。

说明文有以下结构方式：①并列式；②连贯式(按时间、空间顺序组合)；③递进式(按逻辑顺序组合)；④总分式。

(2)抓住文中的关键句子和关键词语分析。关键性句子有承上启下的过渡句，前后照应的语句，文段的首句尾句。关键性词语有：①指代性的词语，如“这样、这些、这种、这个问题、这种情况”;②关联性词语,如表语意转折的“相反”“否则”“与此不同”,表递进的“更加”“而且”,表承接的“首先”“其次”,表因果的“因此”“那么”“由此看来”,表并列的“同时”“一方面……另一方面……”;③衔接性词语,如“也”“于是”等。

(3)通过语句间的组合关系分析文章,其内容是根据各语段的大意来综合的,各个语段、各个层次之间,不论怎样排列,它们所要表达的内容都是要围绕中心的,各个语句之间都有一定的语脉。阅读时,把握住这种关系,才能更好地理解文章的内容。

2. 把握文章思路

(1)**抓题目**。好的题目是文章的“题眼”。题目或是写作对象,或揭示了文章线索,或隐含了写作顺序。通过仔细推敲题目蕴含的信息,可以揣摩出文章的中心。题目揭示写作对象的,看哪些地方是直接写该对象的,哪些地方是从侧面写的,这样就能大致厘清思路;题目揭示文章线索和写作顺序的,则直接以此探寻文章的思路。如毛泽东写的《纪念白求恩》,题目揭示了写作对象。我们可以从“纪念白求恩”这个题目,联想到为何要纪念,白求恩做了什么样的事情值得大家尊敬和学习等内容。

(2)**抓中心句**。中心句是表明作者思路与写作目的的关键句,揭示了文章的中心思想,是文章思想感情高度浓缩的结晶,含义丰富深刻。这类句子往往出现在段首、段中或段尾部分,抓住中心句就抓住了段落核心和文章主旨,对理解文章整体思路意义重大。

(3)**抓中心话题**。如果中心句不明显,则直接去抓中心话题,哪些段落讲述的是同一话题就划分为一个层次,这样也能很快厘清思路。有时文章的意思是多层次的,分析完每一个层次之后还要有主次之分,提取主要的省去次要的。如果是递进关系,那就要提取主要强调的意思;如果是并列关系,那就把它们的意思联合起来,进行简要概括。

3. 解题步骤

分析文章结构和把握文章思路一般可以分为三步:

第一步,粗读全文,知道这篇文章主要谈的是什么问题,或者说了件什么事情,这一步的作用是把握文章全貌。

第二步,以段为单位仔细阅读,然后用简明的一两句话把段意表示出来,这一步的作用是把几百上千字的文章浓缩成几句话,显露出文章的脉络。

第三步,分析段落之间的内在联系,划分文章层次,这一步的作用是厘清脉络,把握全文的结构。

（1）逐段细读，标示段意，常见的有三种方法：①寻找中心句；②根据关键词语归纳；③如果既没有中心句，也没有关键词语，就需要调用已学过的知识自己概括。

（2）分析文章结构和把握文章思路时，要善于借助文中的线索：①借助过渡段；②借助承递性词语；③借助重复出现的关键词语；④借助文章标题。

五、归纳内容要点，概括中心意思

“内容要点”中的“内容”既可以是几句话、一段话、一个层次或几个层次的内容，也可以是整篇文章的内容。归纳文章的内容要点是对文章在分析理解基础上的综合，要求提纲挈领，以点带面，它离不开对文章中语句，特别是重点语句的理解。“中心意思”是针对文章的整体而言的，它直接以文章层意、内容要点为基础，又涉及作者主观创作意图和文章客观表达效果，涉及文内使用材料和文外相关材料，要求具有较高的分析概括能力和较准确的语言表达能力。

从逻辑上来说，“归纳内容要点”是“概括中心意思”的基础，只有归纳出了内容要点，才能在要点中提炼出作者要表达的中心意思，而在考查中则没有明显的分界，“归纳内容要点”也就是提炼总结某段或全篇文章的中心意思。

要点1　解题技巧

归纳内容要点时要纵览全文，把握整个文意，而不可拘泥于某些词句，要善于找到全文、全段的中心句、指示句、过渡句、总结句，把握全文脉络，厘清各段之间的联系，找准内容要点，不遗漏，也不把无关紧要的内容牵扯进去。具体有以下方法：

（1）直接提取要点。可从原文中直接摘录关键词语或中心句、重点句，提取出这样的词语和句子，经过删改，可转化为自己的答案。

（2）用自己的语言概括要点。有些文章，中心句、重点句并不明显，就需自己对内容进行条分缕析，用自己的语言进行概括。如怕遗漏，可先分部分、分层次，把握其脉络，再概括层意。

（3）概括性语句的选用一般是判断句。分析近几年的考题，考生在判断时切记要结合原文内容整体感知，不可臆断，也不可只抓只言片语，要结合作者写作意图，避免以偏概全和随意拔高。

【示例】幸福即“一种令人满意的生活”，社会成员有时对生活不满意，可能与生活琐事或基本民生问题直接相关。当然,一个人衣食无忧,也可能感到不快乐,没有幸福感。有无幸福感是一个较为复杂的问题,它涉及很多因素,且带有较强的主观性。解决了基本民生问题之后,未必让人获得幸福感。但是,社会成员若缺乏基本的民生保障,则一定不会有幸福感。民生好坏是社会成员幸福与否的一个基本判断标准。

问题:概括本段的主要观点。

【点评】本段首句"幸福即是'一种令人满意的生活',社会成员有时对生活不满意,可能与生活琐事或基本民生问题直接相关",指出幸福与生活琐事和民生问题休戚相关。段尾句再次强调民生问题和幸福之间的关系。中间表述是对生活琐事和民生问题的解释说明。因此本文的观点是尾句,即"民生好坏是社会成员幸福与否的一个基本判断标准"。

要点2　解题注意事项

归纳内容要点的前提是对文段内容有准确的理解,对文章的写作思路有清晰的判断。在此基础上还应注意:

(1)尽可能用原文中的词语归纳,防止要点遗漏。防止要点遗漏的方法,就是对相关文字作层次分析,无字数限定下尽量多写要点,保证答案完整。

(2)注意抓住各个文段中的中心句,这些句子一般在首句和尾句的位置上。

(3)对于没有中心句的段落,要分析语句之间的关系,把握其内容的重点。

(4)注意承上启下的过渡句,有些过渡句不仅概括了前文要点,也指出了下文的要点。

(5)归纳概括时要把握整体,从全文出发。

考试中,阅读理解题的第一问通常是考查某个词语或句子的涵义,第二问一般是要求结合上下文概括分析内容要点与中心意思。

考生作答理解重要词句的问题时可采用以下技巧进行解题:巧用信息,整体把握。确定区域,圈定勾画。尊重原文,摘取信息。先打草稿,写全写顺。

对于归纳内容要点、分析中心意思的,若概括性语句比较明显,直接找出即可;不明显的需要独立归纳,归纳时注意把握相关文字之间的层次。答题步骤分三步走,第一步划分本段(或全文)的层次,第二步提取要点词语(或句子),第三步整合答案。

六、分析概括作者在文中的观点态度

要点1 观点态度的含义

所谓"观点态度",是指作者通过一定的材料所表达出来的对客观事物的认识和思想倾向,表现为文章的中心思想和作者的创作意图,即褒扬还是贬低,肯定还是否定,赞扬还是反对等。具体体现为在句、段、文章中,作者对具体的事、物、景、现象的看法和态度等。分析概括作者在文中的观点和态度,就是要求用自己的语言,将语言、语段或全文进行具体的理解和总结、筛选和提炼、加工和转化,从而分辨作者对所说事物的歌颂或批评的态度。

从某种意义上讲,分析概括作者在文中的观点和态度,应该是一切阅读活动的出发点和归宿。而把文中的观点和态度用准确、简明的文字表达出来,则是考查中的热点和难点。

要点2 分析概括作者在文中的观点态度的命题角度

(1)辨析作者在文中体现的观点和态度。

(2)概括作者对文中某一内容的观点和态度。

(3)比较在文中转述的多种观点。

一篇文章列举了多种观点,如介绍一种新的发明或一个新事物时,可能有很多人持有不同的意见,作者把不同的观点都罗列出来后,一定有自己的看法。设题时就可以从别人的观点和作者的观点两方面辨析。

要点3 解题步骤及注意事项

分析归纳文章的内容要点和中心意思的步骤:

(1)理解题干要求,通读全文,把握大意。

(2)对照考题要求,找到答题区间,筛选出相关的语言材料,选好答题的角度,组织好答题的语言。

(3)快速浏览全文,验证答案。

除此以外,还要注意:(1)注意厘清段与段之间的逻辑关系,抓准核心句子——起始句、重点句、归纳句，概述中心要点时，要保持概念的一致性；(2)要注意文段中多次出现的词语、意义相近的词语；(3)概括时，要注意保持角度一致性，概括的层次要恰当，内容要全面，概念要准确，表述要精炼确切；(4)注意弄清作品的社会背景，揣摩作者的写作意图，知人论世；(5)充分利用题干所提供的信息；(6)掌握常用方法：标题法、开篇法、结尾法、摘录关键句法、自拟法。

分析概括时要归纳全面，抓住主要观点，并注意以下几点：

(1)**使用摘录法**。直接表达作者观点态度的语句，一般可以把关键的词语、句子从文中摘录下来；过于分散的内容可以通过筛选整合成一个句子；过长的句子可以采用压缩的手法摘录。

(2)**解释含蓄句**。对文中含蓄的语言，联系上下文，通过对具体语句的理解，把握隐含的信息，解释出语句的含义。

(3)**理解观点句**。作者总是在文中表现自己的感情倾向，可以通过对体现作者持否定、批判的语句，把握作者持保留态度的语句的分析，体会作者的观点和态度。

第四节　写作能力

思维导图

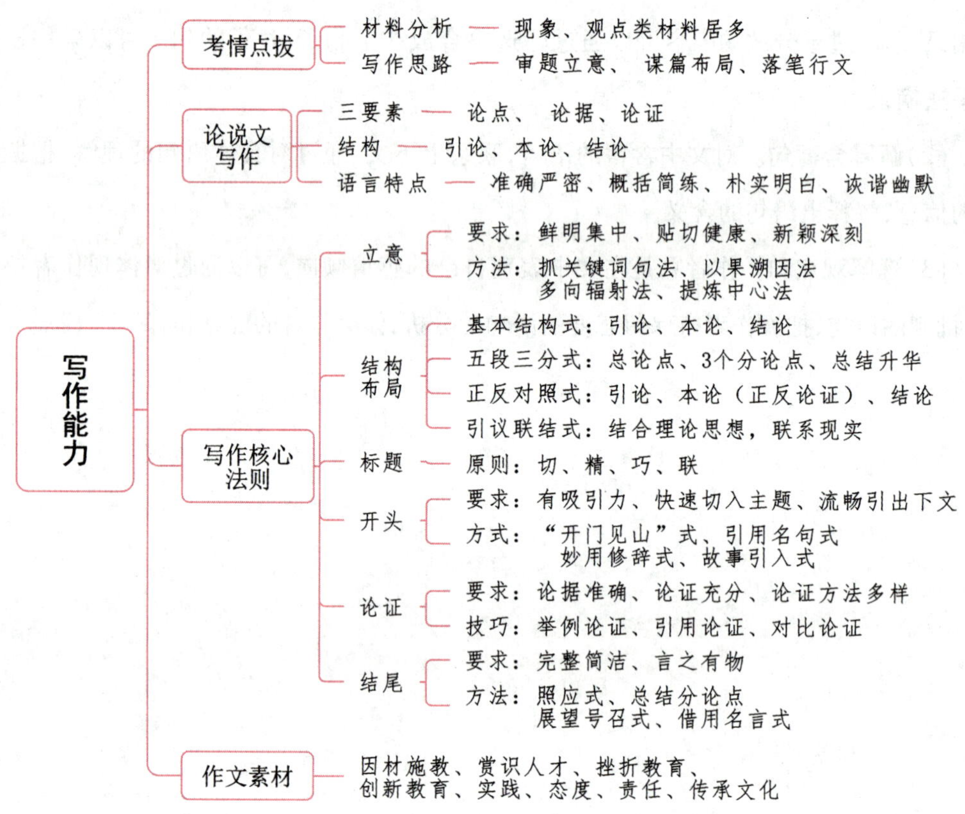

考向分析

写作题主要考查考生对材料的理解阅读能力、思考认识的深度及文字表达能力。在教师资格笔试综合素质科目中，第33题固定考查考生的写作能力，2015—2023年以写作题的形式考查17次。在考试中，写作题所占分值最大，为50分。题目一般会给出一段文字或图片材料，要求考生根据材料引发的思考和感悟，写一篇不少于800字的论说文。有时也会不限文体，让考生自由发挥。在备考时，考生需要了解论说文这一文体的相关内容以及写作上的一些技巧，注重素材积累和练习。

一、考情点拨

要点1 材料分析

在综合素质考试中，写作题一般为材料作文，即给出一段材料，考生根据这段材料发散思维进行思考立意，组织语言撰写一篇作文。给定的材料分为两类：一类是现象、观点类材料，即材料直接给出某种现象和事例，或是若干观点，要求考生对所述现象、事例或观点进行阐述和评论，这一类型的题目考查频次较高；另一类是哲理类材料，即材料给出一段故事或寓言，其中往往蕴含着一些人生哲理，要求考生据此写作。这一类型的题目考查难度较大。

【示例】材料一　近些年，我国的重大科技项目层出不穷，且不断取得重大成果："神舟"载人飞船、"天舟"货运飞船、"天宫"空间站、"嫦娥"月球探测器、"鹊桥"中继星、"玉兔"月球车、"悟空"暗物质粒子探测卫星、"天问"火星探测器、"祝融"火星车。

材料二　我国某极具影响力的科技公司的产品名称都很有特色：手机芯片叫"麒麟"，基带芯片叫"巴龙"，服务器芯片叫"鲲鹏"，路由器芯片叫"凌霄"，人工智能芯片叫"昇腾"，服务器平台叫"泰山"，操作系统叫"鸿蒙"。

要点2 作答要求

1. 作答范围与作答任务

【示例】综合上述材料所引发的联想和感悟，写一篇论说文。

要求：用规范的现代汉语写作；角度自选；立意自定，标题自拟；不少于800字。

【分析】(1)作答范围：作答时依据的材料范围。本题的作答范围为给定材料。

(2)作答任务：考生在作答中需要完成的任务。本题的作答任务是：根据材料所引发的联想和感悟，写一篇不少于800字的论说文。

2. 字数与语言

(1)字数

在综合素质写作题中，字数一般要求不少于800字，即大于或等于800字即可。在这个要求下，考生如果写了500～800字，根据内容要求正常打分，每少50字扣1分，不足500字，不用分项打分，给总分。

(2)语言

在综合素质写作题中，要求用规范的现代汉语写作，因此考生要避免在试卷上出现网络语言、词汇。例如把“有没有”写成“有木有”等，都会按照错别字处理，扣1～3分。

3. 文面

清楚整洁、易于辨识是书写的最低要求。是否把字写好，是否保持卷面书写清楚整洁、易于辨认、有美感，对考生的成绩有很大的影响。实际上，作文卷面干净，书写工整，阅卷老师会寻找加分点；卷面脏乱差，阅卷老师会寻找扣分点。卷面过于潦草，语言再优美，主题再深刻，也是枉然。面目全非的作文，让阅卷老师如何评判？

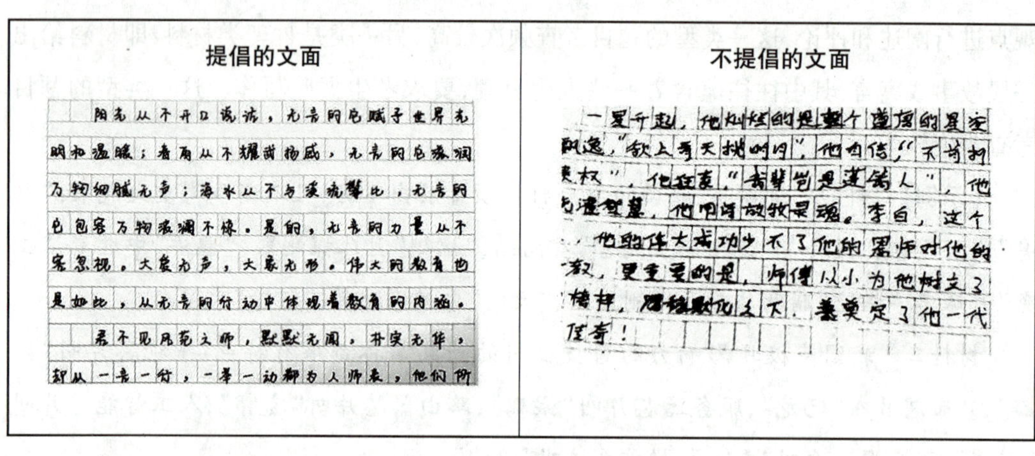

考生在书写时需要着重注意以下三点。

(1)书写工整

考生需按照要求使用指定的笔作答，避免笔迹过淡或过浓导致扫描不清楚。在书写时，应注意：

①保证字居于格子的中心，避免出现字过大或过小的情况。

②保证字迹清楚，避免出现连笔、缺笔画、简写等问题。

③保证字体结构匀称，避免出现字过扁或过长、歪歪斜斜等情况。

(2)谨慎涂改

写作题的卷面是很关键的，一旦出现写错字的情况，千万不要直接涂成一团黑色，在后面写上正确的字。正确的解决办法是将错字用一条斜线划掉，在原错字后面写上正确的字。

(3)书写速度适中

参加过教师资格考试的考生感叹写作作答时间不足,没有时间体会给定资料的内涵并组织材料,没有时间写作文或者没有写完等情况非常普遍。如何把答案写得又好又快是考生必须要重视的一个问题,这就需要我们平时不断地练习,加快写字速度。

要点3　评分参考标准

在综合素质考试中,写作题一般以议论文、论说文为主,其评分标准集中于对内容、语言、结构及卷面的考核,根据达标情况将之分为四个档次,如下表所示:

写作题评分标准(满分50分为例)

一等(41~50分)	二等(31~40分)	三等(21~30分)	四等(21以下分)
切合题意	符合题意	基本符合题意	偏离题意
中心突出	中心明确	中心基本明确	中心不明确
内容充实	内容比较充实	内容单薄	没什么内容
感情真切	感情真实	内容不够真实	感情虚假
结构严谨	结构完整	结构不够完整	结构混乱
语言流畅	语言通顺	语言不够通顺	语病偏多
字体工整	字迹清楚	字迹潦草	字迹难辨

要点4　写作思路

写作部分要求考生能充分利用给定材料,围绕中心观点展开阐述,应在深入思考、“运筹帷幄”的基础上进行,具体可按照以下思路进行。

1. 审题立意

在审题的基础上立意,需充分理解材料内涵,从材料中确定文章观点,同时需明确文章作答要求。

2. 谋篇布局

根据立意及写作要求进行谋篇布局。谋篇布局要围绕中心观点进行,建议考生在撰写前先拟制写作提纲(大概3~5分钟):可先明确作文的结构,如议论文,“五段三分式”

“层层递进式”或是“一个论点多个论据式”等，再确定每一段落的大致内容及可采用的素材，接着确定写作的重点。行文前有了框架，落笔自然会思路清晰。

3. 落笔行文

(1)开头写作。一篇文章的开头是很重要的，文章有了好的开头，不仅能带动全篇，使文章顺利展开，而且能抓住读者，引人入胜。

(2)正文写作。围绕中心观点展开阐述或进行论证，是一篇文章的主体部分。

(3)结尾写作。富有吸引力的结尾，同样也能为文章增色不少。或总结全文，使文章结构清晰；或直抒胸臆，以增强文章感染力；或语言含蓄隽永，意蕴深刻；等等。

二、常见文体——论说文写作

在教师资格考试中，写作题的写作文体一般为论说文。论说文是直接说明事理、阐发见解、宣示主张的文章，一般要求考生在准确、全面地理解题意的基础上，对命题或材料所给观点进行分析，表明自己的观点并加以论证。一篇优秀的论说文要求思想健康，观点正确，论据充分，论证严密，结构合理，言语流畅。

要点1　论说文的三要素

1. 论点

论点是整篇论说文的核心和灵魂，是作者在文章中提出的对某一个问题或某一类事件的看法、观点和主张。它要求正确性、鲜明性、新颖性、深刻性、时代性。论点的位置比较灵活，一般以标题体现或在开头写明。

2. 论据

论据是证明论点正确的证据。要想证明论点的正确，首先，论据必须真实、可信，能够充分证明论点。其次，论据要具有典型性，能收到“以一当十”的效果。最后，论据要新颖，要尽可能寻找一些能给人以新的感受和启示的论据。

3. 论证

论证就是用论据来证明论点的过程，论证的目的在于揭示论点和论据之间的内在逻辑关系。论证方法有举例论证、引用论证、对比论证等。

要点2　论说文的结构

1. 引论

引论就是提出文章的论题、论点。考场作文时间紧，文章不宜过长，因此文章最好开门见山，尽快鲜明地亮出观点。一般来说，开头最好控制在100~200字以内。

2. 本论

本论，即运用论据证明自己的观点。这一部分最好能够联系实际，对自己的观点做进一步的阐释。论说文本论部分的结构布局应该充分显示各分论点之间的逻辑关系。

3. 结论

结论作为全文的收束部分，在一定意义上注定了文章的成败。精彩的结尾要扣题，要与首段相呼应，结论要精练有力、富有深意又发人深省。

要点3　论说文的语言特点

论说文是对某个问题或某件事进行分析、评论，表明自己的观点、立场、态度、看法和主张的一种文体。论说文的语言特色主要体现在准确、鲜明、富有概括力上。具体而言，论说文要求语言具有以下特点：

(1)准确、严密。遣词造句，要能够恰如其分、实事求是地反映客观事实，表达自己的观点，做到不夸张，不缩小，不会引起歧义。

(2)概括、简练。叙述事实论据，要简明扼要，善于归纳事物的共同特点，用简练的语言进行表达。

(3)朴实、明白。用自己的语言来表达自己的观点，力求朴实、通顺、明白。议论文要求语言鲜明、生动，有助于加强论证的力量。

(4)诙谐、幽默。诙谐幽默的语言，可使枯燥的说理生动有趣，平常观点的阐述引人深思，从而生发作文魅力，吸引阅卷老师，获得较为理想的分数。

三、论说文写作核心法则

要点1　立意

立意就是确立文章总论点及其分论点的思维过程。它起着明确主旨、统领全文、指明写作方向的作用,在文章写作中处于核心地位。

1. 立意的基本要求

(1)立意要鲜明、集中。一篇文章赞扬什么(或歌颂什么),批评什么(或揭露什么),或说明一个什么道理,要观点明确,不能模棱两可。一篇文章必须围绕一个中心来写,不能分散,不能有两个(或多个)中心。

(2)立意要贴切、健康。立意要符合题目要求和命题意图,如《难题》,写工作、生活中遇到的困难和难题最适宜。此外,开放式材料作文的立意需符合材料内容;观点要符合社会主流意识,正面积极。

(3)立意要新颖、深刻。要善于从多层次、多角度、多方面来分析材料,做到以小见大,由表及里,从中挖掘出他人未曾发现的新的思想内容。

2. 立意的基本方法

通过审清题目要求,明确立意,即中心思想。找立意的方法主要有四种:抓关键词句法、以果溯因法、多向辐射法和提炼中心法。

(1)抓关键词句法

对于材料作文而言,考生在审题立意时除了要整体把握材料内容,提炼中心思想外,还要能抓住材料的关键语句和词语,领悟材料的内涵和主旨,再对内涵和主旨进行拓展和挖掘。材料中的关键词句往往是"文眼",材料的主旨蕴含其中,所以可以将关键词句作为把握材料进行审题立意的突破口。值得注意的是,材料中的关键句往往是人物的评论性语句、命题者的提示性语言等。

(2)以果溯因法

事物都是互相联系的。比如,有很多事物就是以因果关系的联系形式存在的。写材料作文,审题时如果能由材料中列举的现象或结果推究出造成所列现象或结果的本质原因,往往能找到最佳的立意。

(3)多向辐射法

有些材料作文的材料比较散,常常会出现许多人和事,好像根本就没有一个明确的中心。对于这样的材料,审题时考生可以采用多向辐射的思维方法围绕材料展开多角度立意。比如,既可以着眼于甲事物立意,又可以着眼于乙事物立意,还可以着眼于甲乙两事物的关系立意;既可以联系事物(对象)的正面立意,还可以联系其侧面和反面立意。

(4)提炼中心法

这是写材料作文最为常见且最为稳妥的审题立意方法。写材料作文时,如果能准确地提炼出材料的中心,并以其作为文章的主旨,一定会使所写文章既切题又有深度。那么,如何提炼中心呢?考生在审题时要透过现象看本质,从列举的现象中概括出规律性的内容。具体操作时,一般可分为三步:①概括中心(人物+事件+结果);②提炼道理(一般有关键词的提示);③组织观点句,并将其压缩成主谓宾完整的句子。

要点2 结构布局

结构布局即文章结构。论说文的逻辑思路外在表现为一篇文章的结构布局。整体上有“总—分—总”“总—分”“分—总”结构,但应试最常写的是“总—分—总”式,按照“引论—本论—结论”(即“提出问题—分析问题—解决问题”)三个部分来写。引论部分提出中心论点,本论部分具体论证论点,结论部分总结全文。

1. 基本结构式

根据议论问题的一般思维模式,论说文的一般结构模式应当是按“提出问题—分析问题—解决问题”三大块构成。

“提出问题”即在论说文开头一般要鲜明地提出中心论点,“分析问题”即在文章的中间要围绕中心论点展开分析论证,“解决问题”即在文章的后半部分,或者提出问题的解决方案,或者得出综合性结论,或者提出前瞻性希望等。

因此,当我们看到作文的话题时,首先要确定作文的中心论点,然后对着确定的中心论点连问三个问题:是什么(提出问题)—为什么(分析问题)—怎么办(解决问题)。

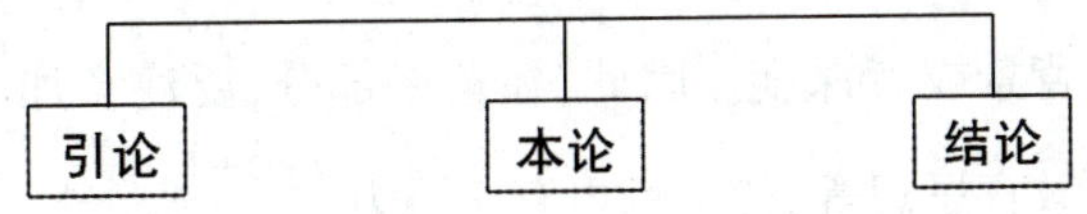

2. 五段三分式

五段三分式是最基本的一种结构,它围绕中心论点展开三个分论点,三个分论点之间可以是并列或递进关系,分论点可从“是什么”“为什么”“怎么办”着手。考场上,五段三分式特别常见,建议在结构上有所变化。可在提出中心论点后,结合现实或名人言论、事例等进一步阐述,再展开分论点,最后结尾。也可在分论点结束之后联系现实阐述必要性等,再结尾。

在论说文写作中,让考生们犯难的,是在确定了中心论点之后,应该如何展开论证的问题。当一篇论说文的中心论点明确之后，采用分论点的方式进行展开论证，是写好考场论说文的一个非常重要的环节。

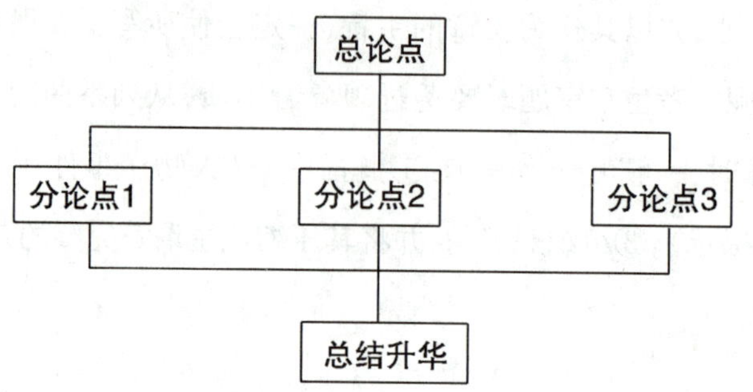

3. 正反对照式

正反对照式是在中心论点提出之后，从正反两方面提出分论点或摆正反两方面的论据，加以论证，最后进行结论的方式。它的特点是两种看法或论据之间为一正一反的关系，或通过正反对比明辨是非，或通过正反对比突出其中一个方面的正确性。这种结构方式能起到对比鲜明、突出深化观点的作用。

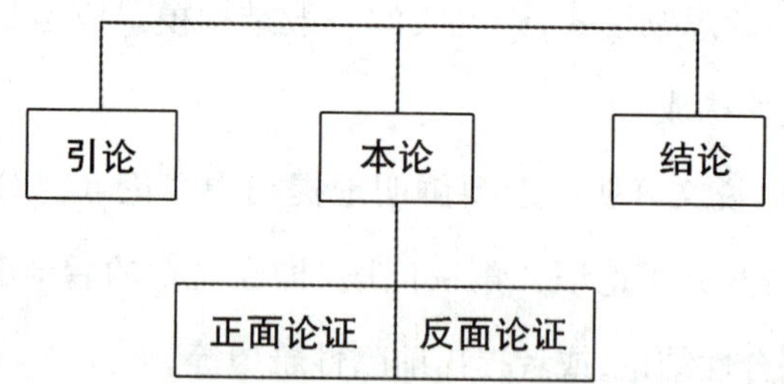

4. 引议联结式

"引议联结式"在"议"的部分更强调对材料和观点进行一种理性的分析和思辨，给你的观点一种理论的背景或者深度。因此，在这一部分，要注意加入一些有一定深度的理论，或生活哲学，或教育思想等，使文章更有说服力。

从阅卷来看，思辨性强的论说文普遍受到阅卷老师的青睐。因此，考生在写作时要紧密联系现实，以活生生的现实矛盾为切入口，议评时政，抓住关键，简明扼要，生动形象，论述深刻透彻。

要点3 标题

"题好文一半"，好的标题往往是传达文章主旨、内容和意蕴之神的"眼睛"，它可以为文章画龙点睛，增添色彩，从而诱人阅读。拟写标题时，首先需审清题干对"标题"的要求:以“××”为题(题目);以“××”为话题,自拟标题。

1. 标题的基本要求

(1)标题范围尽量要小,要合理出新,不要落俗套。

(2)标题不能过长,标题过长则显得松散。

(3)标题要含蓄,把思维蕴含于形象的标题之中。

(4)拟题时要善于联想。

2. 拟写标题的原则

(1)切。标题要与文章内容相符,含意要清楚,宽窄要合度。

(2)精。标题的文字不能拖泥带水,要言简意赅,高度概括。

(3)巧。标题要与文章的立意、构思的角度密切相关、相辅相成。

(4)联。标题在合理出新的同时,还要与材料相联系。

3. 拟题的基本方法

(1)直接用材料的观点作为标题

任何类型的作文材料,都会有自己的中心意思。考生在写作文时,可以直接将材料中的观点提炼浓缩形成题目(直接入题法),让阅卷老师一见题目就知道文章的中心论点,从而使得文章观点鲜明、中心明确。这种方法有点像排球中的“短、平、快”,在直截了当中既彰显了个性,又给人一种鲜明爽快、痛快淋漓之感,还不容易偏题。如作文标题为“传统文化与现代科技”,题目正是材料所表达的观点,直接醒目。

(2)用材料中的关键词句或关联点作为标题

关键词句往往是材料的“文眼”,蕴含着材料的主旨,扣住了关键词句或关联点也就抓住了作文的写作重点。若用材料中的关键词句或关联点做文章的标题,则会使文章标题醒目有力,既体现材料的内涵,防止偏题,又可使阅卷老师明晰作文的观点。例如,选用材料中的关键词句“从低处起步”得出作文标题“从脚下出发”,亮明了文章的观点,醒目有力。

(3)巧引诗词名句或成语作为标题

标题化用俗语、流行用语、歌曲名、影视剧名、广告语等,会显得通俗易懂,自然亲切,极易引发读者的想象;化用人们熟知的名言警句、诗词歌赋中的名句、成语等,既典雅工丽,辞约义丰,又使得文章显示出文化底蕴。如“送人玫瑰,手有余香”(化用民间谚语)、“‘爱’在心头口难开”(化用流行歌曲名)、“不要让精神‘断层’”(嫁接地理术语)、“别人的风景你的梦”(化用诗句)、“言必信,行必果”(化用古典诗词)等。

(4)巧用修辞,生动形象

有的标题运用修辞手法,显得既简明生动,又新颖别致,对读者极富吸引力,如“用宽容打开学生的另一扇窗”(比喻)、“树的叹息”(拟人)、“营造温情氛围,呵护学生自尊”(对偶)、“我是谁? 我是我”(设问)、“填鸭添压”(双关)等。

4. 优化标题的方法

在准确拟定题目的基础上,通过引用名言、巧用修辞等方法对题目进行优化,尽量使题目新颖灵活,用个性化特点吸引阅卷老师眼球。优化题目的方法有:

(1)引用法

引用法是指在拟定标题时由于其论述的主题或范围与某些名言警句、成语典故、古诗文句、影视片名、歌曲名等意思相吻合,就直接把它们引过来做标题的一种拟题方法。

①引用名言警句

【示例】学高为师　身正为范　　捧着一颗心来　不带半根草去

②用成语典故

【示例】赠人玫瑰　手有余香　　我为人人　人人为我　　尺有所短　寸有所长

③用古诗文

【示例】言必信　行必果　　先天下之忧而忧　后天下之乐而乐

(2)修辞法

用比喻、拟人、对比等修辞手法来表现标题中的某个或几个要素,用含蓄的方式表达主题,概括中心思想,如此拟制出的标题,就会具有一定的文采和表现力。

①比喻

【示例】创新是教育事业发展的基石　　用宽容打开学生的另一扇窗

②借代

【示例】对“五道杠”少年不妨多些宽容　　“范跑跑”跑掉了良心

③双关

【示例】填鸭添压　　因材施教还是因“财”施教

④对偶

【示例】营造温情氛围　呵护学生自尊　　夯实知识基础　培养实践能力

要点4　开头

文章的开头既要能将后文内容稍加遮掩，避免一目了然丧失阅读兴趣，又要展现考生对文章主题掌握的“丘壑”，还要微微显露“羊肠小道”引出下文，这样才能赢得阅卷老师的赞赏。

1. 开头的基本要求

(1)有吸引力

教育写作，要起笔不凡，让阅卷老师刚接触到文章即被吸引住，有一睹全文的欲望。可以使用“设悬念”“用典故”“引名言”“摆问题”等技巧、形式，设置出吸引人的开头，第一时间博得阅卷老师青睐。

(2)快速切入主题

文章的开头是文章的总体方向，为文章总论点服务，因此，开头应快速切入文章主题，让阅卷老师开篇便知晓你在谈什么问题，文章的核心观点是什么。开头不要繁冗、啰嗦，要简明扼要，无论是引出总论点，还是直接提出总论点，都要有实际内容，忌假大空，大量列举事例而忽略、埋没了文章中心论点。

(3)流畅引出下文

布局谋篇要考虑段与段、层与层之间的组合关系，开头除了要完成好自身的任务外，还有个重要功能是引出下文，所以开头的最后一句通常是承上启下的，既要前接上文，又要后启下文，或者宏观概括问题，或者简要论述问题的总体解决思路，为下一段乃至下几段的延伸阐述留出充足的空间。

2. 开头的方式

文章的开头是展现给阅卷老师的“第一缕阳光”，不仅奠定了行文的基调，而且能为阅卷老师带来阅读的兴趣。常见的开头写法有“开门见山”式、引用名句式、妙用修辞式、故事引入式等。

(1)“开门见山”式

开篇直截了当地摆出观点，简洁平实，开宗明义，一语中的。将自己的观点在文首亮出，引领全文，既能渲染出一种气势，也利于畅通文思，围绕论点展开议论。例如，吴晗的《谈骨气》首段就提出中心论点“我们中国人是很有骨气的”来引领全篇，让读者产生强烈的民族自豪感。

(2)引用名句式

引用诗句、名言、格言、谚语作为文章的开头,并顺其自然地引到自己的论点上来。这样不仅使文章立意深邃隽永,而且能显示作者丰厚的文学素养和深厚的文学底蕴,有先声夺人之势。例如,林家箴在《说"勤"》中开篇谈到:"中国有句俗话,叫作'一勤天下无难事'。唐代大文学家韩愈也曾经说:'业精于勤'。这就是说,学业方面的精深造诣来源于勤奋好学。"

(3)妙用修辞式

文章开头运用比喻、排比等巧妙而贴切的修辞方法,形成一种形式美,让人印象深刻。例如,写作题"语文,想说爱你不容易"就可以采用排比开篇:"语文,读你是水波不兴的平静,要有明亮的眼睛,所以我轻吟爱你不容易;语文,听你是娓娓动听的欢快,要有倾听的耳朵,所以我低唱爱你不容易;语文,赏你是鱼游浅底的自然,要有智慧的心灵,所以我高歌爱你不容易。"开篇三句话巧妙构成排比,交代"语文,想说爱你不容易"的原因,文采飞扬,且提纲挈领。

(4)故事引入式

采用形象化议论,引入故事,即事明理,提升立意。当然,故事应言简意赅,重点不在于故事本身,而在于为后文提供广阔的议论空间。

要点5 论证

一篇文章要想算得上精彩,仅仅通过立意提出论点是不够的,还需要通过论证来证明自己的观点以使人信服。

1. 论证的基本要求

(1)论据选取准确

首先,论据要和论点保持一致。论据是论证论点的材料,是支撑论点的工具。如果不一致,或者偏离论点,不但没有说服力,反而会成为文章的累赘,甚至会扰乱和阻塞文章的思路。

其次,论据要确凿。所用的论据要正确、真实,没有虚构成分,没有错误内容,要经得起推敲。如果论据是想象、捏造出来的或者错误的,不但毫无论证的力度,甚至会让人怀疑所论证观点的可信度。

(2)论证说服充分

文章的论证,不但要选取准确的论据,还要对论据进行分析论述,这样才能更有效地证明论点。这就好比做菜,若将食材直接装盘上桌肯定是不行的,必须施展厨艺对食材进行加工。

(3)论证方法多样

“文似看山不喜平”,单调、贫乏从来都是写作的禁忌,在教育写作中考生如能恰当地运用多种论证方法,就能使文章显得丰富而又富于变化,拉开与其他考生的距离。

2. 论证的技巧

(1)举例论证

举例论证是指运用典型事例来证明论点的方法。任何论点都不能独立存在,事实胜于雄辩,列举确凿、充分、有代表性的事实,能够增强论证的说服力。

(2)引用论证

引用论证也叫“引证”,即引用名言警句、经典著作、历史文献、谚语、成语、俗语等作为论据,用以分析问题、说明道理的论证方法。引用论证的方法有两种:一种是明引,交代所引的话的出处;一种是暗引,即不交代所引的话是谁说的或出处。

(3)对比论证

对比论证是一种常用的、有说服力的论证方法。事物的特征和本质在对比中最容易显露出来,特别是正反相互对立的事物的比较,具有极大的鲜明性,能给人留下深刻的印象,通过对比,论点的正确性会更加稳固。

要点6　结尾

1. 结尾的基本要求

(1)完整简洁

古人作文,有凤头、猪肚、豹尾一说。即文章开头要精彩,引人入胜;主体要内容饱满,分析深入;结尾则要力求简洁,点题有力。一篇好的文章应该是首尾俱全的,如果考生因为时间不足而作答不全,势必不符合文章写作的基本要求。

结尾的重要作用之一是收束全文。古人说,文章结尾应当“如截奔马”,就是要把洋洋洒洒的文章在适当的地方收住。要掌握好分寸,做到既言简意赅,又完整地表达意思,不拖泥带水。一般文章的结尾尽量不要超过200字。

(2)言之有物

我们写作时,对文章的结尾进行适当的升华,并对未来做出展望是可以的,但切忌空喊口号,无实质内容。

2. 结尾的方法

文章结尾的意义不可小觑。常见的结尾方式有照应式结尾、总结分论点、展望号召式、借用名言式等。

(1)照应式结尾

照应式结尾是指结尾扣题,呼应上文,强调开篇与正文主体所提出的问题,概括问题的意义和能够产生的影响、效果,紧扣政策背景、联系实际生活,目光深远,视野开阔,可以深化对全文主题的阐释与论述。照应式结尾包括照应标题和照应开头。

【示例】标题:教育是发展的基石

结尾:百年大计,教育为本。教育是社会和谐发展的基础工程,教育公平是建设和谐社会的重要基石。李克强总理强调的"让每个孩子都能接受义务教育,一个都不能少",向我们传递了要实现教育公平的明确信号。只有将教育基石打牢,才能使社会和谐发展,才能为国家的强大、民族的复兴提供源源不断的人才支撑。

(2)总结分论点

总结分论点即指对全文的内容进行总结、归纳,通常是对论点,尤其是对分论点的总结。需注意的是,对分论点的总结不是胡乱堆砌,而应对分论点进行适当加工。通常,这种结尾方式是分论点与意义的综合表述。

【示例】标题:师爱

结尾:冰心说道:"爱在左,同情在右,走在生命的两旁,随时撒种,随时开花,将这一径长途,点缀得花香弥漫,使穿枝拂叶的行人,踏着荆棘,不觉得痛苦,有泪可落,却不悲凉。"教师要以爱去播种,以心去耕耘,以智去劳作,在学生美好的心田里种下智慧的种子,收获爱的结晶。

(3)展望号召式

展望号召式结尾是在文章结尾时发出真挚的呼唤,鼓舞人心,给读者强烈的心灵震撼。展望号召要求我们以坚定有力的语气指明事物未来的发展方向、政策走向,以及问题必然解决、情况必然改善的趋势和前景。一般以感叹句、陈述句等抒发感情,发出倡议。

【示例】标题:教书育人

结尾:没有蓝天的深邃,就没有白云的飘逸;没有大海的壮阔,就没有鱼儿的自由;没有花朵的明丽,就没有小草的翠绿。作为一名人民教师,应找到自己教书育人的位置,找到自己的光源,发出自己的声音。唯有如此,学生的未来才有希望之光相随,教育事业的明天才会迸发出瑰丽的色彩!

(4)借用名言式

借用名言式是指引用教育学家或哲人、经典名著中的权威论述,联系主题进行阐释论述,借题发挥,有引有阐,开掘文章的内涵思想,提升全文的理论层次,展现教育、道义高度与人文情怀,烘托文章的立意。

【示例】标题:责任

结尾:微软总裁比尔·盖茨曾对他的员工说:“人可以不伟大,但不可以没有责任心。”责任就是一份承诺、一种约束、一股动力,拥有它,我们将铭记自己的目标,控制自己的行为,挖掘自己的潜能,为教育事业奉献力量。

四、写作素材

素材1 因材施教

1. 名人名言

人像树木一样,要使他们尽量长上去,不能勉强都长得一样高,应当是:立脚点上求平等,于出头处谋自由。——陶行知

活的人才教育不是灌输知识,而是将开发文化宝库的钥匙,尽我们知道的交给学生。——陶行知

教师之为教,不在全盘授予,而在相机诱导。——叶圣陶

中人以上,可以语上也;中人以下,不可以语上也。——孔子

应当考虑到儿童天性的差异,并且促进独特的发展。不能也不应使一切人都成为一模一样的人,并教以一模一样的东西。——第斯多惠

世界上没有才能的人是没有的。问题在于教育者要去发现每一位学生的禀赋、兴趣、爱好和特长,为他们的表现和发展提供充分的条件和正确引导。——苏霍姆林斯基

从我手里经过的学生成千上万,奇怪的是,留给我印象最深的并不是无可挑剔的模

范生，而是别具特点、与众不同的孩子。——苏霍姆林斯基

2. 素材集锦

(1)子路和冉有问了孔子同样的问题："听到一件事，是否可以立即去做？"孔子给两人的答案截然不同。对于子路，孔子回答："你有父亲和兄长在，为何不先问问他们再去做呢？"而对于冉有，他的回答是："可以立即去做。"孔子之所以这样做，是因为冉有做事总是瞻前顾后，所以要鼓励他去做；而子路胆子大，有时很鲁莽，所以要压压他的性子。

(2)近代著名的教育家蔡元培，曾经担任过南京临时政府的教育总长，后来又长期担任北京大学校长，对中国近现代教育的发展，尤其是对于美育的提倡和实践，做出过不可磨灭的贡献。他不仅致力研究西方美学和教育，而且对中国传统的教育遗产，也进行了认真的批判继承。他同样重视因材施教，曾经明确指出："总须活用为妙。就是遇有特别的天才的，总宜施以特别的教练。在学生方面，也要自省，我于那几科觉得很困难的，须格外用功些，那几科觉得特别喜欢的，也不妨多学些。总之，教授、求学，两不可呆板便了。"

(3)姚明上小学时，成绩中等，但是他参加了初中体育学校的篮球训练。小学初期，在父母的鼓励下，姚明整夜奋战，考试考得很好，进了城里的一所重点中学。然而，进入学校后不久，他的父母发现姚明和其他学生有一定的学习差距，同时，姚明每天做作业到很晚，并逐渐放弃打篮球。家长认为姚明在重点中学太累太苦，甚至不能坚持兴趣爱好。该怎么办？他们选择放弃重点中学，转向以体育为特色的普通中学。从那时起，姚明一直学习顺利，篮球技术也变得越来越高超。几年后，他被城市青年队录取，然后加入上海队，然后被国家队录取，最后去了美国 NBA 火箭队，成为世界级的篮球明星。正是因为父母认识到了姚明的个性特征，充分利用他的长处，规避他的短处，并根据他的才能教他，姚明才成为著名的篮球明星。

素材2　赏识人才

1. 名人名言

表扬学生微小的进步，要比嘲笑其显著的劣迹高明得多。——卢梭

要使山谷肥沃，就得时常栽树。我们应该注意培养人才。——约里奥·居里

每个人在出色完成一件事后都渴望得到别人对他(她)的肯定和表扬，这种表扬就是激励人的上进心，唤起人的高涨情绪的根本原因。——马斯洛

称赞不但对人的感情,而且对人的理智也起着很大的作用。——列夫·托尔斯泰

你的教鞭下有瓦特,你的冷眼里有牛顿,你的讥笑中有爱迪生。你别忙着把他们赶跑。你可不要等到坐火轮、学微积分、点电灯,才认识他们是你当年的小学生。——陶行知

人才那得如金铜,长在泥沙不速朽。愿公爱士如爱尊,毋使埋渣嗟不偶。——袁枚

2. 素材集锦

(1)鲁迅无疑是现代文学史上的“超级人才”,可他在被发掘前,其实一直很郁闷,虽然满腹才学,但始终没有展现的机会,整天靠抄古碑打发日子。1918 年春天,机会来了。正在编辑《新青年》杂志的钱玄同与鲁迅交谈时,发现他谈吐不凡,思想激进,很有批判意识,就主动约他写一篇批判旧礼制的文章。一开始,鲁迅并不太积极,写写停停,在钱玄同一再鼓励催促下,文章才得以完成。5 月 15 日就以最快的速度发表在了《新青年》杂志四卷五号上,中国现代文学史上第一篇真正的现代白话小说,第一篇彻底反封建的新文学作品《狂人日记》就这样问世了。最重要的是,伟大的思想家、文学家鲁迅,从此正式登上文坛,一发而不可收。

(2)周弘是我国著名的教育实践家,他的女儿周婷婷原本是一个双耳全聋的残疾人,但是周弘却用了将近 20 年的时间,不断地鼓励女儿,让婷婷对自己产生信心,认识到自己并不差。在周弘的赏识教育下,天赋不是很好的婷婷反而比其他的孩子优秀很多,最终成长为留美博士生和首届海内外《中国妇女》十大时代人物之一。周弘因此也被誉为“中国第一位觉醒的父亲”“第一位发现孩子没有错的教育家”。

(3)1852 年秋天,屠格涅夫在打猎时无意间捡到一本皱巴巴的《现代人》杂志。他随手翻了几页,竟被一篇题名为《童年》的小说所吸引。作者是一个初出茅庐的无名小辈,但屠格涅夫却十分欣赏,钟爱有加。屠格涅夫四处打听作者的住处,最后得知作者是由姑母一手抚养照顾长大的。屠格涅夫找到了作者的姑母,表达他对作者的欣赏与肯定。姑母很快就写信告诉自己的侄儿:“你的第一篇小说在瓦列里扬引起了很大的轰动,大名鼎鼎的作家屠格涅夫逢人便称赞你。他说:‘这位青年人如果能继续写下去,他的前途一定不可限量!’”作者收到姑母的信后惊喜若狂,他写这篇小说本是因为生活的苦闷而信笔涂鸦打发心中寂寥的,由于名家屠格涅夫的欣赏,竟一下子点燃了心中的火焰,找回了自信和人生的价值,于是一发而不可收地写了下去,最终成为具有世界声誉和世界意义的艺术家和思想家。他就是列夫·托尔斯泰。

素材3 挫折教育

1. 名人名言

通向人类真正伟大境界的道路只有一条——苦难的道路。——爱因斯坦

斗争是掌握本领的学校,挫折是通向真理的桥梁。——歌德

以勇敢的胸膛面对逆境。——贺拉斯

给孩子多多提供尝试机会也是实施挫折教育的有机组成部分。孩子一旦被剥夺了尝试的机会,也就等于被剥夺了犯错误和改正错误的机会,因此也就不可能迈向成功之路。——舒马赫

我以为挫折、磨难是锻炼意志、增强能力的好机会。——邹韬奋

艺术的大道上荆棘丛生,这也是件好事,常人都望而却步,只有意志坚强的人例外。——雨果

不因幸运而故步自封,不因厄运而一蹶不振。真正的强者,善于从顺境中找到阴影,从逆境中找到光亮,时时校准自己前进的目标。——易卜生

即使跌倒一百次,也要一百零一次地站起来。——张海迪

2. 素材集锦

(1)贝多芬是音乐界的奇才,二十几岁就写出了三首交响乐。可是挫折也随之而来,他失聪了,这无疑是对一个音乐家的巨大打击。可他没有向挫折低头,他用一根筷子一头抵住钢琴,一头抵住牙齿,用来“听音乐”。经过一个个春秋,一首首乐章震撼世界,他成功了。挫折教会他自强不息、坚持;挫折使他永不懈怠,勇往直前,使他学会粉碎一切困难,通往成功之路。

(2)美国盲聋女作家、教育家海伦·凯勒一岁半时因病丧失了视觉和听觉,这对于一般人来说是不可想象、不可忍受的痛苦。然而海伦并没有向命运屈服。在老师的教育、帮助下,她凭坚强的毅力战胜了病残,学会了讲话,用手指“听话”并掌握了5种文字。24岁时,她以优异的成绩毕业于著名的哈佛大学拉德克利夫女子学院。之后她把毕生的精力投入到为世界盲人、聋人谋利益的事业中,曾受到许多国家政府、人民的赞誉和嘉奖。1959年,联合国曾发起“海伦·凯勒”运动。她写的自传作品《我生活的故事》,成为英语文学的经典作品,被翻译成多种文字广泛发行。

(3)桑兰,著名体操运动员,被誉为中国的“跳马王”。但在一次赛前训练中,桑兰一

个没有做完的手翻转体动作，结束了她的体操生涯。桑兰的伤势异常严重：第五至七颈椎呈开放性、粉碎性骨折，75%错位，中枢神经严重损伤，双手和胸部以下失去知觉。但她依然“著名”，甚至更为“著名”。而让桑兰“著名”的，是她的精神、她的毅力，以及她永远灿烂的微笑。虽然受伤使她不再是一个体操运动员，但她也不是一个一般意义上高位截瘫的残疾人。在遭遇人生重大挫折后，桑兰始终用一种平和的心态看待自己，不幸只会让她更加的成熟。从训练房到竞技场，从领奖台到演播室，她用她的坚强向世人表明了残酷的命运并不可怕，只要自己有坚强的信念，一样能让梦想起飞。

素材4　创新教育

1. 名人名言

如果学习只在于模仿，那么我们就不会有科学，也不会有技术。——高尔基

提出新的问题、新的可能性，从新的角度看旧的问题，都需要有创造性的想象力，而且标志着科学的真正进步。——爱因斯坦

大胆的见解好比下棋时移动的一颗棋子，它可能被吃掉，但它却是胜局的起点。——歌德

创新有两点：一是不要囿于前人的成见，二是不要怕犯错误，这两点都需要胆量。——杨振宁

如果学生在学校里学习的结果，是使自己什么也不会创造，那他的一生将永远是模仿和抄袭。——列夫·托尔斯泰

踩着前人的脚印前进，最佳结果也只能是“亚军”。——李可染

同是不满于现状，但打破现状的手段却大不同：一是革新，一是复古。——鲁迅

2. 素材集锦

(1)在上世纪五六十年代，“水稻没有杂种优势”是国际公认的权威结论，无人敢于提出质疑。而袁隆平却在试验田中灵感突发，反其道而行之，开始了他的杂交水稻研究。半个多世纪以来，他的研究成果不断推陈出新，杂交水稻的亩产量一次次刷新世界纪录，中国人将饭碗牢牢地端在了自己手中。袁隆平曾经有言：“要是说杂交水稻的成功有什么秘诀的话，那就是不囿于现存结论的创新思维。”试想，如果袁隆平当年迷信权威，没有勇于创新的科学精神，哪会有今天的“杂交水稻之父”？

(2)中国高铁是一张亮丽的中国名片。在“复兴号”动车组的200多项技术标准中，

中国标准占到84%，整体设计和关键技术全部自主研发，实现了由“中国制造”到“中国创造”的跨越。截至2022年底，中国高铁的运营里程已达到4.2万公里，稳居世界第一。同时，中国高铁已经走出国门，走向世界，它已经出口到“一带一路”沿线的多个国家。飞驰的高铁见证了中国人自主创新的信心和力量。

(3)2020年，北斗三号最后一颗组网卫星成功发射。经过二十多年艰苦卓绝的努力，中国终于可以宣布：我们拥有了完全自主研发、服务全球的卫星导航系统。从当年被欧美各国技术封锁，到今天北斗三号百分百国产化，北斗人骄傲地说，“连一颗螺丝钉都是我们自己的！”科技是国家强盛之基，创新是民族进步之魂。只有站上科技研发的前沿阵地，不断创新突破，掌握核心技术，我们才有底气笑对世界风云变幻，才有信心实现中华民族的伟大复兴。

素材5　实践

1. 名人名言

一切真知都是从直接经验发源的。——毛泽东

理论脱离实践是最大的不幸。——达·芬奇

任何理论都不如现实具体。——沈从文

纸上得来终觉浅，绝知此事要躬行。——陆游

道虽迩，不行不至；事虽小，不为不成。——《荀子》

知者非真知也，力行而后知之真也。——王夫之

行动是通往知识的唯一道路。——萧伯纳

2. 素材集锦

(1)司马迁的《史记》被鲁迅先生尊为“史家之绝唱”。他把历史人物和历史事件写得如此有声有色，栩栩如生，很大程度上得益于他20岁时的一次全国大游历。游淮阴，追踪韩信早年的足迹；访齐鲁，他瞻仰孔庙，观察儒风习俗；到彭城，他听取汉高祖刘邦的传说故事；达大梁，他凭吊信陵君“窃符救赵”故事中的夷门……可以说司马迁因为青年时有了行万里路的亲身实践，才能著出不朽的史书。

(2)马伶、李伶是金陵(今南京)最红的两位京剧演员(那时叫梨园弟子)。一次两人在东西两座戏台上演同一出戏来竞技。两人演的都是奸相严嵩。结果观看马伶演出的观众逐渐被李伶卓越的演唱舞技吸引而去。马伶含羞而退。他连夜前往千里之外的京

师投到相国顾秉谦的门下当了一名差役。因为顾相国与严嵩都是一样的奸臣。马伶悉心伺候，更细心揣摩顾相国的形神举止。三年过后，马伶回到金陵，与李伶相约再行竞技。结果李伶的观众都成了马伶的戏迷，他们为马伶惟妙惟肖、形神兼备的表演所折服。

(3)列夫·托尔斯泰创作《战争与和平》，当他写到俄法双方在博罗季诺会战的一段文字时，总感到描写得很抽象、不具体，他决定亲自去战场实地考察一番。到了博罗季诺，他仔细巡视了这个历史战场的一切遗迹，把它的地形面貌牢牢记在心里，还特地画了一幅画，画上一条地平线和许多树林，标明各个村庄、河道的名称，及当年会战时太阳移动的方向等。回到家里，又把自己观察到的印象同历史文献上记载的材料联系起来分析研究，直到一切都清楚明白了，他才坐到桌边，重新写这段文字，这个会战场面，写的不仅生动，而且色调明朗、壮观。

素材6　态度

1. 名人名言

快乐不在于事情，而在于我们自己。——理查德·瓦格纳

真正的笑，就是对生活乐观，对工作快乐，对事业兴奋。——爱因斯坦

乐人之乐，人亦乐其乐；忧人之忧，人亦忧其忧。——白居易

塞翁失马，焉知非福。——《淮南子·人间训》

永远以积极乐观的心态去拓展自己和身外的世界。——曾宪梓

理解生活而且还要热爱生活。——罗曼·罗兰

悲观的人虽生犹死，乐观的人永生不老。——拜伦

对于大多数人来说，他们认定自己有多幸福，就有多幸福。——林肯

2. 素材集锦

(1)甲、乙两个人为了推销鞋子到了非洲，其中甲看到非洲人不穿鞋子，心里大叹不妙："原来非洲人不穿鞋，这下可好，鞋子非得滞销不可。"乙则大为欣喜："大家都不穿鞋，我的鞋一定卖到缺货。"

(2)拿破仑在一次与敌军作战时，遭遇顽强的抵抗，队伍损失惨重，形势非常危险。拿破仑也因一时不慎掉入泥潭中，被弄得满身泥巴，狼狈不堪。可此时的拿破仑浑然不顾，内心只有一个信念，那就是无论如何也要打赢这战斗。只听他大吼一声，"冲啊！"他手下的士兵见到他那副滑稽模样，忍不住都哈哈大笑起来，但同时也被拿破仑的乐观自

信所鼓舞。一时间,战士们群情激昂、奋勇当先,终于取得了战斗的最后胜利。

(3)美国第32任总统富兰克林·罗斯福家中曾失窃,损失惨重。朋友写信安慰他,罗斯福回信说:“亲爱的朋友,谢谢你的安慰,我现在一切都好,也依然幸福。感谢上帝,因为:第一,贼偷去的是我的东西,而没有伤害我生命;第二,贼只偷去我部分东西,而不是全部;第三,最值得庆幸的是,做贼的是他,而不是我。”

素材7 责任

1. 名人名言

责任感与机遇成正比。——威尔逊

先生的责任是教人做人。——陶行知

生命和崇高的责任联系在一起。——车尔尼雪夫斯基

天下兴亡,匹夫有责。——顾炎武

教师的威信首先建立在责任心上。——马卡连柯

人生须知负责任的苦处,才能知道尽责任的乐趣。——梁启超

高尚、伟大的代价就是责任。——丘吉尔

责任就是对自我要求去做的事情有一种爱。——歌德

一个人若是没有热情,他将一事无成,而热情的基点正是责任心。——托尔斯泰

2. 素材集锦

(1)勇于承认错误,是一种责任。有个美国男孩踢足球时,不小心打碎了邻居家的玻璃。邻居向他索赔12.5美元。在当时,12.5美元足足能够买下125只母鸡!闯了大祸的男孩向父亲承认错误。父亲拿出12.5美元说:这钱我能够借给你,但一年后要还我。从此,男孩每天省吃俭用,一年后攒够了12.5美元还给了父亲,这位男孩就是之后的美国总统罗纳德·里根。

(2)“武汉是能够过关的,武汉本来就是一个很英雄的城市”。面对严重的疫情,钟南山选择逆行,他号召人民不要出门,自己却面临着被传染的风险,第一时间赶到武汉,毅然投入到疫情防控的第一线,查病源,找疗方,抢救宝贵的生命,积极参与救治和防控工作,置自己的安危于不顾。疫情严重时期,他扛着万千重担,不遗余力地亲赴一线,转战各地,与千万医护人员同风雨,共战斗,展示的正是救死扶伤的医者仁心和舍生忘死的敬业精神。

(3)弗兰克经过艰苦的努力开办了一家小银行。但一次银行遭抢劫导致了他不平凡的经历。他破了产,储户失去了存款。当他带着妻子和四个儿女从头开始的时候,他决定偿还那笔天文数字般的存款。所有的人都劝他:你为什么要这样做呢?这件事你是没有责任的。但他回答:是的,在法律上也许我没有责任,但在道义上,我有责任,我就应还钱。偿还的代价是三十年的艰苦生活,寄出最后一笔债款时,他轻叹:此刻我无债一身轻了。弗兰克用一生的辛酸和汗水写出两个工整的字,那就是责任,他寄出的不是债款,而是他闪光的心。勇于承担自我的责任,即便是还债,也无悔无憾,他带给了社会巨大的财富,因为他教会了人们如何做一个对社会负责的人。

素材8　传承文化

1. 名人名言

没有文明的继承和发展,没有文化的弘扬和繁荣,就没有中国梦的实现。——习近平

只有服从大自然,才能战胜大自然。——达尔文

文化开启了对美的感知。——爱默生

我们必须继承一切优秀的文学艺术遗产。——毛泽东

拆掉一座城楼,像挖去我一块肉。——梁思成

人的一生有两样东西不会忘记,那就是母亲的面孔和城市的面孔。——纳齐姆·希克梅特

任何一个文化的轮廓,在不同的人的眼里看来都可能是一幅不同的图景。——雅各布·布克哈特

不伴随力量的文化,到明天将成为灭绝的文化。——丘吉尔

2. 素材集锦

(1)欢快的音乐声中,10多名身着盛唐服饰的少女乐师嬉戏打闹,为夜宴准备着节目……2020年末,河南卫视春晚的舞蹈节目《唐宫夜宴》火了,这支5分多钟的舞蹈展示了唐朝少女们从准备、整理妆容到夜宴演奏的过程,节目中还穿插了水墨画,展示了妇好鸮尊、莲鹤方壶、贾湖骨笛、簪花仕女图等国宝,像是唐朝少女的博物馆奇妙夜之旅。河南卫视春晚总导演陈雷在接受采访时坦言,导演组希望立足中原文化,然后用时尚的、年轻人喜闻乐见的形式去包装,希望能够吸引年轻观众,“我们希望通过春晚这种形式,让

年轻人们重新认识自己的民族文化，热爱自己的民族文化，甚至将民族文化融入到生活、情感和行为里去。”

(2)著《中国建筑史》，成为营造学社主要成员，创中国大学中的第一个建筑学系，到野外实地考察古建筑，请求保护北京古城……梁思成的一生中，除了在建筑教育、城市规划等方面做出的开拓性的不朽贡献之外，最为突出的是古建筑文物的保护与调查研究工作，他在营造学社的十多年间，是他身体最强壮的年纪，在极端艰苦的条件下，运用近代科学技术对我国众多有价值的古建筑进行了勘察、测绘、制图，并结合历史文献资料和对老匠师们的采访，写出了《清式营造则例》《中国建筑史》《中国雕塑史》等专著和《蓟县独乐寺观音阁及山门考》《正定古建筑调查纪略》《记五台山佛光寺的建筑》等众多的调查报告与学术论文，为我国建筑的研究与保护奠定了深厚的基础。

(3)在现代人的生活中，端午节似乎只是为了吃一次粽子，中秋节似乎只是为了吃一块月饼，春节似乎只是一个长长的假期，浓浓的传统文化氛围已荡然无存了，有谁会去关注曾经屈原留给我们的感动，有谁会在房前插一枝艾草，喝一碗雄黄酒；中秋时节，有谁去关注那轮孤独的圆月，似乎月亮的光辉都被明亮的烟火夺走；春节期间，有多少人记得许多美好的习俗，而现在本是祝福与希望象征的“压岁钱”却被有浓厚金钱味的“红包”取代，许许多多人都说：过年没年味了。这些都是我们十分重要的传统文化节日，它们现在都被人冷落成这个样子，其他传统文化的处境更是不堪设想。

达标测评

建议用时	实际用时	测评总分	实际得分
70 分钟	______分钟	80 分	______分

一、单项选择题(每小题 2 分，共 16 分)

1. Internet 为每一台计算机都分配了一个地址，其中 Internet 地址的英文缩写是(　)

A. TCP　　B. IP　　C. WEB　　D. HTML

2. 下列选项中，属于商业机构网址后缀名的是(　)

A. gov　　B. edu　　C. org　　D. com

3. 在 Word 中,要把文档内容都选定,可使用的快捷键是(　　)

A. Ctrl + S　　　　B. Ctrl + A

C. Ctrl + V　　　　D. Ctrl + C

4. 如下图所示,在 Excel 中单击单元格 F2,欲求出表中所列 6 名学生的总成绩排名,应输入的公式是(　　)

	A	B	C	D	E	F	G
1	学号	语文	数学	外语	总分	排名	
2	001	75	73	68	216		
3	002	82	89	83	254		
4	003	70	72	79	221		
5	004	85	82	79	246		
6	005	92	87	91	270		
7	006	78	81	84	243		
8							
9							
10							

A. =RANK(E1, $E $1: $E $7)　　　　B. =RANK(E1, $E $2: $E $7)

C. =RANK(F2, $E $1: $E $7)　　　　D. =RANK(E2, $E $2: $E $7)

5. 在 PowerPoint 中,对幻灯片中某对象建立超链接需要添加的是(　　)

A. 文本框和超链接点　　　　B. 文本和图片

C. 文本框和动作按钮　　　　D. 超链接点和动作按钮

6. 按照给出图形的逻辑特点,下列选项中,填入空白处最恰当的是(　　)

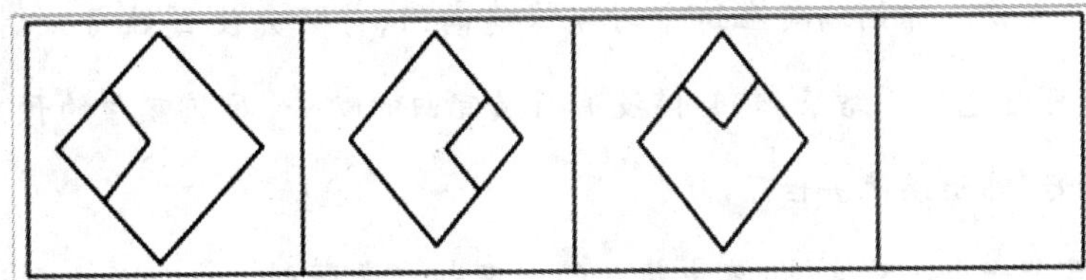

A. 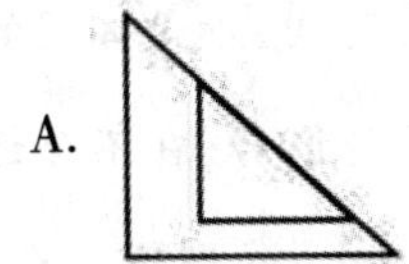　B. 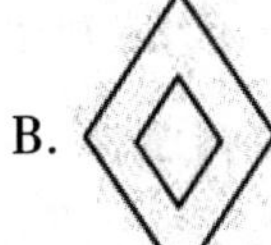　C. 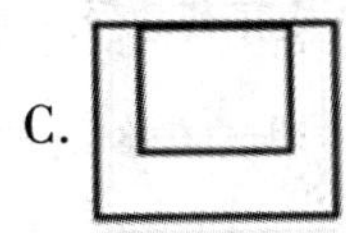　D. 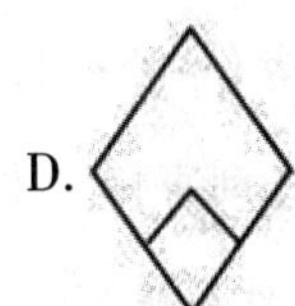

7. 下列选项中,与"绿茶—茶叶"的逻辑关系相同的是(　　)

A. "蔬菜"和"菌类"　　　　B. "雨伞"和"雨具"

C. "跑鞋"和"跑道"　　　　D. "面粉"和"面包"

8. 找规律填数字是一种很有趣的游戏,特别锻炼观察和思考能力,下列各组数字,填

入数列“12,23,34,45,56,________”空缺处,正确的是(　　)

A. 66　　B. 67　　C. 68　　D. 69

二、材料分析题(本大题共14分)

材料:民族文化的独特性和优越性,不仅体现于显性的世界观和价值观,而且根植于隐性的思维模式。在人类文明的进程中,中华文明之所以延续得如此绵长,在很大程度上得益于中国人思考问题的方式和解决问题的路径,得益于我们这个民族独特的方法论和辩证法原则。辩证矛盾思维即是其中之一。辩证矛盾思维特别注重时间性。既然矛盾双方之间的辩证运动是在时间中展开的,时间就不是可有可无的,而必须是参与事件的重要因素。因此,辩证思维特别看重“时机”,追求“时中”。

“时中”一词最早出现于《周易》“蒙”卦的《彖传》:“蒙,亨。以亨行,时中也。”意思是说,蒙卦表示希望亨通,所以,以通来行事,是符合“蒙”这个时机的。可见,所谓“时中”,主要有两方面的含义:一是要“合乎时宜”,二是要“随时变通”。中而非时,不谓之中。同样,时而不中,更不谓之中了。

《资治通鉴》中记载了这么一个故事,说韩国的国君韩昭侯准备修建一个高门,但他的谋士屈宜臼却奉劝他不要这么做。屈宜臼说:“如果你非要修建这个高门,恐怕你还等不到这个高门修建完,就要死了。为什么呢?因为时机不对。国君在自己家修建一个高一点的门楼,搞得气派一些,有错吗?没有错。当年我们国强民富的时候,你如果修建一个高门,肯定没有问题。可是今天的情况已经不一样了,秦国去年刚刚攻占了我们的宜阳城,我国元气大伤。你偏偏要在这个时候修建高门,势必会使百姓离心,将士散德,韩国的败落就不可避免了。”结果,韩昭侯没有听屈宜臼的劝告,而屈宜臼的预言也应验了,高门还没有修好,韩昭侯就去世了。

当然,这只是一个小故事,但其中蕴含的道理却非常深刻。正如屈宜臼说的那句话:“吾所谓时者,非时日也。夫人固有利、不利时。”意思是说,我所说的时间,不是客观的时间,而是参与到事情当中来的时间。在合适的时间做一件事情,效果会很好;在不合适的时间做同一件事情,往往会很糟。这正是“举事而不时,力虽尽而功不成”的道理。

正因为此,中国文化对时间非常敏感,强调做任何事情都要相时而动,顺势而行。

《中庸》中说:“君子之中庸也,君子而时中;小人之中庸也,小人而无忌惮也。”宋代学者朱熹在注释“时中”时也说:“盖中无定体,随时而在,是乃平常之理也。”即是指,“中庸”,是因“时”而“中”的,并非骑墙、折中,更不是简单、僵化的“中间地带”。“时中”又是何其之难！因为它在实践中很难把握，你不可能一劳永逸地抓住它，然后照本宣科地去实践。但是，认识到这种困难并不是坏事，因为你一旦明白了“时中”的艰难，就会有一种危机感。而这种危机感又会让你在行为中谨小慎微、如履薄冰，相时顺势，减少犯错。

（摘编自祝和军《中国传统文化中的辩证思维》，有删改）

问题：

(1)辩证矛盾思维为何特别注重时间性？请结合文本，简要概括。

(2)追求“时中”，对个体而言有何价值和作用？请结合文本，简要分析。

三、写作题（本大题共50分）

阅读下面的材料，根据要求作文。

《老子》：“合抱之木，生于毫末；九层之台，起于累土。千里之行，始于足下。”

《中庸》：“行远必自迩，登高必自卑。”意思是说，要想远行，就必须从近处开始，要想登上高山，就必须从低处起步。

综合上述材料所引发的思考和感悟，写一篇论说文。

要求：用国家通用语言文字写作；角度自选，立意自定，标题自拟；不少于800字。

参考答案及解析

一、单项选择题

1. B **[解析]**Internet为联网的每一台计算机或每一个网络设备都分配了唯一一个可以互相通信的地址，即IP地址。故本题选B。

2. D **[解析]**在常见的网址后缀名中，“.gov”表示政府部门，“.edu”表示教育机构，“.org”表示非营利组织，“.com”表示商业机构。

3. B **[解析]**全选的快捷键是“Ctrl + A”。“Ctrl + S”是保存的快捷键，“Ctrl + C”是复制的快捷键，“Ctrl + V”是粘贴的快捷键。

4. D **[解析]**RANK函数用于排序，若要在单元格F2中求出6名学生的总成绩排名，输入的公式应为=RANK(E2，$E $2：$E $7)。其中E2表示总成绩，使用相对地址引用，代表的是要排序的数；$E $2:$E $7表示的是整个总成绩所在的区域，使用绝对地址引用。

5. D **[解析]**在PowerPoint中，对幻灯片中某对象建立超链接时，先插入超链接点，然后对其进行动作设置。故本题选 D。

6. D [解析]题干中给出的图形是两个平行四边形的叠加,且有两条边重合。只有 D 项图形符合这个特点。

7. B [解析]题干中"绿茶"和"茶叶"是包含关系。A 项,"蔬菜"和"菌类"是交叉关系,与题干逻辑关系不一致,排除。B 项"雨伞"和"雨具"是包含关系,与题干逻辑关系一致。C 项,"跑鞋"和"跑道"是全异关系,与题干逻辑关系不一致,排除。D 项,"面粉"是制作"面包"的一种材料,与题干逻辑关系不一致,排除。故本题选 B。

8. B [解析]该数列的数项特征极为明显,每一项的个位与十位都比前一项大 1,所以此题为典型的等差数列,公差为 11,56 + 11 = (67)。

二、材料分析题(答案要点)

(1)矛盾双方之间的辩证运动是在时间中展开的,时间是参与事件的重要因素。

(2)"时中"对个体而言有很大的价值和作用:①在合适的时间做一件事,效果很好;在不合适的时间做同一件事,往往很糟。②"时中"让个体有一种危机感,这种危机感让个体在行为中谨小慎微、如履薄冰,相时顺势,减少犯错。

三、写作题(参考范文)

从脚下出发

哲学家维特根斯坦曾经说过:"我贴在地面步行,不在云端跳舞。"这句意蕴丰富的哲言向我们传达了最朴实的人生精神:务实,脚踏实地,不要好高骛远。只有这样,我们才能一步一个脚印,稳扎稳打,最终抵达千里之外。如果我们在每一件事上都能脚踏实地,一点一滴地做好自己应该做的,那么我们就能在通往成功的道路上,一步步迈得稳健。

永不放弃,持之以恒地朝着自己的目标和理想不断前进,这是实现梦想的保证。然而现实是,很多人空有"伟大"的理想,却在实现理想的努力上,连自己在空谈理想时的三分之一热情都没有。我们必须明白,没有不努力就能自动实现的成功,也没有不付出就能自然结果的果实。古语有云:"行远必自迩,登高必自卑",这些名言都在告诉我们,没有高山的登顶会毫不费力,也不存在不劳而获的奇迹。所以说,我们必须从做好眼前的小事开始,通过脚踏实地的努力,一步步向成功迈进。

东汉时期,有一个少年名叫陈蕃,他独居一室,却从不清扫打理自己的房间,以致整个房间脏乱不堪。有亲友劝他把自己的房间打扫干净,但是陈蕃却振振有词地回答道:"大丈夫处世,当扫除天下,安事一室乎?"殊不知,"一屋不扫,何以扫天下"。我们必须从自己能力范围内的小事做起，通过点滴积累，才能获得从一而终的力量。

意大利文艺复兴时期的著名画家达·芬奇，他的许多绘画作品如《蒙娜丽莎》《最后的晚餐》等，都为后人所津津乐道。达·芬奇之所以能成就如此伟大的艺术成就，源自他扎实的绘画基础功。为了练就超凡的绘画技巧，达·芬奇曾日复一日地画鸡蛋，通过基础的反复练习磨砺自己的技艺。正是这持之以恒的扎实基础，培养了他非凡的绘画造诣。达·芬奇的成功说明，我们必须从基础做起，脚踏实地，这样才能逐步登上成功的巅峰。

科学史上，居里夫妇通过自己的辛勤劳动，发现了镭这种放射性元素。为了实现这个目标，他们只能借用一间破旧不堪的棚屋作为实验室。这个棚屋夏天炎热如烤炉，冬天严寒如冰窖，居里夫妇却在如此艰苦的条件下奋战了4年之久。他们从成吨的废渣中一点一点地提炼，最终提炼出了0.1克纯净的镭元素。居里夫妇脚踏实地的辛勤劳动，成就了他们的科学事业。这也再次说明，成功需要我们一砖一瓦地积累，通过脚踏实地的努力，才能抵达成功的彼岸。

朋友，请牢牢记住，成功需要我们从脚下出发，脚踏实地，一砖一瓦地积累，永不放弃，持之以恒。我相信，只要我们努力做好眼前的每一件小事，就一定能实现自己的人生目标和理想。让我们从现在开始，脚踏实地，一步一个脚印，坚定不移地向前迈进！

即时反思与复盘总结

我于________年____月____日完成了对本章的学习。

复盘一下，我对自己较肯定的地方是____________________

（足够努力/心态积极/方法得当……）

我觉得自己需要改进的地方是____________________

（懒惰懈怠/心情浮躁/方法不当……）

恭喜完成对本书的学习，小香祝您金榜提名！

图书反馈

重磅！考题有奖征集！

「凡提供当年度考题者，根据考题完整度，可获得500元以内奖励。」

具体请联系QQ:1831595423

(温馨提示：所提供考题须是当年度考题，且真实有效。)

联系方式：400-600-3363　　研发部QQ：1831595423

招教网
招考资讯平台

山香官网
考编服务平台

山香网校
线上学习平台

图书订正链接
勘误更新平台